赵福全论汽车产业系列丛书

赵福全论汽车产业
（第三卷）

刘宗巍 编

机械工业出版社
CHINA MACHINE PRESS

当前，全球汽车产业格局进入全面重构期，智能网联与能源革命正加快袭来，汽车企业、产品与技术面临重大变局，加之能源危机、环境污染、交通拥堵和行车安全等外部挑战愈演愈烈，原本就高度复杂的汽车产业，正因跨界交融和"降维打击"而变得更加混沌和多变。诸多因素相互交织，国家究竟如何庖丁解牛，做好顶层设计；各方力量纵横捭阖，行业需要如何穿针引线，强化优势互补；多条路径晦暗不明，企业到底怎样曲径通幽，实现后发赶超。凡此种种难题，在本书中都有相应的解答或阐释，或简明扼要直指要害，或旁征博引开具良方。本书以战略篇为总领，从产业、企业、技术、人才四个维度展示了赵福全教授关于汽车产业发展的系统思考和精辟观点，体现了赵福全教授高瞻远瞩的战略眼光、精益求精的认真态度、触类旁通的渊博知识和纵横捭阖的语言能力。

本书可视作汽车产业的解惑之作，无论主管部门、行业组织，还是各类企业、研究机构，无论高层还是基层，也包括广大青年学子，都能从中觅得"养分"。

图书在版编目（CIP）数据

赵福全论汽车产业. 第三卷／刘宗巍编. —北京：机械工业出版社，2021.10
ISBN 978-7-111-69204-1

Ⅰ.①赵… Ⅱ.①刘… Ⅲ.①汽车工业-工业发展-研究-中国 Ⅳ.①F426.471

中国版本图书馆 CIP 数据核字（2021）第 193675 号

机械工业出版社（北京市百万庄大街22号　邮政编码100037）
策划编辑：赵海青　母云红　　责任编辑：赵海青　母云红　徐　霆
责任校对：孙莉萍　　　　　　责任印制：常天培
北京铭成印刷有限公司印刷

2021年10月第1版·第1次印刷
169mm×239mm·25.25 印张·1 插页·395 千字
0001-2500 册
标准书号：ISBN 978-7-111-69204-1
定价：99.00 元

电话服务　　　　　　　　　网络服务
客服电话：010-88361066　　机　工　官　网：www.cmpbook.com
　　　　　010-88379833　　机　工　官　博：weibo.com/cmp1952
　　　　　010-68326294　　金　书　网：www.golden-book.com
封底无防伪标均为盗版　　　机工教育服务网：www.cmpedu.com

丛书序一 PREFACE

得知"赵福全论汽车产业系列丛书"出版面世，我非常高兴，这是中国乃至世界汽车工业的一件幸事。欣喜之余，特提笔简记感想，是以为序。

我与福全是老相识了，他在美国的时候我们就曾多次见面和深谈，他回国之后我们的交流和讨论就更多了。我们年龄虽有差异，但价值观近乎一致，于人于事判断颇多相似，而且都对做强中国汽车工业抱有执念，自然而然就成了"忘年"挚友。相处之中，我越发感觉福全这位小老弟确实很不一般，如果要我总结，可以列出以下三组关键词。

一是走南闯北，勇于转型。福全在海外纵横近20年，足迹遍及日本、欧洲、美国，回国至今也已经快20年了。期间，他参与过集团化大公司核心层的决策，负责过独立子公司的运营管理，主抓过技术体系的全面建设，担当过技术高参，主持过产品研发，承担过国家及省部级重要科研项目，并在跨国合作及海外并购活动中发挥过关键性作用，同时还在实业办学及培训领域开展了很多开拓性的工作。如今身为清华大学教授的福全，一方面教书育人、培养栋梁，一方面构建智库、服务行业。他以自己对汽车及相关产业的深入理解和战略认识，向国家部委、地方政府及中外企业提供广泛的咨询和指导。在近30年的职业生涯里，他不断寻求挑战，也不断自我转型：从发动机专家到整车专家，再到产业专家；从技术专家到管理专家，再到战略专家；从高校学术界到企业产业界，再到重归顶级学术平台；从建功立业到传道解惑，再到著书立言。这一路走来，他总是在给自己"出难题"，然后再逐一破解，攀上新的高峰，似在不经意之间，经历了人生的种种不同境界。

二是才华横溢，思想深远。正因为福全既有具体运营管理的成功经验，又有宏观战略决策的多番历练；既有极深的学术造诣，又有丰富的产业实践；加之对美、日、欧、中的汽车产业都有亲身经历和深刻了解，所以，他的思考往往与众不同——思路开阔、大气，却又不脱离实际；视野广博、高远，却又紧接地气。实际上，福全在企业时我就深知其才华过人，海外见识与技术功底自不必多言，妙语连珠、挥洒自如且能自由切换中英日文的演讲能力也罕有与其匹敌者，而更让我惊喜的则是，他立论之高瞻远瞩与说理之精到透彻。记得那年他在中国承办的世界汽车工程师学会联合会（FISITA）年会上做主旨演讲，题目是"自主品牌的安全技术"。我原想中国企业毕竟还有一定差距，而且各家安全技术都在不断提升，福全到底能讲些什么？结果又一次出乎我的意料，他并未限于所在企业的那点工作，而是站在全球汽车产业的高度，以安全技术作为支撑案例，把中国自主品牌这些年来的努力、进步及原因系统地梳理了一遍，并为未来发展指明了方向、提供了方法。整个演讲有高度，也有深度；有宏论，也有实例；而他本人一如往昔地幽默诙谐、气场十足。后来福全选择离开企业，专注战略研究，短短几年雄论迭出、影响日盛，仿佛转型成功轻而易举、自然而然。其实在我看来，他本就是做战略的材料，从此产业智库可谓得人才矣！

三是精益求精，倾情投入。能力与成就固然耀眼夺目，而最难得的是福全一直对自己近乎苛刻的高标准要求，仿佛精益求精地做事、倾情投入地拼搏，都已是融入他骨子里的固有DNA。由于职务关系，我应该是听福全发言最多的人之一，而每一次都会感到耳目一新。即使同样的题目，过了不到几天，听他再次演讲，也必然加上了不少"新料"。看来他还真是不怕"难为"自己，已经讲得广受欢迎了，还非要"百尺竿头，更进一步"。或许深思熟虑和精心梳理早就是他的习惯和乐趣所在了吧。而且他所研究和思考的领域极广，诸如强国之路、产业政策、企业运营、品牌建设、海外并购、体系建设、技术战略、汽车人才等，几乎总能高屋建瓴，几乎总有真知灼见，这不能不令人赞赏和佩服！我想，这份阅历，这份才情，加上这份努力，就是福全的不一般了。

正因如此，这套汇总福全教授研究和思考成果的"赵福全论汽车产业系列丛书"，也就非常值得期待了。可以说，书中论断包罗万象，精辟观点层出不穷。不仅一些此前发表过的文章进行了精心修订和重新编排，使之更成体系而脉络清晰，而且还有不少文章是来自过往的演讲或交流分享，此前并无文字稿，如今专门整理精炼成文；另外还将许多经典的图表穿插于文字之中，方便读者把握核心观点。

总体来说，这套丛书可谓福全研究成果的集大成之作，囊括了福全多年来各类观点的精华，特别是一些首次公开发表的文章，尤其难能可贵。书中所述，涵盖了社会、产业、企业、产品、技术和人才等各个层面，涉及现状分析、症结识别、方向判断、未来目标、发展路径和具体措施等诸多要素。很多一针见血的识见，恐怕非福全这样经历丰富、视角独到、战略思维、立场超然的专家所不能言。

当前，全球汽车产业格局正在发生全面重构，能源、网联与智能革命加快袭来，汽车企业、产品与技术面临重大变局，加之能源危机、环境污染、交通拥堵和行车安全的外部挑战愈演愈烈，使原本就很复杂的汽车产业由于跨界交融和"降维打击"而变得更加混沌和多变。诸多因素相互交织，国家究竟如何庖丁解牛，做好顶层设计；各方力量纵横捭阖，行业需要怎么穿针引线，强化优势互补；多条路径晦暗不明，企业到底怎样才能曲径通幽，实现后发赶超……凡此种种难题，在丛书中都有相应的解答阐释，或简明扼要直指要害，或旁征博引开具良方。因此，这套丛书也可视作汽车产业的解惑之作，无论主管部门、行业组织，还是各类企业、研究机构，都能从中觅得"养分"。我认为，行业内外、各个层面的诸位同仁都应当阅读此书，相信必将开卷有益。

说到编辑整理这套丛书，刘宗巍博士无疑是最为合适的人选。他长期追随福全左右，是秘书，是助理，也是副手，若以保存的材料而论，恐怕他比福全本人更为齐全。而且他一直深受福全信任、欣赏和栽培，对福全的思想了解最多、体会最深，可谓尽得福全真传，假以时日，当可为福全的衣钵传人。此外，他对整理福全的思想最具使命感，也因此十分投入，这一点我在翻阅书稿时已经深有体会。更难能可贵的是，身为工科博士的他，文字功底颇佳。宗巍的这些优点对于确保此书的表达准确、行文流畅，是非常重要的保障。

我在汽车产业工作几十年了，现在越发感觉产业发展最重要的就是人才，而人才最重要的就是思想。作为业界难得的多元化标志性人物，福全及其思想本身就是行业的巨大财富。如今他带领团队、服务各方，深研战略、输出思想、传经送道、指点迷津，应该说这是一项伟大的事业，也是汽车产业的急切需要。而"赵福全论汽车产业系列丛书"正是在为这项事业添砖加瓦，以书面的形式传播智者的心声。从这个意义上讲，这套丛书可谓功在千秋、泽被后世。

如今福全参与的事情越来越多，身上的担子也越来越重。我相信他必能为提升中国汽车产业的综合实力和国际影响力，持续做出自己独特的重要贡献。同时，我也希望宗巍要为福全分担更多，让他集中精力多谋大计、多出思想。并且宗巍一定要把"赵福全论汽车产业系列丛书"一直编撰下去，不断收录福全最新、最好的观点，形成汽车界思想盛宴上的一道"经典名菜"！

付于武

中国汽车工程学会名誉理事长

丛书序二 PREFACE

痛并快乐的生活

第一次见到赵总（虽然已在清华大学工作多年，但我还是更习惯称赵福全教授为赵总）是在 2005 年吉林大学汽车工程学院五十周年院庆的典礼上，彼时我有幸作为在校学生代表登台发言，而在我前面代表所有校友致辞的就是时任华晨金杯副总裁的赵总。犹记得赵总现场无稿，即兴发挥，毫无官样套话，句句命中痛点，特别是谈到对母校汽车工程学院的深情，令人感怀，而话锋一转，直言学校对汽车学科的关注和投入太少，以至于后来校长致辞时特意脱稿，专门做了一番回应，表态一定要全力做好富有历史传承和重要地位的汽车学科。现场的校友们，心中直呼痛快！

这是赵总的演讲魅力给我的第一次震撼，"超级牛人"的标签深深地铭刻在我的心里。而比同台"亮相"更可谓巧合的是，母亲听了典礼录音后一个劲地说："那你毕业了不如就去追随这位赵总吧。"我只付之一笑，因为自己很有把握——赵总当时肯定没有记住我。不曾想母亲竟然一语中的，我后来真的在赵总身边长期工作了。如此看来，人生果真因缘际会！

从 2007 年博士毕业后受恩师王登峰教授推荐来到吉利汽车投奔赵总，到 2013 年随他转战清华大学；从赵总的贴身大秘，到吉利汽车研究院的部长、院长助理，再到今天清华大学汽车产业与技术战略研究院的副教授，这一路走来，赵总于我既是领导，更是师傅。在朝夕相处中，赵总的以身示范兼细微指点，让我受益良多、无法尽言，也使我在不经意间，完成了自己人生的重要转型。

虽然最初那点震撼，现在早觉稀松平常，但赵总高瞻远瞩的战略眼光、精益求精的认真态度、触类旁通的渊博知识和纵横捭阖的语言能力，至今仍然时不时地"冲撞"我的心灵，每每让我激动不已。看战略，他自己的职业生涯就如一本教科书，每次旁人以为攀上巅峰之时，他早已谋划开启下一个征程；说认真，他成名虽早，却无半分懈怠，做每件事都一丝不苟，全力以赴，力求精品；论渊博，上至国家战略、产业政策，下至企业管理、技术细节，几乎方方面面他都有系统思考和精辟观点；谈语言，他能够流利运用英语、日语，几乎如同汉语，甚至可以直接对着中文稿做外文演讲。而这一切的根源，在于其自我激励、不断求索的勤勉精神。可以说，相处越久，我的"粉丝情结"就越重，也让我不断感受到得遇名师、自我提升的窃喜。

当然，跟着赵总做事也不容易，个中滋味，如人饮水。毫不夸张地讲，这也是一种痛并快乐的生活。因为他想做的事情总是太多，而且一旦开始做起来就忘我般地"较真"。这也让作为"陪练"的我，感到"苦不堪言"。就说演讲吧，外人看到的是，几乎各个方面的不同话题他都能讲，而且场场出彩，似乎真知灼见用之不尽，妙语连珠取之无穷；即使同一个主题，他每次也总能讲出诸多"新意"。而唯有我最知道，在这背后，是赵总对自己远超常人的高标准要求，以及为此付出的艰辛努力——几乎每一次演讲，他都绞尽脑汁地苦思冥想，要求自己一定讲出高度、讲出深度，并在细节上不厌其烦地反复推敲、不断完善。有多少次，已是深夜，他还打来电话要我增加几页新内容；又有多少次，临到登台之前，还叫我赶紧修改一处图表或者更新一组数据。他之所以在"台上"能对演讲内容熟稔于心、信手拈来，能在演讲表达上挥洒自如、淋漓尽致，原因无非"台下"认真、执着而已。

独乐乐不如众乐乐

正因为这种近乎"洁癖"的自我要求和倾情投入，赵总的每一次演讲几乎都被奉为经典，备受追捧。经常是赵总这边刚刚讲完，那边一大堆人就围将上来，边换名片边交流，争相索要讲稿。甚至于"爱屋及乌"，连我身边也往往会聚拢不少人，想让我"通融"一下分享讲稿。另有很多大领导和专家，不止一次地向我叮咛：赵总这些思想太有价值了，你在赵总身边"近水楼台先得月"，自己固然受益匪浅，但更应该将这些宝贵的材料整理出来，结集成册，广为传播，从而让行业内更多的同仁都能受益！一些较为熟悉的前辈，更直言这是我的责任，嘱我务必早日完成这项工作！谆谆教诲，殷切期望，如何敢不从命?!

其实，作为最能体会赵总思想精华和价值者之一，我自己也早就想整理赵总的各种言论和观点，形成文集，流传于世。只是一方面彼时身在企业，总有一些不便；另一方面，这件事情做起来也必然要花费很大工夫，所以迟迟难下决心。而如今身处高等学府的中立学术平台，且以研究汽车产业、企业和技术战略为主业，顿感条件成熟、时不我待。纵然工作再忙，也一定要抽出时间，完成这件"功业"。毕竟"独乐乐不如众乐乐"——我本无意独自欣赏，更从未想过"独吞"，而是愿意奉上赵总的思想盛宴，让更多渴望者与我一起分享品读智者心声的快乐，相信必能使广大读者，对汽车工业有更加深入、全面和准确的认识！

如今，"赵福全论汽车产业系列丛书"终于如愿呈现在广大读者面前。该系列丛书是我将赵总在各种场合，以演讲、专访、专论、论文、交流发言和主持点评等不同形式发表的各种观点，进行梳理分类、核对完善和精修提炼，再编排汇总而成。为准确传递赵总的思想，我自问尽了最大努力：一些材料由于间隔时间较久，记忆已趋模糊，便重新去听当时的现场录音，以求更准确；更有不少材料是之前不曾分享的"不传之秘"，是对照着昔日演讲的PPT，听着录音一点一点整理出来，并第一次以文字的形式公之于众的。于我自己而言，这无异于一次系统的重新梳理，让我对赵总思想的认识有了全新的感悟与升华，也让我越发感到这件工作的沉重分量和深远意义。

既然深感所做之事对于中国汽车产业至关重要，甚至功在千秋，我自当坚持不懈、全力以赴一直做下去。今后我会不断整理下去，每完成到一定的篇幅，就形成系列丛书新的一卷进行出版。实际上，身为行业意见领袖的赵总一直在不断输出新的思想，只希望我的编录速度不要太慢。也希望这套丛书能够引发广大读者特别是行业同仁的共鸣，你们的积极反馈与充分认可，将是我加快进行后续工作的最好激励。

关于丛书体例的说明

下面简单介绍一下"赵福全论汽车产业系列丛书"的体例。如前所述，赵总的言论涉及汽车产业的方方面面，且时间跨度较大。为此，我将这些文章分别编入战略篇、产业篇、企业篇、技术篇、人才篇等不同部分，每个部分之内以文章内容相近、逻辑相关排序，并未完全参照时间先后编排。而在每篇文章的最后，附上了最初观点发表的时间、出处或者场合，以便大家了解文章的背景。我想，这样的编排方式应该更易于阅读。

同时，我对文字进行了精心校正：一方面努力保留赵总语言的原汁原味，另一方面也进行了必要的删减、增补或重新编排。如将几篇不同场合发表的主题类似的演讲，合并而成一篇更为系统全面的文章；又如将一篇长文按照不同内容打散，分别编入不同的文章之中；再如在很多文章中添加了重要的图或表；至于一些文字上的精炼就不必赘述。此外，在每篇文章前面，我还遴选了赵总的"精彩语句"，编写了"编者按"：前者是体现"赵氏"语言原貌的经典"名句"，也往往是一篇文章中最具亮点的思想所在；后者则是我根据自己的理解，撰写的文章简介及要点提示，以进一步方便各方面的读者快速把握文章的主旨。

凡此种种，不一而足。相信大家在阅读时，应该能够体会到我在艰辛编录过程中的至诚用心。

值此"赵福全论汽车产业系列丛书"正式问世之际，首先必须感谢赵总，有他的真知灼见才有这套丛书的产生。而他对我长期以来的教导、指引、激励和提携，更是大恩无以言谢，只好将这套原本源自他的丛书，拿来"借花献佛"，聊表感激之情。

同时感谢我的妻子陈佳丽女士以及我们双方的父母，他们不辞辛劳地照料着我的一双儿女，并承担了一应的家务，使我能够抽出宝贵时间，夜以继日地敲击键盘。

最后必须说明的是，书中如有不足甚或错误，均属我个人理解不到位，还请广大读者提出宝贵意见。

刘宗巍

前言 PREFACE

与第二卷相隔一年,"赵福全论汽车产业系列丛书"的第三卷现在与大家见面了。编撰周期能够缩短,一是由于新冠肺炎疫情下的闭关给我提供了相对充裕的时间;二是由于当前产业风云激荡、局面瞬息万变,为此我勉励自己必须加倍投入,争取把赵福全教授宝贵的思想成果早日系统地呈现给诸位读者,以收到指引前进方向、破解实践谜题之效。

过去的一年多来,汽车产业经历了不确定性带来的强烈冲击和巨大挑战。百年不遇的新冠肺炎疫情已经演变为一场持续的全球性危机,世界汽车市场都深受影响,汽车生产以及国际贸易更一度陷入停摆,直至今日尚未完全恢复,汽车产业仍然面临芯片等关键零部件的供应危机。预计今后各国都将重新审视自身核心产业链的完整性和受控度,并将由此引发新一轮国际分工的重大调整。

不过疫情的肆虐并未阻挡住汽车产业全面重构的步伐,恰恰相反,汽车产业变革的速度和规模远超从前。在能源革命方面,中国凭借有力的政策支持与庞大的市场规模,实现了引领全球产业走向的驱动作用,各跨国车企巨头纷纷开启了电动化转型之路;特别值得一提的是,中国提出了争取在2060年前实现碳中和的目标,这将是彻底重塑国民经济和社会生活的国家系统工程,不仅会改变汽车产业的底层逻辑,还会改变所有产业的基础和内涵。在智能网联方面,疫情期间线上活动的不断强化驱动了数字化转型的提速,越来越多的企业意识到,面向未来万物互联与数据创造价值的前景,必须进行核心业务以及整个运营体系的数字化升级;汽车自动驾驶进入基于场景的产业化前夜,Robotaxi和无人物流车等开始尝试投入应用;软件定义汽车成为行业热议的焦点,未来汽车产品的软硬解耦与价值转移要求汽车企业必须重新构建产品开发与管理体系。汽车作为新物种，其内涵、角色和能力正在被重新定义，并由此带来了空前的发展机遇和广阔的想象空间。有鉴于此，诸多"业外"巨头纷纷加入造车行列。这些新玩家的入场，使产业未来的发展更加精彩纷呈，同时也使产业竞争的格局更加波诡云谲。

值此之际，这本汇聚赵福全教授系统研究和最新思考的图书，正可为政府、行业、企业以及个人提供有益的方向指引、决策参考和行动建议，以帮助大家在激烈的竞争中有效应对挑战、把握机遇。而这也恰是我加快编撰"赵福全论汽车产业系列丛书"并不断推出的初衷。

本书共计编录文章 44 篇，按该系列丛书的固定模式，分为战略篇、产业篇、企业篇、技术篇和人才篇，全方位地展现了赵福全教授的深刻思想和精辟观点。

在战略维度上，赵教授强调：本轮产业重构意味着汽车技术、产品、企业、产业以及生态系统的重大变革，汽车产业将因此与此前大不相同。产业重构的历史契机、创新引领的时代需求、中国汽车产业的进步与新兴产业的崛起，为中国打造世界汽车产业中心提供了可能性、必然性和紧迫性都极高的战略机遇。中国汽车产业必须抓住机遇，坚决实施战略转型，以开放协作的积极心态，充分调动一切可用的资源，为构建新型汽车产业及新型汽车社会而持续努力。汽车产业低碳化发展是顺应全球大趋势的必然选择，中国政府推动新能源汽车快速普及的决心毋庸置疑。而中国发展智能网联汽车必须站在大交通、大能源以及城市可持续发展的战略高度，充分发挥体制优势，进行系统布局、统筹推进和重点突破。

在产业维度上，赵教授阐述了自己对于新形势下汽车产业发展的新思考和新认识，并对产业变革的具体方向和演进路径进行了研判，指出系统性融合创新将是决胜本轮汽车产业重构的关键；分析了汽车产业创新与转型升级的最新动向，指出汽车低碳化、信息化、智能化的趋势正日趋明朗，未来汽车技术创新将与产品形态、商业模式、应用场景、用户体验创新同步并行、相互交融；提出了中国参与新全球化竞争以及应对产业链调整的策略，指出深化改革与扩大开放是中国步入"无人区"

后谋求引领创新的必由之路，同时在未来供应链布局中安全因素加重的大背景下，中国必须通过强化内需大市场来确保供应链稳定，并抓紧时间弥补自身供应链的关键短板。

在企业维度上，赵教授梳理了当前汽车企业面临的市场、产品、技术、品牌、管理等一系列问题，给出了"十四五"期间中国车企全方位突破的行动建议，即坚持高质量发展、大胆创新实践、抱团取暖与协同合作以及努力提升全要素的生产效率；解读了当前诸多跨界巨头纷纷加入造车行列的根本原因，即这些巨头公司旨在抓住汽车这一最佳载体，抢占产业互联网时代的转型先机；研究了传统车企有效平衡新旧业务的应对方案，即导入"双赛道"战略，将传统业务与智能电动汽车新业务拆分运营，以形成并行发展的双赢局面，最终很好地实现企业整体业务的成功转型；解答了本土企业如何突破品牌天花板的"老大难"问题，并强调了车企品牌建设必须避免的误区，即"品牌向上"并不等于打造高端品牌，准确清晰的品牌定位才是真正的关键。

在技术维度上，赵教授对行业技术发展路线进行了系统的把脉，不仅清晰描绘了中国汽车技术当前的发展状况和主要差距，而且从经济社会可持续发展、科技变革与产业重构的战略高度，明确提出了中国汽车技术的发展目标。在此基础上，赵教授论述了未来汽车技术发展的共性特点，指出在"新四化"的背景下，汽车核心技术将变得更加多元、更加交织、更加易变，也更加重要，因此也更加需要有效的分工协作。同时，赵教授解析了技术价值转换的基本规律并给出了相关的优化策略，指出技术竞争是技术创新能力与转化能力的综合较量，而技术价值链条上的每一个环节都不能缺失。针对汽车技术领域的若干关键问题，包括产品平台化模块化开发的概念体系、内在逻辑与实施策略，基于技术优化与决策模型的未来汽车节能技术路线选择与评价，以及面向电动汽车的轻量化技术成本效益潜力及应用策略等，赵教授基于自己多年的产业实践，进行了全面深入的理论分析，给出了战略性的预判和差异化的解决方案。

在人才维度上，赵教授从产业变革出发，对汽车人才需求的变化进行了全面梳理和前瞻判断，指出未来汽车人才的知识领域和专业范围将不断扩展，汽车产业专家型和复合型人才的定义和能力都将发生变化，为此汽车企业必须构建新的人才观。赵教授从民族特性角度分析了中国汽车产业应该如何扬长避短、培育产业特色，指出中国目前迫切需要培养建立自己的汽车工程师文化，这是后续我们在核心技术掌控乃至整个企业运营方面持续快速提升的关键要素之一。基于产业发展新局面，赵教授提出了海归人才未来发展的建议，指出海归人才应明确新定位、具备新思维，同时保持自信、坚持自我、与时俱进，以期在新形势下发挥更大的作用。

在体例上，本书延续了"赵福全论汽车产业系列丛书"的一贯模式，将赵福全教授以各种形式分享的诸多观点进行精心梳理、核对、精炼、补充和校正，最后汇编而成。书中既有重量级的战略宏论，也有关键问题的系统剖析和具体建议，还有以学术研究成果支撑的重要结论。在五个篇章之下，本书的文章按内容相近原则进行排序，让读者可以集中阅读感兴趣的相关话题。此外，编者在文前提炼了"精彩语句"，并撰写了"编者按"，在文后附上了文章最初发表的时间和出处，以方便读者更好地了解每篇文章的要点及背景。

值此《赵福全论汽车产业（第三卷）》出版之际，特别感谢赵福全教授为本书奉献的远见卓识与崇论闳议，也感谢他长期以来对我的栽培、提携、指引与关爱。同时感谢我的妻子陈佳丽女士和我们双方的父母，家人的支持是我得以笔耕不辍的坚实后盾。此外，也要向团队的刘秀虹女士和林富鹏先生致谢，谢谢他们协助我完成了很多细节工作。

最后我想发布一个预告，《赵福全论汽车产业（第四卷）》也在加紧编撰中，相信在不久的将来即可面世。今后我一定会继续努力，把这一系列丛书不断编撰下去，以此回报一直关注和支持我们的诸位读者。与大家共勉！

刘宗巍

2021 年 6 月 29 日

目录

丛书序一
丛书序二
前　言

第一部分　战略篇

中国打造未来世界汽车产业中心的战略思考　　　　　/002
汽车产业重构解析　　　　　/017
汽车产业的战略定位、发展前景与行动策略　　　　　/025
汽车产业低碳化评价指标体系　　　　　/028
中国政府对汽车电动化的决心毋庸置疑　　　　　/039
智能网联汽车战略价值与实现突破的关键点　　　　　/046
从汽车产业大数据到汽车大数据产业　　　　　/053
汽车业产研融合亟须走向纵深　　　　　/061

第二部分　产业篇

2020—2021跨年对谈：新冠疫情加速产业变革，强劲需求拉动市场升级　　　　　/066
系统性融合创新是决胜本轮汽车产业重构的关键　　　　　/103
新形势下汽车产业发展的新思考　　　　　/113

汽车产业发展热点与未来前景解读 / 129

全面重构前景下汽车产业的深刻变革与发展方向 / 140

既要看到成绩，更要"居危思危" / 144

拥抱汽车文明变革的新时代 / 149

中国汽车零部件产业的现状、成因及未来发展战略 / 156

中国汽车产品回收利用的问题与建议 / 162

汽车产品召回：力度应增强、认识需澄清 / 167

第三部分 企业篇

"十四五"中国车企需要全方位突破 / 172

关于新势力不断涌入造车行列的几点思考和建议 / 184

只谈总量意义不大，企业更应关注细分市场 / 192

企业家的战略领导力决定企业数字化转型的成败 / 207

新入车企选择代工必须充分考虑品牌建设问题 / 219

打造中国汽车品牌需要品牌升华与技术创新的双轮驱动 / 226

汽车产品竞争力评价 / 229

汽车共享模式的效益分析、路径识别与发展建议 / 236

中国零部件企业为什么做不强？ / 247

第四部分 技术篇

中国汽车技术的现状、发展需求与未来方向 / 252

关于未来汽车技术发展的几点思考 / 265

中国汽车产业技术转化价值链解析与优化策略 / 273

汽车产品平台化模块化开发模式与实施策略 /288

中国汽车产业满足未来乘用车燃油消耗量法规的技术路线 /301

燃油汽车还有未来吗？ /312

汽车48V系统的节能效果与实施策略 /317

电动汽车轻量化的成本效益潜力与技术策略 /330

汽车产业迎接以互联技术为代表的新科技革命 /338

软件定义汽车：软件是工具，数据是核心 /341

车载芯片应有效平衡共性与个性、当前需求与未来需求 /345

第五部分　人才篇

多项开创性工作推动FISITA高质量发展 /350

担任FISITA主席的经历是我一生的荣耀 /359

汽车产业变革需构建新人才观 /366

新时期海归人才的新思维与新定位 /374

中国应培养建立自己的汽车工程师文化 /378

关于赵福全

关于编者

第一部分 战略篇

中国打造未来世界汽车产业中心的战略思考

【精彩语句】

"众多国家战略，包括建设制造强国、培育战略性新兴产业、建设创新型国家、抢占先进科技群制高点、推动新一轮城镇化、发展新型城市集群、建设交通强国、构建国家综合立体交通网、确保信息安全、建设网络强国和数字中国，以及实现碳达峰与碳中和目标等，无不与汽车产业息息相关，汽车产业的转型升级与创新发展将直接影响这些大目标的有效落地。"

"世界汽车产业中心必然是全球汽车及相关产业公司的总部中心、研发中心、制造中心、销售中心、人才中心、数据中心、创新中心、交流中心以及文化中心。这些功能中心缺一不可，共同实现全球范围内的广泛集聚、特色引领和全方位辐射。"

"原本聚焦于制造能力的主要汽车城市，需要尽快转变发展思路，不再盲目引入常规的制造工厂，而应积极引入重点领域的高科技企业及创新创业公司，甚至有必要为此'腾笼换鸟'，即通过转移原有的制造资源来为新兴领域的创新资源争取发展空间。"

【编者按】

早在2013年12月，应邀为上海市嘉定区领导进行专题报告时，赵福全教授就前瞻性地提出了打造世界汽车产业中心的初步构想。此后受上海市及嘉定区政府委托，赵福全教授领导团队进一步将该构想细化为完整的战略提案和清晰的实施计划，并被地方政府采纳，最终成为上海提出"打造世界级汽车产业中心"的思想源泉和行动指南。事实上，赵福全教授对于建设世界汽车产业中心的机遇判断、要素识别、实施论证及措施分解等，已经形成了一套具有普适意义的共性方法论。为此，编者以2018年赵福全教授所做的一次报告为蓝本，并结合他在其他场合的相关论述，经汇总、提炼、删节、整理而成本文。

在这篇文章中，赵福全教授指出：产业变革的历史契机、创新引领的时代需求以及中国汽车产业的进步与新兴产业的崛起，为中国打造世界汽车产业中心提供了可行性、必然性和紧迫性都极高的战略机遇；新时期的世界汽车产业中心不同以往，必须基于制造而超越制造，形成"制造+服务"的新能力和跨产业融合创新的新范式；世界汽车产业中心的核心要素可以总结为广泛集聚、特色引领和全方位辐射，为此应从核心承载区、中心城市与本地区出发，系统规划协同联动方案，充分发挥分工互补功能，彻底打通创新应用路径，分步有序实施相关举措，最终真正形成以汽车产业为载体的交通、城市、能源与社会发展全新格局。这些论断不仅对于新时期中国各大汽车产业集群及其核心城市的转型升级，而且对于其他产业世界中心的谋划与建设，都有重要的参考价值和指导意义。

一 新时期中国打造世界汽车产业中心正当其时

1. 全球汽车产业变革带来的战略机遇

众所周知，汽车产业的基础性、关联性和引领性无可比拟。作为国民经济的支柱产业和制造业的集大成者，汽车产业不仅自身举足轻重，而且是引领和拉动制造业整体转型升级的重要载体、抓手和龙头。特别是在新一轮科技革命驱动全球汽车产业发生深刻变革的当下，汽车作为诸多领域先进科技集成创新和应用的载体性平台的作用日益凸显，正与IT、通信、互联网、智能、金融、服务等产业深度融合；同时，新时期汽车产业还将具有超越传统意义的角色与内涵，成为汽车出行服务生态大系统中的互联节点、智能终端与核心枢纽，从而彻底打通并重塑交通、城市、能源、环境乃至社会生活的方方面面。展望未来，智能汽车与智能交通、智慧城市、智慧能源的融合创新与协同发展，将彻底解决城市尤其是大都市的可持续发展问题，实现高效顺畅的人、物、能源、资本及信息流动，并由此催生出全新的产业生态、商业模式与经济增长点。

在此前景下，汽车产业将为经济增长、地区转型、产业升级、科技进步以及社会可持续发展发挥更加重大的作用。正因如此，国家对汽车产业战略地位的认识不断深化，已经上升到国家战略和民族振兴的高度。一方面，汽车产业是国家稳增长、保就业、促消费的关键领域和长期支点，发展新能源汽车与智能网联汽车均已成为国家战略；另一方面，众多国家战略，包括建设制造强国、培育战略性新兴产业、建设创新型国家、抢占先进科技群制高点，推动新一轮城镇化、发展新型城市集群、建设交通强国、构建国家综合立体交通网，确保信息安全、建设网络强国和数字中国，以及实现碳达峰与碳中和目标等，无不与汽车产业息息相关，汽车产业的转型升级与创新发展将直接影响这些大目标的有效落地。也就是说，抓住汽车产业变革的战略机遇，将为抓住未来科技革命和国家、地方转型的战略机遇提供强有力的支撑。在这种大背景下，培育和打造能够聚集各方资源并引领新时期产业发展方向的新型世界汽车产业中心，既有推动产业转型和地方经济发展的现实意义，更有抢抓产业变革历史机遇，实现创新超越的深远影响，因此已成为各个国家和地区新一轮汽车产业发展与竞争的战略制高点。

2. 新时期中国打造世界汽车产业中心的机遇与可行性

世界产业中心的形成是经济发展的内在需要和客观规律，因为唯有最大限度地汇聚全球范围内的优秀企业、资本、技术和人才，才能实现最高效率、最低成本、最佳质量的协作分工和交流互动，进而碰撞思想、激发创新、催生商机直至引领发展，将资源集聚的"化学效应"发挥到极致。实际上，这一规律具有普适意义，各大产业莫不如此，而像汽车这样规模化的集大成产业尤其需要世界中心的加成作用。在这方面，美国的产业布局最具代表性，如底特律的汽车、匹兹堡的钢铁、纽约的金融以及硅谷的高科技产业等，均是无可争议的世界中心。不难看出，世界中心的核心价值在于促进产业更快更好地发展，因此，必须与产业最新的状态与需求紧密匹配。

正因如此，纵观历史，相关产业的世界中心往往伴随着全球格局的重塑和产业内涵的改变而形成或转移。当前，新一轮科技革命的有力驱动、能源环境方面的更高要求以及人类对于出行升级的持续追求，使汽车产业迎来广度和深度空前的变革，国家、地区、产业以及企业都面临转型，并将对交通、城市、能源、环境、科技、经济、生活乃至整个社会产生全方位的深刻影响。而汽车产业的巨大变化，意味着对世界汽车产业中心的诉求必然随之发生巨大改变，这就使主要聚焦传统汽车产业的原有世界中心面临严峻挑战，只有同时汇聚信息、互联网、智能等相关新兴产业，才能有效集聚新时期汽车产业发展所需的创新资源，继续发挥世界汽车产业中心应有的作用。也就是说，新时代正在呼唤新的世界汽车产业中心，从而给中国这样的产业后来者打造新型世界中心创造了历史性的宝贵机遇。

更重要的是，中国已经具备了打造新时期世界汽车产业中心的客观基础和有利条件。中国不仅坐拥全球最大的汽车市场,足以提供规模支撑,更形成了体系完备的汽车产业基础和全球领先的信息产业优势。此外,中国正处于转型升级、资源重组、动能切换的发展节点,恰好可以发挥后发优势,面向未来汽车产业和社会变革进行全新布局。这些因素使中国打造新型世界汽车产业中心的机遇更大,可能性也更高。

3. 新时期中国打造世界汽车产业中心的必然性与紧迫性

再从全球竞争态势和中国所处阶段的更大视角来看,目前跟随式创新的发展模式已经难以为继,今后中国必须依靠引领式创新才能实现可持续发展。这既给我们带来了前所未有的挑战,也为我们带来了前所未有的机遇。在此过程中,把握像汽车这样重要的战略性产业的发展方向,培育未来世界汽车产业中心,将为中国达成引领式创新发展目标提供核心支撑与关键突破口。因此,从实现全球引领的战略需求出发,中国努力打造世界汽车产业中心将是一个必然的选择。

同时,未来汽车产业的战略价值和深远影响将远超从前,打造新型世界汽车产业中心正成为各个国家、地区竞相角逐的关键战场。谁能成功构建新的世界汽车产业中心,谁就能牢牢抓住新汽车这一集制造、服务、能源、交通、通信等诸多产业于一体的全新支柱性大产业全面变革的历史机遇,有效集聚资源,实现转型升级,从而赢得全球引领和辐射的战略先机。而这一机遇窗口期稍纵即逝,为此,中国亟须创新发展,引领汽车产业生态和汽车社会生活的全面升级,进而为世界开辟全新的发展范式。具体如图1.1所示。

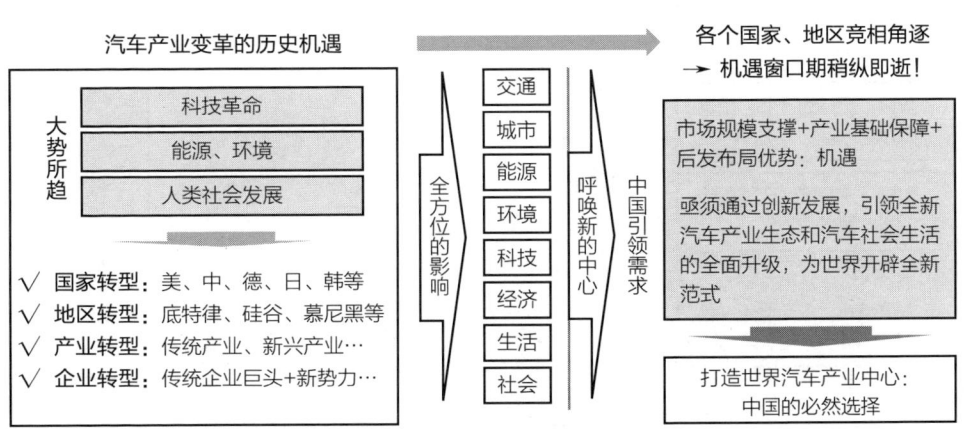

图1.1 中国打造世界汽车产业中心的历史机遇以及可行性、必然性与紧迫性

综上所述，对于打造世界汽车产业中心而言，产业变革带来的机遇是必要条件，国家及地区的市场空间、产业基础、承载能力、创新活力和引领愿望等是充分条件。面对汽车产业百年不遇的变革契机，谋求发展模式全面升级的中国打造世界汽车产业中心可谓正当其时，理应顺势而为，本着时不我待的紧迫感和当仁不让的使命感，加大力度重点推进。

二 新时期世界汽车产业中心的定义与内涵

1. 新时期世界汽车产业中心的定义

对于世界汽车产业中心，业界和学界并没有广受公认的准确定义。通过系统研究和对标分析，我将世界汽车产业中心概括为：集聚全球的产业、资本、技术和人才，引领全球汽车产业的发展变革，并辐射服务于全球汽车及相关产业的多功能、国际化、交互性大平台。也就是说，世界汽车产业中心必须具备集聚、引领和辐射三大要素，既要充分集聚全球的相关产业、丰厚资本、先进技术和高端人才，又要创新引领汽车产业全面重构的方向和进程，还要有效形成辐射本地区、全中国乃至全世界的相关产业、发展模式、多元业务、思想文化等的全方位影响力。而作为三大要素的具体体现，新时期的世界汽车产业中心必然是全球汽车及相关产业公司的总部中心、研发中心、制造中心、销售中心、人才中心、数据中心、创新中心、交流中心以及文化中心等。这些功能中心缺一不可，共同实现全球范围内的广泛集聚、特色引领和全方位辐射，如图1.2所示。

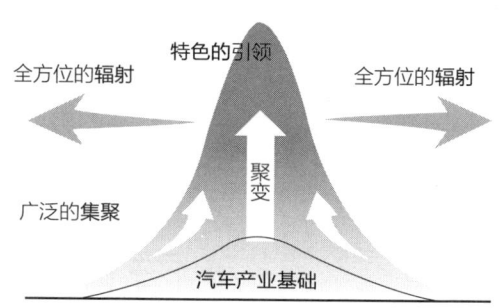

图1.2 新时期世界汽车产业中心的三大要素

从这个定义出发，新时期的世界汽车产业中心将完全不同于过去单纯聚焦于汽车生产制造的"旧"中心，而是对新汽车及其关联产业集聚效应强、引领作用大、辐射效果明显的新型产业发展的"集散地"，简单地说，就是全球汽车及相关企业、人才都愿意汇聚于此进行交流互动的中心。

2. 新时期世界汽车产业中心的内涵

在汽车产业深刻变革的新时期，世界汽车产业中心的内涵发生了根本性的变化。传统的世界汽车产业中心主要聚焦于"制造"：汽车产业链条长、带动效应大，产业内部互动频繁，人才、技术、资金高度密集，这些特点决定了唯有充分集聚制造业，才能形成最大化的规模效应。由此诞生了强调"制造"硬实力的传统世界汽车产业中心，底特律就是其中最典型的例子之一。而在新一轮科技革命的驱动下，新时期世界汽车产业中心将向"制造+服务"转变：一方面，汽车产业本身正在经历信息化和智能化的全面升级；另一方面，汽车互联互通、自动驾驶、储能供能以及出行服务等新能力，将催生新的交叉立体生态系统，使产业向服务化、生态化方向发展。由此，未来世界汽车产业中心将更强调跨界创新和"制造+服务"的软实力，是"底特律+硅谷"的融合体。

相对于传统世界汽车产业中心，新时期世界汽车产业中心必须承前启后、继往开来。也就是说，新世界汽车产业中心既要基于制造，更要超越制造，最终形成跨产业、多领域融合创新和分工协作的综合性大平台，真正成为引领世界汽车产业发展的"风向标"，如图 1.3 所示。

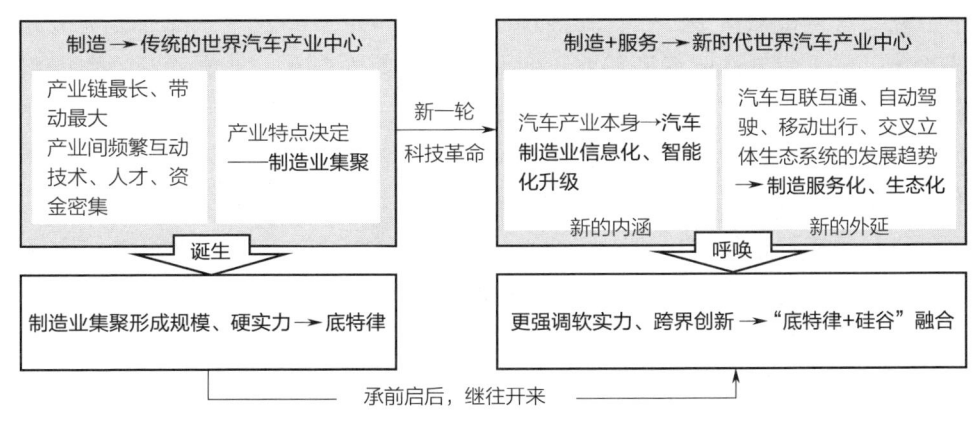

图 1.3　新时期世界汽车产业中心的新内涵

实际上，世界汽车产业中心的内涵演变与汽车产业的本质变化是相对应的。我将汽车产业的发展历程总结为三大阶段。在1.0时代，汽车刚刚诞生，此时是一个企业或者说一家工厂在独自打造汽车，其本质是道路交通从畜力、人力向机械动力升级的技术突破。在2.0时代，福特"流水线"模式催生出包括整车制造商、各级供应商和销售服务商在内的完整产业链，形成了一个产业分工打造汽车的繁荣局面，并一直延续至今，其本质既是技术突破，更是生产方式的重大变革。这让汽车成功地走进千家万户，并诞生了聚焦"制造"硬实力的传统世界汽车产业中心。而在即将到来的3.0时代，汽车制造业将呈现出日益明显的服务化和生态化特点，最终将由多个产业共同打造基于汽车的移动出行新业态，其本质是汽车产业由"制造"向"制造+服务"演进的全面生态变革。与此相应，以制造为根基的传统世界汽车产业中心亟须转型重构，而聚焦"制造+服务"软实力的新世界汽车产业中心正呼之欲出。

三 新时期世界汽车产业中心的评价维度与战略意义

1. 新时期世界汽车产业中心的评价维度

当前，世界主要强国均在着力发展汽车产业，力争打造新时期的世界汽车产业中心，提升创新引领的核心竞争力。那么放眼全球，究竟哪个国家最有可能脱颖而出？我认为，世界汽车产业中心候选者的综合潜力应从国家综合实力、市场支撑力以及产业竞争力三大评价维度出发进行衡量。

在传统汽车强国中，日、韩两国本土汽车市场空间较小，同时以海外销售为主，本土汽车产业资源相对不足且分散，而在新兴产业方面只在电子等领域实力较强，缺乏强大的信息产业，见表1.1。德国的情况大体与日韩类似，尽管也有沃尔夫斯堡（又称狼堡）这样大汽车集团总部汇集的中心，但和美国相比，其汽车产业资源仍然相对分散，并且互联网产业总体落后。美国的底特律无疑是传统世界汽车产业中心的代表，制造资源高度集聚，但由于美国传统制造业的衰落，其竞争力有所下降，甚至一度陷入"破产"境地，同时，虽然当地企业也在努力补足短板，但后续底特律集聚新兴产业、实现全面转型的难度较大；美国的硅谷则是跨产业的全球科技创新创业中心，拥有强大的科技引领实力，不过硅谷先天缺乏制造业的资源和基因，即便在互

表 1.1 新时期世界汽车产业中心的评价维度及各国比较

	维度	日韩	欧洲：德国	美国：底特律	美国：硅谷	中国
国家综合实力	国际辐射力	较强	较强	最强，但在多极化趋势下可能减弱		快速崛起，不断增强
	产业重视程度	重视	重视	较重视		日益重视，国家战略
	政府整合能力	一般	一般	一般		最强
市场支撑力	规模、潜力	较小、饱和	一般、饱和	较大，但已饱和		最大，仍有增长空间
产业竞争力	汽车制造业	先进	先进	传统制造业总体衰落	缺乏制造业；物联网时代，IT要依靠实体产业	转型升级制造强国
	产业集聚度	相对分散遍布全球	相对分散；狼堡等地是大汽车集团总部中心	汽车产业集聚度高		六大集群相对集聚
	新兴产业	局限于电子产业	互联网产业总体落后	正在努力补足	科技创新引领	信息、互联网、智能等产业崛起
综合潜力		★★	★★	★★★	★★	★★★★（逐步增强）

联网时代可领一时之先,但到了信息产业必须与实体产业深度融合的物联网时代,"硅谷模式"要继续保持引领优势恐怕也会遭遇巨大挑战。

反观中国,尽管在汽车产业竞争力上与汽车强国仍有差距,不过我们也有三大战略性优势。一是市场规模和潜力巨大。中国汽车销量稳居世界第一,与美日德三国的总和相当,而且相对于发达国家已经饱和的市场,中国汽车市场仍有中长期持续增长的空间。二是产业基础完备。一方面,中国汽车产业拥有全球最完整的产业链和最庞大的产能规模,并形成了资源集聚的六大汽车产业集群;另一方面,中国的信息、互联网、智能等产业正在快速崛起,将为培育新的世界汽车产业中心提供跨界融合、协同创新的有力支撑。在这一点上,中国和美国是全球仅有的两个兼具制造产业硬实力和信息产业软实力的国家。三是国家综合实力不断增强。特别是中国政府的整合能力远超主要竞争对手,而未来汽车产业的发展必然涉及全新法规标准体系的建立,新型基础设施的建设以及交通、城市和能源系统的融合升级等,政府在此过程中的作用至关重要且不可或缺。

综上所述,面向新一轮科技革命与汽车产业深刻变革,中国诞生世界汽车产业中心的综合潜力应该是全球最大的。只要我们充分发挥体制优势,有效调动并融合汽车和信息等产业的创新资源,集中力量、重点突破,就一定可以打造出新时期的世界汽车产业中心。而立足中国、连接世界的汽车产业中心,必将助力中国引领未来、辐射全球。对于中国来说,这也是必须把握的战略机遇。

2. 中国打造世界汽车产业中心的候选地区及城市

世界汽车产业中心最终要落脚于某个具体地区及其核心城市。如果说全球产业重构和中国优势潜力是所有中国候选地区及城市共有的天时,那么,最终谁能胜出则要看各自的地利和人和。具体来说,各地的地利和人和条件既包括传统的基本要素,也涉及新时期的新要素。在基础要素方面,一是产业集聚度高、影响力大,主要指拥有本国最强的汽车企业,且是国际交流的集聚地;二是科研力量强、技术创新力领先,主要看本地企业的研发能力和本地高校的科研水平;三是地理位置优势显著,本地区经济发达,且是国际化大都市;四是城市软硬实力强大,不仅产业及服务配套体系完备,而且产城融合程度高,展览、展会、赛事和文化活动等的基础设施优良。在新要素方面，第一，应具有创新氛围和机制，能吸引各类科技公司和中小创业企业汇集于此；第二，应在信息、互联网、智能等新兴领域具备引领潜力，能实现基于汽车的跨产业、跨领域融合创新；第三，未来智能网联汽车将是区域性的产品，所以面向出行服务、商业模式、产城协同等进行创新尝试与发展引领的认识高度和行动能力，也是成为世界汽车产业中心的重要条件。

目前，中国已经形成了六大汽车产业集群，每个产业集群都有可作为世界汽车产业中心候选者的核心城市，按地理位置由北到南依次为：东北（长春）、京津冀（北京）、长三角（上海）、中部（武汉）、西部（重庆）和珠三角（广州）汽车产业集群。综合对比分析可以发现，这六大汽车产业集群在天时上平分秋色，在地利与人和上则各有不同优势和不足，与理想的世界汽车产业中心都还有不同程度的差距，主要表现在核心城市的软实力、影响力、引领性和代表性尚不足以完全支撑其成为全球中心。

我的团队经系统研究发现，尽管六大集群都有成为世界汽车产业中心的潜在可能性，不过以上海为中心城市的长三角集群，相对而言有利条件最为突出。首先，长三角是中国经济最发达的地区之一；其次，长三角汽车产业基础雄厚、产业链完备、龙头企业集中，汽车产值约占全国总产值的三分之一；最后，长三角地区以上海为龙头，拥有多个汽车产业基础很好的城市，无论是汽车产业自身资源，还是人才、资本、科技、信息、数据以及创新活力等新要素，都有集聚、引领、辐射的良好基础和巨大潜力。

展望未来，上海能否从打造新时期世界汽车产业中心的竞争中脱颖而出，取决于地方政府是否有前瞻的战略认识、清晰的全球定位、坚决的转型行动和系统的推进策略。建设世界汽车产业中心是一项艰巨、复杂且长期的任务，最终取得成功的城市必将为中国引领全球汽车产业、城市及社会的创新发展，开辟全新的路径，确立不同的范式。

3. 打造世界汽车产业中心的战略意义

对于有潜力的候选城市而言，把握汽车产业变革的历史机遇，制定城市中长期发展战略以及地区协同发展战略，全力打造世界汽车产业中心，不仅与国家战略高度契合，而且也是地方经济新旧动能转换、产业全面升级、城市转型发展的重要抓手和关键突破口，具有深远的战略意义。

第一，汽车产业作为科技创新核心载体的作用毋庸置疑，世界汽车产业中心将为地方和国家实施科技强国与创新驱动战略提供重要支撑；第二，汽车产业是高端制造、智能制造的最高境界以及建设制造强国的最佳抓手，世界汽车产业中心将为地方和国家做实、做强、做优实体经济提供重要支撑；第三，汽车产业与信息通信等产业的跨界融合是未来必然的发展方向，世界汽车产业中心将充分集聚多方人才、技术和资本资源，为地方和国家践行网络强国、数字中国以及"互联网+"战略提供重要支撑；第四，未来汽车产业还将彻底打通交通、城市、能源等系统，驱动人类社会生活的全面升级，因此，世界汽车产业中心还将为地方和国家推动区域协同一体化发展、开创新型城镇化模式、提升社会治理能力乃至实现可持续发展提供重要支撑。

站在世界政治经济格局震荡调整的历史节点上，我认为，确有优越条件的中国汽车城市责无旁贷，应尽快明确打造世界汽车产业中心的中长期目标，系统规划实施方案，并以此为基础，服务国家战略，参与国际竞争，进一步激发中国的经济、科技与社会活力，直至实现全球范围内的创新引领和影响辐射。这不仅对于城市和地区的创新发展意义重大，而且也是中国抢占新时期全球产业与科技制高点的关键所在。

四 打造世界汽车产业中心的战略方针与落地举措

1. 打造世界汽车产业中心的战略方针

必须指出，新时期世界汽车产业中心的建设只靠某个城市自身规划和努力是远远不够的。唯有以核心承载区为圆心，以中心城市为主体，有效协调并打通整个区域腹地，科学系统布局，凝聚最大合力，同时还要力争上升为国家战略，借助国家平台的强大整合力与推动力重点培育，才有可能真正打造出立足中国、连接世界、引领未来、辐射全球的世界汽车产业中心。

由此出发，我为中国打造世界汽车产业中心提出以下战略方针：其核心思想是以汽车作为载体，构建社会、产业、企业三位一体的区域联动机制，形成交叉融合的产业生态系统并逐步扩展，打通"从0到N"科技创新、产业应用以及规模普及的完整路径。如图1.4所示，首先要以核心承载区为世界汽车产业中心的圆心，集聚汽车产业和新兴产业的创新资源和要素，如人

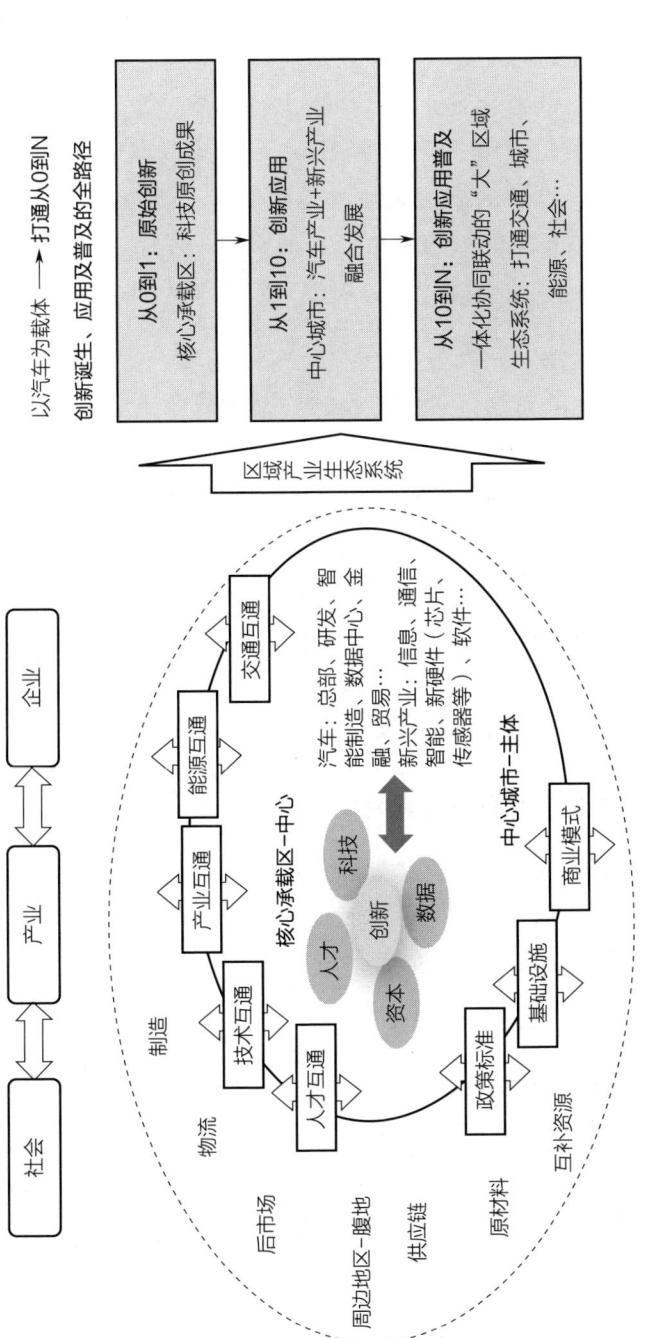

图1.4 打造世界汽车产业中心的战略方针

才、科技、资本、数据等，形成"从0到1"的原始创新发源地；其次要以中心城市为主体，通过交通互通、能源互通、产业互通、技术互通、人才互通以及政策标准、基础设施、商业模式等的共建共享，形成产城融合的"小"生态系统，支撑"从1到10"的创新应用；最后要以本地区为腹地，从中心城市生态系统出发，不断向周边拓展，构建制造、物流、后市场、供应链、原材料以及互补资源齐备的城市集群，打通交通、城市、能源和社会，形成一体化协同联动的"大"区域生态系统，支撑"从10到N"的创新应用普及。

需要强调的是，世界汽车产业中心的核心承载区更应是汽车及相关新兴产业公司总部和研发中心的集聚地，同时应有优势高校与科研院所的加持，从而形成科技创新与交流的战略高地，在汽车产业变革中真正掌握创新引领的动力源。由此出发，原本聚焦于制造能力的主要汽车城市，需要尽快转变发展思路，不再盲目引入常规的制造工厂，而应积极引入重点领域的高科技企业及创新创业公司，甚至有必要为此"腾笼换鸟"，即通过转移原有的制造资源来为新兴领域的创新资源争取发展空间。在这方面，协同联动的一体化区域恰可发挥承接和互补的重要作用。

2. 打造世界汽车产业中心的落地举措

世界汽车产业中心既要基于制造，更要超越制造；既要继承硬实力，更要培养软实力，其落地的关键是必须回归产业中心的本质定义，让集聚、引领和辐射三大核心要素都能充分实现。

(1) 广泛的集聚是根本

首先，产业的集聚是核心。核心承载区、城市、地区三个层面各有不同的定位和功能，应分别汇聚不同领域和环节的特色资源，形成互补性的优化配置，最终构建以汽车为中心的新兴产业集群。在此过程中，尤其要重视引进和培育龙头企业，以此拉动中小企业共同成长，形成跨界融合创新的完整体系。

其次，人才的集聚是关键。集聚高层次人才是世界汽车产业中心的核心指标和重要诉求之一，因为高层次人才的引入必将带来产业、科技、管理、资本等各个方面创新能力的提升。对于世界产业中心而言，不仅要吸引人，而且要留住人，因此必须既宜业更宜居，通过优越的创新创业环境、优厚的人才激励政策和优良的配套生活体系，为人才提供发展空间、解除后顾之忧。

最后，活动的集聚是商机。世界汽车产业中心必然是交流的中心，包括不同企业和高校间的业务、学术与技术互动，各种论坛、会议、展览、展会，以及各类汽车赛事、文化交流活动等。大量的人才、信息、技术和商品汇集于此，不仅将对城市本身产生巨大的宣传效应，而且还会促进相关产业资源的优化组合，进而带来更多更大的商业机会。

(2) 特色的引领是方向

一是思想引领，通过集聚具有全国乃至全球影响力的论坛、会议、展览、展会和赛事等活动，在世界最前沿、最高端的交流中形成思想及文化引领；二是产业引领，既包括技术创新引领，也包括商业模式引领，即成为技术创新应用、成果示范推广、商业模式创新、跨界融合发展、产业生态建设的试验田和先行者；三是城市和社会引领，探索未来汽车及移动出行服务在社会生产生活中的新角色和新作用，实现产城融合与城市升级的先发引领，在新型交通体系、城市结构、能源系统以及智能化综合治理能力等方面，均成为全球效仿的典范。

(3) 全方位的辐射是使命

集聚和引领是形成辐射能力的基础，反过来，辐射将进一步推动城市实现更好的集聚和引领。辐射应沿着范围和内容两大维度不断扩展：在范围上，从本地区到全国，再到全世界；在内容上，从产业辐射出发，逐渐涵盖人才辐射、模式辐射、信息辐射，直至实现思想辐射、文化辐射。两大维度相互交织，需要系统设计、有序推进，最终实现世界汽车产业中心的全方位辐射，增强其全球影响力和吸引力。

打造新时期的世界汽车产业中心不可能一蹴而就，需要在统筹规划下，分阶段、有重点地逐步实施。总体来说，初期应着力完成核心承载区的产业转型升级和创新资源集聚，形成产业中心的核心功能和特色优势；中后期则应进一步提升全球影响力,建成引领新时期发展范式的新型现代化汽车城市;同时在推进的全程中,应随时进行总结和优化,并注重和强化宣传推广,为核心承载区与中心城市的集聚、引领和辐射作用提供助力。只要坚定前行、不断努力,最终中国一定能够成功打造出世界汽车产业中心,为人类的发展进步做出更大贡献。

(本文根据赵福全教授2018年2月2日在上海市嘉定区"建设新时代世界汽车产业中心战略行动方案"研讨会上的专题讲座整理)

汽车产业重构解析

【精彩语句】

"如果硬件和软件不结合,未来的智能汽车就发挥不了作用。未来能够主导汽车产业的,一定是把'智'和'能'最有效融合的力量。"

"如果说过去一百年,汽车改变了人类,那么未来一百年,人类则将改变汽车,进而让汽车更好地服务于我们的生活。"

"汽车正在进入前所未有的特殊变革期,我们将迎来产业的全面重构。汽车将'老树开新花',虽然名称还是一样,但内涵完全不同。无论汽车产品、企业、产业,还是整个业态,莫不如此。"

"汽车是产品的载体、技术的载体、应用的载体、集成的载体,也是创新成果的载体,更是价值的载体。"

【编者按】

在本文中,赵福全教授首次对汽车产业重构进行了系统梳理和全面解析。赵教授着重指出,本轮汽车产业全面重构意味着汽车技术、产品、企业、产业以及整个生态的重大变革,汽车产业将因此与此前大不相同,并将带来空前的历史机遇和严峻挑战。同时,赵教授也分享了汽车产品定义需要软硬结合、汽车产业是智能制造的重要载体和抓手、新能源与智能网联汽车两大方向必须协同发展等观点。最后,赵教授提出,汽车产业的传统力量与新入势力是竞争更是合作关系,而汽车的使用者将成为最大的受益者。

一 汽车产业变局:前所未有

当前,以互联网等技术为代表的新一轮科技革命方兴未艾,正在引发全球制造业的格局重塑,人类社会翻天覆地的变化前景,将赋予汽车全新的使命。一是共享经济:原来是通过购买来使用汽车,同时拥有汽车也是一种财富的象征,而未来,拥有汽车并不重要,使用汽车才是目的,汽车共享将是共享经济的最重要体现和最高境界之一。二是服务经济：人类社会由农业经济向工业经济，再向今后的服务经济发展，汽车将不再是简单的移动工具，而是成为一种不可或缺的交通服务。三是智能经济：未来整个社会步入智能时代，智能汽车将伴随着使用者一起走进千家万户，并与其他智能产品、技术紧密相连。

由于以上趋势，汽车产业正面临前所未有的重构。归纳起来主要将在以下三个方面发生巨大变化。第一是互联互通。很多互联网企业之所以进入汽车行业，就是因为他们把汽车视为可移动的智能终端。第二是自动驾驶。现在的汽车还是由人来驾驶，将来不会开车或无法开车的人也可以享受汽车出行的便利，这将彻底改变我们对汽车的使用模式。第三是交通成为服务。原来汽车是点到点自由移动的工具，汽车企业打造的就是这样一种产品，但是未来汽车将不单单是一种产品，而是逐渐成为智能时代和未来社会中必不可少的一种交通服务。这三方面的变化决定了汽车将不再是简单的代步工具。

从这个意义上讲，人们理解的传统汽车产业和产品确实受到了严峻挑战，新兴的移动生态将引发产业链的整合，由过去的产业边界泾渭分明、整车企业垄断，向产业边界渐趋模糊、参与方彼此交融的方向演进。但是这并不意味着汽车业的没落，恰恰相反，这将给汽车产业带来全新的发展机会。因为汽车不再是简单的传统产业，更不是简单的某一种技术，而是能够把很多技术、产品和相关产业集成在一起的一个重要载体，具有极大的产业关联性和带动性。

汽车产品定义：软硬融合

当前新兴力量纷纷跨界涌入汽车领域，传统力量也在积极应对、谋求更大发展，汽车产业正在上演前所未有的精彩篇章，究竟未来汽车产业"谁主沉浮"？由此衍生出一个关键问题：未来汽车品牌和产品的定义是继续以硬件为主，还是将变为以软件为主？我们知道，传统汽车产品是以机械为代表的硬件为主，比如车身、底盘、动力系统等，软件部分的分量很小。而很多人认为，在未来的汽车产品中，软件将占据主导地位，互联网企业跨界造车，往往就是以软件作为主要优势和切入点。这个问题将在很大程度上决定谁才是未来汽车产业的主导者。笔者个人认为，一方面，"软"的成分在汽车中所占的比重一定会越来越高；另一方面，那种认为"硬"不再重要、"软"将很快超越"硬"处于绝对主导地位的观点也未免有失偏颇。对此，我们可以从对智能的理解中寻求答案。

何谓智能？智能应该是智慧与能力的有效融合。从产品角度讲，"智"是偏软的部分，代表着使用设备、制造产品的知识，控制的方法、逻辑和过程，知识的积累与更新等；"能"则是偏硬的部分，包括设备、机构，也包括质量、可靠性、材料、工艺等。显然，人的智慧要在机器上最大限度地发挥，让机器有效地执行命令，需要以卓越的机器本身为基础，也需要以卓越的"智慧"控制为升华。比如汽车底盘要实现所有的功能，制动、转向系统等硬件必须有效，然后才能依靠软件控制更好地发挥硬件的潜力。也就是说，"智"和"能"是有机的整体，两者缺一不可。"智"让"能"更好地发挥，"能"让"智"得以体现。不能简单地认为智能汽车只要"软"的部分做得好就可以了。

有没有"智"，简单理解，就像是机器人和智能机器人的区别，后者显然要比前者"能干"得多，智能机器人使机器人本身的能力得以最大限度地发挥。而有没有"能"，就像是智能机器人和智能稻草人的区别，智能机器人很厉害，但是智能稻草人有"智"无"能"，什么也干不了。从另一个角度来分析，"智"也是一种"能"，既可以让基本的"能"发挥出更大的作用，也可以从已有的"能"挖掘出更大的潜力。因此，我们可以得出结论："能"是基础，"智"是升华，只有"智"与"能"有效结合，才能使能力最大化。由此不难推断，如果硬件和软件不结合，未来的智能汽车就发挥不了作用。未来能够主导汽车产业的，一定是把"智"和"能"最有效融合的力量。

三 汽车产业未来发展：机遇与挑战并存

汽车产业发展需要两大资源，一是土地资源，二是能源资源，这两项中国都不充分。但是过低的千人保有量不符合汽车产业发展的经济规律和广大国民的内在需求，也不能充分发挥汽车保障资源顺畅自由移动的战略作用。基于中国巨大的市场需求、相对较低的千人保有量以及未来可期的经济增长潜力，笔者认为，中国汽车产业依然有很大的发展空间可以期待。

当然，汽车产业的可持续发展也面临着能源短缺、环境污染、交通拥堵以及安全事故四大挑战。尽管这四大挑战是全球共性问题，但在中国更为严重。反过来讲，以中国汽车产业的规模，一旦中国的问题得到解决，就将为全球问题的解决树立典范。因此，挑战带来机遇，压力也是动力，汽车社会的四大问题倒逼汽车产业向低碳化、信息化、智能化的方向加快进步。笔者认为，这其中低碳化是技术问题，信息化是产业基础支撑的问题，而智能化则是产业发展的战略制高点。也就是说，"三化"在境界和难度上是有所不同的。低碳化主要解决能源和环境问题；信息化、智能化则让汽车更加聪明，为人类提供更高效、安全的出行，并助力节能减排。

需要注意的是，未来汽车技术创新将不只是通过产品来实现，更要结合用户体验和应用场景，并以商业模式和金融资本作为杠杆，最后协同实现汽车产业的大发展。同时，汽车技术的外延也将得到空前的扩展。不久前麦肯锡预测了未来将对人类社会产生重大影响的 12 项技术，其中有 11 项技术都和汽车相关，包括 9 项直接相关、2 项间接相关，只有 1 项"下一代基因组技术"与汽车没有关系。其他所有影响人类未来三十年的重要技术，无论是移动互联网、人工智能、物联网、云计算、先进机器人、自动化交通工具，还是能量储存、3D 打印、先进材料等，都和汽车明确相关。或者也可以说，这些技术将通过改变和完善汽车，来改变和完善我们的产业、生活乃至整个社会。因此，我们理应对汽车产业未来的发展抱有信心。如果说过去一百年，汽车改变了人类，那么未来一百年，人类则将改变汽车，进而让汽车更好地服务于我们的生活。

四 汽车产业重构："老树开新花"

如前所述，汽车正在进入前所未有的特殊变革期，我们将迎来产业的全面重构，包括汽车人在内，所有人都需要重新认识汽车。汽车将"老树开新花"，虽然名称还是一样，但内涵完全不同。无论汽车产品、企业、产业，还是整个业态，莫不如此。

从产品来看，汽车将不再主要是指使用汽油的车辆，比如纯电动汽车，其实和"汽"根本没有关系；即使是太阳能动力汽车，也依然叫作汽车。显然，汽车产品已经不能只理解为传统汽车了，它将具有新的内容：由简单的代步工具变成人类的伙伴，不仅能帮助人、解放人，还要能理解人；成为家庭、办公室之外的第三空间，电视、电脑、手机之外的第四块屏。

从企业来看，整车企业的角色也将重新定义，从简单的汽车制造厂商变成移动服务的提供商，像大众、通用、福特、丰田等各大厂商都在进行这样的转变，即不仅要生产汽车，还要提供交通服务。

从产业来看，汽车产业将出现跨界和重塑，趋向融合发展。谷歌等互联网企业曾经只是汽车产业的旁观者，现在则开始成为汽车产业的直接参与者。老汽车人在"重生"，新汽车人在"诞生"。大家的共同目标是，既要造出智能汽车，也要实现汽车的智能制造，而这将深刻影响未来的交通、生活与社会，以及能源、环境与科技，并最终引领和实现未来产业和产品的创新发展。

从全业态来看，汽车产业的链条将更长，范围将更广，特别是下游将得到极大的延展。而万物互联和"长尾效应"，将使汽车企业在下游服务端获得巨大的商机。正因如此，我们不应只聚焦于汽车和零部件制造本身，更应该围绕汽车产业打造研发平台、管理平台和服务平台，从而促进汽车产业融合创新发展。

总之，未来的汽车产业，空间将不断扩展，跨界将成为常态。新兴力量谋求通过进军汽车产业获利，传统力量同样可以加快变革来把握机遇。我们必须从大交通、大能源、大环境的高度，从出行、互联、共享、娱乐等多维的角度，来看待汽车产业的新生态系统。未来的汽车产业商机无限，关键在于谁能够站得高、望得远、看得清、看得准。

五 汽车制造：向"智能制造"升级

这里需要关注一下德国的"工业4.0"，这被视为全球制造业转型升级的风向标。"工业4.0"提出了智能制造，并把汽车产业作为突破口。这是因为汽车产业最为复杂，如果解决了汽车的问题，也就解决了制造业的核心问题。

更重要的是，汽车产业的基础性、关联性和带动性无可比拟，德国认为，要做"工业4.0"，必须找到这样一个产业作为载体。实际上，德国工业在很多领域都非常强，比如装备制造业，但是装备制造业如机床、冲压设备等，在汽车制造上才是价值最高的应用。而制造业整体的转型升级，必须是多产业、多领域的协同发展，汽车产业恰是最佳的载体、龙头和抓手。

此外，"工业4.0"不是工厂的4.0，更不是车间的4.0，而是整个国家工业体系的4.0，需要制造业整体水平的提升，包括必须让中小企业有效融入。而德国拥有众多品质一流的中小企业，这也是德国选择汽车作为"工业4.0"突破口的原因。以西门子等作为智能制造解决方案的提供者，以宝马、博世等作为汽车整车、零部件核心技术的提供者，以弗劳恩霍夫协会等作为第三方智库支持的提供者，在德国工程院的牵头下，形成了基于汽车产业的"工业4.0"示范工程。这充分体现出德国对于汽车产业重要性的深刻理解与高度重视。

我们必须清楚地认识到，汽车产业如果不做强，很多高新技术将失去应用的平台和进步的驱动力。比如先进的装备制造业，如果没有应用的载体，如何体现其水平？先进材料和先进制造技术，也需要在汽车这样的支柱性产业上集中应用，才能更好地发挥作用。像3D打印这样的新技术，打印一个零部件不是问题，难的是如何打印一台性能优异的汽车。再比如物联网技术，显然越是在汽车这样复杂的产业上实现全价值链的充分连接，才越能体现其巨大价值。毫无疑问，汽车已经成为新兴产业发展的重要载体，同时正在成为其上下游众多相关产业和领域的核心枢纽。

六 两大战略方向：历史机遇

新能源汽车和智能网联汽车是现阶段汽车产业的两大战略方向，两者并非割裂关系，而应协同发展。其中，汽车电子是两者之间最大的交集和支撑，未来汽车行业预计将有70%的创新都源自于此。汽车动力源转变与智能化升级交汇，提供了前所未有的历史机遇，对于中国这样的后发国家而言，机会尤其难得。

其中，发展新能源汽车已成为国家战略，政府进行了大量持续的投入，取得了很大进步。当然，新能源汽车仍然存在很多问题，无论是技术问题、成本问题、可靠性问题，还是基础设施、商业模式，都还没有完全解决。特别需要指出的是，我们不能认为打造新能源汽车可以脱离传统汽车技术。新能源汽车最核心的固然是电池、电机和电控技术，但是汽车本身的共性技术和基本功能如果做不好，新能源汽车产品依然不会有竞争力。不要以为发展新能源汽车，传统汽车技术就不重要了，相反，做好新能源汽车恰恰要求我们加快提升汽车基础技术水平与共性技术能力。

而智能网联汽车代表着信息化、智能化的演进方向，是未来汽车技术的战略制高点。未来通过互联和智能，汽车将成为人类的伙伴，实现帮助人、解放人和理解人。像现在已在使用的倒车雷达等，就是帮助人的技术。而未来汽车将能够理解人，像伙伴一样与人聪明地互动。当然，智能汽车的发展涉及的不单是汽车本身，更与信息、网络、交通等领域的技术进步息息相关。如果说发展新能源汽车更多的是要解决电池、电机、电控等技术问题，那么发展智能网联汽车所需要面对的则是整个汽车产业生态系统建设的问题。所以，相比于新能源汽车，智能网联汽车更需要国家的顶层设计和全盘谋划。聪明的汽车可以让资源更节省，让环境更美好，让出行更安全、也更高效，因此，汽车人理应致力于让未来中国保有的几亿辆汽车都变成更聪明的智能汽车。

此外，汽车产品与技术的革命性进步还与商业模式紧密相连、互为促进。在这方面，信息互通、自动驾驶与汽车共享就是如此。在物质不够丰富的时代，人们往往以占有某种商品显示自己的地位，而在物质极大丰富、产能逐渐过剩的时代，共享经济将成为常态。想要使用不同的产品和服务，购买不是必要手段，共享更为划算。而前提则是人们互相之间实现有效的信息交换，随时掌握哪里有共享的资源、哪些人有共享的需求。在这方面，汽车共享是最高境界。其实，汽车共享在本质上并不是新事物，出租车就是一种原始的汽车共享。而未来以充分的信息网联和高度的自动驾驶技术为支撑，完全按需索取、随用随叫、随用随还的汽车共享将成为现实。今天我们通过智能手机进行网上实时约车已经很容易了；而未来通过无人驾驶，汽车可以实现无人状态下的自由移动，从而将使全天候的汽车共享水到渠成。受此影响，未来汽车制造商将有一部分智能汽车只造不卖，生产出来后直接投入运营，供消费者共享使用。汽车共享将彻底颠覆我们曾经的用车方式，新的模式很可能并不遥远。

七 产业重构的赢家：无关新旧

展望明天，汽车产业的机会非常多，挑战也非常大。未来汽车产业的内涵和外延都在发生巨大变化，汽车产业本身就是一个最古老的"新兴"产业。汽车产业人才、资本和技术高度密集；是传统制造业的载体，更是新兴产业的载体；代表着大量复杂技术集成应用的最高境界。要打造好未来汽车，既要把我们传统的、基本的"能"做好，更要把未来的、前瞻的"智"做好。总之，汽车是产品的载体、技术的载体、应用的载体、集成的载体，也是创新成果的载体，更是价值的载体。

在汽车产业跨界成为常态、新兴力量与传统力量正面碰撞的新时代，底特律和硅谷究竟谁能成为最后的赢家？对此，笔者的答案是：要打造既安全便捷又节能环保的智能汽车，底特律和硅谷两边的能力缺一不可，偏废任何一方都满足不了未来卓越汽车的全面需求。因此，两者之间既有竞争更需合作。实际上，这恰恰是互联网思维的体现——在协作中竞争，在共享中获利。在未来相当长的一段时间，跨产业的并购合作将频繁发生，因为只有底特律和硅谷所代表的两种产业力量有效联姻，汽车产业和社会才能更加美好。从这个意义上讲，底特律和硅谷都不是未来的赢家，通过两者之间的竞争与合作，汽车的使用者将成为最大的受益者。未来谁能够将两股力量有效整合，谁就能成为产业重构的主导者！

（本文原载于《汽车商业评论》2016 年 8 月第 8 期赵福全教授专论）

汽车产业的战略定位、发展前景与行动策略

【精彩语句】

"万物互联和人工智能等新技术的发展和普及,将彻底改变汽车产业的方方面面:一是汽车制造体系正向'智能制造'升级;二是汽车产品形态正向'智能网联'升级;三是汽车产业生态正在发生全面变革。"

"中国汽车产业必须紧紧抓住新一轮科技革命的战略机遇和建设制造强国的历史契机,坚决实施战略转型,系统思考、重新定位、夯实体系、提升能力,以开放协作的积极心态,充分调动一切可用资源,为建立适应中国特有国情和特殊需求的新型汽车产业及新型汽车社会而持续努力。"

【编者按】

早在2015年,赵福全教授就对汽车产业格局重构的战略影响和发展前景进行了精要阐述,今天重读赵教授对汽车制造、汽车产品、汽车产业生态演进方向与核心本质的判断,不能不感叹其敏锐的洞察力和准确的预见性。在文中,赵教授为中国汽车产业"十三五"期间的发展提出了有针对性的行动策略,并特别强调要探索建立新型的分工协作关系和商业模式,这恰恰指明了后续产业融合发展的总体趋势和破局关键。

一 中国汽车产业的战略定位与未来前景

当前,以互联网、大数据、云计算等为代表的新一轮科技革命正在带来全球范围的社会变革和产业重塑,其影响的广度和深度将远超过去数十年。汽车产业及技术也因此面临前所未有的全新变局,其内涵与外延正在被重新定义。与此同时,汽车产业已正式纳入国家建设制造强国的战略规划与行动纲领,并确定了节能汽车、新能源汽车、智能网联汽车的发展方向及战略目标。这标志着建设汽车强国首次明确成为国家战略,而且关联性、带动性极强的汽车产业将为建设制造强国提供龙头、抓手和载体,因此,新时期汽车产业加快转型升级,可谓责无旁贷。

由此，全球产业格局的重构期与中国制造强国的攻关期形成历史性交会，为建设汽车强国带来了前所未有的新机遇与新挑战。恰逢"十三五"即将启动的发展契机，汽车产业必须把握机遇、直面挑战、勇往直前，在建设汽车强国的征途中迈出坚实的一步。

万物互联和人工智能等新技术的发展和普及，将彻底改变汽车产业的方方面面，其突出表现有：一是汽车制造体系正向"智能制造"升级。集智能设计、智能生产、智能物流、智能服务于一体的智能工厂，将使生产模式发生由"集中式、强中心化、固定配置的计划式"向"分散式、去中心化、动态配置的需求式"的根本性转变；直接连通不同企业的B2B、直接连通客户和企业的C2B模式将成为未来汽车产业发展的主流，目标是实现大规模的定制化生产，能否融入互联的智能制造体系将成为企业未来生死存亡的关键。二是汽车产品形态正向"智能网联"升级。作为新的互联工具与通信端口，汽车将成为可移动的数据终端，构成智能交通体系乃至新型智慧城市中不可或缺的重要组成部分，并逐步进化成为人类更加"聪明"的伙伴。三是汽车产业生态正在发生全面变革。产业链将由线性连接转变为网状交融，数据将成为第一生产力，汽车使用、服务等相关商业模式正在发生改变，共享经济将在汽车产业得到突出体现。由此，在整个汽车产业和汽车社会中，开放协作与跨界融合将成为常态。

展望未来，中国汽车产业的长期增长前景依然可期。但是中国受资源、环境和基础设施等制约因素的影响远超其他任何国家，给汽车产业的可持续发展带来了现实压力，从而倒逼节能环保等法规必须加快升级、相关核心技术必须加快进步。与此同时，全体国民便利出行和资源顺畅调配的需求又给汽车产业的发展带来了强劲动力。实际上，整个社会形成高水平的移动性和运载力，是中国迈入发达国家行列的基本保障和主要标志之一，而汽车在其中的作用不可或缺。正因如此，汽车产业、产品、技术与商业模式的全面创新至关重要且迫在眉睫。

三 "十三五"期间中国汽车产业的行动策略

为尽快改变产业"大而不强"的现状，早日实现汽车强国梦，在"十三五"期间，中国汽车产业必须紧紧抓住新一轮科技革命的战略机遇和建设制造强国的历史契机，坚决实施战略转型，系统思考、重新定位、夯实体系、提升能力，以开放协作的积极心态，充分调动一切可用资源，为建立适应中国特有国情和特殊需求的新型汽车产业及新型汽车社会而持续努力。

第一，厘清长期发展战略，明确"十三五"行动纲领。在制造强国战略的指引下，细化汽车强国战略及技术路线，系统研究汽车产业在新科技革命中的重大机遇及相应的多维变化，为产业转型升级指明发展方向，并通过深化改革和持续创新发挥体制优势、形成政策支撑。

第二，构建适应新型汽车产业的标准体系，加强配套基础设施建设。面向未来万物互联前景下节能环保的汽车产品和共享融合的汽车社会，国家应积极主导并加速制定相关的政策、法规和标准，依托庞大的产业规模，扩大在全球制造业未来标准体系中，特别是在数据接口、传输规范和信息安全等方面的话语权。同时，应为节能与新能源汽车和智能网联汽车的加快发展和有效普及，加强相关基础设施和公共服务能力建设，完善配套支持。

第三，补课与追赶相结合，持续强化技术创新、体系建设和人才培养。坚持不断加大研发投入，尤其聚焦于关键领域内共性及核心技术的掌控和基础数据的积累。在大力发展新能源汽车和智能网联汽车的同时，尽快补足传统汽车关键技术的差距。面向未来互联协作的新型产业模式，建立更正规、更开放的技术体系与开发流程，并打造多层次的人才培养和产学研协同创新机制，为汽车全面实现低碳化、信息化和智能化提供助力。

第四，探索建立新型的分工协作关系和商业模式。充分认识紧密协作、深度融合的必然性与紧迫性，为融入未来全新的汽车产业生态和智能制造体系储备能力做好准备。以更加积极开放的思维，为实现跨行业、跨领域、跨企业的有效合作以及企业与客户之间的直接互动，全面探索创新商业模式。努力打造基于网络的设计生产服务一体化体系，尝试构建多方资源合理分工、有效协作的全新产业格局。积极推动"轻拥有、重使用"的汽车共享模式，加快培育与节约型社会相匹配的新型汽车文化。

（本文根据赵福全教授为"2015中国汽车技术首脑闭门峰会"起草的技术首脑宣言整理）

汽车产业低碳化评价指标体系

【精彩语句】

"控制汽车产业的能源消耗总量、转变能源消费结构、推动新能源和可再生能源发展等,将是降低汽车产业碳排放的重要手段和措施。"

"汽车产业低碳化评价的7个一级指标分别代表产业低碳化、产品低碳化、能源低碳化、基础设施低碳化、出行低碳化、政策环境低碳化和文化低碳化。这7个一级指标之间相互关联、相互影响、相互制约,存在复杂交织的逻辑关系,其中既有短期因素,影响当前汽车产业低碳化情况,也有长期因素,影响未来汽车产业低碳化走向;既有需要国家担纲解决的问题,又有需要企业努力克服的困难,还有需要消费者改变来实现的目标,更有需要社会各方共同面对的挑战。"

"汽车产业低碳化发展是顺应全球低碳化发展趋势的必然选择。尤其对于中国而言,推动中国汽车产业低碳化,一方面能够支撑中国实现温室气体排放2030年达峰的目标;另一方面将会缓解中国对于石化资源的依赖,推动可再生能源的快速发展,有效改善中长期能源结构。"

【编者按】

当前,低碳发展已成为全球普遍共识和中国国家战略,而集大成的汽车产业在中国碳排放控制的艰巨任务中扮演着至关重要的角色。为此,结合中国工程院项目研究需要,赵福全教授带领团队从低碳化角度切入,对汽车产业可持续发展问题进行了系统研究和深度解剖,提炼出影响汽车产业低碳化的各个关键因素,厘清了各个要素之间的复杂逻辑关系,构建了汽车产业低碳化的多级评价指标体系,并通过量化评估与国际对比,识别出中国与世界汽车强国在低碳化方面的主要差距及根本原因,预测了未来中国汽车低碳化发展的时序进程。在此基础上,从国家、企业和消费者三个层面,提出了实现中国汽车产业低碳化目标的具体建议。

能源危机与温室气体排放是全人类面临的共同问题,发展低碳经济已成为世界各国未来发展的必然选择。同时,发展中国家和发达国家关于碳减排责任和义务分担的矛盾日益突出,低碳化已经由环境问题转变为经济问题和政治问题,增加了全球低碳化发展的难度。对于中国而言,一方面,作为发展中国家面临着发展经济必然带来的能源需求,很难选择牺牲经济来实现节能环保目标;另一方面,作为大国又理应承担起相应的减排责任。为此,中国政府做出了积极应对:2009 年在哥本哈根会议上,中国承诺到 2020 年单位国内生产总值 CO_2 排放比 2005 年下降 40%~45%;2014 年在中美气候变化联合声明中,中国承诺到 2030 年左右实现温室气体排放达峰,同时非化石能源占一次能源消费比重提高到 20% 左右;2015 年在《巴黎协定》中,中国进一步承诺到 2030 年单位国内生产总值 CO_2 排放比 2005 年下降 60%~65%。而在 2017 年美国宣布退出《巴黎协定》后,中国充分展现出大国担当,表示将恪守承诺,继续积极推动国民经济低碳化发展。

汽车产业作为国民经济中的支柱产业,与国家整体的低碳化发展目标息息相关,因此实现汽车产业低碳化发展是国家和产业的战略选择。而控制汽车产业的能源消耗总量、转变能源消费结构、推动新能源和可再生能源发展等,将是降低汽车产业碳排放的重要手段和措施。

同时,汽车产业是高度复杂的系统工程,涉及面广、关联性强,且各种因素之间相互影响、彼此制约。不仅产业内部影响低碳化发展的环节众多,而且还有很多问题并非仅靠汽车产业自身就能解决,而是需要众多相关产业共同努力才能实现突破。有鉴于此,针对汽车产业低碳化发展建立完整的评价指标体系,系统梳理诸多纷繁因素,识别提炼出影响汽车低碳化的核心要素,明确汽车以及相关产业在低碳化进程中需要承担的责任和努力的方向,对未来中国汽车产业的可持续发展和制造业的转型升级具有重要参考价值和指导意义。

一 汽车产业低碳化评价指标体系

综合多方专家意见和文献调研情况,经过系统分析和研究,构建了汽车产业低碳化评价指标体系,以评估中国汽车产业低碳化发展的关键要素、当前现状及主要差距。该体系共包含 7 个一级指标、32 个二级指标,其中定量指标与定性指标相互结合，可以较为合理地对一国汽车产业的低碳化发展水平进行综合评价和量化比较。

汽车产业低碳化的各项评价指标基于以下基本原则确定：

1) 代表性。评价指标必须有效覆盖汽车产业及其相关的各个领域，充分代表汽车产业低碳化所需的各类关键要素。

2) 独立性。评价指标必须能够代表汽车低碳化的某一方向或领域，且指标间不能相互替代，即应以尽可能少的指标来描述汽车产业低碳化发展程度。

3) 指导性。通过对每项指标进行对比评价，可以有效识别中国汽车产业低碳化的差距和短板所在，从而为未来发展提供方向和路径指示。

下面以一级指标为例予以说明。7个一级指标分别代表产业低碳化、产品低碳化、能源低碳化、基础设施低碳化、出行低碳化、政策环境低碳化和文化低碳化七个方面，具体见表1.2。

表1.2　汽车产业低碳化评价指标体系（一级指标）

指标名称	指标内涵	考察因素
产业低碳化	产业内各相关要素在全生命周期内（设计—制造—使用—服务—报废）相互配合、相互协调，科学制定整个汽车产业链低碳化目标的能力	设计低碳化、制造低碳化、使用低碳化、服务低碳化、报废低碳化等
产品低碳化	一国汽车市场产品构成情况对汽车产业低碳化的影响	各类车型销量以及保有量占比、车辆老旧程度影响等
能源低碳化	各种车用能源全生命周期（制备—运输—储存—使用）碳排放的发展趋势及其影响	传统燃料、电能以及氢能和能源互联网等对车用能源低碳化的影响
基础设施低碳化	基础设施自身建设过程中的碳排放影响；基础设施建设对于车辆运行低碳化的影响	传统基础设施、充电基础设施和智能网联基础设施的建设、覆盖和利用情况等

(续)

指标名称	指标内涵	考察因素
出行低碳化	从出行需求侧和供给侧同时进行考察，涉及城市规划、交通结构及交通工具组合等多个方面，核心是居民对出行方式的选择	比较不同交通工具的出行分担率，包括公共交通保有量、车辆年均行驶里程、客货运周转率、驾驶习惯等
政策低碳化	支持低碳化的政策法规、标准规范、管理措施等及其落地实施情况	节能与新能源汽车鼓励政策、油耗法规、回收报废政策、低碳能源政策、路权管理、公共交通推广政策等
文化低碳化	社会低碳文化整体氛围，包括企业和消费者的低碳意识	企业低碳研发意识；消费者低碳消费意识、低碳出行意识；低碳文化宣传程度等

应当指出，这 7 个一级指标之间相互关联、相互影响、相互制约，存在复杂交织的逻辑关系，其中既有短期因素，影响当前汽车产业低碳化情况，也有长期因素，影响未来汽车产业低碳化走向；既有需要国家担纲解决的问题，又有需要企业努力克服的困难，还有需要消费者改变来实现的目标，更有需要社会各方共同面对的挑战。图 1.5 显示了 7 个一级指标之间的内在逻辑关系：产业低碳化是其他各项低碳化的基础，产品低碳化、能源低碳化、基础设施低碳化和出行低碳化是各环节低碳化的具体表现，而政策环境低碳化和文化低碳化决定了整个社会低碳化的发展趋势和氛围。例如节能与新能源汽车的发展，一方面需要国家政策积极引导，对企业产品的油耗标准和新能源汽车占比提出强制性要求，并进行有效监管；另一方面，需要汽车企业积极推动节能与新能源汽车技术进步，以满足政府法规、优化产品结构，为消费者提供更多低碳产品选项。又如，电动汽车的发展也对电能清洁化提出了要求，同时电池的储能特性又为解决电能在时间和空间上的分布不均衡提供了全新可能。再如，基础设施低碳化与出行低碳化息息相关，直接影响消费者的购买选择和出行选择等。也就是说，每一个一级指标都对汽车产业低碳化极为关键，任何指标的差距都会对其他指标构成制约，进而影响汽车产业低碳化的整体水平。

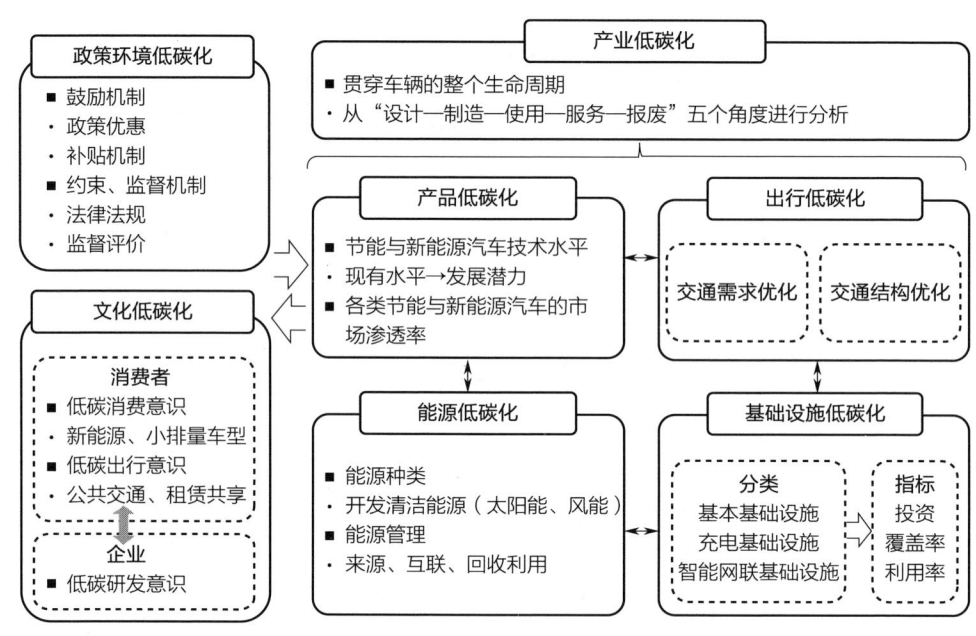

图 1.5　一级指标之间的相互关系

二　基于指标评价体系的各国汽车产业低碳化评价

基于上述汽车产业低碳化评价指标体系，本文对德国、美国、日本、法国、意大利、英国、韩国、中国 8 个国家的汽车产业低碳化发展水平进行了综合评价。其中，定量指标根据搜集到的数据直接进行评分，定性指标根据专家评价转换确定量化分值，各级指标均以 10 分制衡量。同时结合专家意见，采用特征向量法确定了各级指标的权重矩阵。评价结果如图 1.6 所示。

从图 1.6 中可以看到，日本、德国的得分在 8 分以上，处于汽车产业低碳化发展的第一阵营；法国、意大利、英国、韩国、美国的得分为 7～8 分，处于汽车产业低碳化发展的第二阵营；中国的得分在 7 分以下，处于汽车产业低碳化发展的第三阵营。显然，中国汽车产业低碳化发展水平与日、德等汽车强国相比还存在较大差距。

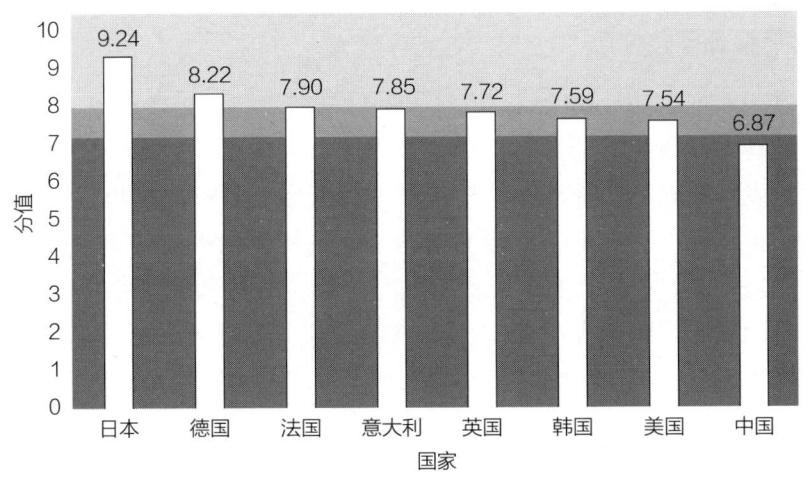

图 1.6　各国汽车产业低碳化发展水平评价结果

三 各国汽车产业低碳化发展状况分析

1. 产业低碳化方面

日本和德国位于第一阵营，美国、法国、意大利、韩国、英国位于第二阵营，中国位于第三阵营。尤其是日本，一直大力推广节能汽车的发展，智能制造设备应用范围广，资源综合利用效果好，车辆回收处理水平高，在车辆生命周期的各个环节都处于绝对优势。中国汽车产业发展起步较晚，技术成熟度不高，加之中国制造业整体大而不强、基础较弱，影响了汽车产业低碳化发展水平。

2. 产品低碳化方面

日本位于第一阵营，其他国家位于第二阵营。由于汽车是市场自由流通产品，所以各国在产品低碳化方面相对差异不大。不过日本提倡发展小型汽车，特别是大力推广具有特色的微型汽车（K-car），市场结构明显更优。而美国消费者购买习惯偏向大型化，导致产品低碳化情况略差。相比之下，中国汽车产业是在短期内快速发展起来的，车辆总体上较新，低碳性能相对更好，因此在产品低碳化方面大致处于平均水平。

3. 能源低碳化方面

日本仍然处于第一阵营，中国处于第三阵营，其他国家处于第二阵营。日本受地理条件所限，能源资源匮乏，因此一方面高度重视节能技术；另一方面大力发展核电，使其能源结构优于其他国家。欧洲国家也很重视绿色发展，大力推广可再生能源，其能源结构也处于较为优良的状态。中国的石油对外依赖度不断提高，且本国开采部分因技术、工艺等相对落后，能耗较大；同时，中国能源结构以煤电为主，虽然正在逐步向非化石能源发电转型，但在短时间内难以实现根本性转变。因此，中国的能源低碳化水平在各国中最低。

4. 基础设施低碳化方面

日本、法国、德国和美国处于第一阵营，其他国家处于第二阵营。相对而言，日本、法国和德国的公共交通基础设施较为完善，美国和法国公路基础设施建设较为完善，德国充电基础设施建设较为完善。而中国虽然近年来基础设施发展速度很快，但由于基础薄弱，总体上仍较其他国家存在一定差距；而且中国人口众多，出行需求巨大，对基础设施的需求也远非其他国家可比。

5. 出行低碳化方面

日本处于第一阵营，其他国家处于第二阵营，其中美国落后于其他国家。日本对低碳出行的宣传和执行力度都较大，整个交通系统低碳化程度较高。美国受地理环境和文化影响，公共交通相对不发达，且国民更喜欢驾车出行，导致美国出行低碳化落后于其他国家。中国目前还处于交通需求不断增长阶段，一线城市受路权管制政策、道路拥堵情况等因素影响，公共交通分担率维持在相对较高的水平；二三线城市受经济发展水平制约，私家车保有量相对较低，但增长速度相当可观，预计未来交通系统结构将持续变化并直接影响出行碳排放情况。

6. 政策环境低碳化方面

美国和日本处于第一阵营，其他国家处于第二阵营。美国加州的汽车碳排放控制法规长期走在全球前列，同时无论是电动汽车还是充电基础设施的推广都得到了政府的支持。日本虽然对电动汽车的直接推广政策不多，但其节能汽车技术、低碳能源和公共交通的推动政策都很到位。中国目前也在积极推动节能与新能源汽车的发展，特别是在新能源汽车推广方面，显示出引领全球政策的态势，同时路权管理也逐渐成为促进低碳化的有效政策手段。

7. 文化低碳化方面

日本、德国、法国和意大利处于第一阵营，韩国、英国、美国和中国处于第二阵营。消费者的意识主要影响汽车产品的市场结构和出行方式的选择，其改变需要持续的引导和宣传。目前，中国市场受家庭结构和消费心理影响，汽车产品偏向大型化发展，例如，SUV车型的市场份额持续扩大；但另一方面，在新能源汽车政策的推动下，中国车企相继加大了电动汽车的研发和推广力度。未来，如果消费者的选择能够倾向于电动化和小型化汽车，中国在文化低碳化方面有望显著改善。

四 中国汽车产业低碳化发展战略

1. 中国汽车产业低碳化发展时序预测

通过与几大汽车强国的对比可知，目前中国汽车产业低碳化发展与世界先进水平仍有差距。不过在产品低碳化、出行低碳化和政策低碳化方面，中国的情况相对较好，与其他国家的差距较小，甚至优于部分国家。根据各项指标的评价分析与发展研判，结合中国汽车产业现状及未来趋势，我们对中国汽车产业实现低碳化发展的进程进行了时序预测，如图1.7所示。

2015—2020年，中国将努力实现由第三阵营跨入第二阵营，并于2020年后初步进入第二阵营。2020—2035年有望成为中国汽车产业低碳化发展的高速成长期，如果各方面措施到位，依托于制造业升级、能源结构转型以及新能源汽车快速普及，中国汽车产业将在此时段内实现由第二阵营向第一阵营的跨越，约在2030年前后抵达第一阵营的门槛，这与中国实现温室气体排放

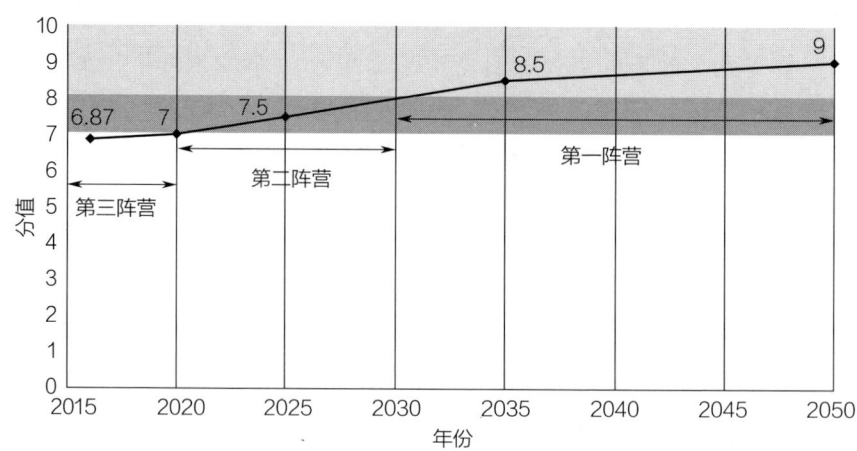

图 1.7 中国汽车产业低碳化发展进程的时序预测

在 2030 年达峰的国际承诺相符。2035—2050 年,中国汽车产业低碳化发展的提升速度将逐渐放缓,进入平稳增长阶段。这一时期中国将巩固自己在世界第一阵营中的地位,并逐渐发展成为汽车产业低碳化发展的引领国家。

总体而言,中国汽车产业的低碳化发展将经历先急后缓的过程。这是因为,前期迫于国内经济增长方式转变和国际政治责任的双重压力,中国必须在短时间内实现温室气体的快速减排;同时,中国汽车产业目前的低碳化水平较低,也相对容易实现较明显的减排效果。而到了后期,低碳化发展的优化空间将不断缩小,减碳技术和成本的挑战将持续增大,因此进步速度将逐步放缓。最终,中国汽车产业在低碳化发展方面将实现与世界先进国家同步甚至引领。

2. 中国汽车产业低碳化发展战略

(1) 国家行动

汽车产业低碳化发展是顺应全球低碳化发展趋势的必然选择。尤其对于中国而言,推动中国汽车产业低碳化,一方面能够支撑中国实现温室气体排放 2030 年达峰的目标;另一方面将会缓解中国对于石化资源的依赖,推动可再生能源的快速发展,有效改善中长期能源结构。

对于汽车产业,国家需要继续推动新能源汽车的快速发展,探索适合中国国情的新能源汽车类型,实现政策推动与经济手段驱动的有效结合,改善中国汽车市场的产品结构。同时,国家需要进一步完善汽车油耗法规、排放标准的立法与执法,以此倒逼先进节能技术和产品的快速导入。此外,国家还需要持续完善碳交易市场,使低碳发展逐步由政策驱动转向市场驱动,最终将汽车产业融入国家碳排放权的综合管理体系中。

对于基础设施,鉴于其建设成本高、投资回收周期长,国家必须以有效政策来推动其初期发展,要将基础设施的规划和布局纳入未来城市群发展的总体规划中。尤其要为新能源汽车和智能网联汽车的快速进步,提供相应基础设施的有力支撑,真正实现充电及智能网联基础设施与汽车产品升级的协同发展。在推进手段上,前期更需要政府的直接推动,随着汽车产品的逐步成熟,最终将转变为市场驱动发展。

对于能源产业,由于事关国家安全,且同样面临高投资、长周期的风险,所以必须由国家主导,统一规划,逐步改善国家能源安全状况并实现能源结构优化转型。为此,国家应做好战略布局并建设相应的政策体系,特别要重视电动汽车将移动能力与储能、供能能力有效结合的特性,这将为建设能源互联网、扩大储能容量和灵活性、实现电力再平衡,提供全新的解决方案。

对于产业协同,国家必须协调好汽车产业与能源、交通、装备等其他产业之间的关系,营造良好的协作氛围,致力于实现车辆全生命周期的节能减排。在此过程中,要有清晰的产业分工,明确汽车产业在节能减排过程中应负的责任,以及其他产业应该形成的能力。唯有相关产业各自完成自己的任务,同时彼此拉动和支撑,才能在汽车这样的集大成产业中真正实现突破,进而带动制造业整体乃至全社会的低碳化发展。

(2)企业行动

企业的核心目标是实现车辆产品全生命周期的低碳化,包括设计环节(如更多采用轻量化材料等)、制造环节(如大量使用节能设备等)、使用和服务环节(如提高后市场服务时效性等)以及车辆报废环节(如提高回收再利用率等)的全面努力。在产品方面,企业需要紧跟国家政策,一方面积极推动传统燃料汽车节能技术的发展;另一方面加大新能源汽车技术的研发及产业化投入,并站在提升汽车出行效率和降低公路交通系统碳排放的高度,加快发展智能网联汽车。在商业模式方面，企业应积极探索分时租赁等汽车共享模式创新，有效提高车辆的利用率并减少闲置资源带来的浪费。

（3）消费者行动

低碳化是全民工程，消费者作为汽车的购买者和使用者，直接决定了汽车市场的产品结构。为此，应积极引导消费者转变观念，形成崇尚绿色节约的普遍共识。在车辆使用方面，逐步改变消费者视汽车为财富、面子象征的消费意识，鼓励消费者更多选择小型、低碳的节能与新能源汽车，为节能减排做出贡献。在出行选择方面，引导消费者改变出行意识，优先选择公共交通和共享交通工具，同时降低日常非必要的出行频率和距离，以减少社会出行的整体碳排放。在能源利用方面，鼓励消费者利用电动汽车的储能特性，实现电力的错峰使用及"削峰填谷"，提升电网运行的综合效能。

（本文根据学术论文《中国低碳化评价指标体系研究》精编整理；原论文发表于《中国工程科学》2018年第1期，署名作者：赵福全、刘斐齐、刘宗巍、郝瀚）

中国政府对汽车电动化的决心毋庸置疑

【精彩语句】

"生态化发展的前景决定了'分段承包任务'的传统产业模式将会终结,未来汽车产业将进入一体化发展的新时期。包括整车和零部件企业、信息通信技术公司以及政府在内,各方必须分工协作、融合发展,才能实现有效集成、合作共赢。"

"智能网联汽车和移动出行升级作为未来的战略制高点,将对新兴产业培育以及交通、能源、城市和整个社会的可持续发展发挥巨大作用。而智能交通系统(ITS)下的车路协同是中国成功发展智能网联汽车的必然路径和唯一选择。"

"安全是智能网联汽车的第一卖点,但是安全的自动驾驶一定是一个渐进的过程。最终其安全性必须远高于人类驾驶,自动驾驶才可能被接受,解放驾驶员才有意义。对于企业来说,自动驾驶汽车的终极较量取决于谁能最先把安全真正做到可被接受的程度。"

【编者按】

在正式出任世界汽车工程师学会联合会(FISITA)主席不久后,赵福全教授接受了法国汽车工程师学会会刊《汽车工程师》的专访。在这篇专访文章中,赵教授不仅分享了自己在主席任期内的施政纲领和重要举措、介绍了中国汽车工程学会的情况以及加强 FISITA 与中国深度合作的构想,而且阐述了对全球汽车产业剧变期诸多关键问题的深刻认识。其话题涵盖新能源汽车定位、汽车动力多元化、智慧出行的"4S"规则、自动驾驶的渐进发展、新技术的挑战与机遇、汽车人才内涵的拓展等,内容简明扼要,观点凝练精辟。

一 出任 FISITA 主席后的工作重点是质量、参与和认可

法国汽车工程师学会:您在担任 FISITA(世界汽车工程师学会联合会)

主席期间计划如何开展工作？

赵福全：我想用三个关键词来概括我在任期内的工作重点：质量、参与和认可。高质量发展是我任期内工作的核心。为此，我们将欢迎各会员国以及成员企业更加积极主动地开展和参与FISITA及相关平台的各种活动，让我们的成员都能从中受益。同时，要让我们有影响力的杰出个人和支持者们的重大贡献和成果，在全球范围内获得更大的认可。

法国汽车工程师学会：在您的主席任期内，FISITA将举办哪些重要活动？

赵福全：首先是"FISITA峰会"（FISITA Summit），这是全球汽车界极具影响力的高端领袖峰会，我们将汇聚顶尖的技术高管、知名学者、经济学家以及政策制定者，就当前和未来汽车技术发展的关键问题共同展开讨论。另一个重要活动是与中国汽车工程学会联合主办的"汽车智能安全大会"（Intelligent Safety Conference），我们将把这个会议打造成为全球一流的汽车智能安全专业会议。

同时，我们正在加紧撰写《FISITA Mobility Engineering 2030》报告，旨在清晰定义汽车产业和移动出行产业未来发展的方向和趋势。另外，我们刚刚成立了"FISITA技术领导力学院"（FISITA Academy of Technical Leadership），将向那些为全球汽车工程与技术创新发展做出突出贡献的各国人士授予"会士"称号，以进一步加强汽车产业跨领域和跨地区之间的深度交流。

法国汽车工程师学会：FISITA是否会与法国汽车工程师学会联合举办研讨会或组织活动？

赵福全：FISITA对法国汽车工程师学会举办的很多活动都有兴趣，今后我们可以通过FISITA"冠名背书"的形式支持法国汽车工程师学会的活动。同时，FISITA组织的全球大会以及各具特色的FISITA峰会、FISITA Plus会议、FISITA汽车智能安全会议等都是非常好的活动，我们也希望法国汽车工程师学会及其成员企业和专家共同参与。另外，FISITA正在和中国汽车工程学会合作，一起努力解决汽车工程师的国际互认标准问题，欢迎法国汽车工程师学会也加入进来，这将帮助法国汽车工程师在全球范围内得到认可。

二 和政府的紧密联系促进了产业与政府之间的交流

法国汽车工程师学会：中国汽车工程学会的使命是什么？

赵福全：中国汽车工程学会是中国汽车工业传播新思想、交流新技术、宣传新观念的重要力量，也是增进国际汽车行业交流的重要桥梁。其使命是推动汽车工业科技进步、培养汽车科技人才、促进国内外汽车技术交流、传播和普及汽车科技知识、弘扬汽车文化以及筑建汽车科技工作者之家。

法国汽车工程师学会：中国汽车工程学会是如何组织的？有哪些成员？与其他国家尤其是欧洲和法国的汽车工程师学会相比，中国汽车工程学会在管理运作方面有什么不同之处？

赵福全：中国汽车工程学会成立于1963年，是由中国汽车科技工作者自愿组成的全国性、学术性法人团体，是中国科学技术协会的组成部分，是一个非营利性的社会组织。目前下设39个分支、代表机构，并与各个省级汽车工程学会建立了业务指导关系。拥有个人会员10万余人、单位会员595家，基本涵盖了所有主流整车和零部件企业。和其他各国汽车工程师学会可能有所不同的是，中国汽车工程学会和中国政府的联系非常紧密，有助于促进产业与政府之间的交流互动。

法国汽车工程师学会：中国汽车工程学会近期将有哪些重要会议？

赵福全：2019年5月，将举办第六届国际智能网联汽车技术年会；7月，举办首届世界新能源汽车大会，该会议致力于成为世界最高规格的新能源汽车大会；9月，举办第四届国际氢能与燃料电池汽车大会；10月，举办中国汽车工程学会年会。

法国汽车工程师学会：当前中国汽车工程师们都在探讨哪些重要话题？

赵福全：主要有新能源、智能网联、动力电池、大数据、人工智能、汽车共享、新出行模式、智能制造、智能交通、基础设施、造车新势力等。

三 "4S" 赋能未来智慧出行

法国汽车工程师学会：能否解释一下作为 2030 年移动出行基础的 "4S" 规则？

赵福全："4S" 是指智慧城市（Smart City）、智能交通（Smart Transportation）、智慧能源（Smart Energy）和智能汽车（Smart Vehicle）。这实际上涉及多个领域的协同发展和交流合作，包括汽车、移动出行、信息通信、基础设施、交通、能源和城市建设等，目标是实现未来社会中人流、物流、能源流和信息流的高效畅通。

法国汽车工程师学会：中国汽车产业所有的参与者，包括国有企业、私有企业、合资企业以及公共机构等，都会参与到 "4S" 中吗？

赵福全：生态化发展的前景决定了"分段承包任务"的传统产业模式将会终结，未来汽车产业将进入一体化发展的新时期。这意味着需要所有相关参与者合力构建全新的出行生态系统，包括整车和零部件企业、信息通信技术公司以及政府在内，任何一方力量都不可或缺。各方必须分工协作、融合发展，才能实现有效集成、合作共赢。从这个意义上讲，未来中国汽车产业的所有参与者确实都会与 "4S" 规则相关。

法国汽车工程师学会：未来中国移动出行战略的支柱是什么？

赵福全：中国政府认识到，智能网联汽车和移动出行升级作为未来的战略制高点，将对新兴产业培育以及交通、能源、城市和整个社会的可持续发展发挥巨大作用。同时，中国认为智能网联和新能源汽车必须协同发展。此外，智能交通系统（ITS）下的车路协同是中国成功发展智能网联汽车的必然路径和唯一选择，在此过程中，智能汽车、智能交通、智慧能源和智慧城市缺一不可。

四 电动化是大势所趋，内燃机仍有光明未来

法国汽车工程师学会：中国汽车市场转向电动化是不可逆转的吗？

赵福全：中国已经将发展新能源汽车上升为国家战略。中国政府对汽车电动化的决心毋庸置疑。

法国汽车工程师学会：在纯电动汽车和氢能汽车技术之间是否存在争论？

赵福全：不同的应用场景决定了不同的新能源汽车技术路线，纯电动与氢燃料电池汽车将形成有效互补。相对而言，行驶距离比较长、载重能力要求比较高的商用车，包括城市大客车和货车等更适合以燃料电池为主要技术路线。未来在中国，预计燃料电池汽车首先会在城市大客车、物流车、特种车等产品，然后在长距离行驶的货车产品上逐渐得到广泛应用。

法国汽车工程师学会：内燃机汽车还有未来吗？

赵福全：汽车产业正在进入能源多元化时代，动力系统将呈现多种技术路线并行的发展趋势，而内燃机在相当长的一段时间内仍处于重要地位。未来内燃机开发将以定点高效工作、结构简单、低成本以及与电池、电机的更紧密结合为主要方向，在这些方面，内燃机还有很多工作可做、要做。因此，我认为内燃机仍有光明的未来。

法国汽车工程师学会：丰田汽车欧洲总裁兼首席执行官 Didier Leroy 认为能源问题将成为汽车产业和汽车工程的一部分，您同意他的观点吗？

赵福全：能源革命是驱动本轮汽车产业重构的三大因素之一，汽车产业的内涵和外延将因此发生革命性的改变，形成新的核心技术（三电）、新的基础设施（充电、加氢）和新的汽车产品（移动+储能+供能装置）。当前，动力电池已经成为汽车产业最核心的技术之一。整车企业必须在电池研发方面下大功夫，尤其是在电池开发、电池成组和电池管理系统方面。至于是否自己生产单体电池，企业能力不同、想法不同、具体策略也会因企而异。但是不可否认，动力电池已经成为汽车供应链的重要组成部分。

五 接受自动驾驶将是一个渐进的过程

法国汽车工程师学会：自动驾驶汽车面临的最大挑战是什么？如果发生事故，应该认定为汽车制造商或出行服务商的责任吗？

赵福全： 自动驾驶面临的挑战是多方面的，不是简单的技术问题，我认为最大的挑战来自自动驾驶的标准法规以及产业化环境。这就要求政府、行业必须不断完善标准法规并提供相关支撑平台，这样才能推动自动驾驶汽车的快速发展。至于说自动驾驶汽车的事故责任，我的基本判断是，未来谁最终把产品交付给消费者，谁就是责任主体。

法国汽车工程师学会： 有哪些措施可以防止自动驾驶汽车和智能网联汽车免受黑客攻击？

赵福全： 不存在能够完全确保智能汽车系统信息安全的工具。这是一个系统性的问题，既和车辆本身相关，也受外部环境影响，未来必须从端、管、云一体化的角度来解决。

法国汽车工程师学会： 对L4、L5级自动驾驶汽车的安全性，您有信心吗？

赵福全： 安全是智能网联汽车的第一卖点，但是安全的自动驾驶一定是一个渐进的过程。最终其安全性必须远高于人类驾驶，自动驾驶才可能被接受，也就是说，L4、L5级的驾驶水平只有超越了经验丰富的老司机，解放驾驶员才有意义。当然，绝对的安全是不存在的。对于企业来说，自动驾驶汽车的终极较量取决于谁能最先把安全真正做到可被接受的程度。

法国汽车工程师学会： 去年10月在印度召开的FISITA 2018大会（世界汽车工程年会）上，您曾说过"合作是未来的关键"。那么，FISITA将如何协调和管理出行领域的新参与者，比如初创企业和政府呢？

赵福全： 汽车产业正在发生剧变，产业边界正越来越模糊，未来没有任何一个国家或企业能拥有所需的全部资源来应对此次产业重构。在此背景下，像FISITA这样的组织可以发挥更加重要的作用。今后FISITA将吸收汽车及出行领域的新参与者，如电池企业、各类新创企业、政府机构以及行业组织等加盟，共同讨论产业变革的特点，一起创造彼此合作的机会。

六 新的信息技术给汽车产业带来机会

法国汽车工程师学会： 您认为传统汽车制造商能否成功转换到新的经济

模式上来，包括汽车所有权与使用权的分离、共享汽车与自动驾驶以及大数据的应用？

赵福全： 是的，我对此有信心。当然，传统汽车制造商必须主动变革，要改变造车只是为了卖车的传统理念，要拥抱互联网以及物联网技术，要调整企业文化以灵活地适应数字化、智能化发展。如果这些方面都能做到，传统汽车制造商一定会有很大的机会。反之，如果因循守旧，不做任何改变，未来将很难胜出。

法国汽车工程师学会： 新兴领域，如人工智能、区块链、数据分析与管理等，是否对现有的汽车技术构成挑战？

赵福全： 新能源与智能网联汽车产业的发展与众多战略性新兴产业是密不可分的，如物联网、大数据、云计算、人工智能、芯片、新能源、新材料、新制造等。这些新技术对传统汽车产业确实是一种挑战，因为很多技术我们之前都并不具备；但它也是一种机会，无论汽车产品，还是移动出行，都将由于这些技术而发生重大变化，变得更加智慧。只要我们努力去拥抱这些技术，它们对汽车产业来说就不是挑战，而是机会。关键在于你的态度！

法国汽车工程师学会： 您认为到2025年汽车产业将面临哪些重大挑战？

赵福全： 电池技术发展、充电技术及基础设施建设、智能网联汽车商业模式以及信息化基础设施建设。

法国汽车工程师学会： 您是否同意这样的说法，今天的汽车工程师将成为明天的移动出行工程师？

赵福全： 同意。未来随着汽车产业的边界不断扩大且日渐模糊，汽车人才类型的界限也将不再分明。移动出行工程师是一个涵盖范围更广的大概念，既包含原有的汽车工程师概念，也包括信息通信、化学、材料等其他很多领域。

（本文根据法国汽车工程师学会会刊《Ingénieurs de l'Automobile》[《汽车工程师》] 2019年4月6日对赵福全教授的专访整理。原文为英文，由编者翻译）

智能网联汽车战略价值与实现突破的关键点

【精彩语句】

"智能网联汽车作为万物互联时代不可替代的移动工具和互联终端，将成为支撑智能交通、智慧能源、智慧城市乃至智慧生活的关键要素，也将成为人类进入智能时代的重要标志。"

"技术发展应基于所在产业的需求，产业发展有赖于技术支撑以推动生态建设，资本则是打通生态的黏结剂和催化剂，最终地方政府才是生态最大的拥有者。"

"5G是实现高等级智能网联汽车最重要的支撑手段之一，而汽车产业也是5G技术发展的最大机遇之一。"

【编者按】

由中国汽车报社组织的"2020智能网联汽车精品课"系列讲座特邀赵福全教授担任开讲人——在第一堂课上与大家分享。在这次讲座中，赵教授深入浅出地讲解了智能网联汽车发展进程中最为重要的三个问题，即为什么要发展智能网联汽车、智能网联汽车将给产业带来哪些前所未有的变化以及产业及企业又该如何发展智能网联汽车。赵教授的讲座引起了行业的高度关注和热烈反响。

当前智能网联汽车可谓"听起来很热，看起来很乱，干起来很难"。发展智能网联汽车绝不只是解决传感器、软件和操作系统等技术问题那么简单，其参与方之多、商业模式之复杂都前所未有，特别是除了各类相关企业之外，还涉及政府层面的立法、基建和消费者层面的接受度等多方面要素，只有真正抓住关键要点，有效实施融合发展，才能最终实现从量变到质变的突破。

一 智能网联汽车将成为人类进入智能时代的重要标志

当前，人类社会正在经历一场史无前例的重大变革。随着万物互联时代的到来，社会形态将发生全面深刻重构，人类出行与交互、资源移动与组合的方式都将发生巨大变革。作为连接范围最广、自由度最大的智能网联载体，汽车实现智能化、网联化的难度最大，但相应的价值也最大。智能网联汽车作为万物互联时代不可替代的移动工具和互联终端，将成为支撑智能交通、智慧能源、智慧城市乃至智慧生活的关键要素，也将成为人类进入智能时代的重要标志。因此，我们必须站在科技革命、出行革命和社会革命的高度，重新认识智能网联汽车的战略价值。

未来汽车将迎来六大革命性变化：一是由信息孤岛变为互联终端；二是由人驾驶车变为车自动驾驶；三是由耗能机械变为储能供能单元；四是由拥有使用变为共享使用；五是由汽车制造变为汽车智能制造；六是由移动工具变为出行服务。受此影响，整个汽车文明都将被重新定义。

汽车产业进入了一个全新的时代，产业边界不断扩展且日益模糊，除了原来处于"圈子"中心的汽车企业之外，提供新软硬件的科技公司，出行服务的运营商、服务商、内容商，以及基础设施的建设者等，都将成为未来汽车产业的重要组成部分。过去垂直线型的汽车产业链，将逐渐演变成为未来立体网状的出行生态系统。

二 构建智能网联汽车生态需要多方协同创新、融合发展

智能网联汽车的发展将使整个汽车产业价值链发生颠覆性改变，互联与数据成为未来企业竞争的核心要素。从价值链的微笑曲线来看，相较于传统汽车，智能网联汽车的价值链将呈现出体量提升、后端延展的特点。一方面，在设计研发、采购物流、制造组装、产品销售和后市场服务等各个环节上都会有价值提升；另一方面，价值链还将在使用及服务端深度拓展，在车辆谁拥有、谁使用、谁维护、谁服务、谁回收等新型使用模式上，孕育着无限多的可能性和商机。汽车产业也将由此迎来更大的机会和挑战，同时这也是汽车产业参与主体越来越多的根本原因。

在产业生态化、发展多元化的前景下，未来汽车核心技术将变得更重要、更多元、更交织、更易变，发展智能网联汽车将是涉及多产业、多领域、多技术和多种商业模式组合的高度复杂的系统工程，如何处理好技术、产业、

生态和资本的关系至关重要。一项技术解决不了所有问题，单独一方也无法建成全部生态。技术发展应基于所在产业的需求，产业发展有赖于技术支撑以推动生态建设，资本则是打通生态的黏结剂和催化剂，最终地方政府才是生态最大的拥有者。唯有多方协同创新，共同打造出全新的智能化移动交通工具，并在全新的智慧城市大环境里有效运营，才能真正推动智能网联汽车的发展。因此，单打独斗没有未来，汽车企业、信息通信与科技公司、政府三方力量必须"1+1+1"有效集成、合作共赢，才能实现智能网联汽车的全面商业化。

对于企业来讲，如果把打造生态作为自己的商业模式，虽然听起来很"性感"，但这样是很难成功的。任何企业只靠自身力量都无法建成和拥有生态。不过企业必须积极参与生态建设，找准自己在生态里的定位，打造差异化的独特竞争力，进而成为生态中不可或缺的一环。

三 发展智能网联汽车、实现智慧出行是未来人类社会发展的必然方向

展望智能网联汽车产业未来的演进方向，我认为，汽车将成为新物种，具备新能力，拥有新用途。如图1.8所示，未来汽车的能力既要通过硬件，更要通过软件来实现和体现；其"沟通"方式将由通信升级到联网，最后到

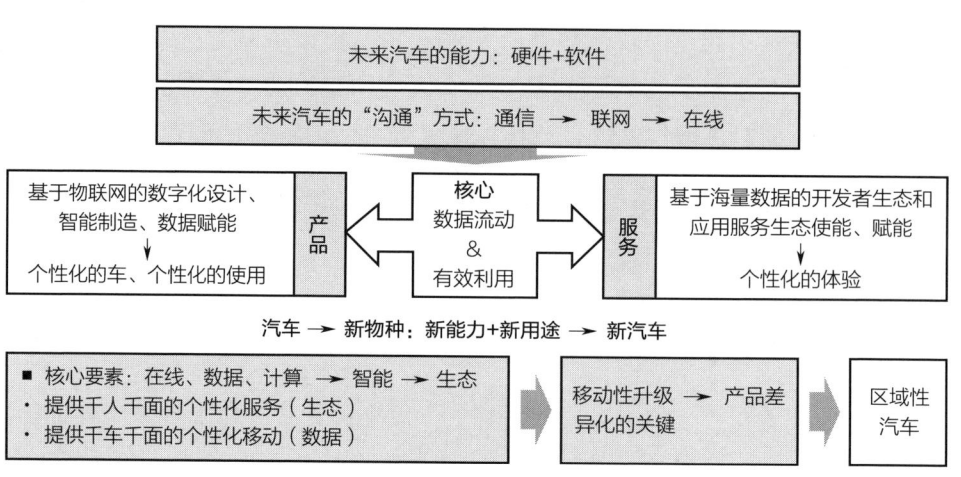

图1.8 智能网联汽车产业的演进方向

在线；而软件和在线的核心价值是实现数据的流动与有效利用，进而驱动汽车产品和服务充分满足个性化需求，将用户体验做到极致。事实上，在线、数据和计算等核心要素是实现汽车智能的基础，而多个智能主体的连接与协同是构建汽车出行生态的核心。在此前景下，汽车企业必须基于开放的生态，提供"千人千面"的个性化服务；基于强大的数据，提供"千车千面"的个性化移动，最终使人的移动性发生根本改变和全面升级，这是未来汽车产品差异化的关键，并将使区域性的汽车成为未来市场竞争的主导者。

而汽车由硬件定义向软件定义的过渡将是大势所趋。首先，硬件仍将是打造智能网联汽车产品的必要条件，不过软件将成为充分条件；其次，"软件定义汽车"绝不只是增加一套车载操作系统那样简单，而是需要技术、产品以及运营理念、组织架构等的全面转变，最终目标是实现低成本、高效率和高安全的个人智慧出行。当"软件定义汽车"真正实现之时，汽车硬件将向高度标准化、抽象化的方向发展，从而实现与软件的解耦。

如图 1.9 所示，伴随着软件比重的不断增加和作用的不断扩展，汽车的能力将逐渐由功能到性能再到智能演进。如果说此前的软件主要是依附于硬件的嵌入式软件，那么未来的软件将主要是独立于硬件并可调用硬件的系统软件和应用软件，此外还有支持应用服务生态的相关软件。其核心是基于数据的打通和流动对汽车进行赋能，从而将用户的体验极致化。

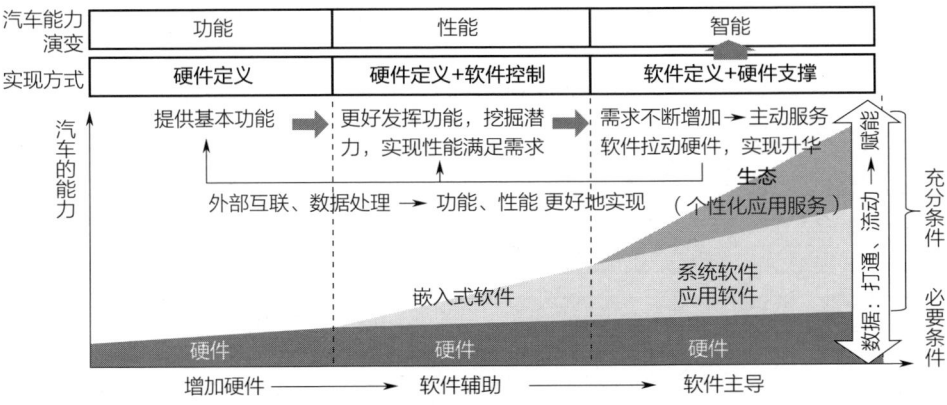

图 1.9 未来"软件定义汽车"的发展趋势

"软件定义汽车"是颠覆性的变革,我们不能采用渐进式的创新模式。当前特斯拉之所以能够在这方面相对领先,恰恰因为它是从零开始,没有传统汽车的积累和沉淀,也就谈不上放弃固有理念和经验。而对于传统汽车企业而言,想要转变多年来以硬件为主的发展思路,跨越到全新的开发理念,搭建面向软件主导的整车架构和功能开发生态,并解决车载操作系统、计算能力、通信能力、硬件标准化等诸多技术问题,必须有更大的决心和定力,并进行相应的巨大投入。

总体来看,软件定义下的汽车架构可划分为标准化功能硬件层,电子电气架构层,控制、计算、通信平台层,操作系统内核、中间件层,标准化服务层以及应用层六层逻辑架构。其中,整车企业必须聚焦于电子电气架构层和标准化服务层培育核心能力、垂直整合资源,同时应主导控制、计算、通信平台层;软件供应商必须承担起做好汽车操作系统和中间件的新角色;而芯片作为控制、计算、通信平台层的硬件核心,其厂商将由二级供应商升级为一级供应商。以上架构的基础层即标准化功能硬件层,由一系列标准化、抽象化、解耦化的汽车功能硬件构成,这些硬件能力的发挥与进化和功能开发生态息息相关。此外,与应用层相连的不只有类似手机的应用服务生态,更有手机不具备的功能开发生态;而且这个生态中的很多开发工作都与车辆安全有关。因此,整车企业对于功能开发生态的参与者必须严格把关,以确保汽车的安全性充分受控。具体如图1.10所示。

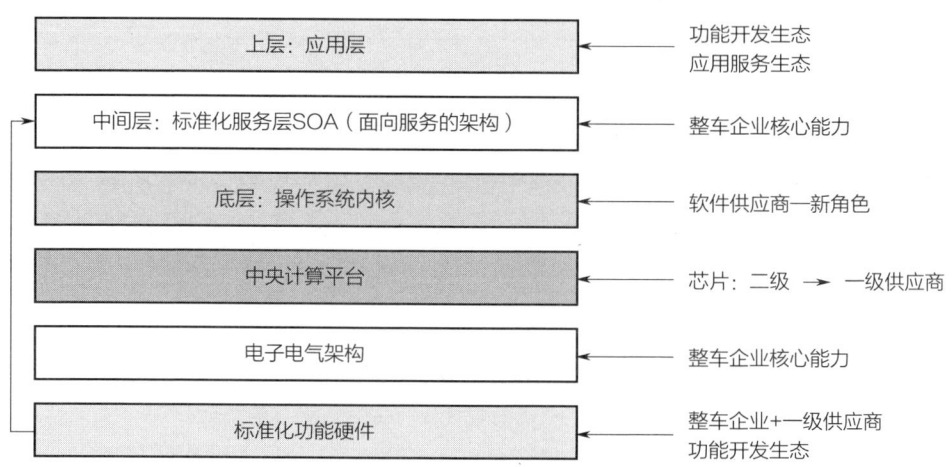

图1.10 软件定义下汽车的分层架构与关键要素

在此我想特别提醒企业，在转型的关键期，"自我革命"是最大的难点所在。如何解决好"短痛与长痛"的关系，挑战企业领军人的大智慧和大魄力。

当前5G技术备受业界关注，对此我认为，5G是实现高等级智能网联汽车最重要的支撑手段之一，而汽车产业也是5G技术发展的最大机遇之一。在中国，5G技术的导入会比预计更快，即便如此，距离全面普及5G预计也还需要10年左右的时间。而且这种普及也迫切需要汽车产业以积极的心态和实际的投入来拥抱5G产业的到来。

发展智能网联汽车、实现智慧出行是未来人类社会发展的必然方向，对此我们无须怀疑。企业应该尽早投入、加大投入。当然，前提是要确保投入的战略方向正确，并与自身的能力相匹配。

智能网联汽车不会一蹴而就，需要时间以及各方面的准备，但必须快马加鞭，以抢占未来全球竞争的战略制高点。在此过程中，国家的先导性投入和产业的先导性推动至关重要。同时，国家、产业和企业各方必须明确各自分工、加强能力建设，共同推动智能网联汽车产业加快发展。

附：讲座最后的精彩问答

问题：在"1＋1＋1"合作模式中，应该由谁来主导？三方合作中最大的挑战和困难是什么？

回答：万物互联时代必定是在协作中竞争、在共享中获利。为此每一方都应先把自身的任务完成好，整车和零部件企业做好智能汽车产品的开发，ICT（信息通信技术）及相关科技公司推动网联化和智能化技术的发展，政府则应着力建设适合产业落地的生态环境，三者加在一起，才能形成完整的智能网联汽车生态。三方各自做好自己擅长的工作，谈不上谁主导谁，而是"你中有我，我中有你"、互相推动的格局。在此过程中，确保每一方都能各取所需、获得有效的商业模式可能是最困难也是最重要的。

问题：在您看来，L4和L5级智能产品分别能在何时实现一定规模的量产？

回答：目前已经有区域性应用的L4级产品，当然还只是示范应用，不是规模量产。我认为随着车路协同理念的不断深化和落地，L4级产品的区域性应用会逐渐提速，预计2025年左右可以实现一定规模的量产。而要真正实现L5级产品的量产，可能还需要一个较为漫长的过程。但是在推动高级别自动驾驶技术进步的过程中，相关积累都将有力推动当前汽车产品的智能化，并使消费者受益，这就是行业里经常谈到的"沿途下蛋"方式。

问题：您如何看待单车智能和车路协同两条技术路线的发展前景？

回答：要真正形成自动驾驶技术大规模的市场应用，一定要降低车端成本，否则很难被用户接受。在这一前提下，如果把所有投入都放在汽车产品上，远不如把部分投入分摊到智能化道路交通环境中更加可行，即把共性智能需求放到用车环境中，把个性智能需求放到车辆上。这样既有利于降低智能网联汽车的成本，更有利于让智能的环境惠及更多的产品。由于科技的发展，人类正步入智能社会，智能社会不是只有智能网联汽车，还需要有智能交通、智慧能源以及智慧城市，即智能社会一定是社会中所有的主体智能协同发展的社会。按照车路协同的技术路线，从更高维度进行系统考虑，由政府进行智能用车环境建设的先导性投入，才能实现智能网联汽车的价值最大化，使智能网联汽车不仅让消费者受益，也让整个社会受益。

（本文根据赵福全教授2020年7月20日在中国汽车报社"2020智能网联汽车精品课"开课第一讲上的分享整理；原载于2020年7月22日《中国汽车报》微信公众号）

从汽车产业大数据到汽车大数据产业

【精彩语句】

"大数据的价值日趋凸显。一方面,数据驱动正是网状产业结构实时协同机制的核心,全方位实时海量的数据将直接驱动商业决策。另一方面,实现数据的分享与交换,也是产业向实时协同机制演化的路径所在。可以预见,原本被企业封闭在内部的很多资源,未来都将通过数据的形式实现共享。"

"通过用户数据、车辆数据、交通数据以及其他相关数据的收集、整合、分析与应用,包括分包式研发、分散式制造、用户画像、精准营销、模块化分工以及设计过程交互等在内的各种相互交织、彼此影响的商业模式创新,都将成为可能,不仅使从汽车设计研发、采购物流、制造组装到产品销售及后市场服务的全产业链附加值得到程度不同的全面提升,而且还将极大地扩展汽车产业原有的价值内涵,为汽车产业带来无穷多种的全新可能和前所未有的巨大机遇。"

"在智能制造时代,大规模定制化生产成为现实,数据将成为第一生产力。企业由过去的只生产产品,演变为既生产产品,又同时产生数据;由过去的通过生产和销售产品来实现价值,演变为通过数据来产生和驱动价值。"

【编者按】

在这篇专论文章里,赵福全教授从战略高度和全局视角,首次系统阐述了大数据的相关问题。他着重指出,作为一种新的生产资料和工具,大数据将帮助我们突破原有的认知局限,更有效地分析和解决问题,具体包括提供真正以用户为中心的个性化服务、颠覆传统的管理方式、改变现有的商业逻辑、发现全新的商业机会以及影响IT本身的技术架构等。汽车产业正在迈入大数据时代,呈现出信息数据化、数据资产化和产业智慧化的鲜明特征。未来,重要性日益凸显的汽车产业大数据,将催生汽车大数据产业以及由大数据驱动的产业平台公司,并由此推动和决定产业重构的进程。

一 大数据的价值在产业变革期正日趋凸显

以万物互联、大数据、云计算等为代表技术的新一轮科技革命方兴未艾，正在引发全球制造业进入前所未有的深刻变革期，充分互联、协作的大规模定制化生产，即"智能制造"成为未来发展方向。对于传统制造业而言，过去"上序下序泾渭分明"的线性产业链条将逐步演变为"你中有我，我中有你"的网状产业生态系统，其影响无论广度还是深度，都将是颠覆性的。

在此过程中，大数据的价值日趋凸显。一方面，数据驱动正是网状产业结构实时协同机制的核心。如果说过去数据只是商业决策的附庸，对于管理层起到辅助支持作用，那么在"万物互联"时代，全方位实时海量的数据将直接驱动商业决策。另一方面，实现数据的分享与交换，也是产业向实时协同机制演化的路径所在。数据不同于物质，具有很强的复用性，被分享得越多，其价值也就越大。可以预见，原本被企业封闭在内部的很多资源，未来都将通过数据的形式实现共享，从而被释放到一个大规模协作的商业平台上发挥巨大的作用，并由此推动产业重构的进程。

二 大数据相关重要概念辨析

数据与信息是紧密相关的，厘清两者之间的联系与区别，是准确认知数据概念的前提。信息指音讯、消息、通信系统传输和处理的对象，泛指人类社会传播的一切内容；而数据则是指对客观事物的性质、状态以及相互关系等进行记载的物理符号或这些物理符号的组合，属于一种可识别的、抽象的标志物。比较来看，数据是信息的表现形式，信息是数据意义的阐释；数据是信息的载体，信息是数据的内涵；数据是符号性和物理性的，信息是逻辑性和观念性的。也就是说，数据和信息不可分离：信息依赖数据来完成表达，数据则具体表达出信息。或者也可以说，信息是加载于数据之上并对数据做出具有含义的解释；而数据本身没有意义，只有对实体行为产生影响时才成为有意义的信息，两者之间是形和质的关系。大数据的本质在于通过挖掘更多不同的数据，产生新的更有价值的信息，并以此影响产业的方方面面。

从这个意义上讲，大数据其实就是对（近乎）所有个体数据的整合与处理。因此，个体数据（设计、使用、维护、交流等数据）是构成大数据的基础；而大数据的价值不在于掌握庞大的个体数据，而在于对这些数据进行专业化的处理，以实现对规律和趋势的准确把握和预测。个体数据与大数据的关系见表1.3。

表1.3 个体数据与大数据的关系

对比维度	个体数据	大数据
数据规模	单一概念，可普通存储	海量，超出传统数据库容量
数据流转	封闭，流转频率低	结合云计算，快速便捷
数据特征	有限、简单、杂乱无章	多样、复杂、有序
价值密度	孤立，可利用价值低	关联，可低成本创造高价值
发展程度	互联网发展的基础	互联网发展到新阶段的产物

可以看到，单个（个体）数据的价值不大，或者说价值密度过低；而大数据价值巨大，但却不易挖掘。对于大数据而言，传统的数据处理方法都将失效，云计算、并行处理、图像识别、深度学习以及相关性学习等变得不可或缺。唯有通过这些技术，才能实现在多媒体中提炼出难以挖掘的信息，在数据量大和产生速度快时解决处理难题，并在碎片化的数据中准确把握因果关系。当然，大数据真正产生价值的前提还在于数据真实可靠，数据的可靠性越高、安全性越好，数据的价值也就越大。因此，数据质量至关重要，这也是当前大数据应用的难点和重点所在。

需要特别强调的是，工业大数据较之一般大数据又有更高的要求和不同的特点。以汽车为例，主要围绕汽车制造环节，同时也涉及部分设计、采购、质量及物流等数据的集合，就构成了超结构化的汽车工业大数据，而其他单一环节或领域的则是非结构化的普通大数据。相比之下，工业大数据对数据可靠性的要求更高，也更强调系统性——因为数据来源于复杂的系统，彼此之间又有复杂的关联关系，其因果相关性远比普通大数据更强，也更难把握。正因如此，工业大数据的价值也远非一般大数据可比，是推动智能制造的核心动力。对于汽车企业来说，必须站在工业大数据的高度来前瞻思考与布局，不能满足于仅仅利用现有系统的数据，而应为了未来的应用，对数据搜集提出附加要求，即以服务新业务为主、服务现有业务为辅。

三 大数据具有全方位的战略价值

首先，大数据作为一种新的生产资料和工具，可以帮助我们突破原有的认知局限，更有效地分析和解决问题。单个数据往往一叶障目，让人难识"庐山真面目"，而大数据则使我们更贴近现实和真相，帮助我们更加精准和轻松地处理复杂的问题。这等于增强了人类认知问题（是什么）、分析问题（为什么）和解决问题（怎么做）的能力。

其次，具体来说，大数据将在五个维度深刻改变现有产业生态：一是真正以用户为中心，从以往针对粗略归纳的"用户群"到为每个用户提供个性化服务；二是颠覆传统的管理方式，通过大数据的挖掘与分析，业务本身可自行进行决策，而不必依靠庞大的组织和复杂的流程；三是改变现有的商业逻辑，以往要做出准确的商业判断需要大量的学习、培训与实践，代价巨大，而大数据则提供了从其他视角直达答案的可能性；四是发现新的商业机会，跨行业的数据融合，将使产品设计、营销方式等发生重构；五是影响IT本身的技术架构，大数据对IT的需求将超越现有架构的技术极限，催生新的网联革命。可以说，大数据是可以源源不断创造财富的宝贵资源，而且深入挖掘的数量越多，所获收益的价值就越高。

最后，展望未来，大数据甚至可能改变人类的演进方向，使人类能够以某种数据的形式存在于虚拟世界。众所周知，人工智能正在高速发展，而每一个人类个体都是一个数据量惊人的潜在大数据来源。在不久的将来，一个人拥有的个性化智能设备（包括各类穿戴式设备，也包括电脑等传统设备）所需的运算量可能超过全球现有计算能力的总和，而一个人所产生的数据量也可能超过全球现有数据量的总和。在这样的前景下，大数据在改变、重构和颠覆企业、行业和国家之后，还将改变人类自身！或许人类的演进将出现新的分支：一方面，人类仍然是基于生物性的物理存在，作为几百万年来逐步进化的结果，人类成为拥有较强创造力和丰富情感的生命体，但人类的肉体生命终归是有限的；另一方面，人类还可以成为基于大数据的虚拟存在，人类自身及其外部世界的大数据都在信息化的虚拟空间中存储并运行，这样的人类同样可以自我学习和进化，虽然很可能没有自我创新的能力和生物上的情感，但其虚拟智慧仍然能为后人提供建议，并且在理论上拥有无限的生命。

四 汽车产业正在迈入大数据时代

当前，能源、互联与智能三大革命正在引发汽车产业的全面重构和汽车文明的重新定义，汽车的产品形态、制造体系、创新模式与产业生态都将和过去大不相同。汽车产业从造车端到用车端的整个价值链条的各环节，都将持续产生数据并利用数据不断自我优化，从而与大数据紧密地联系在一起。通过用户数据、车辆数据、交通数据以及其他相关数据的收集、整合、分析与应用，包括分包式研发、分散式制造、用户画像、精准营销、模块化分工以及设计过程交互等在内的各种相互交织、彼此影响的商业模式创新，都将成为可能，不仅使从汽车设计研发、采购物流、制造组装到产品销售及后市场服务的全产业链附加值得到程度不同的全面提升，而且还将极大地扩展汽车产业原有的价值内涵，为汽车产业带来无穷多种的全新可能和前所未有的巨大机遇。

受此影响，汽车产业正在迈入大数据时代，呈现出信息数据化、数据资产化和产业智慧化的鲜明特征。在信息数据化方面，汽车本身将逐步实现全面数据化和智能化；汽车营销将实现车主行为数据化，包括驾驶操作和行为习惯；而与汽车相关的零部件、车况、维修保养、交通、地理位置等信息也将全面数据化。在数据资产化方面，数据价值不断提升，大数据将成为车企和车商最重要的资产之一，并与其他资产共同应用、一起创造更多的价值。而产业智慧化则是上述变化的必然结果和终极目标，由此汽车产业大数据将形成全新的汽车大数据产业，从而实现人与车的有效连接互动，并形成基于万物互联构建而成的汽车大数据商业生态。

实际上，产业智慧化的进程，既是汽车大数据应用逐步走向成熟的过程，也是智能制造体系逐步成为现实的过程。无论德国"工业4.0"，还是"中国制造2025"，其本质和内涵都是由数据驱动、充分互联互动的智能制造体系，而流动的数据正是智能制造体系的血液。可以说，面向未来的制造业转型升级，万物互联是基础、大数据是核心、标准与端口是规则、全面大集成是最终形态，由此才能真正实现更智能的制造业。

在智能制造时代，大规模定制化生产成为现实，数据将成为第一生产力。企业由过去的只生产产品，演变为既生产产品，又同时产生数据；由过去的通过生产和销售产品来实现价值，演变为通过数据来产生和驱动价值。在此过程中，企业与企业之间直接连接协作的 B2B 模式将大行其道，而产业内以及产业间的高效协作，必然以数据的有效共享为基础。

因此，企业必须把工业大数据视为未来的黄金，积极谋求以数据为切入点延展核心业务领域。这些数据突破口包括产业数据，如设计、建模、工艺、加工、测试、维护数据、产品结构、零部件位置关系等；运营数据，如组织结构、业务管理、生产设备、市场营销、质量控制、生产、采购、库存等；价值链数据，如客户、供应商、合作伙伴等；外部数据，如经济运行数据、行业数据、市场数据、竞争对手数据等。而为了不断提升数据的安全性、准确性和实时性，专业的数据管控服务商也将应运而生，以更有效地完成数据的收集、识别、分析、分类、存储、流动、汰换、使用、保密、安全、防污与完善等工作。

五 从汽车产业大数据到汽车大数据产业：产业平台呼之欲出

展望明天，大数据将全面助推汽车产业变革。诸如客户信息与特征、消费习惯、驾驶行为等都将为未来汽车设计、生产、服务以及保险等带来指导性建议。而大数据信息平台将成为未来汽车产业的顶层结构，以控制产业的智能运行。因此，数据服务交互管理平台会变得至关重要，这将通过大数据平台与服务运营平台的相互交融而形成，并构成未来产业运营的核心。一方面，通过车联网平台最大限度获取车主、车辆以及交通等数据；另一方面，通过服务运营平台为车主提供内容、服务和移动支付，包括线上和线下。在此过程中，车主集群平台、网络平台、软件平台、车载终端平台、服务运营平台、信息提供平台、支付平台以及其他各种相关平台，将最终形成大数据服务交互管理平台，并基于云计算快速处理各种信息。这些不同平台的搭建及其整合是未来汽车大数据产业的难点所在，但同时也是必然的发展方向，具体如图 1.11 所示。

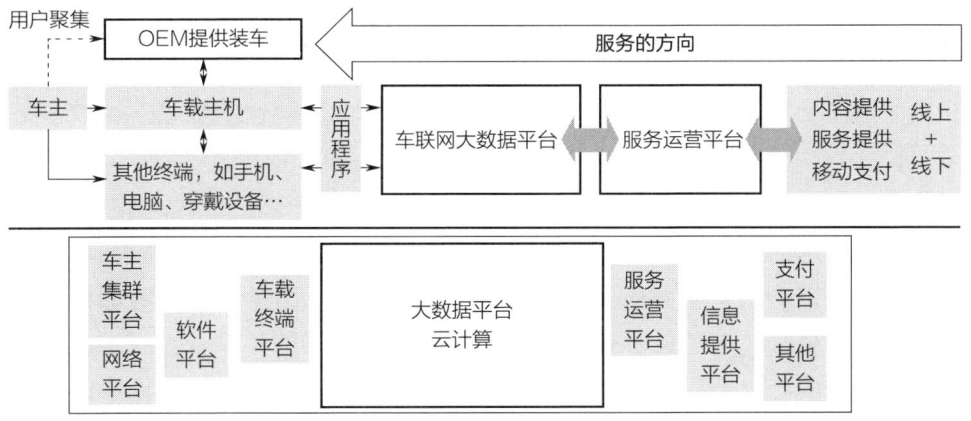

图 1.11 数据服务交互管理平台的构成

显然，唯有构建起图 1.11 所示的大数据平台，汽车产品和用户才能真正由信息孤岛汇聚而成信息大陆，并和各类产业资源有机地连接在一起，体现出万物互联的最大价值。通过这个平台，政府数据、车辆数据和用户数据才能充分共享、实时交互，汇聚而成真正的汽车大数据，并穿透种种障碍，实现快速的数据收集、分析与应用，推动汽车产业的全面升级。

随着大数据及相关技术的突破与发展，真正掌握数据的一方或几方将处于未来产业价值链中的核心地位。这些数据的掌控者是多源的，传统汽车制造商只是其中之一。如图 1.12 所示，掌握交通等数据的政府、掌握车辆数据

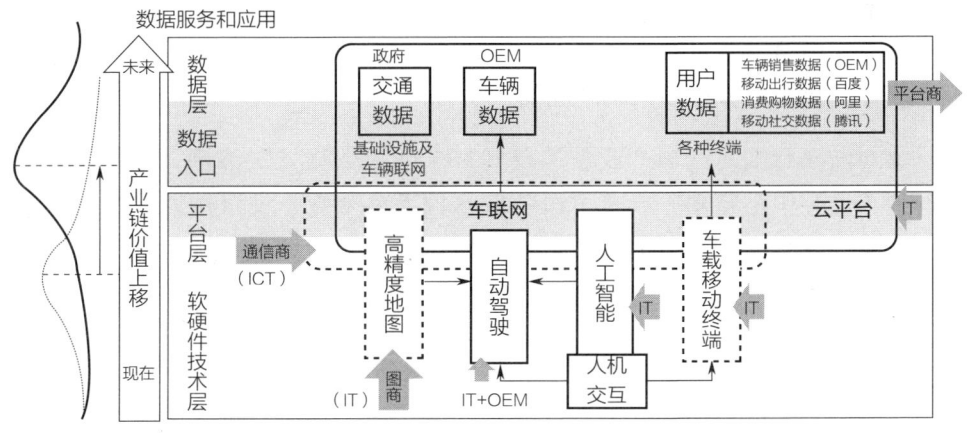

图 1.12 未来产业价值链核心数据的掌控方

的汽车企业（OEM）以及掌握各种不同用户数据的信息产业巨头及汽车企业等，都在未来产业价值链的核心区域即数据层占据一席之地。而从数据的平台层和软硬件技术层来看，通信商、地图商、IT企业及汽车企业等也都是有力的参与者。三个不同维度之间将通过车联网和云平台有机地连接在一起，未来或将出现平台商来完成这些大数据的整合及应用。

毫无疑问，未来产业运行需要强大的数据交互及资源组合能力，而整合是其中的关键。在产业生态重塑中，传统车企与新入力量都有自身的独特优势，未来的赢家必将是最有效的组合集成者。而这样的集成者，一定是运营汽车大数据的产业平台公司，这种平台公司对于众多不同领域和规模的汽车企业来说，地位类似于今天的淘宝、京东等对于其平台上的各家中小商户。但是，和目前偏重于线上销售服务的电商平台完全不同，汽车产业平台公司运营的是以工业大数据为核心、相关一般大数据为补充，提供B2B（不同企业之间）和C2B（消费者个体与企业之间）服务的汽车大数据平台，平台上的数据可以直接驱动汽车的设计、制造和使用，以满足不同消费者的个性化需求。

汽车产业平台公司的形成显然不可能一蹴而就，预期将会经历由企业搭建的自身平台到不同企业组成的联合平台，再到最终整合而成的产业大平台的渐进过程，而这个进程也代表着全球汽车产业的升级方向，即从TSP（通信服务平台）的1.0时代，过渡到VSP（车辆服务平台）的2.0时代，最终迈入MSP（移动服务平台）的3.0时代。也就是说，产业平台公司呼之欲出，因为唯有通过这种基于大数据的平台，才能有效平衡重构前景下的产业边界渐趋模糊与企业边界必须明确之间的矛盾。

面对波澜壮阔的汽车产业重构及其带来的大数据发展浪潮，企业必须认真思考自己手中已经掌握或者可以争取掌握哪些数据，又可以通过哪些可行的商业模式谋求合纵连横，以最大限度地实现数据资源的充分共享与优化组合，从而在大数据主导的未来竞争中赢得先机。

（本文原载于《汽车商业评论》2017年4月第4期赵福全教授专论）

汽车业产研融合亟须走向纵深

【精彩语句】

"未来的汽车产业不再单纯是上下游企业线型链接的制造业，而是各类参与者交叉结网的'制造+服务'产业，特别是汽车使用和服务端的商机之大将超乎想象。"

"中国汽车行业的产研融合和自主创新，目前最缺乏的就是工程化能力，打造一批专业程度较高的工程公司是当务之急。"

【编者按】

赵福全教授在本篇采访中明确指出，当前中国汽车技术价值转化链条存在严重短板，即工程化能力薄弱。缺少专业化的工程公司加重了车企的负担，也使高校的基础研发与企业的产品开发难以有效衔接。而产业的急迫需求恰恰为创业公司提供了机遇。

一 未来汽车产研融合将由链到网

《中国汽车报》：汽车技术发展日新月异，如今正迎来新的革命，当前我国汽车行业的产研融合和创新发展现状如何？有哪些特点？

赵福全：在万物互联、大数据、云计算以及人工智能等技术的驱动下，传统制造业的产业链条正在发生重塑，汽车产业也将迎来全新形态，低碳化、信息化和智能化已经成为汽车行业未来发展的主要方向。

受此影响，汽车产业的产研融合和创新发展也将变得链条更长、范围更广。因为未来的汽车生态系统将包含大交通、大能源和大环境等多维要素，并将延展网联、数据、营销、金融、商务和文化等众多增值服务，所有这些都将成为汽车产研融合和创新发展的一部分。也就是说，未来的汽车产业不再单纯是上下游企业线型链接的制造业，而是各类参与者交叉结网的"制造+服务"产业，特别是汽车使用和服务端的商机之大将超乎想象。

二 各方有效协同方能实现技术创新

《中国汽车报》：在汽车行业产研融合和创新过程中，政府、整车企业、零部件企业和科研机构都面临着新的角色定位，在当前形势下，各方应该承担哪些工作？

赵福全：从汽车产业技术价值的实现过程看，在基础研发与技术开发阶段，车企需要关注前沿技术和市场需求，高等院校和科研院所是重要的研发资源。到了样品阶段，车企需要更多地考虑工程开发以及共性技术的个性化实现，此时的工作应由工程公司或企业研发部门来完成。接下来在产品的量产阶段，整车和零部件企业需要共同参与、通力协作，以完成零部件的制造和整车的集成。最后，销售公司以及各级经销商售出产品，实现汽车的商品价值。显然，只有各个环节有效连接和紧密互动，才能顺利完成汽车技术价值转化的"接力赛"。

三 打造专业的技术转化工程公司

《中国汽车报》：行业呼吁推动产研融合和创新发展多年，却仍面临核心技术缺失和各方融合不够深入等问题，根源在哪里？如何解决？

赵福全：如今，中国的技术创新链仍然问题重重：一方面，从事基础研究和前瞻技术开发的高等院校、科研院所，虽然产出了不少优秀的学术成果，但往往难以得到产业化应用；另一方面，很多汽车企业在产品开发方面已经积累了不少经验，但却缺少基础和前瞻技术的成熟供应方，甚至不得不在几乎所有的新技术领域自行投入，导致有限的资源过于分散。

我认为，中国汽车行业的产研融合和自主创新，目前最缺乏的就是工程化能力，打造一批专业程度较高的工程公司是当务之急。这些工程公司专门负责关键技术的开发与工程转化应用，重点关注技术的储备、消化、验证、升级等能力，从而把高等院校、科研院所与整车零部件企业的工作连接打通，有效分担整车企业研发部门的部分负担。我认为，从事技术创新的创业公司应该考虑更多向工程公司方向倾斜发展，以补足中国汽车行业创新链条的短板。此乃行业亟须，也是商机所在。

四 汽车电子是未来产业创新的重要阵地

《中国汽车报》：如何看待新形势下汽车行业创新发展的趋势？目前，在汽车行业内还有哪些产业创新方向？

赵福全：以智能网联汽车为例，它关乎整个汽车产业未来的生态化发展，将给传统整车零部件企业以及准备进入汽车产业的 IT 企业带来了巨大的机会。发展智能网联汽车，汽车电子技术非常关键。有研究预测，未来汽车技术创新将有 70% 来自汽车电子领域的进步。因此，我们必须高度重视汽车电子技术的产研融合与创新发展。

（本文原载于《中国汽车报》2016 年 8 月 22 日第 10 版赵福全教授采访）

第二部分 产业篇

2020—2021 跨年对谈：
新冠疫情加速产业变革，强劲需求拉动市场升级

【精彩语句】

"在传统燃油汽车时代，中国车企是后来者和跟随者。但在新能源汽车时代，我们完全有机会也必须力争成为先行者和引领者。无论是新造车企业，还是传统车企，只要根据中国市场的特点，围绕产业发展的方向，基于自己的能力和优势，制定正确的战略并持续地实践，就完全可以抢占先机。未来，中国车企一定要在深入研究和预判消费需求的基础上，主动出击，大胆创新，在市场上占据优势地位，直至引领消费者的需求。"

"产业变革带来了更快实现'品牌向上'的契机，但是品牌建设的基本规律并未因此改变。品牌建设是一项需要长期积累的系统工程，企业一定要有10年、20年乃至更长久的品牌规划与定力。绝不是说产业变化了，汽车品牌就可以随意'制造'；也不是说推出多么高端的新品牌，都能得到消费者的认可。"

"整车企业发展到一定程度之后，应该考虑掌握芯片设计能力。因为芯片设计不只决定着算力，还与算法和数据的应用有关。而算法的优劣差异，不仅仅在于数据处理的基本能力上，更在于对汽车基本原理的理解和应用上。如果车企自己不做芯片设计，而是让其他企业来做，那么不仅会有'卡脖子'的风险，而且也难以实现核心算法与芯片的最佳匹配。"

"出行服务公司要想实现盈利，必须为用户提供最适合的车辆及服务。一方面，私家车与共享汽车的需求是不同的，以在售车型来做共享很难实现车辆功能和成本上的极致最优，为此，出行服务公司应考虑挖掘自身用户数据规律来量身定制共享汽车；另一方面，出行服务公司还需要平衡车辆定制规模与自身资产负担。"

"在此前产业链封闭发展的时代，企业需要的资源以及彼此之间的关系相对明确且固化，相应的企业内部的组织关系与外部的合作模式基本上没有关联；而未来将进入产业生态开放发展的新时代，企业需要的资源以及彼此之

间的关系异常复杂且多变，特别是企业的内外部资源必须相互交融，为此，企业内部的组织关系与外部的合作模式必须有效统筹，构建创新的商业模式，以确保各类资源能够充分融合，进而形成全新的生态。"

【编者按】

"跨年对谈"是《汽车商业评论》最具影响力的标志性访谈栏目。2020年岁末赵福全教授应邀做客该栏目，与贾可总编辑进行了长达两个半小时的问答交流。在系统总结和评点年度大事的过程中，赵教授全面分享了自己的深度思考和精彩观点。基于这次对话整理而成的本文，内容极其丰富，涵盖了中国汽车市场前景、新能源汽车未来趋势、智能汽车最新突破、新旧车企创新实践、品牌定位与培育、芯片危机与应对、数字化转型、共享汽车发展等核心问题。不仅为疫情阴影下特殊的2020年描绘了一幅汽车产业全景图，也为即将到来的2021年做出了前瞻预判，指明了前进方向。更重要的是，赵教授阐释的真知灼见及其内在的思维逻辑，对汽车产业及企业的发展具有长期的指导意义和现实的借鉴价值。相信广大读者在细细品味本文之后，定能与编者产生类似感受的共鸣。

一 疫情下中国汽车市场的表现超出预期

贾　可：2020年的第一件大事，是新冠肺炎疫情给中国汽车行业带来了巨大的变化。我觉得应该说是变化，而不是破坏，因为相对而言，中国可谓"风景这边独好"。2020年，中国汽车销量同比下降估计会在2%左右，相较年初疫情始发时大家普遍认为会下降20%至30%的悲观预测，是相当不错的结果。如果和国外汽车市场横向比较，表现更为优异。那么，您如何看待新冠疫情带给中国汽车产业的变化？

赵福全：此次新冠肺炎疫情的影响不限于中国，已经演变为一场席卷全球的重大危机。在疫情暴发初期，中国面临非常严峻的形势，整个社会经济陷入近乎停滞的困境。这不只对中国汽车产业，而且对中国所有的产业，都是巨大的考验。当时谁都无法预料疫情的走向，自然也就无法预料汽车产业将会受到多大影响。

不过面对新冠肺炎疫情这场大考,中国表现出了极强的应对能力,迅速控制住了疫情的蔓延,并实现了经济的快速恢复。这其中,汽车产业的状况就是中国应对能力的有力证明。事实上,2020年中国汽车市场的表现可以说超出了此前所有人的预期。正如您刚刚所言,年初大家的预测普遍比较悲观,认为全年汽车销量将同比下降25%左右,即使是乐观的预测也认为至少会降低10%。

同时,在疫情影响下,中国汽车消费如此坚挺,也反映出中国汽车市场的强劲需求和巨大潜力。从全年的情况看,上半年中低端产品的销量明显下滑,而高端产品的销量稳中有升,这是因为,相比高收入群体,低收入群体的消费能力受疫情影响更大。而进入下半年,尤其是进入"金九银十"之后,中低端汽车产品的销量也出现了回升,这表明中国汽车市场的增量需求依然很旺盛。

其实早在疫情暴发之前的几年里,行业就有这样一种声音:中国市场已经趋近饱和,未来的增长潜力已经不大了。2018年中国汽车市场出现了28年来首次负增长之后,有人认为当时约2800万辆的年销量就是中国汽车市场的"天花板"。不过我始终相信,拥有14亿人口的中国汽车市场还有继续增长的空间,2018年后的负增长只是一时的销量波动。正如我们看到的,2020年虽然遭遇疫情,但中国汽车市场基本保持了与去年相同的规模,这充分证明了这个市场的坚实基础和发展潜力。

总体而言,我认为,中国汽车市场在新冠肺炎疫情期间经受住了考验,表现出极强的韧性和活力。这既得益于国家对此次突发疫情的有力控制,又源自广大国民对汽车产品的刚性需求和消费能力,也体现出中国汽车产业不断提升的自身实力。从产业角度来看,汽车产品是由上万个零部件组成的,任何零部件的短缺都会影响整车生产,这也是疫情期间国家以及车企都高度关注"保供"的原因所在。如果只是需求端恢复了,而供给端跟不上,中国汽车市场是无法快速恢复的。而在疫情之下,中国汽车供应链的完整性和坚韧性发挥了关键作用,为汽车市场的持续向好提供了根本支撑。正是由于上述因素,中国才能在2020年全球汽车市场中起到定海神针的重要作用。

贾　可:假如没有新冠肺炎疫情,您觉得2020年中国汽车市场会正增长吗?

赵福全：这是一个很好的问题，需要我们分析 2020 年中国汽车市场良好表现的驱动因素。我认为，除了中国市场本身的需求支撑之外，汽车消费的快速恢复主要是政府和车企共同努力的结果。

一方面，政府为稳增长、保就业、促消费采取了一系列举措，而汽车作为大宗民生消费品是国家重点关注的领域之一。这些举措既有中央层面的方向指引和总体部署，也有各级地方政府出台的具体政策和相关措施，包括税收优惠、限购城市增加配额、发放消费券等，对促进汽车消费发挥了积极作用。

另一方面，不少汽车企业面对疫情危局纷纷调整经营策略，通过让利促销等手段来稳定市场份额。这种应对方式不能简单视为比拼价格的恶性竞争，事实上对于车企来说，通过销售获取利润并非唯一目的，保障现金流也同样重要，这是企业顺畅运营的前提和基础。同时，也只有在需求稳定的汽车市场，且自身已经形成了一定的规模和积累，车企才有条件采取这种应对方式。从这个角度看，这恰恰是中国汽车市场逐步走向成熟、中国汽车企业不断取得进步的一种表现。

假如没有疫情，我认为，无论政府还是企业，都不会采取如此大力度的行动来刺激汽车消费。因此，很难说没有疫情汽车市场会是怎样一种走向。

贾　可：那是否可以这样理解，疫情反而刺激了中国汽车市场的发展？在此基础上，如果 2021 年疫情进一步好转，甚至基本上没有影响了，中国汽车市场是不是会有更好的状态？对明年中国的汽车销量，您怎么看？

赵福全：从政府激励和企业促销的角度看，疫情确实给汽车消费带来了一些积极影响。不过政府激励汽车消费的举措大都带有临时性，如同新能源汽车财政补贴最终要退坡取消一样，是不可能长期持续的。而对企业来说，短期内可以为了生存而让利，但长期看必须盈利才能发展，因此也不可能持续让利促销。所以对于 2021 年，我持"谨慎乐观"的态度。

谨慎的原因在于，2020 年的销量中确实有一部分是在政府和企业短期刺激措施下催生的。这两方面的措施除了有直接效果外，还有间接效果，那就是让一些原本购车需求并不急迫的消费者，产生了抓住机会"捡便宜"的心理，从而引发了部分超前消费。而中国汽车市场 2020 年的销量之所以能够与

2019 年基本持平，是以上多种因素综合作用的结果。

乐观的原因在于，中国经济增长的前景值得期待，这是决定汽车市场走向的基础和关键。放眼世界，2020 年中国是全球唯一实现国内生产总值（GDP）正增长的主要经济体；2021 年预计中国 GDP 增速至少也会达到 6%。经济增长必将惠及广大国民，使其购买力得到提升，从而为汽车消费提供根本性的驱动力。由此我判断，2021 年中国汽车市场大概率可以实现正增长。

贾　可： 2020 年国家提出，要"形成以国内大循环为主体、国内国际双循环相互促进的新发展格局"。通过深化改革、扩大开放，真正把"双循环"做到位，相信中国 GDP 还将持续增长，同时中国的南北差距、东西差距也将不断缩小。这样老百姓的"口袋"就会鼓起来，汽车销量也就可以进一步提升。

赵福全： 确实如此。实际上，2020 年中国虽然是全球唯一实现 GDP 正增长的主要经济体，不过增速还是远低于 2019 年的。而到了 2021 年，只要疫情没有很大的反弹，中国经济在 2020 年相对较低的基数上，一定可以实现更大幅度的增长，有可能 2020 和 2021 两年 GDP 增速的平均数会与 2019 年的增速持平。

所以，对中国汽车市场的发展前景，我们应该充满信心。尤其是国家提出以"内循环"为主体之后，必然会有相应的具体举措，并在中长期逐步释放出政策红利。这对于汽车消费而言，无疑将是重大利好。

● 中国新能源汽车产业进入"由量变到质变"的关键期

贾　可： 2020 年中国新能源汽车市场的整体表现超出预期，我认为这主要不是政策刺激所致，虽然新能源汽车购置补贴和免征购置税政策延长了两年，但力度已经大大减弱了。那么，中国新能源汽车产业是不是迎来了发展的"拐点"呢？

赵福全： 国家对新能源汽车产业的支持政策，包括延长购车补贴等财税类政策以及放宽限购、限行等非财税类政策，一方面确实具有刺激新能源汽车消费的效果，特别是 2020 年从限购城市中释放出的额外购车指标大都指向新能源产品,这是非常直接有效的激励。另一方面,我觉得,更重要的是,政府通过这一系列政策释放出了坚定发展新能源汽车的决心,表明国家非常在意新能源汽车产业,会采取各种措施来促进产业发展和确保市场稳定。在某种意义上,政府由此传递给广大国民的信心要比直接发放财政补贴更为重要。因此,政策措施对2020年中国新能源汽车市场超出预期的表现,确实发挥了外部驱动的作用。

当然我认为,新能源汽车市场增长的主要驱动力还是来自产业自身的内部因素。从供给端来看,如果说10年前主要是中国在推动新能源汽车发展,那么经过10年的实践,现在新能源汽车无疑已经成为全球公认的转型方向和新兴的战略产业,中外车企在新能源领域无不争相加大投入,越来越多且越来越好的新能源汽车产品正陆续投放到市场中。从需求端来看,新能源汽车消费开始呈现出更多的2C(直接面向消费者)特征,即购买新能源产品的主体不再是出行公司等车队用户,而是普通的个人消费者。数据显示,2020年上半年新能源汽车市场出现了同比下滑,这在疫情暴发、车市停滞的特殊情况下是正常的。不过从第三季度开始,新能源汽车销量就出现了逆势增长,而且增量主要来源于个人消费者的贡献。

由此可见,中国新能源汽车产业正在步入"由量变到质变"的关键期,即正在由过去的政策驱动向今后的市场驱动转变。我认为,这是一件具有里程碑意义的大事。

贾可:我不能理解的是,有一些汽车行业的领导者,到现在还对电动汽车或者说新能源汽车有所怀疑。事实上国家层面早已明确表示,中国发展新能源汽车主要有三大原因:一是能源安全,二是环境保护,三是产业赶超。尤其是2020年9月,国家领导人又谈到了"碳中和"目标:中国的二氧化碳排放力争于2030年前达到峰值,努力争取2060年前实现碳中和。这意味着,非化石能源的占比要进一步提升,同时电动汽车使用的电力也要进一步清洁化。从这个意义上讲,发展新能源汽车绝对是大势所趋。当然,新能源汽车也不会一夜之间就全部替代传统燃油汽车,这肯定是一个渐进的过程,但这个趋势是毋庸置疑的。

赵福全:据我所知,汽车行业的领导者们对发展新能源汽车的大方向已经没有太多怀疑了,只是对于新能源汽车的发展速度,大家可能还有不同的判断，这也是让企业颇感踌躇的根本原因。不少企业领军人拿不准新能源汽车广泛普及的过程究竟需要多久，所以很难下定决心现在就倾尽全力、大干快干。对此我从自己在企业工作20年的经验出发，是很能理解的。因为对于企业来说，5年后的未来和10年后的未来是两个截然不同的概念，10年后的未来和20年后的未来更是完全不同。对于发展新能源汽车，让车企老总们徘徊犹疑的核心问题在于：3年后的新能源汽车市场占有率究竟能有多大？为了这么大的占有率，就把企业所有的资源都投入进去，那还在盈利的传统燃油汽车怎么办？如果企业投入之后，不能按照预期获得收益又怎么办？

在这方面，传统车企无疑面临更大的挑战。因为传统车企的有限资源很难聚焦，必须同时兼顾两方面的发展：一方面要努力维持甚至提升传统燃油汽车的市场份额，另一方面又要抢夺新能源汽车的市场增量。相比之下，新造车企业作为后来者，没有历史包袱，新能源汽车是他们唯一的选择，这可能是新造车企业最大的优势所在。

贾　可：我倒觉得，传统车企的领导者们在一边顾及传统燃油汽车的既得利益，一边垂涎新能源汽车的潜在"红利"时，更要从企业自身的能力出发进行思考和决策。如果传统燃油汽车的能力本来就不强，那就应该果断放弃；否则，两边的机会都会丧失。

赵福全：从理论上讲，越是资源有限、能力不足的企业，就越应该尽早放弃传统燃油汽车，然后全力投入到新能源汽车上。但现实的情况是，在新能源汽车市场的前期培育阶段，企业想赢得消费者对自身新能源产品的青睐，恐怕要比参与燃油汽车市场的竞争更为艰难。所以，很多传统车企宁肯把有限的资源在燃油汽车上多投入一些，同时在新能源汽车上少投入一点，这样依靠传统燃油汽车的盈利，企业还有存活下来继而发展新能源汽车的机会。这就是当前一部分车企的选择。

贾　可：是的，我能理解这些企业的想法。但是换个角度来考虑，就像人生一样，无论是在工作还是在生活中，总会遇到艰难的时刻。这个时候如果我们不能迎难而上，也许可以苟延残喘一时，但要想活得更好，是绝无可能的。

赵福全：确实如此。汽车产业的竞争是一场马拉松比赛，企业必须看得更长远、想得更长久，既要做好现在，也要储备未来。尽管很多企业的领军人都是职业经理人，更多考虑自己任期内的事情也很正常，但是真正的企业家还是应该从企业长远发展的需要出发去思考和布局。在这方面，一些国外汽车企业的管理经验值得借鉴，其董事会对经营领导团队的考核方式，既关注当下任期内要完成的指标，也重视面向未来的战略规划和布局。

还有一点至关重要，我曾经在一次演讲中特别强调过：要想产生颠覆性的结果，一定要有颠覆性的认识，同时还要有持续的产业实践。如果遇到一些困难就开始怀疑自己做错了，然后就停止投入，那肯定无法实现颠覆性的改变，也就不可能抢占未来竞争的战略制高点。说到底，这还是认识不够到位的问题。

记得早在十几年前，王传福就宣布：比亚迪以新能源汽车作为公司的终极发展目标。也就是说，王传福在十几年前就相信新能源汽车的前景，并为此持续进行了大量投入。今天，比亚迪已经初步奠定了电动汽车领先品牌的地位，并收获了丰厚的回报，这无疑与企业家前瞻的认识和坚守的定力是分不开的。我想，当时不少人听了王传福的发言，可能都觉得是一件很可笑的事情，毕竟那个时候电动汽车还很遥远。因此，企业家一定要避免陷入最初"看不见"、接着"看不起"、之后"看不懂"、最后"来不及"的被动局面。

贾　可：谈到新能源汽车，近期日本汽车产业界有一则新闻，是关于丰田章男提出的"脏电"问题，在行业引起了很大反响，在此能否为大家解读一下？

赵福全：我仔细看了丰田章男的现场讲话，我认为，日本媒体曲解了丰田章男的本意。他主要是在强调，发展新能源汽车应该从整个生命周期的角度出发进行评估和优化，一定要考虑电力从何而来，毕竟汽车本身只能解决使用过程中的低碳问题，无法改变能源供给端的情况。如果国家没有在改善电力结构方面采取有效措施，只是一味推动新能源汽车的发展，那将来是会出问题的。为此，他代表日本汽车工业界向日本政府建言，他觉得日本也要向美国、德国和中国政府一样，在低碳能源方面下足功夫，他特别举例提到德国降低煤电比例的努力以及中国在可再生能源方面的投入。因此，丰田章男其实并没有攻击新能源汽车，而是认为，一个国家要想实现长远发展，如果不从系统思维的角度看待和解决问题是不行的。

三 新能源汽车市场结构出现新变化

贾 可：2020年下半年，中国新能源汽车市场突飞猛进，半年的销量超过了2019年全年。尤其是市场上出现了两条大"鲶鱼"，即国产的特斯拉Model 3和上汽通用五菱的宏光MINIEV。其中，特斯拉Model 3的月销量超过两万辆，宏光MINIEV在12月更是单月销售了4万辆。对此，您有什么看法？

赵福全：如前所述，我认为中国新能源汽车产业已经进入了新时期，其中最重要的标志之一，就是新能源汽车的消费结构出现了新变化。例如市场上表现最好的两款车型——特斯拉Model 3和宏光MINIEV，其销量主要来自个人消费者的贡献。同时，整个新能源汽车市场呈现为两端高、中间低的U形曲线，即以A级车为中心的反向高斯分布。例如，高端汽车以特斯拉、蔚来、小鹏等的产品为代表，而低端汽车则以宏光MINIEV为代表。实际上，上述市场表现是相关企业针对当前新能源汽车依然存在的成本高、充电难等问题，积极探索适宜发展路径而产生的自然结果。应该说，这既是产业进步的表现，也为下阶段的发展提供了两点重要启示。

第一，在中高端新能源汽车细分市场，有效提升品牌承载力至关重要。从需求端来看，消费者为什么会愿意购买售价三四十万元的电动车型？其中一个主要原因就是品牌起到了支撑作用，像特斯拉、蔚来等都打造出了让消费者认可的电动汽车品牌，特别是成功地让消费者将其电动化技术视为高端技术、将其电动汽车视为新物种，从而愿意为其售价不菲的产品买单，由此不难看出品牌承载力的重要价值。从供给端来看，中高端电动汽车更容易"消化"高昂的电池成本。因为相比于低端产品，中高端产品中电池成本的占比相对较低；同时，中高端产品相对较高的售价又可以在一定程度上"掩盖"其电池成本。

记得此前一些新造车企业全力打造品牌之际，行业里不乏质疑之声：有人认为新造车企业完全是在电动汽车发展速度上赌运气；还有人认为如此"铺张"地打造品牌实在太过浪费。事实证明，尽管具体举措及其力度可以探讨，但总体上这些新造车企业对新能源发展大势的判断是正确的，对品牌建设的重视也是正确的，这恰恰体现出企业领军人独特的战略眼光和魄力。当然，能否获得最终的成功，还要看企业的战略坚持和战术执行。

第二，在低端新能源汽车细分市场，通过产品的精准定位同样可以赢得消费者的青睐。当多数企业都选择了高端化的电动汽车发展路线时，上汽通用五菱却另辟蹊径，再一次打造出广受市场认可的超级"神车"。究其原因，我认为关键在于上汽通用五菱没有盲目跟风，而是基于自身的品牌定位和能力优势，认真思考消费者到底需要什么样的低端电动汽车。在系统分析了电动汽车的优缺点和用户需求后，准确识别出了一个并不需要长续驶里程而对价格更为敏感的消费群体。实际上，长续驶里程在某种程度上也是此前政府补贴驱动的结果，而在补贴快速退坡直至取消后，很多消费者恐怕并不会心甘情愿地为长续驶里程带来的高成本买单。

在此情况下，上汽通用五菱深挖用户需求，发现年龄在 20 至 40 岁之间、购买力相对较低且消费更追求实用性的群体，需要的并不是长续驶里程、高售价的中高端产品，而是具有合理续驶里程和售价，同时又采用了足够的新技术，能够确保安全等基本诉求的电动汽车新物种。由此就诞生了五菱宏光 MINIEV 这一现象级的热销车型，也带动了低端经济型电动汽车细分市场的快速增长。需要强调的是，上汽通用五菱实际上打造出了替代老年代步车的电动代步车新品类。原来的老年代步车属于低速电动汽车，存在安全隐患等诸多问题；相比之下，上汽通用五菱的宏光 MINIEV 在代步功能和较低价位上与低速电动汽车接近，但面向的却是年轻的消费群体，是可以正常上牌、具有安全保障的正规电动汽车产品。从这个意义上讲，上汽通用五菱是基于颠覆性的认识推出了颠覆性的产品。

由此可见，在汽车产业转型的关键期，所有企业都应该重新思考市场变化和自身情况，然后面向特定用户群体的实际需求，合理策划并打造最适合的品牌与产品。企业只要能够做到这一点，就一定可以闯出一条新路，赢得市场的认可与回报。

贾　可：您讲得太对了。上汽通用五菱宏光 MINIEV 确实非常成功。第一，上汽通用五菱准确识别并成功开发了一个新的细分市场，类似之前老年代步车的市场。不过，宏光 MINIEV 的消费群体主要不是老年人，而是 20 至 40 岁的中青年人。同时，宏光 MINIEV 在此前宝骏 E100、E200 等电动汽车产品的基础上，进行了迭代升级，其性能和品质也远非老年代步车等低速电动汽车可比。第二，更重要的是，随着近几年新能源汽车技术的不断进步，上汽通用五菱已经能够把电动汽车的售价做到与燃油汽车接近，从而可以和燃油汽车正面竞争了。从这个角度看，宏光MINIEV可谓生逢其时，如果早几年推出类似定位的产品，恐怕很难把成本做到这么低，也就未必能够取得这么大的成功了。

赵福全： 生逢其时固然不错，但我更想强调的是，上汽通用五菱的成功绝不是因为运气好。否则为什么不是其他车企准确识别出低端汽车消费群体的不同需求？为什么不是其他车企率先推出如此高性价比的产品？说到底，这还是企业领军人战略眼光的问题。众所周知，一款汽车产品从研发到上市，需要大约3年的时间。所以今天热销的车型，一定是在3年前就决定开发了的。也就是说，企业今天的成功源自3年前的战略，而企业今天的战略将决定3年之后能否成功。

而上汽通用五菱的成功还证明了，传统汽车企业只要找准定位、大胆创新，同样可以打造出优秀的新能源产品。关于这一点，我在主持凤凰汽车"赵福全研究院"高端对话栏目时深有体会。在2020年以"汽车产品创新"为主题的栏目中，上汽通用五菱副总经理练朝春也是其中一期对话的嘉宾。他分享了开发宏光MINIEV的决策过程：当时他们认真研究了低端电动汽车市场，重点考虑如何打造一款没有补贴消费者也能买得起并能满足其需求的电动汽车，可以作为一二线城市消费者的第二辆车，或者三四线城市以及乡镇消费者的第一辆车。由此，他们认为这款车一定是价格亲民、法律合规、质量可靠、时尚可爱且有足够新技术的新产品，这意味着绝不能采用低质低价的开发模式，而是要"把好钢都用在刀刃上"，通过对产品的精准定义来有效控制产品的成本。结果大获成功，也创造了新能源汽车的销量神话。

还有一个成功案例就是广汽埃安，大家知道，自产品上市以来，甚至是在新冠疫情期间，广汽埃安的销量一直在不断跃升。实际上，广汽新能源产品销量的增长同样源自企业正确的产品战略决策及布局。正如广汽新能源汽车公司总经理古惠南在参加"赵福全研究院"栏目对话时谈到的：当多数车企还在犹豫是否打造纯电动汽车专属平台之际，广汽就已经决定打造专属平台；在多数车企还在开发续驶里程300至400公里的产品之际，广汽就已经决定开发600公里续驶里程的产品了；此外，广汽埃安的工厂完全是按照生产新能源汽车来设计和建设的,没有为兼容生产传统燃油汽车做丝毫预留。所有这些决策都彰显出,广汽高层对于新能源汽车发展前景的信心以及实现新能源产品引领的决心。要知道上述产品战略肯定是在 2014 至 2015 年间就确定了的,这样才会有 3 年后即 2018 年的产品上市,以及此后持续的销量增长,甚至在 2020 年疫情期间依旧热销。

贾　可:借着这个话题,我也来点评一款产品,那就是价位在 6 至 8 万元间的合众汽车哪吒 V。这款车 2020 年 11 月才上市,到年底已经供不应求了,这应该也是产品战略定位与策划的成功。同时,我感觉面对新能源汽车产品的压力,很多传统车企已经不太愿意开发 10 万元以下的燃油汽车了。那么,对于未来新能源汽车市场的发展趋势,您怎么看?

赵福全:刚才谈到,中国新能源汽车市场目前呈现出"两头高中间低"的 U 形曲线。不过长远来看,我认为新能源汽车市场最终还是会回归到正常的高斯分布,即中间的 A 级车细分市场销量最高。这是因为,这个市场本身的容量最大,就乘用车整体而言,A 级车是绝对主流的细分市场。从出行需求分析,A 级车的性价比和运载能力等属性是最适合一般家庭的。只不过在这个细分市场上,目前燃油汽车相对于电动汽车的性价比优势比较突出,所以后者的销量还比较小。未来,随着动力电池成本的持续下降,以及在充电基础设施普及的前景下可以减少电池搭载量而带来的成本下降,在 A 级车细分市场上,电动汽车的性价比也将逐渐接近燃油汽车的水平,再加上车企不断完善新能源产品结构、丰富产品线布局,所以 A 级新能源汽车的市场份额必将逐步扩大,直至超过高端和低端细分市场。不过,这肯定需要一个过程,短期内基于客观条件形成的 U 形市场销量曲线还不会改变。

由此出发,我建议中国车企都要认真思考两个问题。

第一,如何看待低端汽车市场?一直以来,很多车企对低端汽车市场不够重视,甚至存在"低端等于低质低价"的认识误区。实际上,一方面低端汽车的消费需求非常大,像"95 后""00 后"等刚走入社会的年轻人,他们大多已经没有对国外品牌的追捧心理,也不盲目追求更大更豪华的车型,而是更理性地将汽车视为代步工具。同时,"新国潮"使他们可能更容易接受自主品牌特别是新品牌的产品。另一方面,年轻消费群体对汽车的要求并不低,包括合规安全的电动汽车、性价比高的产品、高质量的移动出行生活等,显然绝非"低质低价"所能满足的。反过来讲,能够满足这些需求的车企,就会赢得这部分消费者的青睐。

第二,是继续跟随还是谋求引领?在传统燃油汽车时代,中国车企是后来者和跟随者。但在新能源汽车时代,我们完全有机会也必须力争成为先行者和引领者。无论是新造车企业,还是传统车企,只要根据中国市场的特点,围绕产业发展的方向,基于自己的能力和优势,制定正确的战略并持续地实践,就完全可以抢占先机,像前面提到的蔚来、五菱和广汽等都是如此。未来,中国车企一定要在深入研究和预判消费需求的基础上,主动出击,大胆创新,争取在市场上占据优势地位,直至引领消费者的需求。可以说,那个简单跟随在国外大品牌后面发展的时代已经结束了,今后中国车企必须开启创新驱动和引领的全新征程!

贾　可:是的,新的时代已经开启了。实际上,要想在既定的低成本下做出一款优秀的新能源产品,是非常困难的事情。就这个目标来说,中国车企应该比国外车企更有优势。我记得,当年印度塔塔公司推出了一款售价不到两万人民币的产品NANO,结果就失败了。

赵福全:是的,我曾在克莱斯勒、戴姆勒-克莱斯勒、华晨和吉利等不同车企工作过,对此深有体会。做高端汽车当然很难,但主要难在一些核心技术上,而对成本不必太过关注;相比之下,做低端汽车其实更难,因为低端汽车的成本空间非常有限,但同样必须满足基本功能和质量要求,甚至也要采用一部分新技术来吸引消费者。因此,做好低端汽车要比做好高端汽车难得多。

举个例子,当年我领导开发的吉利熊猫,售价不过三四万元,但在C-NCAP测试中一举拿到了5星评价,从而为消费者提供了一款价格实在而又具有高安全性的微型车。后来每次见到之前的国外同事时,我都不无自豪地向他们调侃:你们看我开发出了这么便宜的汽车,而且安全性能过硬,基本配置齐全,和你们的产品一样都是四个轮胎外加一个备胎。所以,在低成本、高品质的低端产品创新方面,中国车企是应该有信心的。

贾　可:盘点过中国车企的新能源汽车产品后,我们再说说特斯拉。我们看到从2020年2月开始,特斯拉的股价一路猛涨。而在中国成功国产之后，特斯拉一举成为中国新能源汽车市场上最大的一条"鲶鱼"，尤其是特斯拉 Model 3 的持续热销，给中国车企带来了不小的压力。不过与此同时，特斯拉的业绩也带动了造车新势力"三强"即蔚来、小鹏、理想的股价上涨和市场地位提升。从这个意义上讲，特斯拉在电动汽车领域确实起到了很大的示范和引领作用。

赵福全：我认为，无论是在资本市场上，还是在产品市场上，特斯拉过去一年来的亮眼表现在很大程度上都源自其在华快速实现了"国产化"。应该说，特斯拉 Model 3 在中国的量产，对其发展具有里程碑意义。事实上，特斯拉正是因为实现了在中国的本地化生产，带动了在中国市场上的销量激增，才提升了投资者的信心，拉动了股价的飙升。一方面，特斯拉在中国建厂生产，展现出了拥抱中国这个规模最大、潜力最大的电动汽车市场的决心；另一方面，特斯拉国产化后快速提升了在华销量，给企业带来了实实在在的业绩。因此，我才说"国产化"是特斯拉发展历程中重要的里程碑。同时，特斯拉的阶段性成功也让中国造车新势力得到了资本的认可，带动了蔚来、小鹏、理想等公司的股价上涨。

说到底，企业要想获得高市值，一是必须进入未来前景可观的新领域，在汽车产业就是新能源、智能网联等方向；二是必须取得一些实实在在的成果，如果只是依靠炒作是无法赢得资本方和股民长期青睐的。比如蔚来汽车，一直在新能源汽车领域征战，不过在其产品销量还很小的时候，包括业内人士、投资者乃至普通消费者都不乏质疑之声；但当其售价四五十万元的 ES6 和 ES8 月销量达到四五千辆时，股价就开始上涨了，质疑者也自然变少了。

所以，尽管资本市场看重的是未来，首先判断的是一家企业是否走在正确的道路上，但是企业最终还需要证明自己是在正确地前进，而阶段性的销量成绩就是最好的证明，这样才能支撑企业市值的坚挺以及继续增长。也就是说，正确的战略方向和正确的战术行动，两者缺一不可。

（四）2020 年是中国智能汽车发展的元年

贾　可：实际上，特斯拉不仅代表着新能源汽车，还代表着智能汽车。像特斯拉、蔚来、小鹏、理想等产品，也包括传统车企长安的 UNI-T 等产品，都体现出了越来越明显的智能化因素。我认为，智能汽车的概念已经逐步清晰，开始真正影响终端市场的表现了。所以，2020年可以说是中国智能汽车发展的元年。

赵福全： 我同意这个说法。

首先从宏观政策层面看，2020年2月由国家发展和改革委员会牵头、十一个部委联合印发了《智能汽车创新发展战略》。该纲领性文件指出，智能汽车已成为全球汽车产业发展的战略方向。发展智能汽车，有利于加速汽车产业转型升级，培育数字经济，壮大经济增长新动能；有利于加快制造强国、科技强国、网络强国、交通强国、数字中国、智慧社会建设，增强新时代国家综合实力。文件还提出智能汽车的发展目标：到2025年，中国标准智能汽车的技术创新、产业动态、基础设施、法规标准、产品监管和网络安全体系基本形成；实现有条件自动驾驶的智能汽车达到规模化生产，实现高度自动驾驶的智能汽车在特定环境下市场化应用。也就是说，智能汽车的国家战略已日趋明确。

其次从中观产业层面看，2019年以前，产业内对于电动化和智能化基本上是分开讲的；进入2020年后，业界逐步达成共识，认为"智能电动汽车"代表着未来的发展方向，而且两者的组合已经表现出强大的市场竞争力。

最后从微观企业层面看，很多汽车企业的智能汽车已经从原来的概念讨论阶段，进入到了产品量产的初期阶段。在2017年前后，还只有包括造车新势力在内的部分车企开始用"智能网联"的概念描述企业愿景和未来产品，并且主要聚焦在自动驾驶方面；而从2019年开始，随着越来越多以智能功能为核心卖点的汽车产品陆续投放市场，像特斯拉、蔚来、小鹏、长安等品牌产品，都已实现了自动泊车、自动驾驶辅助、智能操作系统及新型交互方式等技术的量产，展现出远超传统汽车的智能化特色。

贾　可： 智能汽车代表着未来汽车产业的发展方向。《汽车商业评论》一年一度的"轩辕奖"评选，其年度大奖原本限定每年一个，不过2020年我们最终决定设立两个，其中一个颁给了小鹏P7，主要原因是小鹏P7在自动驾驶上取得了长足的进步，代表了汽车智能化水平的提升。授予小鹏P7这个奖项得到了评选专家组的认可。另外，在"轩辕奖"评选活动的测试中，我们发现传统车企产品的辅助驾驶技术也有很大进步，例如长城汽车的几款车型，欧拉好猫、哈弗大狗、H6、坦克 300 等，辅助驾驶能力都很强大。

赵福全：是的，前几天我参加了"2020 中国智能汽车品牌高峰论坛"，会上发布了"中国智能汽车年度车型"评选结果，其中小鹏汽车获得了年度智能泊车奖。如此看来，行业专家们对企业进步的认可是有共识的。

同时，借此机会我想强调一个非常重要的基本认识，那就是智能汽车不等同于自动驾驶汽车，或者说自动驾驶只是智能汽车的一部分功能。未来理想状态下的智能汽车当然要具备高级自动驾驶的能力，不过除此之外，智能汽车还要在其他很多方面努力帮助人、解放人、理解人，而与此相关的技术开发与导入，都是在为智能汽车的发展添砖加瓦。

五 造车新势力头部企业走出低谷

贾　可：说到小鹏 P7，不由得让人联想到造车新势力"三强"蔚来、小鹏、理想的亮眼表现。蔚来是在 2019 年上市，小鹏和理想分别在 2020 年 8 和 9 月上市，目前这三家企业的股票市值都高得惊人，不仅超过了多数中国传统车企，而且也超过一些国外老牌车企。同时，新车企领头羊特斯拉的市值甚至超过了所有其他车企，包括丰田、大众，成为全球市值最高的汽车企业。在您看来，这是否标志着造车新势力已经走出了此前的低谷？

赵福全：造车新势力代表的是一个很大的群体，我认为，虽然部分新造车企业已经用实际行动证明了自己造车的能力，但是还有很多新车企仍挣扎在生死的边缘。所以准确地讲，应该是以"三强"为代表的造车新势力头部企业已经走出了低谷。至于说到三家企业的高市值，这其实不是其走出低谷的原因，而是结果。我们看到，这三家企业早已不是所谓的"PPT 造车"了，而是拿出了实实在在的产品，而且赢得了不少消费者的青睐。对于售价 30 万元以上的自主品牌产品，能够让消费者用自己的"真金白银"来购买，是非常不容易的。正是由于销量的节节攀升，"三强"才得到了资本市场的认可，使其股价持续走高；反过来，这又意味着企业能够获得更多的融资，可以加大投入以谋求更快的发展。

在此我想强调，资本在本轮汽车产业重构中具有极其重要的作用。其一，汽车本来就是一个资金高度密集的产业，开发和生产一款车型耗资不菲。当然传统车企早已完成了原始积累，可以滚动发展，通过销售上一轮产品获得的收益来支持下一轮产品的投入。但对新造车企业而言，资本是保障其顺利度过起步期的重要基础。其二，在产业变革中产生了很多新的重点领域，如电池、智能等，企业要想在这些核心技术上取得突破，必须有足够的投入。而资本恰如催化剂，可以支撑这种突破。其三，未来汽车产业将逐步形成全新的立体生态系统，任何企业都不可能拥有自己所需的全部能力和资源，因此，唯有分工协作、融合创新才有前途。而资本恰如黏结剂，可以把很多离散的资源有效整合起来，形成一个统一的生态系统。

所以我认为，尽管造车新势力"三强"的高市值并不代表其已经获得了最终的成功，在前进的道路上无疑还有很多考验需要面对，不过高市值对"三强"来说肯定是非常重要的。由此，企业就有机会通过资本市场获得足够的资金，以加大投入，争取早日进入滚动发展的良性循环。

贾　可：这样说来，上市倒相对容易，难的是上市后的前几轮产品能不能得到消费者的认可。如果汽车市场反应不理想，资本市场恐怕马上就会有所体现。

赵福全：资本市场首先看的是企业有没有走在正确的道路上，如果不是前景广阔的战略方向，资本根本不会青睐。像电动化、智能化，就是当前汽车产业的发展方向。但是仅仅走在正确的道路上还不够，企业还必须正确地去走才行。如果市场表现始终不佳，拿不出良好的业绩，资本是不可能持续追捧的。这其实就是战略和战术的关系，正确的战略决策加上正确的战术执行，企业才有望获得最后的成功。

因此，我认为，企业绝不应该把上市作为最终目标，而是应该把上市作为加速发展的一种手段。也就是说，企业可以通过上市得到所需的资金，然后持续加大投入，以实现更好的发展，直至赢得汽车产业马拉松比赛的最终胜利。

六 传统车企正在努力成为"造车新实力"

贾　可：2020 年，在造车新势力头部企业走出低谷的同时，很多国内传统车企也开始打造自己的高端智能电动汽车产品。像东风推出了岚图汽车，上汽联合阿里推出了智己汽车，长安汽车也在联手华为、宁德时代打造全新的高端品牌。也就是说，与造车新势力相对应，这些传统车企正在努力成为提供优质智能电动汽车的"造车新实力"。对此，您怎么看？

赵福全： 我认为，传统车企选择发展智能电动汽车是正确的。一方面，从全球的视角看，当前汽车产业正处于转型重构的关键期，面对全新的发展路径，包括国际大牌车企在内的所有企业，近乎站在了同一起跑线上。这无疑为中国车企提供了后发赶超的历史性机遇，要求国内传统车企必须在产业未来发展方向即智能电动汽车上加紧努力。另一方面，从能力的视角看，相比于新车企，国内传统车企已经在汽车产业里交过不少学费，积累了一定的经验和资金，完全具备和造车新势力同台竞技的底气。

而"造车新实力"发展智能电动汽车的主要策略，可以概括为两方面。一是调整品牌战略，最具代表性的就是推出全新的智能电动汽车品牌。除了前面您提到的案例，还有广汽埃安也在 2020 年 11 月广州车展上正式成为独立的品牌。二是创新组合资源，像上汽联手阿里，长安联手华为和宁德时代，都是传统车企跨界融合的创新尝试，其目的就是要把各方最优质的资源有效整合起来。

在很大程度上，这也是中国车企追求"品牌向上"的最新努力。事实上，品牌号召力和溢价力不足，已成为中国车企进一步发展的核心瓶颈之一。而新能源与智能网联带来的汽车"新赛道"，为产业后来者打造更高定位和全新内涵的新品牌创造了空前机遇，使中国车企有可能实现跨越式的品牌提升。我们看到，当前不仅新造车企业中诞生了一系列高端品牌，而且传统车企也推出了不少中高端品牌，很多车企产品的最高价位已经从原来的十几万元，跨入到二十乃至三四十万元的区间，这样的提升速度在以前是难以想象的。当然，并不是每家车企都能把握住本轮产业重构机遇成功实现"品牌向上"，关键还是要看企业自身的实力以及战略调整的魄力。

贾　可： 在我看来，当前很多传统车企实施战略转型是非常坚决的。像上汽集团今年推出了智能电动汽车的专属品牌 R 品牌，先是作为荣威的子品牌，之后又升级为一个独立的品牌。这表明，传统企业同样看到了未来产业发展的大趋势，也在向智能电动领域特别是高端化方向不断发力。

赵福全：如前所述，本轮产业变革带来的赛道切换，使后发的中国车企与国际大牌车企近乎站在了同一起跑线上，从而给长期苦恼于品牌力不足的中国车企提供了加快实现"品牌向上"的良机。当然，即便如此，"品牌向上"也不能盲目。对此，我有以下两点建议。

第一，品牌定位及其差异化要比"品牌向上"更重要。企业一定要把自身品牌的定位先想清楚、弄明白，识别出特定用户群体的真正需求，再基于此打造差异化的产品，以支撑差异化的品牌。我们常讲"开宝马，坐奔驰"，这说明即使同是德系豪华品牌，传递给消费者的感受也是不同的。因此，"品牌向上"固然重要，但如果只是价位区间有所提高，产品却越来越同质化，那品牌最终肯定是立不住的。唯有在合理的品牌"带宽"范围内，面向合适的消费群体，把产品的特色做到极致，企业才有可能真正获得持续向上的品牌力。

第二，产业变革带来了更快实现"品牌向上"的契机，但是品牌建设的基本规律并未因此改变。品牌建设是一项需要长期积累的系统工程，企业一定要有10年、20年乃至更长久的品牌规划与定力。绝不是说产业变化了，汽车品牌就可以随意"制造"了；也不是说推出多么高端的新品牌，都能得到消费者的认可。所以"品牌向上"不能盲目跟风，更不能搞"大跃进"式的发展。那种今年推出一个新品牌，明年感觉不理想就再推出另一个新品牌的打法，是根本行不通的。

贾 可："大跃进"也好，"一窝蜂"也罢，最终肯定会大浪淘沙、优胜劣汰，就产业整体来说倒无须担心，但是各家企业的命运可就大不相同了。目前我们能看到造车新势力的定位差异正日渐明朗，比如蔚来汽车自我定位为一家用户型企业；小鹏更强调智能化；理想汽车则以增程式为特点；还有2020年正式亮相的华人运通，其高合汽车高举高打，产品价位高达七八十万元。且不论成败，我觉得这些企业至少都找到了自己独特的定位。相比之下，传统车企作为"造车新实力"，其差异就没那么明显了，这恐怕是有问题的。

赵福全：的确如此。所以我才说，品牌定位及其差异化要比"品牌向上"更重要。对于企业来说，绝不能用打造产品的理念来打造品牌，因为产品都是阶段性的，而品牌则是长期的；也不能为了"品牌向上"而完全摒弃自身原有的优势和打法。相反，一定要把自己的优势用足，努力打动自己的消费者群体，通过精准的品牌定位和特色的品牌内涵，支撑企业逐步实现"品牌向上"。

实际上，很多自主品牌车企在这方面是吃过亏的。比如有的车企推出了一个相对高端的新品牌，为此重新开发了新平台和新技术，重新构建了销售服务的新渠道，结果却支撑不了更高的产品价位，之后只好降低售价，导致和自己原有品牌的产品恶性竞争；接下来又去尝试推出另一个新品牌……这样周而复始，不仅没有实现"品牌向上"，还浪费了企业的大量资源。因此，我想再次强调，品牌建设一定要有清晰的定位、特色的内涵和长期的坚持。

七 红旗品牌肩负起新时期的历史使命

贾　可：谈到品牌，我想到了一汽和徐留平董事长。徐留平董事长来到一汽后下决心要重振红旗品牌。2018 年，一汽在人民大会堂发布了红旗品牌的愿景、使命和目标，明确了品牌的新定位；2020 年，红旗年初计划的销量目标是 20 万辆，现在看来甚至可以超额完成。我认为，红旗能够取得如此优异的成绩，是和徐留平董事长的领导分不开的。前不久国家领导人视察一汽时，也给予了表扬和鼓励，同时要求一定要把关键核心技术掌握在自己手里，要把民族汽车品牌搞上去。那么在您看来，新红旗的竞争力究竟来自哪里？

赵福全：红旗近期的发展成绩有目共睹，从 2018 年到 2020 年，可谓"一年一小步，三年一大步"。红旗在 2017 年的销量还仅有 4600 多辆，2018 年也不过 3 万多辆，到 2019 年就一举突破了 10 万辆大关。2020 年，虽然在疫情影响下汽车市场特别是乘用车市场总销量仍在下跌，但目前来看，红旗已经基本达成了 20 万辆的销售目标。我认为，红旗品牌核心竞争力的不断提升，得益于领导力和品牌力这两大关键因素。

一是领导力。实际上，领导力是所有企业获得成功的最重要因素之一。正因如此，西方管理学有很多关于领导力的课程，并且有战略领导力、供应链领导力等诸多细分领域。在我看来，企业的领导力主要体现在"一把手"及核心管理团队对企业战略的规划能力、对企业体系的掌控能力以及领导打造卓越产品满足市场需求的系统性能力上。

大家知道，汽车产品开发周期通常至少在 3 年左右，涉及上万个零部件，几百家供应商，而且市场、设计、采购、生产、质量、广宣、销售、服务等各个环节都不容有失，这是一个高度复杂的系统工程。因此，与互联网产业遵循"长板效应"不同，汽车产业遵循的是"短板效应"，即只要有一个环节出现问题，就会影响产品的整体表现。比如，任何一家供应商出现问题都会影响整车的正常生产；又如，无论产品本身有多好，如果销售和服务跟不上，一样会影响消费者的认可度。所以，汽车是最需要也最能体现企业领导力的产业，汽车企业必须具备综合性、整体性的卓越领导力，才有可能实现既定的目标。

二是品牌力。我认为品牌力有三个层次，首先是知名度，然后是美誉度，最后是忠诚度。实际上，红旗品牌在中国的知名度是比较高的。尽管在不同年龄人群的心目中，红旗的形象可能并不一样，但国人对红旗品牌的期待是一样的。只不过此前的红旗品牌虽有知名度，但美誉度却不足，更谈不上忠诚度，所以一直是"叫好不叫座"。

那么，什么是品牌的美誉度呢？我觉得，应该是产品技术、质量和服务的综合体。举个例子，红旗在国人心目中一直是高端国宾车的代名词，可是过去企业根本没有为个人用户提供与这一品牌定位匹配的产品质量和高端服务，这样品牌的美誉度又怎么可能会提升呢？而近 3 年来，通过全面持续的努力，红旗品牌的美誉度问题正逐渐得到解决，其知名度开始变得名副其实，这是红旗销量实现突破性增长的根本原因。目前红旗的销量贡献已经主要来自个人消费者，而不再是政府和企业了，这是其品牌美誉度提升的有力证明。

当然，在此基础上，红旗还要努力培育用户对品牌的忠诚度。什么是品牌忠诚度？我觉得，就是用户对一个品牌的信赖，愿意一直购买和使用这个品牌的产品。对于汽车品牌来说，就是要为用户持续地提供安全、便捷、舒适的产品和服务，让用户真正体验到与众不同和物有所值。在这方面，应该说红旗的品牌建设之路还很漫长，今后必须以"十年树木、百年树人"的精神不懈努力。

贾　可：红旗的进步也得到了业内专家的一致认可，2020 年红旗 H9 一举荣膺年度轩辕奖。这款车从内到外，包括发动机、底盘、车身以及造型，都是一汽自己做出来的，而且真正达到了高端豪华车的水平，给评委们留下了非常深刻的印象，也充分说明了一汽正在踏踏实实地落实国家领导人的指示——把关键核心技术掌握在自己手中。正如您刚才谈到的，红旗能够取得这样优异的成绩，与徐留平董事长的领导力是分不开的。

一直以来，汽车产业都是现代工业皇冠上的明珠，进入信息化时代之后，汽车又成为集成应用大数据、云计算、人工智能和5G通信等一系列先进技术的新终端和新载体。这必然对汽车企业的领导力提出新的更高要求。那么，您认为汽车产业要如何才能跟得上时代的步伐呢？

赵福全： 首先，我们必须清楚，进入信息化时代之后，并不是说制造业不再重要了，而是说制造业继续单独发展已经不够了，唯有充分借助信息化手段，才能把制造业做得更好。目前业内热议的"软件定义汽车"，其实也是一样的道理。所谓"软件定义汽车"并不是说硬件不再重要了，事实上硬件依然不可或缺，只不过只把硬件做好已经不够了，未来必须通过软件让硬件升华，才能让汽车产品真正具备差异化的竞争力。为此，汽车企业的领导力必须覆盖软件部分的新内容。

其次，新一轮科技革命正在驱动汽车产业发生全面重构，这不是渐进式的变化，而是颠覆性的革命。在信息化、数字化和智能化的前景下，汽车将由传统的线型链条式产业进化为全新的立体生态化产业。由此，以整车制造商为中心、包括上游供应商和下游经销商的汽车产业链将会被彻底重塑，形成涵盖汽车、信息通信以及基础设施等诸多相关产业在内的汽车出行生态系统。显然，汽车企业的领导力也必须按此方向进行扩展和增强，尤其要形成"跨界"的资源整合与协同创新能力。

最后，数字化转型是未来汽车产业重要的发展方向之一，这将使汽车产品作为系统工程的复杂性进一步提升。未来在汽车产品中，硬件是基本功能和性能的支撑，或者说硬件决定着产品功能与性能的下限；而软件则调配、利用硬件，并使其效能得到最大化发挥，或者说软件决定着产品功能与性能的上限。正因如此，软件才是影响用户体验的关键。在此过程中，数据的流通与应用是基础和前提。唯有基于用户、车辆以及其他相关数据的分析，才能实现对汽车各项功能的智能化控制和升级，从而使汽车形成自我进化的能力。由此出发，汽车企业的领导力还必须面向数字化转型的新系统工程进行升级。

不久前天津大学管理学院的郭焱教授专程过来，与我进行数字化方面的访谈交流。她提出了一个疑问：汽车行业的数字化越来越受企业重视，但为什么一直做得不好呢？当时我就回答：数字化绝不是上一套 ERP（企业资源管理系统）或 PLM（产品生命周期管理系统）那么简单，这些信息系统只是实现数字化的一种手段，而且早在 20 年前就已经出现了。数字化转型的关键是要把企业的整体业务都构建在数字化的基础上，通过数字化工具产生数据，再通过数据进行智能化的决策。这个过程涉及数字化产品、数字化设计、数字化生产、数字化服务以及数字化管理，是比过去更加复杂的系统工程。最终目标是实现企业内外部资源的有效打通，并使企业的业务得到有效优化。显然，这不是单独的几套软件或者信息系统就能解决的，而是要构建一个全方位的数字化运营平台。换言之，数字化代表着一种新的生产力，企业必须构建新的生产关系，才能适应新生产力的发展需求。从这个意义上讲，数字化转型最终挑战的是企业家的战略领导力。

八 中国汽车产业遭遇芯片危机

贾　可：2020 年中国遭遇了芯片危机，尽管中国汽车产业链已经比较完备，但是芯片这一环节仍然存在被"卡脖子"的风险。当前，国家提出了"以国内大循环为主体、国内国际双循环相互促进"的发展方向。在"双循环"的前景下，您觉得中国汽车产业应该如何布局供应链，特别是其关键环节呢？

赵福全：我从两个层面来回答这个问题。

第一，关于"卡脖子"的问题。我认为，在经济全球化的格局下，各国进行产业分工必然带来某种程度的"卡脖子"风险。这种风险有两种不同的情况，一是高端供应链缺失，二是中低端供应链缺失。中国目前的问题主要是前者，芯片就是其中最突出的代表之一。

同时，发达国家其实同样存在供应链风险。为了追求经济效益最大化，发达国家把很多相对低端的供应链都转移到了中国等制造成本低的国家。结果在新冠肺炎疫情下，各国的生产和贸易受到影响之时，一些发达国家发现自己已经不能独立生产急需的医疗救援等相关产品了。预计今后各国对产业安全问题会更加重视，不会像过去那样单纯考虑经济效益，由此，全球产业供应链将出现一系列的调整。对此中国也要做好应对准备，我想这是国家提出"双循环"战略的深层次原因。当然我始终认为，市场经济的基本规律并不会改变，只要中国保持超大市场的繁荣和稳定，就不必过分担心供应链的外迁。

第二，关于芯片的问题。2020年中国汽车产业遭遇芯片危机，主要源于新冠肺炎疫情与国际政治形势的双重影响。疫情暴发后，中国的汽车生产在全球范围内率先恢复，而国外的芯片生产却未能同步恢复，所以就出现了芯片供给不足影响整车产量的情况。由于疫情目前仍在全球肆虐，我判断，2021年芯片供应不足的问题仍将延续，甚至可能会更加严重。从本质上讲，这是中国汽车产业链布局完整性和安全性不足的大问题。

事实上，在人类进入智能社会的前景下，芯片的重要性正与日俱增。因为未来的智能社会是建立在数据基础上的，有效应用数据必须依靠通信能力和计算能力，而芯片是这两种能力的保障。所以，中国必须加快弥补芯片方面的短板，这绝不只是汽车产业的问题，还涉及信息通信、人工智能等诸多核心领域。相比之下，低端芯片的问题比较容易解决，而打造车规级芯片等高端芯片是非常困难的。但是只有实现高端突破，才能彻底化解芯片受制于人的风险。为此，我们必须以科学的战略、系统的布局、持续的投入和足够的耐心，来培育和发展芯片产业。值此2020与2021的跨年之际，我们讨论这个话题是很有意义的。

贾　可：我们看到，有一些较小的国家和地区，比如韩国、日本以及中国台湾等，反倒把芯片做得比较好。现在中国大陆要发力高端芯片，您觉得成功的概率有多大呢？

赵福全：从理论上讲，既然较小的国家和地区都能做得到，那中国作为大国就没有理由做不到。当然，小国打造芯片产业主要不是为了解决"卡脖子"的问题，而是把芯片当作自身的支柱产业来发展，因此可能更会集中投入资源。而大国必须有所兼顾，不可能只考虑芯片一件事。不过另一方面，大国发展芯片的总体资源肯定更多，解决芯片问题带来的收益也肯定更大。像中国既有庞大的市场需求，又有整个工业体系的基础支撑，也不缺少人才和资金，只要踏踏实实地不断前进，假以时日，肯定可以不断缩小在高端芯片领域的差距。

实际上,我认为,芯片问题归根结底还是国家战略问题。如果国家对芯片产业有深刻的理解,充分认识到芯片的重要性和独特性,将其视为国家可持续发展的支撑和未来工业核心竞争力的基础,为此集中力量、长期努力,最终是一定能够取得突破的。反之,如果没有国家层面的统一认识,只不过是一时的跟风或局部的尝试,企业做做停停,是不可能真正打造出优秀的高端芯片的。

回望过去的10年、20年,中国其实并不缺少市场和资金,但却没有做出高端芯片来。相比之下,韩国、日本以及中国台湾地区,在芯片领域原本也没什么特别的优势,然而其芯片产业却能成功地发展起来,这是值得我们深思的。说到底,我觉得还是国家没有提出清晰、系统的芯片战略。只有有了这样的战略,各级政府和企业才会加强布局和加大投入,也才会充分利用全球人才来弥补自身短缺,推动芯片产业的加快发展。

令人欣喜的是,当前中国做强芯片产业的战略正越来越明确,出现了芯片发展的热潮。不过在这种情况下,我想特别强调,任何产业的发展都要遵循其客观规律,而芯片更是需要长线思维和持续投入的产业。芯片设计、测试、制造、装备、原材料等整个产业生态上的所有问题,都需要培育重点企业逐一加以解决。所谓欲速则不达,我们切不可急于求成,必须有序推进芯片产业的发展。对此,国家战略要有系统的规划、合理的预期和足够的定力。

贾 可:现在地平线、黑芝麻等芯片创业公司,还有比亚迪和中车时代电气等的IGBT芯片业务,都很受资本市场追捧。对此,您怎么看?同时,像小鹏等新车企也宣布要研发芯片。那么,您觉得整车企业有没有必要自己去做芯片?

赵福全:从投资的角度看,资本的青睐有助于加快热点产业的突破,不过这其中也难免出现资源的浪费。比如10年前的电池产业,就出现了资本撒网式涌入的热潮,一时间形成了遍地开花式的产业布局。结果最终得到行业认可的电池企业并不是很多,造成了当前优质电池产能依旧不足和低端电池产能过剩的尴尬局面。当然,新兴产业的发展本来就存在不确定性,因此一定程度的投资浪费是无法完全避免的，或者说这是推动新兴产业走向成熟的必然代价。而对于芯片产业来说，我认为，一方面要充分利用资本市场的热度来加快发展；另一方面，无论企业还是投资者都要更加慎重，尽可能提升成功的概率。

从产业的角度看，必须在车规级芯片上取得全面突破，因此，汽车上的各类芯片以及芯片的各个环节都需要有企业担负起相应的使命。至于具体某类芯片以及某个环节是由初创公司、芯片公司，还是由整车企业来负责，则是另外一个问题。事实上在产业变革期，企业要想赢得战略先机必须"守正出奇"。所谓"守正"就是要坚守汽车产业的基本规律；而"出奇"就是要突破既有的约束，大胆实施特色创新。当前，部分车企将培育领先的芯片能力视为自身"出奇"制胜的关键突破口，这是可以理解的。

从企业的角度看，做芯片是一个大概念，像做芯片的设计和做芯片的制造是完全不同的。我认为，整车企业发展到一定程度之后，应该考虑掌握芯片设计能力。因为芯片设计不只决定着算力，还与算法和数据的应用有关。而算法的优劣差异，不仅仅在于数据处理的基本能力上，更在于对汽车基本原理的理解和应用上。比如自动驾驶，车企对于行驶系统、转向系统等的理解无疑更深，应该据此形成最优的算法，并将其融入芯片的设计中。如果车企自己不做芯片设计，而是让其他企业来做，那么不仅会有"卡脖子"风险，而且也难以实现核心算法与芯片的最佳匹配。

那么是不是所有的整车企业今后都必须自己设计芯片呢？也不一定。我认为，未来车企可能会分成两大类：平台型和制造型。前者必须在智能网联方面形成领先优势，能够主导未来汽车产品的定义和设计，并以此为基础，运营集聚诸多相关资源的大平台。显然这类企业需要把芯片设计作为自己的核心能力来重点培育，即便一时还未掌握，不得不借助外部资源，也必须进行前瞻的规划和不懈的努力，以期在未来掌控芯片设计能力。相反，后者的角色类似于代工者，并不需要自己设计芯片。至于芯片制造，我觉得汽车企业恐怕不宜涉足。因为无论是芯片制造技术的难度，还是车企自己的需求量，都不足以支撑企业形成这方面的竞争优势。

九 新冠肺炎疫情使企业数字化营销加速

贾　可：2020年汽车产业的许多大事件，都与新冠肺炎疫情密不可分，除了已经谈到的市场表现、芯片供应等问题外，我觉得数字化营销的提速也是一件大事。新冠肺炎疫情下，汽车线下销售受到很大影响，但也倒逼很多车企加大了数字化营销的力度，包括尝试数字化展厅、网络直播营销等。对此，您是怎么看的？

赵福全：我认为，数字化营销将成为未来汽车产业的重要商业模式之一。而新冠肺炎疫情加速了这一趋势的发展速度，当商家和客户不能面对面互动时，诸如网络直播营销等手段自然受到企业的加倍重视。

不过，网络直播对于汽车企业来说主要实现了"营"还是"销"呢？目前来看，"营"的作用更大。通常的直播营销，是通过直播向消费者推介商品，消费者看到后立即就下单购买，从而直接给企业带来销售额。然而对于汽车这种大宗商品，让消费者看了直播介绍就下单购买的可能性很小，很难收到立竿见影提升销量的效果，更多的是在帮助企业进行产品、技术以及品牌宣传。

我认为网络直播要想在"销"上产生更好的效果，一定要与线下实体店进行结合，以此承接线上活动导入的客户流量。在这方面，一些新造车企业做得相对较好。今后，随着5G技术的普及以及AR（增强现实）、VR（虚拟现实）等技术的进步，线上展示和体验的效果会越来越好，由线下转到线上完成的功能也会越来越多，这是大势所趋。受此影响，传统汽车4S店的销售模式将逐渐弱化，无论是车企还是经销商，都应思考和尝试面向线上模式的营销转型。

贾　可：的确，造车新势力们在重视网络营销的同时，也都开设了各种各样的实体店，只不过这些实体店与传统意义上的4S店是有区别的，比如一些新车企把实体店设在了大型购物中心。实际上，在这方面传统车企也在进行探索。例如最近我看到上汽的R品牌店也开在了大商场里；又如上汽奥迪今年成立时就表示，既要沿用一汽－大众原有的销售网络，也要强化网络营销体系建设，即通过线上方式扩大传播力，然后由实体店负责接单。

我觉得刚才您说到的一点非常正确，我也注意到了同样的事实：网络直播大多是以价格便宜为最大卖点的，并且商品的价位总体上不高。如果商品很贵，还能通过直播卖掉，这种情况不能说完全没有，但肯定微乎其微。所以，一些车企在线上推出所谓"九块九下订单"之类的活动，其实只是为了吸引和汇聚潜在客户，并不能真正锁定订单。因此，车企要加强对网络直播等线上营销手段的重视，但不能寄希望于只靠网络手段完成销售。

赵福全： 我认为，企业通过网络直播吸引消费者购买更便宜的商品，这只是一种博取关注的手段而已，切不可因此忽视了在经营管理、产品开发及技术创新等方面的努力，后者才是企业实现可持续发展、不断提升核心竞争力的根本。

长期以来，后发的中国汽车企业逐渐走进了一个误区，那就是总强调物超所值，依靠提高产品性价比来参与竞争。在汽车市场日益成为买方市场的今天，这种情况还有愈演愈烈的迹象。事实上，打造物超所值的产品既是出于品牌支撑不足的无奈，也是要以牺牲产品部分性能和质量为代价的，很难一直持续下去。未来中国汽车产品一定要努力做到物有所值。而在我看来，线上营销的核心作用就是要充分说明产品如何物有所值。

说到底，任何企业要想赢得持久的成功，都需要从根本上不断提升自身的产品和品牌力。当然，在营销方面也需要创新，如通过网络直播等方式把自身产品和品牌力的提升更好地传递给消费者。从这个意义上讲，线上营销可以发挥催化剂和扩音器的作用，这是企业展示竞争力的一种手段，但不是企业竞争力的核心。如果企业把全部精力都花在网络直播上，不断打折促销来维持销量，最终不仅自身难以承受，而且还会影响消费者对其产品和品牌的认知定位。像汽车这样的大宗商品，就更不能寄希望于靠网络直播来战胜竞争对手了。

总的来说，车企通过网络直播来阐释品牌、介绍产品，我认为是可行的，也是应该做的。因为到了信息爆炸的互联网时代，反而更有"酒香也怕巷子深"的风险：一方面，竞争对手的传播速度同样快速；另一方面，众多信息层出不穷也会稀释消费者的关注。所以，汽车企业有必要通过网络直播等线上方式，进行品牌传播和产品宣介。至于一些车企请明星来直播带货，期待这样能够取得明显的销量增长，我觉得是很困难的。

从社会发展的角度来看，人类最终将进入全面数字化的智能时代，而疫情加速了这种变化趋势。当前，基于网联化的数字化，正在改变我们的工作和生活方式，所谓"生活上网、工作上云"已经逐渐成为一种"新常态"。我认为，汽车企业必须立足于这一前景，全方位地谋划和实施数字化转型，通过数据的流通和应用来提升企业运营效率。这远不只是做好数字化营销的问题，而是涉及企业方方面面的系统创新。

汽车共享出现新变化

贾　可：还有一件事也和疫情相关，那就是汽车共享。我们知道，在疫情期间，武汉的共享车队发挥了重要作用，在公共交通系统停止运行的情况下，为医护人员以及有需要的群众提供了宝贵的出行服务。但是另一方面，疫情也让汽车共享业务一落千丈。

2015 年我们提出汽车"新四化"时，共享化就是其中重要的一化，当时有很多企业争相尝试汽车共享业务。不过此后几年，汽车共享的市场格局发生了很大变化，在网约车领域形成了滴滴一家独大的局面；而曾被认为更能代表汽车共享发展方向的分时租赁行业却逐渐式微，一些分时租赁企业相继倒闭或选择退出。总体而言，大家对共享化似乎不再那么热衷了。

到了 2020 年，汽车共享行业又出现了新的变化。我们看到，滴滴推出了定制车；T3 出行开始进入大家的视野；首汽 Go Fun 的分时租赁开始向全链条方向扩展，为供需两端提供精细化服务。不知道您对汽车共享的前景是怎样看的？

赵福全：汽车共享是一个非常大的话题。就 2020 年的情况，我觉得可以从两方面来看：一方面，此次疫情让人们对汽车共享产生了新的顾虑，使汽车共享的发展受到了影响；另一方面，疫情中自动驾驶汽车的重要性得到彰显，从而给汽车共享的发展增添了新的动力。

就前者而言，共享汽车的驾驶员本身也是一个潜在的病毒传染源，虽然可以让驾驶员戴上口罩，同时在车内前后排座位之间增加一些隔离措施，但还是难以让乘客完全放心。所以，即使在疫情缓解之后，很多用户也不再愿意使用汽车共享服务了，导致购置私人汽车的需求在某种程度上有所增强。

之所以会出现这样的情况，是因为当前的共享汽车还不是理想状态下的"共享"，而只是"共用"而已。像滴滴等平台上运行的网约车，包括出租车、专车和私家车等，都不是共享汽车，而是共用汽车。也就是乘客与驾驶员在一定时段内共同使用一辆汽车，而不是自动驾驶实现后无须配备驾驶员，乘客在一定时段内独自使用一辆汽车。

就后者而言，疫情让人们意识到，自动驾驶汽车可以在极端情况下发挥不可替代的重要作用。例如城市公共交通系统因疫情等原因停运时，自动驾驶汽车能够提供非接触式的安全运输服务，包括人的出行和物的移动。实际上在这次疫情期间，一些遥控驾驶车辆和低速自动驾驶车辆已经在特定场景下提供类似的服务了。

我一直讲，城市内的基础设施都是固定的，公共交通也都是有线路的，只有汽车是可以自由移动的节点，能够有效连接整个城市的角角落落。未来，汽车共享将使汽车的这一属性得到最充分的体现，而让共享汽车真正走进千家万户的前提一定是自动驾驶。只有真正脱离了驾驶员，才能让共享汽车获得运营成本上的优势，也才能让乘客在购买出行服务期间得以独享车辆的使用权。正因如此，我们看到滴滴正在积极布局自动驾驶，很多不同类型的企业也在加快推进 RoboTaxi（自动驾驶出租车）等模式的落地。所以，我并不认为汽车共享行业会陷入停滞，相反，相关企业在自动驾驶技术及其应用上不断加大投入，将会促进汽车共享加快走向成熟。

贾　可：我觉得这种没有驾驶员的共享汽车，最适合的场景是短途物流。

赵福全：也不仅仅如此，人的"最后一公里"出行也非常适合。其实这种载人的共享汽车，其技术门槛和法律门槛可能并没有我们想象中那么高。未来共享汽车完全可以从低速自动驾驶技术起步，先实现车找人，在乘客需要时车辆自行低速行驶过来，乘客上车后则自己驾驶车辆，即所谓"下车后车驾驶、上车后人驾驶"。如此一来，不仅节省了驾驶员的成本，而且也规避了车辆应付复杂交通状况的技术难题和法律风险。由这样的场景和模式切入，要比实现全天候高等级自动驾驶汽车的共享容易得多。我判断，未来几年特定场景下的汽车共享可能会很快落地。

贾　可：如果汽车共享充分发展起来，我们还需要购买汽车吗？

赵福全：我认为还是需要的。一方面，汽车共享在未来出行服务中肯定会占据越来越高的比例；另一方面，汽车还有私密空间的独特属性，人们出于隐私性和自由度等需求，仍会希望拥有自己的汽车。当然，经济条件有限的人群可能就不会买车了，而是完全使用共享汽车出行；同时选择购买汽车的用户也不一定以使用自己的汽车出行为主，相反，这些私家车主可能日常也是使用共享汽车的，只是在一些特殊情况下，比如周末全家出去游玩，才会使用自己的汽车。以上讨论的主要是大中城市的用车情况，而在小城市及乡村，由于用车需求的密度不足，更应以私家汽车为主。

贾　可：我想无人驾驶汽车时代还需要一个漫长的过程才会到来，甚至可能理想状态下的无人驾驶永远都无法实现。根据工业和信息化部的最新定义，汽车是移动工具、数字终端和储能供能装置，由此出发，未来汽车与人的关系一定会更加密切。从汽车的属性来判断，我认为未来汽车将分成两大类，一类是无人驾驶的共享汽车，一类则是无人驾驶的私家汽车。因此，我们不能因为汽车共享暂时遇到了一些挑战，就否定其作为"汽车新四化"之一的发展前景。

赵福全：总体上我赞同你所说的这个终极状态，并且我们应该站在更高的维度来认识这一重大变化。事实上，自动驾驶汽车的普及应用，意味着一百多年来以汽车所有权决定汽车使用权的时代将被终结，或者说，自动驾驶将驱动汽车所有权与汽车使用权的分离，从而给整个汽车产业带来全方位的颠覆性变化。

当然，我认为未来汽车产品及其使用并不会因此简单化，而是会趋向于为不同场景提供多元化的出行解决方案。由此，汽车产业将越来越呈现出广度发散的特征。比如可能会在特定的封闭区域内，完全限制非自动驾驶汽车进入，这样实现 L4 级的自动驾驶就会容易很多，不必像 L3 级自动驾驶汽车那样需要不停地在人车之间切换驾驶权。而一旦车辆驶出这个封闭区域，就按照 L3 或 L2 级自动驾驶的状态继续运行。也就是说，未来可能既有低等级的自动驾驶汽车，也有高等级的自动驾驶汽车；既有基于特定场景的自动驾驶汽车，也有满足全天候需要的自动驾驶汽车；既有私人拥有的汽车，也有分时共享的汽车。总之，汽车的应用会越来越场景化，而场景的多元化必将带来汽车能力配置的多元化。

从这个意义上讲，尽管当前汽车共享行业确实出现了一定程度的"退潮"，包括很多分时租赁公司陷入困境，"烧钱"严重，运转艰难；而出行服务公司要么很难突破规模瓶颈，要么即使有了较大规模也无法盈利，由此也引发了行业乃至社会的质疑。但是我认为，这些情况更多的只是某些公司自身经营不善或商业模式不适合造成的，我们不能以此来否定汽车共享具有潜在的重大商业价值。事实上，共享经济代表着万物互联的前景下社会资源重新组合及高效利用的更高境界，而汽车共享则是共享经济的重要组成部分，因此我们对汽车共享的大方向不应怀疑。

此外，在我看来，当前很多涉足共享出行服务的企业，都需要重新梳理和思考为什么以及如何开展这项业务。

就整车企业而言，首先必须想清楚自己做出行的目的究竟是什么。如果做出行的目的是为了卖车，那这个商业逻辑本身就有问题。因为共享出行业务的本质是让同一辆汽车的使用率更高，其核心是"用好车"；而卖车在本质上追求的是售出更多的汽车，其核心是"多造车"。两者所需的产品特性、品牌支撑以及运营方向都截然不同，甚至可以说是完全相悖的，基于卖车的诉求又怎么可能把出行服务做好呢？

就出行服务公司而言，取得优势需要三大要素：运营平台、海量用户以及高频的用户活跃度，目前滴滴在这些方面最具代表性。不过要想实现盈利，出行服务公司还必须为用户提供最适合的车辆及服务。一方面，私家车与共享汽车的需求是不同的，以在售车型来做共享很难实现车辆功能和成本上的极致最优，为此出行服务公司应考虑挖掘自身用户数据规律来量身定制共享汽车；另一方面，出行服务公司还需要平衡车辆定制规模与自身资产负担，因为从整车企业定制十万辆或者一万辆车，价格肯定是不同的，但同时运营十万辆或者一万辆自有车队的压力和风险也是不同的，为此，出行服务公司必须有长远规划，并有序推进。

就汽车用户而言，对汽车共享的接受程度也要有一个逐步提高的过程，并且这个过程将带来用户对车辆需求的变化。未来可能很多人在购车时，会兼顾自身使用和共享使用的两种用途。因为他们购置车辆后，会在自己不用的时候放到共享服务平台上去。就是说，在车主不用车时，车辆可以共享给其他人使用，从而帮车主赚钱。这和电动汽车平衡电网即实现 V2G 的能力有点类似，未来电动汽车可以晚上在家充电、白天在公司供电，赚取波峰电和波谷电的价格差，从而使车辆具备盈利能力。我相信，未来汽车的这种新能力和新用途一定会大行其道。

贾　可： 刚刚我们从共享化出发谈到了自动驾驶，而自动驾驶又和汽车"新四化"中的智能化紧密相关。我认为，智能化的重要目标之一就是要实现日益完善的自动驾驶，或者说自动驾驶是智能化水平的重要标志。您觉得呢？

赵福全： 自动驾驶可以视为是智能化的一种核心能力，或者说，未来的汽车一定要智能化到能够自己驾驶的程度。当然，智能化是一个渐进的过程，全天候的 L5 级自动驾驶不可能一蹴而就，而且其最终产业化应用的时间可能远比我们现在预想得晚。因此问题的关键在于，我们怎样找到通向 L5 级自动驾驶的适宜路径，确保在前进的过程中就能有所收获。

在这方面，我觉得必须避免陷入贪多求全的误区，寄希望在自动驾驶技术上做到一步到位是不现实的。相反，我认为自动驾驶的合理发展策略应该是"沿途下蛋"，即阶段性地产生一些能够落地的成果，在发展的过程中就让自动驾驶产生一定的商业价值，同时企业也可以积累越来越多的数据和经验，为最后攀上全天候的 L5 级自动驾驶提供有力支撑。

具体来讲，我认为对目前车速较低的固定场景下的 L4 级自动驾驶应给予重点关注。一方面，这类场景的应用空间和潜在价值巨大；另一方面，这类场景能够大幅降低自动驾驶技术的复杂性和成本。换个角度来看，如果这类场景下的 L4 级自动驾驶都不能实现，未来多场景下的 L4 乃至 L5 级自动驾驶就根本没有量产的可能。

贾　可： 所以找到合适的场景是实现自动驾驶突破的关键，比如在港口、机场和矿山等封闭环境，还有诸如扫地机器人等相对简单的场景，自动驾驶技术都已经在应用了。不过总体来看，目前还是以各种商用车为主，乘用车比较少。

赵福全：从合适的场景切入，再逐步扩大应用场景的范围，最终实现接近终极理想状态的全天候自动驾驶，这条路径无疑是正确的。而选择应用场景的原则一定是先从简单的做起，然后再逐步扩展。至于说到商用车和乘用车的问题，两者的应用场景虽然不同，但技术共同性还是很强的。目前自动驾驶已经开始在物流方面应用，主要是因为载物对安全的要求比载人低得多；而自动驾驶应用于载物运输必将促进技术加快发展，等到安全水平提升到足够的程度，就可以应用于载人出行了。

与此同时，乘用车其实也不乏可以在近期应用的场景，这需要我们以创新思维深入研究并积极实践。比如设想以北京南站（高铁站）作为圆心，划出方圆五公里的一个区域，只允许自动驾驶车辆进入来接送乘客。即乘客可以把私家车开到五公里以外的公共停车场，或乘坐出租车抵达既定的接驳点，然后再乘坐预订好的自动驾驶共享汽车抵达车站。显然，在没有非自动驾驶车辆进入的情况下，在特定区域内实现自动驾驶汽车载人运行要容易得多，而且可以产生提高效率、缓解拥堵的社会价值。

贾　可：要实现高水平的自动驾驶，中国车企究竟能不能做到？是否应该借助 ICT（信息通信技术）企业的力量？比如为什么长安汽车要和华为合作？是因为华为的 MDC 智能驾驶计算平台能够帮助其提升产品的智能水平吗？除了 ICT 大企业外，还有一些自动驾驶领域的初创公司。车企是否需要与这些公司合作？又该怎样合作呢？这不只事关这些初创公司的命运，也影响着各家车企的竞争力。在此，我大胆预测一下，2021 年很可能会出现车企与自动驾驶初创公司的合作浪潮。我认为，车企一定要和 ICT 公司等合作伙伴紧密融合，否则双方都很难获得成功。

赵福全：我非常认同融合创新、协作发展是未来的大势所趋。如前所述，未来汽车产业必将逐步演变成为一个涵盖"汽车制造＋出行服务"的大生态，在这个生态中，汽车产品处于核心枢纽和互联节点的关键位置。一方面，没有智能汽车产品就谈不上智能出行服务；另一方面，只像过去那样把汽车产品打造好还不够，未来如果没有服务生态，智能汽车产品就不可能用得好，甚至可能根本用不起来。而且汽车的使用有多种多样的场景和方式，相应地也要有各种不同的汽车产品及服务。所以，"汽车制造＋出行服务"大生态中还包含着若干个小生态,且每个生态之间互相关联、互为依托。这些大小生态都有作用不同的各类参与者,这些参与者唯有紧密协作、融合创新,才能使整个生态构建并运行起来。

事实上,未来人类社会必将进入全面智能化的新时代,而智能汽车(Smart Vehicle)与智能交通(Smart Transportation)、智慧城市(Smart City)、智慧能源(Smart Energy)所谓的4S融合,将是智能社会的典型标志之一。因为智能社会中的相关主体一定都是智能的,且各智能主体之间必须有效协同才能真正实现整个社会的智能,因为只有多个智能主体相互协同,才能降低对于每个主体的智能要求及应用成本,并提升其智能水平。从这个意义上讲,车路协同根本不是一个可选项,而是一道必做题。

有关车企与ICT公司及一系列初创公司等合作的问题,也不难从上面的分析中找到答案。简单说,车企与ICT公司等互相需要、互为支撑,必须努力实现深度融合。从大方向上看,随着汽车软件价值和重要性的不断提升,未来汽车企业只有硬件能力已经不够了,必须在软件方面形成核心竞争力。而汽车企业是很难把自己打造成软件公司的,否则就成了ICT公司了,这就需要借助ICT公司的优势资源;另一方面,ICT公司也需要借助汽车企业在硬件方面的能力。所以,双方必须建立全新的分工协作关系,以实现最佳的软硬融合。至于合作具体如何展开,我认为,还是要从汽车应用的不同场景以及相应的不同要求切入,这样汽车企业和ICT公司等合作伙伴就能相对容易地明确各自的定位并发挥自身的优势。

贾 可:说到汽车企业与ICT公司及自动驾驶等领域的初创公司开展合作,合资方式即双方"结婚"应该是最稳定的关系,您觉得这是不是最好的策略?

赵福全:未来汽车产业一定会形成一个汽车智能出行服务大生态,这个生态可能会由汽车企业主导,也可能会由出行服务公司主导。但无论由哪方主导,各方的资源都要进行充分融合以最大化地凝聚合力。比如自动驾驶初创公司可以给汽车企业或出行公司提供相关技术的解决方案,汽车企业可以给自动驾驶公司提供技术载体和产品数据,而出行服务公司则可以提供用户数据和服务数据,从而促进自动驾驶技术的快速迭代与完善。

展望未来，多种资源的有效融合是驱动汽车产业乃至人类社会从量变到质变的关键。这不是简单的"拼盘"式的资源组合，而是复杂的"八宝粥"式的资源融合，从而变物理反应为化学反应，引发真正意义上的颠覆性改变。所谓"八宝粥"式资源融合，其内涵是指把各种食材放到一起，结果不再是原来任何食材的单一味道，而是呈现出完全不同的口感，并且随着食材搭配的不同，还会有不同的口味效果。

由于任何主体都不可能拥有本轮产业变革所需的全部优势资源，因此我一直在讲，未来企业必须在协作中竞争、在共享中获利。最终，赢得未来较量的关键不在于企业拥有多少资源，而在于企业能有效调动和融合多少资源。这些资源既包括人才、技术、资本和市场，更包括各种各样的海量数据。

在此前产业链封闭发展的时代，企业需要的资源以及彼此之间的关系相对明确且固化，相应的企业内部的组织关系与外部的合作模式基本上没有关联；而未来将进入产业生态开放发展的新时代，企业需要的资源以及彼此之间的关系异常复杂且多变，特别是企业的内外部资源必须相互交融。为此，企业内部的组织关系与外部的合作模式必须有效统筹，构建创新的商业模式，以确保各类资源能够充分融合，进而形成全新的生态。

在这种多方主体、交织合作、互利共赢的商业模式的构建过程中，我想特别强调资本的作用。在发挥资本作用方面，拥有100多年历史的"成熟"汽车产业此前的认识和实践总体上都是不够的。前面我也曾讲到，在汽车产业全面重构的关键时期，必须充分借助资本的力量。至于您刚才说的"结婚"式合资，只是建立资本纽带关系的一种形式，企业可以根据自身诉求和伙伴情况斟酌决定。

十一 回顾 2020 与展望 2021

贾　可：应该说，2020年有很多的不确定性，更有很多严峻的挑战，好在中国汽车产业都挺过来了！展望2021年，尽管可能会面临更多的不确定性，但我想我们应该充满信心，敞开双臂，拥抱明天。

赵福全：虽然汽车产业的竞争日益激烈，特别是产业重构使一些曾经风光无限的车企也遭遇危机，不过我始终认为，企业只要踏踏实实地不断努力，坚持自主创新、加强人才培养、提升技术水平，最终就一定可以取得成效和回报。

同时，汽车产业永远都给新进入者留有机会。而当前智能电动汽车的新赛道意味着汽车产业正处于机会最多最大的时候，当然这也是挑战最多最大的时候。后续随着产业格局渐趋明朗，机会恐怕会迅速变少变小。因此，新赛道上的车企们，无论是原有的在位者，还是新入的挑战者，都应秉持时不我待、只争朝夕的心态，加紧加快创新实践。

回顾 2020 年，我有过担忧，但更多的时候是满怀信心。展望 2021 年，总体上我持"谨慎乐观"的态度。根本原因在于，中国经济的发展离不开全球经济的复苏，而目前尽管中国的疫情防控已经取得了显著成效，但新冠肺炎疫情仍在世界范围内蔓延，全球疫情对经济的影响何时消散尚难预测。不过就中国本身而言，我认为，2021 年汽车市场触底反弹应该是大概率事件，我们有理由比 2020 年更加乐观自信地迎接汽车产业精彩纷呈的全新一年。

（本文根据赵福全教授 2021 年 1 月 1 日"赵福全、贾可 2020—2021 跨年对谈"整理；原载于《汽车商业评论》2021 年 2 月第 2 期）

系统性融合创新是决胜本轮汽车产业重构的关键

【精彩语句】

"单独实施产品创新、技术创新、品牌创新和管理创新已经远远不够了，企业唯有进行系统性的融合创新，才有可能有效驱动颠覆性的变革，并实现自身的转型升级和创新引领。"

"此前的创新主要是机械式、孤岛式、碎片化的渐进式创新，未来的创新必须是灵活型、关联型、整体化的跨越式创新，否则根本无法实现革命性的改变，也就无法适应产业发展的需要。"

"数据是未来最重要的生产资料。为了真正发挥数据的作用，必须实现数据从产生到流通再到处理与应用的完整闭环，形成不断迭代优化产品和服务的正向循环。"

"新的硬件、软件以及数据处理等核心技术代表着一种新的生产力，而新的生产力必然需要与之相匹配的新的生产关系。"

【编者按】

在上海安亭召开的第四届中国汽车企业创新大会上，赵福全教授结合"创新驱动企业高质量发展"的大会主题发表了精彩演讲。整理自该演讲的本文篇幅不长，但却全面、系统、完整地呈现了赵教授关于汽车产业创新的最新思考和观点，包括：本轮产业重构的本质决定了未来创新必须是系统性的融合创新，而数据将是未来创新中最核心的要素；从哲学高度上审视，当前汽车产业创新的根本任务是构建新的生产关系，以适应新一轮科技革命即新的生产力的发展需求；为了做好更多资源的化学式融合，汽车企业首席技术官的角色和权责将发生根本性变化，成为首席技术官、首席执行官和首席数字官的综合体；未来智能汽车的全新开发模式将以软硬解耦和软硬融合为圭臬，并将引发整个产业的重新分工；在此基础上，汽车将演变为可以自我进化、有生命的新物种，能够常用常新和越用越好；最终，系统性的融合创新将成为决胜本轮产业重构的关键。这些真知灼见鞭辟入里、一针见血，让人读之不禁有痛快淋漓之感。

近年来，我对汽车产业及企业创新问题做了不少研究。在此过程中，我越发感受到创新是一种牵涉广泛的综合性实践活动，而且与创新相关的各要素之间存在着千丝万缕的复杂关系，仅仅从某个要素出发讨论创新都难免失于片面。特别是在当前产业面临全面重构、众多新要素涌入汽车领域之际，创新的系统性比以往任何时候都更加重要，单独实施产品创新、技术创新、品牌创新和管理创新已经远远不够了，企业唯有进行系统性的融合创新，才有可能有效驱动颠覆性的变革，并实现自身的转型升级和创新引领。

一 本轮产业重构的本质

深刻认识本轮汽车产业重构的本质，是正确制定和实施创新战略的前提。我认为，新一轮科技革命正在改变的不仅是汽车产业，而是所有产业，最终将会改变整个世界。其本质在于：在万物互联的前景下，海量数据得以顺畅流通，而数据的处理及应用，将使人类社会全面智能化，从而引发所有产业全方位的根本性改变。

从社会演进的角度来看，在农业时代，人类的生产活动以点为主，各自分散在一块块农田上劳作；在工业时代，人类的生产活动以线为主，出现了垂直线型的产业链，最典型的就是汽车产业，形成了上游供应商、中间整车制造商、下游经销商的完整链条；而到了万物互联的智能时代，人类的生产活动将呈现出面的特征，不同产业之间的关联将更复杂，融合将更紧密，从而形成立体交织的产业生态。正因如此，我一直讲，汽车产业的边界正在不断扩展且渐趋模糊。

汽车产业的这种深刻变化，必然引发汽车创新方式的颠覆性改变。如果说过去的创新主要是机械式、孤岛式、碎片化的渐进式创新，那么未来的创新必须是灵活型、关联型、系统化的跨越式创新，否则根本无法实现革命性的改变，也就无法适应产业发展的新需要。所以，未来汽车创新必须基于本轮产业变革的本质展开，即首先要实现连接，继而要实现数据的流通和使用，在此基础上就能实现广泛资源的重新组合乃至深度融合，最终让汽车更好地服务人类，也让产业发挥更大的作用，具体如图 2.1 所示。在这个过程中，全面的连接支撑更多资源实现 1 加 1 等于 2 的物理式组合，而数据的利用则支撑多种资源实现 1 加 1 大于 2 的化学式融合。

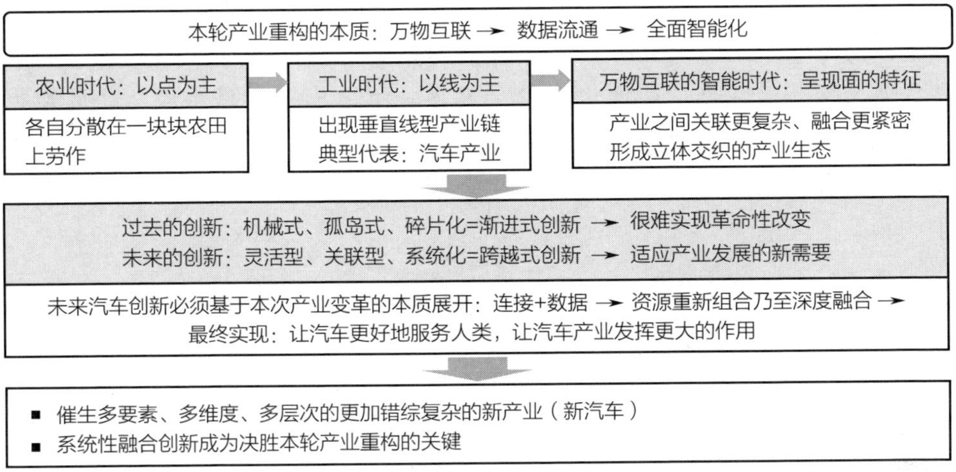

```
┌─────────────────────────────────────────────────────────────────┐
│       本轮产业重构的本质：万物互联 → 数据流通 → 全面智能化        │
├──────────────────┬──────────────────┬──────────────────────────┤
│ 农业时代：以点为主 │ 工业时代：以线为主 │ 万物互联的智能时代：呈现面的特征 │
│ 各自分散在一块块农田│ 出现垂直线型产业链 │ 产业之间关联更复杂、融合更紧密   │
│ 上劳作            │ 典型代表：汽车产业 │ 形成立体交织的产业生态           │
└──────────────────┴──────────────────┴──────────────────────────┘
                              ↓
┌─────────────────────────────────────────────────────────────────┐
│ 过去的创新：机械式、孤岛式、碎片化=渐进式创新 → 很难实现革命性改变 │
│ 未来的创新：灵活型、关联型、系统化=跨越式创新 → 适应产业发展的新需要│
├─────────────────────────────────────────────────────────────────┤
│ 未来汽车创新必须基于本次产业变革的本质展开：连接+数据 → 资源重新组合乃至深度融合 → │
│            最终实现：让汽车更好地服务人类，让汽车产业发挥更大的作用             │
└─────────────────────────────────────────────────────────────────┘
                              ↓
┌─────────────────────────────────────────────────────────────────┐
│ ■ 催生多要素、多维度、多层次的更加错综复杂的新产业（新汽车）      │
│ ■ 系统性融合创新成为决胜本轮产业重构的关键                       │
└─────────────────────────────────────────────────────────────────┘
```

图 2.1　本轮产业重构的本质及其对未来汽车创新的影响

有鉴于此，我认为，未来汽车产品将具有以下三个特点：第一，未来的汽车一定是基于数据而可进化的。所谓智能汽车就是能够自我进化的汽车，这和此前出厂后就一成不变的汽车完全不同。第二，未来的产品一定是包含服务的。服务将成为产品的重要组成部分，并在很大程度上决定着用户体验，因此汽车企业的创新要从单纯打造好"产品"，向同时打造好"产品＋服务"转变。第三，未来的产品和服务一定是个性化的，是基于场景的。也就是说，车企要在特定的场景下，面向用户的个性需求，提供极致的产品和服务，然后再努力把场景扩展得越来越广。

受此影响，未来的汽车产业一定是生态化的，成为一个多要素、多维度、多层次的更加错综复杂的全新产业。为此，我特别提出了"新汽车"这一概念，以区别于传统汽车，旨在强调我们必须以新视角和新思维来重新审视汽车产业。同时，基于对产业变革本质及前景的认识，我认为，未来单一要素的创新不足以支撑企业赢得优势，要想在本轮汽车产业重构中胜出，企业必须进行系统性的融合创新，这意味着企业必须实施全方位的根本性变革。

二 未来汽车创新的核心要素

面向本轮产业全面重构，未来汽车创新中最核心的要素将是什么？我认为答案应该是数据。前面也谈到了连接，不过连接只是手段，获取数据才是连接的目的。因为没有数据就无法进行优化并最终实现智能化的各种功能和体验，从这个意义上讲，有效应用数据的相关技术是未来最重要的生产力。

为了真正发挥数据的作用，必须实现数据从产生到流通再到处理与应用的完整闭环，这样才能形成不断迭代优化产品和服务的正向循环。从数据的产生来看，既需要硬件，更需要软件，未来软件在汽车产业的重要性将持续提升，而软件最重要的价值就在于为数据的产生提供支撑；从数据的流通来看，不只要做到"联网"，更要做到"在线"，后者是实现数据流通的前提；从数据的处理与应用来看，软件和算法是数据处理的根本保障，云技术是数据存储和计算的重要手段，而人工智能则将使数据得到更好的应用。所以，必须确保数据产生并回流到企业，才能支撑企业对产品进行再开发并反复迭代，从而使产品得以持续进化。具体如图 2.2 所示。

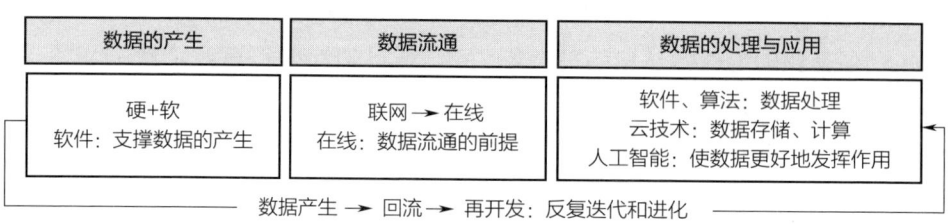

图 2.2 数据在未来汽车创新中的核心地位及作用

对于集大成的汽车产业而言，数据种类众多、数量巨大、来源广泛，全面涵盖市场、设计、生产、采购、销售、使用及服务等各个环节，且涉及不同层面的各类主体。所以，数据资源到底由谁拥有，又如何共享以产生更大的价值，是未来产业发展中最关键的问题之一。为此，国家、产业和企业都需要做好相关工作。例如，国家应尽早制定数据共享、数据安全等方面的政策和法规；产业应制定相应的行业标准和规范，并推动不同企业间的数据共享；而企业作为市场的主体，更应制定清晰科学的数据战略。

具体来说，我认为，首先企业应厘清数据类型，明确哪些数据可以共享、哪些数据必须自己管控以及如何实现掌控，在这方面，建设数据中心是企业必须考虑的重要举措之一。其次，企业应建立数据闭环体系并打通整个数据流，即实现数据产生、收集、传输、处理和使用的循环。事实上，如果没有打通数据流，所谓 OTA（空中下载技术）升级就成了无本之木，因为根本没有支撑产品升级的数据基础。再次，企业应不断挖掘数据应用的场景，扩大数据应用的范围。最后，企业应建立数据开放和安全管控的机制和标准，这决定着未来智能汽车生态能否有效搭建。

而为了更好地完成构建未来汽车生态的重要任务，企业必须进行创新商业模式的设计与实践，这不仅对于明确数据开放接口、建设"软件定义汽车"的开发生态具有重要作用，而且也是基于场景的数据流通以及基于数据的运营平台建设的基础支撑。

三 新的生产力需要新的生产关系

更进一步来说，我认为，对于本轮产业重构及其应对，我们应该站在生产力与生产关系的哲学高度来加以认识。产业重构首先源自技术的进步与驱动，在本质上，这些新的硬件、软件以及数据处理等核心技术代表着一种新的生产力，而新的生产力必然需要与之相匹配的新的生产关系。也就是说，现有的生产关系已经无法满足新生产力发展的需要，因此对生产关系进行变革就是当前汽车产业创新的根本任务，其核心在于重新构建内部运营管理体系和外部资源组合模式。

就内部生产关系而言，企业要完成组织架构、分工、流程的调整和重塑，以支撑内部新技术的创新突破；就外部生产关系而言，企业要完成资源组合能力的培育和打造，通过与其他企业的协同合作来达成面向未来的技术创新；同时，企业对生产关系的改造还要实现内部与外部的有效打通。此外，就宏观的生产关系而言，国家及地方政府也要在产业发展战略、法规政策体系和基础设施建设等方面发挥重要作用。具体如图 2.3 所示。

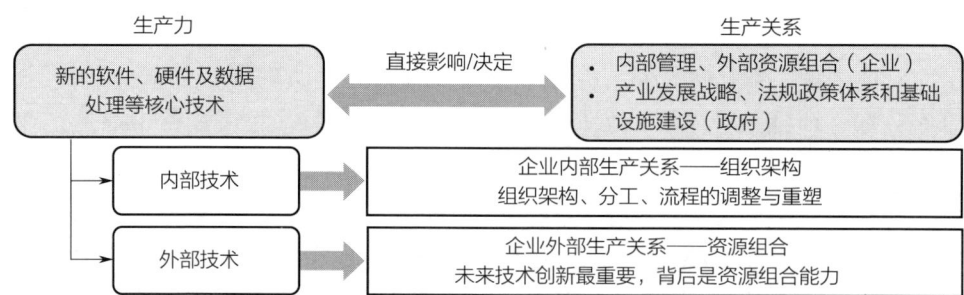

图 2.3 新的生产力与新的生产关系

由此出发，我认为，当前汽车企业应建立不同以往的"大研发"概念，其内涵主要体现在三方面：其一，汽车产品研发已经不能再采取基于硬件设计达成产品功能和性能目标的旧模式，而是必须采取"软硬融合""产品+服务"和 OTA 升级以实现用户体验极致化的新模式。传统的一次性 SOP（投产开始）概念已不再适用，为此我专门提出了 SOPX 的概念，因为未来产品将在全生命周期内不断优化和完善，即会有 X 次"投产"。其二，汽车产品研发将不再主要是企业内部资源调配的问题，而是需要参与甚至主导与外部资源的组合，特别是与关键技术提供商的合作，创新商业模式的设计，以及与开发者生态的对接等，这些都直接决定着企业技术应用和产品创新的效果。其三，汽车产品研发将不再只是与用户间接联系，而是需要直接面对用户的诉求，研发部门必须基于数据的回流、分析和挖掘，通过 OTA 不断对产品进行迭代升级，快速响应和满足用户需要。

在这种"大研发"的模式下，汽车企业必须进行"技术+产品+资源组合+商业模式"的系统性融合创新，技术领军人的角色和使命也将相应地发生根本性改变。为了做好技术决策，未来车企的 CTO（首席技术官）既需要懂硬件、懂汽车结构，也需要懂软件、懂软件架构。前者是必要条件，后者是充分条件，两者组合起来才是 CTO 应具备的技术能力。同时，CTO 不仅需要考虑技术问题，还需要考虑内外部技术资源组合以及这些资源如何为我所用的商业合作模式问题。不同于过去简单以技术否决权参与商务决策，未来 CTO 更要从不同商业模式下技术需求以及能力判断的角度出发去选择合适的资源组合，这意味着，CTO 除了技术能力及决策权之外，还要拥有运营管理、商业模式以及资本投资等方面的相关能力及决策权。因此，未来汽车企业的新 CTO 等于传统 CTO 加上 CEO（首席执行官）加上 CDO（首席数字官）再除以 3 的角色，或者说，CTO 应被赋予 COO（首席运营官）的权责。

四 智能汽车的软硬关系与新开发模式

在本轮产业重构中，一个重要的趋势是软件的价值不断提升，因此，厘清未来智能汽车上的软硬关系以及由此决定的新产品开发模式至为关键。我认为，尽管汽车软件的价值日益凸显，但是汽车硬件依然非常重要、不可或缺；只不过仅有优秀的硬件已经不够了，未来车企还必须掌控优秀的软件，并有能力做成软硬集成。如果说传统汽车是以硬件为主，只有少部分嵌入式软件，因此硬件既是充分也是必要条件，那么对于智能汽车来说，硬件只是必要条件，软件才是充分条件。或者说，硬件是基础，软件是升华，只有实现软硬件的有机融合，让软件为硬件深度赋能，才能打造出真正的智能汽车。

有鉴于此，早在 3 年前我就提出了 16 字的汽车产品开发新方法论：一是软硬结合，实现产品的基本功能；二是软硬融合，实现产品从性能到体验的极致提升；三是软硬分离，即针对软件和硬件的不同特点，分别由不同的团队采取不同的方法进行开发，其最终目标是实现软硬解耦；四是软硬平衡，指的是在成本上达到某种平衡，硬件既要为软件的迭代升级做适当的预留，但又不脱离合理的成本范围，以确保产品的性价比，而实现部分关键硬件的可"插拔"式升级，将是达成软硬平衡即成本最优化的有效手段。

在上述四点中，软件分离或者说软硬解耦是核心基础，而软硬融合是最终目标。软硬解耦意味着硬件必须成为标准化、抽象化、数字化的物理模型，可以被不同的软件正确地理解和调用。这样软件开发人员只需要了解硬件的基本知识，就可以把硬件的能力最大化；反过来，硬件开发人员也不必掌握复杂的软件开发知识，只要把硬件打造好即可。而双方都可以专注于把各自的"本职"工作做好，软件一方不断提升数据分析处理能力，硬件一方不断加深对汽车物理概念的理解，具体如图 2.4 所示。在此前景下，预计委托制造模式、供应商层级的新定义（如 Tier 0.5）以及车辆运营服务模式等，都可能会成为未来产业重新分工下的合理选项和发展方向。当然，软硬解耦是为了实现更好的软硬融合，最终软件和硬件团队必须充分互动，才能共同把产品体验做到极致。

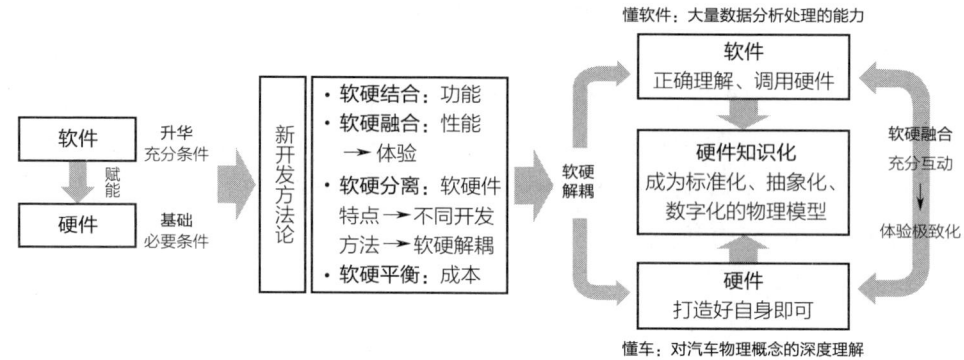

图 2.4　智能汽车的软硬关系与新开发方式

在建立新的汽车产品开发模式的过程中，一方面，企业需要优化和调整内部的组织架构、业务分工和研发流程等。为此，整车企业、供应商均应以软件架构来主导功能设计；应改变传统嵌入式软件的开发模式，以实现软硬解耦；应将具有特殊性的软件开发流程融入硬件 V 型开发流程中，以实现软硬融合。另一方面，企业需要以创新理念和模式与外部供应商合作，包括有效管控其介入时机、方式，以及确立软件质量控制的不同标准等。

五　未来汽车产品的本质

那么，按照上述新模式开发出来的汽车究竟会是什么样子？在我看来，未来汽车在本质上一定是一种基于数据、面向场景、依托生态、个性化的智能产品。相对于硬件主导、关注功能和性能、交付后一成不变、无生命的传统汽车，智能汽车将以软件主导、关注体验，可以基于数据实现自我进化、自我完善和在线升级，从而成为有生命的新物种。

展望未来，体验将成为智能汽车最核心的开发目标。所谓体验，其实就是用户基于产品和服务得到的综合感受。如前所述，对于智能汽车来说，体验一定是基于场景和个性化的，可以将其概括为千车千面、千人千面，以及常用常新、越用越好。

其中，千车千面是指车辆在使用过程中根据外部场景及环境的数据，并结合车辆硬件的变化（如老化、磨损等），优化出差异化的运行状态，从而使每辆汽车都各有不同；千人千面则是指车辆基于用户的不同喜好和习惯实现因人而异的体验，这既包括用户对车辆行驶风格的偏好（如激进型、谨慎型），也包括用户对外部应用服务的个性化选择（类似每个人的手机各有不同的APP），显然前者与外部的功能性能开发生态紧密相关，而后者连接着外部的应用服务生态，从而使每个用户使用的车辆都各有不同。

常用常新是指车辆的共性化升级，或者说是车队的升级，即基于共性数据实现产品的进化，在硬件不变的情况下，以软件更新和在线升级（OTA）的方式实现产品的持续优化和完善，包括新功能或新使用模式的开放以及车辆性能的提升等，使车辆本身的能力得以不断进步；越用越好则是指车辆的个性化升级，或者说是单车的升级，即基于车辆专属用户个人数据的采集、分析及应用，结合该车的预设能力和实际状态，使车辆的功能和性能能够按照用户的特性来进行优化和调整，如图2.5所示。

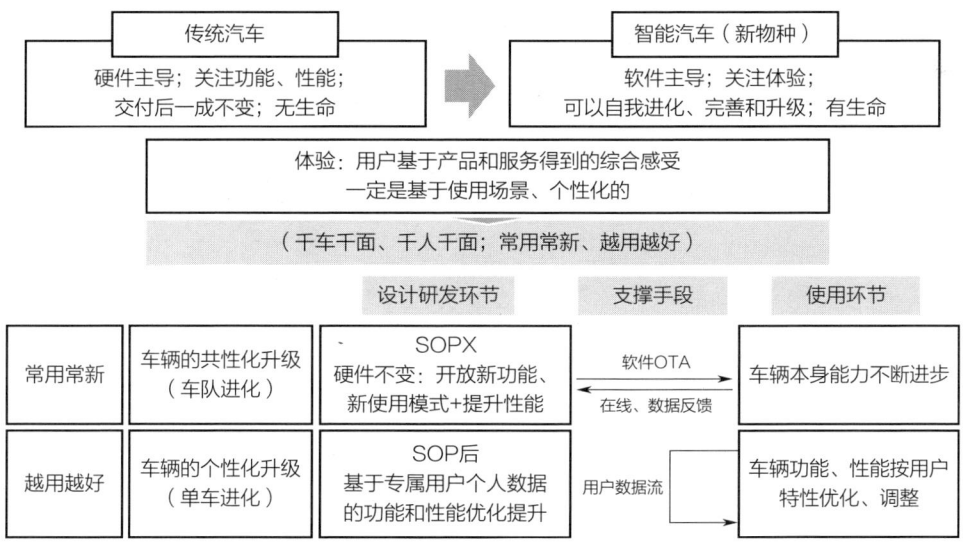

图2.5　未来汽车的本质及其核心开发目标

从以上分析可以看出，未来汽车的颠覆性改变将彻底解决传统汽车存在的"投产即落后、产品日趋同质化"等一系列问题，使汽车能够更加有效地满足用户的个性化需求。而这些颠覆性的改变意味着，未来汽车的创造过程必将发生根本性的变革。为此，今后车企在产品创新上一定要把软件做足、把硬件做够；在此基础上要全力参与开放生态的建设，这个开放生态既包括满足安全要求的车辆功能与性能开发生态，也包括人—车—外部环境相连的车辆应用服务生态。

当前人类社会正从互联网时代进入物联网即万物互联的时代，基于物联网技术的制造业转型将成为本轮产业重构的主战场。然而制造业转型所需的很多新的核心能力都不是传统企业的强项，并且部分核心能力从长期来看也不是制造企业应该和能够形成的。因此，企业必须通过商业模式创新实现内部特色资源与外部优势资源的有机融合。在这方面，汽车产业作为制造业中的集大成者，面临的挑战最大，但同时迎来的机遇也最大，具有空前广阔的创新空间和发展潜力。而这种潜力的释放，不只来自技术本身即生产力的进步，也来自组织架构、资源组合以及商业模式即生产关系的变革。

从这个意义上讲，主要面向硬件的渐进式、碎片化、改良型的传统产品创新模式没有前途，系统性的融合创新才是决胜本轮产业重构的关键，这对于原本就强调集成式创新的汽车产业来说尤其重要。最后我想强调的是，值此产业巨变之际，颠覆性的思维将成为衡量产业实践者领导力的关键要素。领军人必须秉持跨越式创新的理念带领企业大胆实践，努力把每一个核心要素的变革都做到位，这样才有望在波澜壮阔的产业重构竞争中最终胜出。

（本文根据赵福全教授2021年3月21日在"第四届中国汽车企业创新大会暨中国汽车企业创新安亭指数发布会"上的主题演讲整理）

新形势下汽车产业发展的新思考

【精彩语句】

"当今世界的最大变化就是开启了新全球化进程。新全球化是要建立一套新的全球政治经济合作方式及规则。这是一个打破旧世界、建立新世界的长期过程，对此我们既要客观面对，更要积极应对。"

"从产业安全和企业安全的双重考量出发，区域性布局将成为主导；同时，供应链布局的效益目标依然重要，由此将形成'大市场全产业链布局+区域性联动布局'的新模式。即在大市场实现全产业链布局以确保'自给自足'，杜绝'缺环少链'以保证顺畅生产；而中小市场将通过区域联动布局的方式来弥补无法全产业链布局的挑战。"

"对于智能汽车，我给出的定义是，可以自我进化、自我完善和自我升级的汽车，这也是智能汽车与传统汽车的本质区别所在。所有能够帮助汽车实现自我进化的手段都是有价值的，过多争论不同手段的技术细节并无意义，因为手段一定是多样化的，而且组合起来才能获得最佳效果。这其中，决定汽车能否自我进化的要素将重构智能汽车的基因。"

"当前最重要的是，必须厘清发展智能网联汽车的社会价值、产业价值、企业价值、用户价值以及社会成本、企业成本、购买成本、使用成本之间的关系，这是国家、产业和企业做出正确决策并进行有效投入的前提和基础。"

【编者按】

在本文中，赵福全教授全面阐述了自己对于新形势下汽车产业发展的新思考和新认识，内容丰富、观点精辟。话题涉及广泛，包括新全球化进程的研判、中国参与新全球化竞争的策略、全球汽车产业供应链布局的调整方向、中国汽车消费需求的改变、中国汽车市场发展的前景与内在规律、汽车产业重构的核心、未来智能汽车的基因、企业实施全方位数字化转型的方法论、智能网联汽车的两个生态与发展路径，以及中国汽车产业未来的历史机遇。其中不乏很多"赵氏风格"的精彩论断和经典金句，例如，针对智能网联汽车的生态化发展,赵教授指出,服务生态是一个大区域的概念,而开发生态是一个小区域的概念,这两个生态的区域特色将使未来汽车越来越成为区域生态特色主导的产品;又如谈及产业重构,赵教授做了高屋建瓴的凝练概括:本轮产业变革是革命性的,表面上改变的是汽车产业,实际上牵连的是多个产业,影响的是整个社会。凡此种种,颇值得细细咀嚼品味。

当前,汽车产业全面重构正在持续深化,同时国际政治经济形势也在发生深刻改变,加之新冠肺炎疫情的影响不断发酵,汽车产业正面临前所未有的新形势,有很多业界普遍关注的共性问题亟须我们重新审视和认真思考。在此,和大家分享我的一些新思考和新认识。

一 当今世界的最大变化:新全球化进程开启

理解世界发展大形势和大环境,是我们准确判断汽车产业发展趋势的前提。我认为,当前整个世界、中国以及我们每一个人,都站在了历史巨变的转折点上。在此之前,全球化是世界发展的主旋律,所谓"地球是平的",各国均谋求在开放合作中获益,并且更加开放就能获得更大成功,这也是中国改革开放成功的重要原因之一。但是今后情况不同了,尤其在疫情之后,很多国家开始按照区域化模式重新布局产业链,甚至彼此"砌墙",各国必须在艰难的开放中寻求新的成功之路。有人将这种变化称为"逆全球化",而我觉得称之为"新全球化"更为合适。具体如图2.6所示。

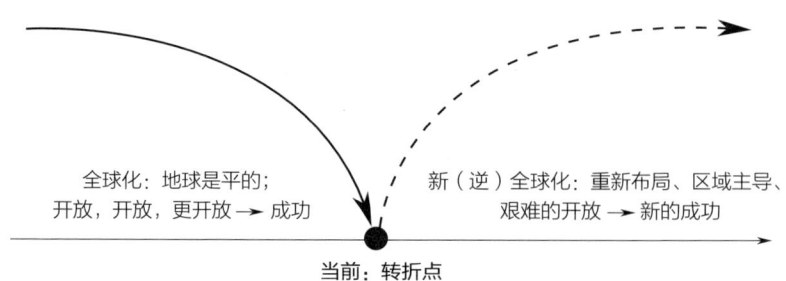

图2.6 从"全球化"到"新全球化"的历史转折点

如果说一年前我们看到世界的不确定性正在增大,进入了所谓VUCA时代;那么一年后的今天,在突如其来的新冠肺炎疫情影响下,国际形势的重大改变更趋明显，已经深刻影响到各国的政治、经济、民生等方方面面，没有任何国家、产业、企业以及个人可以置身事外。由此，汽车产业也面临着前所未有的巨大挑战和全新变局：国际政治经济新形势对汽车产业未来的发展有何影响？疫情将给汽车产业带来哪些长期的根本性改变？产业变革会否改变航程？创新发展应该怎样坚持？供应链体系未来如何布局？这一系列现实问题都需要我们充分考虑并正确回答。

的确，未来有太多的不确定性因素，没有人能够准确预判明天会发生什么。但是我们切不可用不确定要素过多来蒙蔽甚至误导自己，这对我们的战略决策以及战术落地是非常有害的。在我看来，未来很多事情在总体趋势上是确定的，而且现在正变得更加清晰明朗，对此我们必须有清醒的认识和预判。比如国际形势波诡云谲，难以预料，但其核心无疑是国家之间日益增强的利益竞争；又如新冠肺炎疫情后续会不会出现反弹是不确定的，但疫情正在改变人们的生活和工作方式则是确定的，像"工作上云""生活上网"已经常态化；再如汽车"新四化"，尽管在落地过程中挑战众多，但其演进方向并不会因为疫情而改变，只是到来的节奏会有所调整罢了。对于这些改变，我们必须思考究竟要如何应对。

我认为，当今世界的最大变化就是开启了新全球化进程。我理解的"新全球化"绝非"逆全球化"那么简单：我判断各国不会就此完全割裂、不再合作，这不符合客观规律；新全球化是要建立一套新的全球政治经济合作方式及规则。实际上，我们对于全球化本身也需要一个再认识的过程，以前我们常说"地球是平的"，这是因为人类通过各种努力实现了跨越地理距离的顺畅交流与合作，让地球变得好像平了一样。然而地球本来就不是平的，区域化的差异及竞争始终是客观存在的。

随着科技的快速进步，人类跨越空间的交流与合作日趋普遍，从而推动了社会的不断进步；而人类创造的财富被重新分配后，区域间的相对力量就出现了此消彼长；最终这种区域发展的不平衡积累到一定程度，必然带来世界政治经济格局的再平衡，并引发全球化模式的重塑，这正是新全球化出现的根本原因所在。从这个意义上讲，新全球化进程的开启也是人类历史发展的必然阶段。而此次新冠肺炎疫情犹如催化剂，放大了新全球化部分驱动要素的作用，无形中加快了新全球化的进程。

未来新全球化可能使区域性特征更加凸显，这将导致国家之间对于核心竞争力的防范意识显著增强。不过我认为，国与国之间并不会完全封闭：一方面，随着科技的不断进步，各国之间已经形成了很多硬连接；另一方面，大家对此前形成的全球分工协作的产业链都有很强的依赖性，因此，任何国家都无法完全封闭地发展。当然，部分国家在政治主导下的"砌墙"趋势将日趋明显，这也是不争的事实。最终在科技硬连接、全球产业分工和政治因素影响的共同作用下，会达成一种全新的平衡，即新全球化。

新全球化将带来完全不同以往的诸多新变化，这种新形势下的新局面，需要我们形成新判断、建立新打法、培育新能力。实际上此前的全球化也是在几十年的发展历程中逐步形成的，而新全球化也将是一个漫长的过程：在经历一个必然的调整期后，逐渐形成新的"游戏规则"，最后进入新的稳定阶段，这很可能将会影响人类未来的一百年。新全球化绝不是某个国家自己的事情，而是整个世界共同的变化。这个过程没有现成的模式可供参照，所有国家都只能"摸着石头过河"、边调整、边适应、边改变。一句话，新全球化是一个打破旧世界、建立新世界的长期过程，对此我们既要客观面对，更要积极应对。

二 中国如何参与新全球化竞争：创新（改革）与全球化（开放）

面对新全球化的竞争，我认为，中国一要坚持创新，这需要以深化改革提供保障；二要坚持全球化，这需要以扩大开放提供支撑。这不仅与国际大形势相关，也是由中国自身发展进入了新阶段所决定的。一方面，中国曾经拥有的后发优势正逐渐消失殆尽。之前我们前面有可供学习和追赶的对象，沿着发达国家已经走过的路径前进，探索和失败的成本非常低，这就是所谓的后发优势。然而，今后中国可以学习和追赶的空间越来越小，需要投入的资源成本越来越高，如果我们不能快速形成引领创新的意识和能力，后发优势将逐渐沦为后发劣势。另一方面，中国转型升级的需求日益迫切。过去那种数量型、粗放式的发展模式已经难以为继，我们必须尽快建立起质量型、集约式的全新发展模式。

也就是说，中国已逐渐进入"无人区"，开始真正触及全球科技发展的前沿地带，而新全球化趋势进一步倒逼中国加快进入这一发展阶段，对此我们别无选择。在此阶段，唯有全面创新，提高全要素生产效率，才能赢得新全球化时代的竞争，这也是我们唯一的出路。所谓提高全要素生产效率，就是要把所有要素都做对、做好、做精，任何一个要素做不到位，我们的竞争力都会大打折扣。从新全球化的竞争需求出发，中国经济必须加快从原来的投资驱动模式向今后的创新驱动模式转型，特别是必须尽快弥补高端创新动力和能力不足的短板，这也是中国经济从价值链低端走向中高端的必由之路。

展望未来，我坚信经济全球化仍是历史潮流，因为分工合作、互利共赢是经济增长的内在需求和客观规律，也是新全球化必须坚守的底线。在万物互联时代，世界不可能也不应该重回割裂封闭的状态。只不过在形成相对稳定的新全球化格局之前，我们必须面对一个漫长的转型期。在这个过程中，各国都将面对不断调整、改变和磨合的巨大挑战。而中国必须挺过这场转型"阵痛"，并努力形成新能力、培育新实力，以便更好地参与未来新全球化格局下的竞争。

三 全球汽车产业供应链布局：安全因素受到更大重视

下面谈谈此次疫情对汽车产业的影响。疫情暴发后，很多国家和企业都出现了不同程度的汽车零部件断供情况，这就使供应链布局成为受疫情影响最直接、也最受业界关注的问题。实际上面向新全球化的调整，供应链布局本身就是重要议题之一，而此次疫情如同导火索，让各国政府及企业更加重视这一问题了。我相信，经历了疫情之后，所有具有一定规模国际业务和海外布局的汽车企业，都会重新思考供应链究竟应该如何建设这一重大战略问题。

无论是国家还是企业，供应链布局一直都是在效益和安全之间取得平衡的一种博弈。如果说全球供应链布局过去强调效益更甚于安全，那么今后新全球化的发展大势，特别是疫情的影响，将使供应链布局向更强调安全的方向倾斜。在此前景下，过度追求经济效益的供应链布局模式将受到挑战，因为以往追求效益最大化的供应链布局相对脆弱，一旦出现意外情况就会影响整体生产经营，对于像汽车这样供应链条长且高度复杂的产业来说，情况就更加严重。预计各个国家及企业未来都将对供应链进行不同程度的重新布局，并将其视为保障经济运行安全和生产经营安全的核心任务。

因此，对于汽车产业供应链布局的走向，我的基本判断是，从产业安全和企业安全的双重考量出发，区域性布局将成为主导；同时，供应链布局的效益目标依然重要，由此将形成"大市场全产业链布局＋区域性联动布局"的新模式。即在大市场实现全产业链布局以确保"自给自足"，杜绝"缺环少链"以保证顺畅生产；而中小市场将通过区域性联动布局的方式来弥补无法全产业链布局的挑战。与此相对应的是，企业必须持续提升柔性供货能力，包括强化平台化、模块化的设计与生产，并提升供应链体系的数字化管理水平。此前对企业来说，平台化、模块化设计与生产更多是降低产品成本的重要手段，数字化管理更多是提升运营效率的重要手段，而未来这两种能力也要从供应链保障产业和企业运营安全的角度来积极推动实施。

在供应链布局方面，目前业界担心最多的问题是，中国的汽车供应链会不会大量外迁？对此我认为，中国确保供应链稳定的第一要务是确保市场稳定。只要中国保持着全球最大的汽车市场规模，任何企业为了追求效益最大化，都不会轻易迁出供应链；反之，如果市场萎缩了，给什么政策都很难留住供应链。说到底，供应链是为市场（整车）服务的。与此同时，中国加强对自身供应链进行补链至关重要，尤其是要加快补齐我们短缺的高端供应链，这也是中国汽车产业升级的必经之路。补链既涉及中国汽车产业的安全问题，更事关中国汽车产业的核心竞争力，理应成为我们发展的重点。

关于中国汽车企业今后应该如何"走出去"，这也是产业发展及产业链建设的关键问题之一。我认为，在今后相当长的一段时间内，中国车企"走出去"必须更多考虑地缘政治因素，这也是我们在过去的国际化发展中相对考量较少、但在新全球化背景下必须高度关注的重要因素。为此，一方面应遵循合理多点布局的原则，尽量不把鸡蛋放在同一个篮子里，并通过强化统一管理、核心技术支撑和资源协同共享等措施，克服多点布局不利于提升效率的劣势；另一方面，整车企业应选择政治稳定、中立性强、区域辐射作用大的地区优先布局，并秉承整零联动的布局原则；同时，零部件企业也应考虑在成本较低的市场进行产能布局，将其与中国已经形成的技术优势有效组合，并通过"曲线救国"的布局策略，迂回进入其他相关市场，以减少经营风险。

四 中国汽车市场变化趋势：消费升级与低端乏力并存

接下来谈谈我对中国汽车市场变化趋势的解读和判断。我认为，目前中国市场呈现出两极化的特点，具体来说可以把中国市场分为两个完全不同的部分，即4亿人的市场和10亿人的市场。

改革开放40年后的今天，中国先富起来的4亿人在汽车消费上已经实现了"从无到有"，下一步追求的是"从有到好"，这个群体的购买力受疫情影响不大。这个4亿人的群体构成了当前的主流市场，其结果是中国汽车市场并没有出现所谓的消费降级，而是在持续的消费升级中，疫情期间中高端细分市场的持续增长就是最好的佐证。这个群体形成的是一个存量竞争的市场。

而另外10亿人还处于实现汽车"从无到有"的阶段，他们是入门级车型的主力消费人群。这个群体的收入相对较低，消费信心及消费能力与宏观经济形势关联度高，疫情显著削弱了这个群体的购买力。正因如此，中国低端汽车市场的恢复比较乏力。中国市场的增量恰恰来自这个群体，这个增量市场的萎缩造成中国汽车销量出现阶段性下降，而这个群体未来的购买力代表着中国汽车市场的增长潜力。所以，未来中国宏观经济的发展速度将决定这个群体汽车消费潜能的释放速度，并由此决定未来中国汽车市场的增长速度。

由于多种因素对当前宏观经济的影响，中国汽车市场已经由以增量为主的扩张型增长期逐步进入了存量主导的稳定型微增长期。市场扩张期主要解决汽车的有无问题，性价比至关重要，企业针对低线市场新增购买力加速进行覆盖性布局是最有效的竞争策略之一，自主品牌正是借此良机取得了长足的发展。但是自2018年中国汽车销量出现负增长以来，市场已进入稳定型微增长期并伴随着短期的销量下滑，此时细分市场的竞争日趋激烈且更加重要。受疫情等不利因素的影响，在今后一段时间内低端市场很可能都会处于萎缩的调整期，中高端市场的相对比重将持续提高，从而使消费升级成为主旋律，市场也将加快走向成熟。由此，中国汽车市场将进入淘汰赛阶段，部分企业（不只自主品牌，也包括外资企业）被快速边缘化，产业集中度将越来越高，企业必须想尽一切办法提升销量才能更好地参与竞争。当然，长期来看我认为中国汽车市场远未饱和，未来随着宏观经济的持续增长，低收入消费者的购买力将逐渐恢复和不断增强，增量市场潜力将逐步得到释放，从而为中国汽车产业发展提供更大的容量空间。

关于中国汽车市场竞争特点的变化，我将自己的思考和认识进行了总结，具体包括以下四点：

一是产品竞争力的变化。当前汽车市场已进入产品价值竞争的新阶段，体验成为决定产品成败的真正核心，简单的配置增加或者技术堆砌，已经不再是打动消费者的卖点，如何让消费者感受到与众不同的体验成为重中之重。

二是消费者角色的变化。消费者正由过去单纯通过购买实现拥有的客户向既关注拥有更关注使用的用户转变。实际上，随着智能化网联化的不断发展，汽车正越发成为基于场景的产品，消费者将是不同场景下车辆的使用者，而非车辆的拥有者，这就要求企业必须结合产品和场景来思考如何为用户而非客户提供更大的价值空间，并最终为企业创造更大的收益。

三是品牌定位重要性提升。随着市场竞争的日趋激烈，所有企业都在思考如何有效提升自身的品牌号召力。品牌向上日益成为本土企业的重要努力方向。但我认为，比品牌向上更为重要的是企业的品牌定位必须清晰。只有建立起清晰的品牌定位，才能对品牌向上采取更有针对性的行动；反之，没有清晰品牌定位的品牌向上会让企业的努力失去坐标原点。现在有一种误区，似乎品牌向上就是要做高端，其实品牌向上并不等于做高端品牌，更不等于做豪华品牌，而是应该基于企业的实力和发展阶段制定出清晰的品牌提升战略，努力在合理带宽内实现品牌相对自身的向上提升。从这个意义上讲，每一家企业都有必要也一定要力争品牌向上，但必须根据自己的品牌及产品定位来具体实施，这在竞争日益激烈的今天尤为重要。

四是合资与自主区分渐趋模糊。在今天的中国汽车市场上，合资品牌和自主品牌已不再泾渭分明。首先，一线自主品牌快速崛起，部分品牌价值不鲜明的二线合资品牌已被边缘化，消费者盲目迷信外国品牌的时代渐渐远去，他们更关注的是汽车产品的实际表现。相对于自主车企努力实现品牌向上的艰难，合资车企为抢占市场而不断进行价格下探，也使其面临产品力下降、创新方向迷失等巨大挑战。合资品牌如果不能有效解决这一问题，从长期来看，还将对其品牌价值带来潜在伤害。与此同时，随着汽车"新四化"不断向纵深推进，消费者心中的品牌内涵也在悄然发生改变，这将为品牌重塑及品牌向上带来新的机遇。把握机遇的关键在于，企业必须清晰明确自身品牌的定位，逐步打造出支撑品牌定位的差异化产品，并以此赢得越来越激烈的市场竞争。

综上所述，中国汽车市场的竞争已经发展到了一个全新的阶段，呈现出产品品质竞争、成熟市场竞争以及阶段性饱和竞争等综合特征，中国汽车产业将由此进入一段周期较长的存量竞争的市场"寒冬"。随着市场竞争的日益激烈，优胜劣汰将不断加剧，企业必须强化资源组合和抱团取暖来谋求优势，这也是本轮产业整合的重要趋势。

五 中国汽车市场的"新常态"：符合客观规律、理应淡然看待

关于中国汽车市场规模，现在有一种观点认为，2017年中国汽车销量已经触及顶峰，所以2018年以后销量一直在下降。我不认同这种说法。我认为长期来看，只要中国经济继续保持增长，14亿中国人追求汽车出行的需求就会逐渐释放出来，未来中国汽车市场仍有发展潜力。当然近期来看，中国汽车市场的不确定性因素较多，仍处于艰难恢复的过程中。对此，我觉得应该淡然看待，实际上中国汽车市场销量的变化符合客观规律，无论增速趋缓还是增速波动都是很正常的经济现象。

按照销量基本增速的不同，我认为中国汽车市场可大致划分为四个不同的发展阶段。第一个阶段是快速增长阶段，大致就是在2018年之前。第二个阶段是微增长阶段，基本增速大幅下降，一旦遭遇不利因素，就会出现负增长，目前我们就处在这一阶段。对此我想特别说明两点：一是在此阶段汽车销量的基本增速仍处于正区间，也就是说中国汽车市场还没有进入饱和状态，自然也就没有抵达销量峰值；二是近期的负增长是由短期因素导致的，这种增速波动是普遍存在的正常现象，实际上在快速增长阶段也曾有过增速大幅下降，如2008年金融危机时，只不过当时增速基数较高，所以并未出现负增长罢了。第三个阶段是饱和阶段，现在欧美市场基本上处在这个阶段。饱和市场同样会因为短期因素出现大幅下滑现象。如2008年金融危机使美国市场汽车销量一度由高峰期的近1800万辆跌到1200万辆，但这并不意味着美国

市场汽车销量的顶峰就是 1200 万辆。事实上，美国市场经过几年调整后，又回到了历史的高位销量。第四个阶段是负增长阶段，在饱和阶段之后，城镇化不断发展、公共交通进一步普及以及人口出生率持续降低等因素都可能造成市场的萎缩和存量的减少；同时，未来汽车使用模式及出行文化的变化，如共享出行成为主流，也可能导致汽车销量进入负增长阶段。

但就中国而言，汽车产业未来的增长潜力在于"10 亿人的市场"，只要中国经济正常发展，这个群体的购买力终将被释放。实际上，中国要持续发展经济，就必须拥有发达的移动出行能力，也就是说，14 亿国民基于汽车的便捷出行是刚性需求。中国汽车市场规模不可能现在就进入饱和，销量峰值还没有到来，对此我们应该抱有信心。未来汽车销量的增长速度取决于"10 亿人的市场"购车潜力的释放速度，而这与宏观经济的发展具有极强的相关性，其实也是一个全民增富的渐进过程。所以我预计，中国汽车市场的微增长期跨度会很长，这期间市场会伴随着短期的波动而逐渐实现总量的不断攀升，直至最终达到饱和。

当然，如果城镇化、公共交通和汽车共享等的发展快于"10 亿人"购买力释放的速度，那么中国汽车市场也有可能提前进入饱和甚至负增长阶段。但我的判断是，这同样需要一个较长时间的发展过程，而且共享汽车并不会完全替代私人汽车。

六 汽车产业重构的核心：新汽车时代正在到来

当前汽车产业全面重构正日趋深化，对此我想分享以下三点理解。

第一，本轮汽车产业重构的深度和广度都是空前的。未来智能汽车将会云集人类几乎全部的下一代先进技术，如物联网、5G、人工智能、大数据、云计算、芯片、AR 和 VR 应用、语音和图像识别、新能源、新材料等。

第二，众多软实力之间的重组是车企构筑新核心竞争力的关键。包括网联平台、数字孪生技术、汽车操作系统、高精地图、自动驾驶、OTA（空中升级）等在内的软实力的培育及组合，将决定汽车企业未来竞争的成败。

第三，汽车将成为新一代数字技术的集大成者。我认为，汽车产业更侧重于集成创新，即有效组合、利用并放大其他众多领域的原始创新成果，这一点并不会由于产业重构而发生改变。所以，未来汽车产业的大多数创新仍是从1到100的创新，而非从0到1的创新，其中很大一部分汽车技术创新将来自数字技术的迭代与重新组合。当然，集大成的汽车产业将倒逼及拉动其他众多前沿技术领域加快实现从0到1的创新突破。

上述三点变化将使未来汽车成为全新物种，所有汽车产业的决策者和从业者都必须认识到，新汽车的时代正在到来，我们一定要基于新汽车及其新属性来制定未来的发展战略和应对策略。说到底，新一轮科技革命意味着新的生产力，唯有形成与之相匹配的新的生产关系，才能有效应对科技革命驱动下产业全面重构的挑战。

七 未来智能汽车的基因：数据是决定性因素

最近一段时间，"软件定义汽车"是讨论颇多的焦点话题，对此也有不少争议，核心在于究竟未来汽车将由什么定义？是软件，是架构，还是数据，又或者是硬件加软件的组合？在我看来，这些因素都很重要，且彼此关联，要真正回答"什么定义汽车"的问题，还是要回到汽车本身去思考。

我认为，未来人类社会一定会进入智能时代，届时汽车一定是智能化的产品。对于智能汽车，我给出的定义是，可以自我进化、自我完善和自我升级的汽车，这也是智能汽车与传统汽车的本质区别所在。所有能够帮助汽车实现自我进化的手段都是有价值的，过多争论不同手段的技术细节并无意义，因为手段一定是多样化的，而且组合起来才能获得最佳效果。这其中，决定汽车能否自我进化的要素将重构智能汽车的基因。

从这个角度出发，我认为数据才是智能汽车基因的决定性因素，或者说是"数据定义汽车"，因为数据是未来汽车不断迭代和优化的基础，否则，今天交付用户的先进技术，明天就会落后。由此一切和数据相关的要素，如软件、在线等，都很重要，不过都是支撑手段；而不能支撑数据采集、处理、利用的要素则将价值锐减。

因此，关于"什么定义汽车"的问题，我的结论是，软件是手段，数据是核心,而硬件是必备条件。这其中,可以连接、打通并管理软硬件的架构平台是重要支撑,这个平台既包括 CCA(计算与通信架构)和 EEA(电子电器架构),也包括 OS(操作系统)和功能硬件架构。相较于硬件主导的传统汽车,人们把数据驱动的下一代汽车称之为"软件定义汽车"也不为过。我们无须在这些细节上咬文嚼字,但必须清楚,基于数据的不断进化才是未来智能汽车的核心能力,而确保数据产生、收集、处理和利用的所有硬件、软件、架构、系统及平台等,都是智能汽车的重要支撑。

八 构建未来竞争的护城河:企业实现全方位数字化转型

理解了"数据定义汽车"的重要价值,我们对企业实施数字化转型的意义就会有更深刻的认识。我认为,企业数字化转型的核心是通过数字技术去构建一个全新的数字世界,以此来再造我们已经熟知的物理世界的业务,进而对已有的管理模式、业务模式、商业模式进行优化、创新和再造,以帮助企业创造更大的效益。我们必须清楚,数字化转型的目的是提升企业产品和服务的竞争力,让企业获得更大的竞争优势。其最终目标是把企业原有的各种要素充分打通,提高全要素的生产效率,并为企业创新提供新的能力、更多的可能性和更大的空间。

因此,数字化转型的本质是新一代信息技术驱动下的一场业务、管理和商业模式的深度变革和全面重构。在此过程中,技术只是支点,业务才是内核。企业要基于数字化技术实现对业务的重新定义,而不仅仅是实现从线下到线上的信息化。企业通过数字化实现数据化、智能化,并优化业务场景、完善生产关系、转变盈利模式,从而在一个更高的维度上去参与未来竞争。

在此我想特别强调的是,企业实施数字化转型千万不要陷入误区,进行数字化转型并不是要重建一个新企业,而是要将新一代 ICT 技术作为新的生产要素,叠加融入企业现有的生产要素中,以此实现企业现有业务的优化、创新和重塑,并开拓新的业务。对于高度复杂的汽车产业而言,数据、信息、知识及其参与主体的分散、多元,使汽车企业的数字化转型变得更为复杂和困难;但反过来讲,数字化转型也会为汽车企业带来更多的商业机会和更大的发展潜力。展望未来,汽车企业必须努力实现全方位的数字化转型,因为企业一旦形成数字化的运营管理能力,就意味着构建起了未来竞争的护城河。在这方面,后发的中国企业将迎来重大机遇。

九 核心能力需求：未来汽车将同时拥有两个生态

从智能汽车的核心能力需求出发,我认为未来汽车将同时拥有两个重要的生态,且两者缺一不可,具体如图2.7所示。

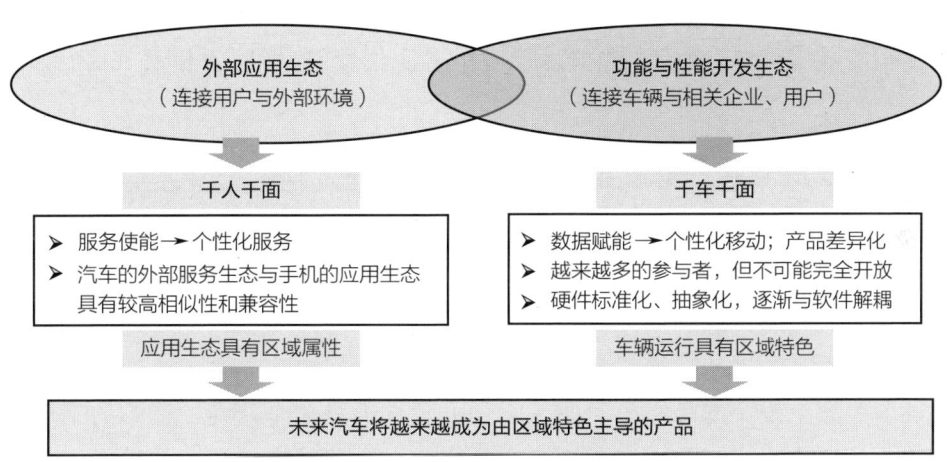

图2.7 未来汽车拥有的两个生态

其中一个生态是外部应用生态,连接用户与外部环境。基于外部应用使能,为用户提供个性化服务,从而实现"千人千面"。这个生态类似于手机生态,预计未来汽车的外部应用生态将与手机的应用生态具有较高的相似性和兼容性。

另一个生态是功能与性能开发生态,连接车辆与相关企业以及用户。基于外部功能与性能开发者,以数据赋能为用户提供个性化的移动出行服务,并形成差异化的产品特性,从而实现"千车千面"。这个生态中的参与者将越来越多,但由于汽车产品的特殊性,这种参与是有技术门槛的,而且相关企业之间不可能相互完全开放,这意味着,各方必须遵循相同的规则各司其职、分工协作；同时也意味着,硬件必须实现标准化、抽象化并逐渐与软件解耦,为相关参与者在硬件基础上实现数据驱动的产品进化能力创造条件,使汽车的性能和功能能够通过软件随时在线自我进化。

需要注意的是，这两个生态都有区域属性。相对而言，前者是一个大区域的概念，例如不同国家或地区的应用服务必然存在差别；而后者是一个小区域的概念，因为未来车辆行驶的最佳解决方案，一定是基于特定城市或场景的数据训练得到的。鉴于这两个生态的区域特色，我认为，未来汽车将越来越成为区域生态特色主导的产品。两个生态的参与者都将成为边界渐趋模糊的汽车产业大生态的一部分，并将从产业大生态中获利，而游离于这种大生态之外的汽车是没有生命力的。区域生态特色为本土的相关企业提供了不可多得的战略机遇，也使国际化大企业的本土化变得愈加重要和势在必行。

➕ 发展智能网联汽车：深化认识、协同推进

下面谈谈我对发展智能网联汽车的几点认识。

首先，发展智能网联汽车、实现智慧出行是人类社会未来发展的方向，对此我们不必怀疑，应该尽早投入、加大投入。同时，本轮产业变革是革命性的，表面上改变的是汽车产业，实际上牵连的是多个产业，影响的是整个社会。这既说明智能网联汽车的战略价值，也决定了本轮变革不可能一步到位，而是必然会经历一个较长时间的发展过程。对于国家、产业、企业和个人而言，切入点应该有所不同，切入时段也应该有所不同。

其次，我们必须对智能网联汽车有准确的认识。智能是一个大概念，智能网联汽车包含了车辆开发、制造、使用以及能源、环境、交通、城市等不同层级的诸多要素，这些环节和领域都需要实现智能化。从这个意义上讲，智能社会需要的一定是多要素的协同智能，而只有做到人—车—路—云的协同智能才能实现智能网联汽车的价值最大化。同时，我认为，对于智能网联汽车来说，网联只是手段，"在线+开放"的生态建设才是关键，它将为实现协同智能提供基础和支撑。

再次，我们必须对智慧出行生态有清晰的认识，这涉及本轮汽车产业变革的核心趋势、范围、技术、商业模式等各个方面。未来的赢家一定是能够助力实现个人智慧出行、定义汽车使用及汽车生活方式的企业，这意味着，

未来汽车企业之间的竞争将聚焦在"移动智能生活空间"的打造和运营上。受此影响，今天看起来习以为常的一切都会发生改变，例如当汽车成为可自动驾驶的智能空间时，很多成本和价值就不应只是基于车端来考虑和承载了，就像手机进化为智能手机之后，其价值有了根本性的扩展，远非简单的通信功能所能涵盖。

最后，发展智能网联汽车不可能一蹴而就，既需要足够的时间，也需要各方面都做好准备。在此过程中，国家、产业和企业必须共同努力、携手推进。尽管过程一定是渐进式的，但是我们必须快马加鞭，以抢占未来全球竞争的战略制高点。我认为，当前最重要的是，必须厘清发展智能网联汽车的社会价值、产业价值、企业价值、用户价值以及社会成本、企业成本、购买成本、使用成本之间的关系，这是国家、产业和企业做出正确决策并进行有效投入的前提和基础。这是因为，对于智能网联汽车产业而言，国家的先导性投入和产业的先导性推动至关重要；同时，企业的不同定位和相互分工将决定各自的发展重点和能力建设方向，显然这些都需要对智能网联汽车的价值及成本做出准确判断和合理分配。

✚ 汽车产业未来展望：把握区域生态特色主导的历史机遇

最后谈谈我对汽车产业未来发展的预测和展望。

第一，当前中国本土车企追赶世界先进水平的窗口正在收窄，而疫情更加速了这一进程。为此，我们一定要增强危机意识和紧迫意识，向着产业重构的方向加快行动。

第二，数字化+智能化为本土车企提供了历史性的机遇。我们必须清楚，智能网联革命与动力革命不同，因为电动化说到底还是技术竞争，而智能化则并非如此，它实际上是汽车行业外的新生产力要素，包括但不限于物联网、大数据、云计算、5G等"业外"技术，给汽车行业带来了新机会。为此，我们必须建立新的组织模式和商业模式，也就是建立新的生产关系来拥抱这些新的生产力，这意味着，汽车产业一百多年来建立起的传统生产关系将被重塑，从而给后发的本土企业带来前所未有的历史机遇。

第三，具体来说本土企业的机会体现在三个方面。一是在硬件上本土车企造车已经取得了巨大的进步，而在基于软件的数据化能力上我们也不比国外传统汽车巨头们差。二是未来汽车将是基于数据和生态的智能汽车，具有很强的区域属性，与本地特色的应用服务、复杂环境以及相关的海量数据息息相关，这显然对本土企业更为有利。三是中国巨大的市场基础，足以支撑本土企业培育出特色能力和优势。

第四，对产业变革历史机遇的深刻认识是取得成功的关键。之前我曾讲过，颠覆性的认识决定了我们能否进行颠覆性的实践，并由此产生颠覆性的改变。很多时候企业之所以没有采取果断行动，又或者在行动中发生动摇，归根结底还是由于认识不够深刻。面向新形势下的产业发展前景，我建议企业一定要尽早进行战略布局，并坚定不移地进行创新实践，绝不能只玩概念，而是要真抓实干。在此过程中，重点应聚焦于形成核心能力和创新商业模式，前者的关键是打造系统化的体系竞争能力，后者的关键则是选好合作伙伴，并进行有效的分工协作与资源组合。

最后，我想再次强调，区域生态特色主导的新汽车时代正在到来，这将是中国企业崛起的重大历史机遇。为此，我们必须坚定信心、加紧行动，努力抓住这次难得的宝贵契机，从而在未来全球汽车产业的新格局中占据更加重要的地位。

（本文根据赵福全教授 2020 年 8 月 28 日在"中国汽车人才研究会 2020 理事会年会暨中国汽车人才高峰论坛"上的演讲整理）

汽车产业发展热点与未来前景解读

【精彩语句】

"我们更应该在学校里培养学生的学习能力,培养学生的创新精神,使他们离开校园后,能有一种内生的动力促使其继续学习、不断创新;在教会学生汽车基础知识的同时,更要培养他们上进务实的精神,练就他们独立思考的能力,帮助他们树立起为社会进步做出贡献的远大理想。"

"汽车产业的竞争力实际上是整个国家制造业综合实力的体现:要把汽车产业做强,必须依托于中国制造业的强大;而汽车产业的强大,也一定会引领和支撑中国成为制造强国。因此我认为,制造强国与汽车强国互为母子战略,制造业不强,汽车很难做强。"

"未来需要新旧核心技术的融合。汽车产业一定会洗牌,未来的赢家必须既掌握传统技术,也掌握新技术,这两方面的有效组合才是未来企业最核心的竞争力。"

【编者按】

在 2017 上海车展期间,赵福全教授应邀在人民日报网络平台上与著名主持人曹景行进行了一场深度对话。在交流中,赵福全教授就汽车产业当前热点话题以及未来发展前景阐释了自己的精辟观点,包括汽车行业的人才培养建议、未来市场规模预测、跨界造车与新旧车企评价、新能源汽车及三电技术发展、智能网联汽车最新动态、产业政策调整影响分析以及中国创新大环境下的企业创新问题。本文根据这次对话整理,内容非常丰富,值得展卷细读。

曹景行: 欢迎大家收看今天的"大咖有话"节目!今天我们很荣幸地邀请到了清华大学汽车产业与技术战略研究院院长、国际著名汽车专家赵福全教授。赵院长,我了解到,您之前在企业有着非常丰富的工作经验,那为什么会选择从企业转战到高校呢?现在您在清华带领团队从事科研工作,对您来说,这是不是在从事汽车行业的一个全新领域了呢?

赵福全： 我是4年前加盟清华大学的。我认为，一个人如果希望传道、授业、解惑，最佳的选择就是到大学去。在大学里，你可以接触到年轻人，和年轻人分享自己曾经的经历、思考曾经疑惑的事情，与他们一起探索世界、探索未来。实际上，参考欧美的经验我们可以发现，欧美制造业的发达在很大程度上得益于其教育的成功，欧美学生在校园的学习经历为毕业后步入社会、开展工作奠定了良好的基础。欧美很多优秀的企业家到了一定年纪后，都会不约而同地选择到大学去，传授自己多年的从业经验和实战知识，还有些人会选择同时在企业和高校兼职工作。另一方面，欧洲很多工科院校明确要求教授必须具备企业工作经验。这是很值得我们借鉴的。当然，中国有自己的国情和特点，我们的教育体系也不必照搬照抄欧美。不过我想，如果很多优秀的中国企业家，有机会通过大学这个平台，把自己的经验传授给广大青年学子，这一定会非常有益。

以我自己来说，我在国外学习、工作了近20年，14年前回国，在华晨、吉利两家自主品牌车企工作了近10年。应该说在很久之前，我就萌生了一种想法：如果我用自己的经验和能力继续领导团队开发一些产品，受益的只是我所服务的一家企业；但是如果我能把自己在企业这些年来的经验和心得，通过大学的平台，尤其是像清华大学这样的顶级平台，充分分享和传授出去，受益的将是整个产业乃至整个社会。而且我认为，我个人也将从中收获更多的乐趣，这将是我人生中的一大幸事和升华。我加盟清华大学后，不仅利用这个平台教书育人、培养人才，同时也在研究产业、企业和技术战略，为国家、行业和企业建言献策。正像您刚才所说的，对我这个汽车行业的老兵而言，这也是一个全新的领域和巨大的转型。

曹景行： 这样您是不是可以把产业和学术连接起来，发挥桥梁的作用？

赵福全： 我认为是这样的。高校的基础科研需要更贴近产业的实际需要，才能发挥更大的效益；而产业的健康发展需要以高校的基础科研作为支撑；同时，国家的战略决策等，也需要像大学这样独立的第三方建言献策。所以，如果说能够把育人、产业和学术集为一体，发挥承上启下的作用，我认为清华大学这个平台对我是最佳的选择，这也是我四年前选择加盟清华大学的原因所在。

曹景行： 在之前的采访中，我们也和汽车企业的一位老总讨论了有关汽车人才的问题,他认为现在大学生的动手能力和适应能力普遍较差。在您看来,汽车产业需要什么样的人才?是否有新的培养思路,更能让学生成为真正的有用之才呢?

赵福全: 我认为,任何一所学校培养学生的最终目的,都应该是让学生走向社会以后能够发挥更大的作用。我想,这也是整个教育界、产业界的共识。但是不同层次的学校、不同种类的学生,社会对他们的诉求或者希望肯定是不同的。一些学校和学生需要着重培养动手能力,另一些学校和学生则需要着重强化理论知识。虽然动手能力和理论知识同时具备是最好的,但毕竟每个学生的精力是有限的,学校培养学生的时间也是有限的,我们也不能求全责备。学校应该做到的就是,根据学生未来走向社会时需要其发挥的主要作用和具备的基本素质,来进行有针对性的培养。而且这种培养不是说简单地提高动手能力或者掌握某些知识就可以了,更要在思维方式、思考和解决问题的能力、创新精神培养以及价值观塑造等方面着重发力。

我认为,现在社会对于人才培养的期待存在简单化的误区,当然这在一定程度上也是因为,学校对学生的培养与社会对人才的需求匹配程度不足。我在日本留学7年,在英国高校工作1年,在美国高校和企业工作10年,我经历和参与了这些国家的教育。我感觉每个国家的教育都有自身的特色,不能一概而论,我们也不能仅从动手能力一条,就质疑整个中国的教育体制。

曹景行: 但是有一点,我国汽车行业现在需要的各种类型技术人才、专业人才,尤其是高端人才,都是十分匮乏的。

赵福全: 中国汽车行业目前确实面临人才匮乏的问题,比如我们十分需要复合型人才,希望能有更多懂技术、懂管理、懂市场的高端人才。但是这些技能都应该在学校里面培养吗?我认为答案是否定的。现在知识更新的速度远远超出想象,产业发展也可以说是日新月异,希望学生在学校里学到所有工作中需要的知识,这是不现实的,也是没必要的。所以,我们还是更应该在学校里培养学生的学习能力,培养学生的创新精神,使他们离开校园后,能有一种内生的动力促使其继续学习、不断创新;在教会学生汽车基础知识的同时,更要培养他们上进务实的精神,练就他们独立思考的能力,帮助他们树立起为社会进步做出贡献的远大理想。我认为,这些素质的养成是十分重要和必要的。

曹景行：我们现在回到汽车行业的话题，您认为今年的上海车展有什么特别之处？有没有您特别关注的企业？

赵福全：今年车展最大的特点就是新进入的车企跃跃欲试，他们之前甚至被一些人质疑是PPT（幻灯片）造车，但这次亮相的力度和投入都十分令人瞩目。比如蔚来汽车，把公司这几年来积累的成果都拿出来进行了展示，并且产品也明确了量产时间。我认为这些企业积极参加车展、努力展现自己，说明他们是真心要加入到汽车产业中来，参与市场竞争的。同时，我也感受到了传统车企的变化。一些有着几十年甚至上百年历史的汽车企业，在面对产业变革的前景时，也给出了他们对汽车变革的全新定义和理解，产品内涵和外延都有所不同，可谓是"老树开新花"，这种感觉要比往届车展强烈得多。

曹景行：如果您明天到现场，会特别关心哪几家企业呢？

赵福全：我会在日系、德系、美系和自主品牌传统车企中，各选几家具有代表性的企业重点参观。了解他们和去年相比，在传统动力总成、新能源以及智能网联方面，都有哪些进步。然后，我会去看一下新进入车企，正如刚才提到的，这次车展很多新进入车企终于揭开了产品的神秘面纱。我想了解他们到底有哪些新产品、新技术。最后，我会对传统车企和新进入车企做一个综合的比较。

曹景行：那您是如何看待互联网造车以及其他行业跨界造车的呢？

赵福全：造车是一项复杂的系统工程，涉及上万个零部件的集成、几百家供应商的参与、几十亿元资金的投入。汽车企业需要全面考虑机械、电子、材料、工艺、装备等方方面面的问题。新进入的汽车企业在这些方面的历史积累是比较少的，这一点他们自己也清楚，但是为什么还要选择跨界进入汽车领域呢？因为他们认为机会来了，汽车产业正在发生深刻变革。像发动机和变速器，原来是传统企业的核心竞争力之一，而打造新能源汽车时就变得不重要了。无论是传统车企还是新入车企，在进军新能源汽车领域时，都要采购或者全新开发关键部件——电池和电机，双方是在同一起跑线上的，这就在一定程度上降低了造车的门槛。

曹景行：懂车一定是造车的前提吗？其实就传统车企来讲，像当年李书福进入汽车行业,最初也并不了解如何造车,但是现在他成功了。互联网造车是不是也可以这样呢?

赵福全: 从目前的竞争格局来看,互联网造车企业可能在某些方面确实具有一定的优势,但是他们依旧面临着很大的挑战。我认为,我们应该以开放的心态看待跨界车企,要允许他们进入,给他们成为行业黑马的机会。不过同时,新入汽车企业也必须对汽车产业保持敬畏之心。最终,无论是传统车企,还是新进入车企,都必须打造出满足消费者需求的安全、节能、环保的汽车产品。虽然汽车产业正在发生全方位变革,但是汽车的本质并没有改变,汽车仍然要不断追求安全、节能和环保,这一点不会因为是新能源汽车或者智能网联汽车而降低标准。举个例子,手机一天死机几次也没关系,但是汽车"死机"一次都不可以,并不是说有了互联网思维,就可以不满足安全要求了,车企永远要对生命充满敬畏。所以,不懂车当然可以造车,但不懂车不应成为能造好车的"依据",新进入车企要有一颗敬畏的心去努力学习、快速积累,最终结果一定是成败论英雄。

曹景行: 您刚才提到,您会先去看传统车企的各个车系,那么您会特别关注这些企业哪些方面的变化呢?

赵福全: 我主要关注两方面:一方面是技术的进步,另一方面是智能网联及其商业模式方面的进展。因为我一直认为,新时期汽车产业的变革既涉及技术问题,又涉及整个产业生态的重塑,这其中新型的商业模式是和技术同等重要的因素,直接影响汽车能否更好地服务于消费者。

从节能与新能源方面看,首先是传统动力总成技术,发动机至少在未来几十年仍将发挥作用,我们要随时关注哪些企业的发动机技术有了突出的变化,甚至是突飞猛进的进步。其次是新能源技术,既包括纯电动,也包括插电式混合动力、燃料电池等。最后是轻量化技术,在新能源汽车上轻量化技术的应用将有极大的不同。从智能网联方面看,无论感知、判断和执行技术都与自动驾驶紧密相关,而相对较"软"的部分,即商业模式也至关重要。总的来说,这两方面将是我最关注的。

曹景行: 刚才您提到了新能源汽车,能不能给我们介绍一下,世界新能源汽车产业目前发展到了什么程度?能够完全满足消费者需求、替代传统燃油汽车的新能源汽车有没有出现，或者说什么时候可以出现？

赵福全：传统汽车已经发展了130多年，新能源汽车在续驶里程、技术成本、可靠性以及售后服务体系等方面，目前还不能与传统汽车完全相当。例如，传统燃油汽车装满一箱油，跑到五六百公里是很容易的，而且加油站也足够多。而新能源汽车的充电基础设施还远不充分，续驶里程需要昂贵的电池为保障，很容易超出消费者的承载力。如果没有政府补贴，我认为新能源汽车还没有达到可以和传统燃油汽车同台竞技的水平。但是，新能源汽车的发展十分迅猛，尤其是在过去5年中，作为"三电"技术的核心，动力电池的能量密度、成本以及可靠性、耐久性，都已经有了巨大的进步。某些车型，特别是小型车，可以实现200至300公里的续驶里程，再加上享受一定的政府补助，无论技术还是成本，这些产品都已经能够基本满足消费者的需求。现在全球新能源汽车发展最成功的就是中国，而且自主品牌产品尤为突出，一些产品即使在成本上不考虑政府补贴，在续驶里程上仍有一定不足，也逐渐开始被消费者接受。

新能源汽车想要完全和传统汽车同台竞技，仍然需要一个漫长的过程。不过按照当前新能源汽车发展势头来看，未来5年，至多10年，只要不追求过高的续驶里程，如仅在300至400公里续驶里程的条件下，综合考虑车辆全生命周期的成本，新能源汽车和传统汽车相比就会具有一定的竞争力。因此，我们应该对新能源汽车的未来抱有谨慎乐观的态度。

曹景行：您刚才提到"三电"技术，电池是不是其中最关键的呢？

赵福全：新能源汽车并不意味着对汽车的全新定义，而是动力总成的转换。传统汽车的动力总成是发动机和变速器，新能源汽车的动力总成则是电池和电机，其他像车身、底盘、电子电器和内外饰等，两者并没有本质区别。实际上，电机及电控系统在传统汽车上也同样配备，只不过与在新能源汽车上的需求和重要度有所差异。未来真正影响电动汽车能否取得重大突破的还是电池问题，包括电池的成本、能量密度和耐久性、可靠性等。虽然过去10年，电池技术的进步很大，但与传统汽车相比，新能源汽车仍存在一定差距。这种差距的弥补，既需要通过扩大量产规模来降低成本，也需要通过重点攻关来突破技术，同时还需要商业模式创新来推广产品。其实燃油汽车刚刚普及的时候也面临类似的问题——加油站很少，道路等基础设施建设不足，所以那时候很多单位都自备汽油桶。也就是说，新产业的发展都需要一定的时间和过程，这是很正常的。尽管国家在新能源汽车方面投入很大，但是与传统汽车的差距也不是一时就能缩小的。

曹景行： 据您了解，目前在电池领域，与世界先进水平相比，中国处于怎样的位置，又如何突破呢？

赵福全： 电池涉及材料的研发、制造的工艺等方方面面的问题，与一个国家产业与科研的总体水平和基础密切相关。随着新能源汽车市场的不断扩展，发达国家对电动汽车的投入力度也不断增大，因此中国将面临越来越大的竞争压力。无论科研单位、高等院校，还是各类企业，都必须全力以赴，以加快缩小与国外的差距。从长远来看，中国对于新能源汽车的科研以及产业化目标和国外是相近的，而中国市场规模最大、受关注程度最高，所以国外的先进技术一定会不断涌入中国，同时中国政府的投入也相对较大。因此，差距固然存在，但是中国新能源汽车发展的脚步一定会不断加快。

曹景行： 中国汽车产业已经具备了一定的实力，如果在电池方面能够实现突破，实际上不仅有利于汽车强国建设，还将给很多与电池以及储能相关的其他行业带来很大的益处。

赵福全： 您提到了很重要的一点。中国汽车产业目前大而不强，虽然市场庞大，但自主品牌还不具备明显的优势，很多人归罪于我们汽车产业不努力，或者汽车人不争气，但我认为完全不是这样的。汽车产业是民用工业中的集大成者，几乎涉及现代制造业的方方面面。像材料、工艺也包括人才水平等问题，都不是仅靠汽车行业本身就能够解决的。汽车产业的竞争力实际上是整个国家制造业综合实力的体现：要把汽车产业做强，必须依托于中国制造业的强大；而汽车产业的强大，也一定会引领和支撑中国成为制造强国。因此我认为，制造强国与汽车强国互为母子战略，制造业不强，汽车很难做强。举个例子，如果中国的芯片技术落后，那中国汽车的电控部分就不可能具备竞争力，这样整个汽车行业也很难取得领先。但是，现在基本没有人会把汽车产业的不强和芯片技术的落后联系到一起看待，所以才会简单地归罪于中国汽车产业和汽车人。从这个角度来看，正如您刚才所说，新能源汽车的发展，也将是系统性和全局性的，一定会拉动我们整个国家储能等众多领域的技术进步。

曹景行： 现在很多手机制造企业也希望加入汽车行业中来，他们在一定程度上也是希望能够利用自己在电池以及充电方面的技术，取得汽车领域的突破。您刚才讲到芯片问题，芯片直接关系到我国人工智能的发展。那么，目前中国智能网联汽车发展到了什么程度？请您给大家介绍一下。

赵福全： 智能网联汽车，总体来看目前基本上还处在紧锣密鼓的开发阶段。智能网联汽车并不是简单的车辆联网，而是要实现车辆和外部网络的全面连接，将车辆融入信息的海洋，使汽车能够真正实现很多智能功能，包括车辆的自动驾驶，车与车之间、车与基础设施之间以及乘客与外部世界之间的有效连接与交流互动。目前在信息交互技术方面，我们有些企业在某些领域不仅不落后，甚至还是领先的。综合来看，在这方面，国内外技术的差距并没有很多人想象的那么大。

但是，在传感器技术、控制算法，尤其是人工智能人才储备等方面，我们与国外还是存在较大的差距的。国外开发无人驾驶汽车，摄像头可能是由中国供应商提供的，但这只是硬件，控制器以及算法仍然是国外的技术。随着人工智能在汽车上的广泛应用，我们必须尽快在传感器、芯片、核心算法以及相关人才培养等方面实现突破，否则很可能将会在未来的市场竞争中面临更严峻的挑战。

曹景行： 如果智能网联技术已经接近突破，未来10年很有可能基本实现市场化应用，那将对全球汽车产业，特别是中国汽车产业产生怎样的影响？会不会引发企业的大规模洗牌？另外，我国汽车产业现在是否存在产能过剩的问题？同时自主品牌产品目前大多还集中在中低档次。这双重因素叠加，又会对我国汽车产业产生什么影响？

赵福全： 这个问题问得非常好，我从两个方面来分析。

一方面，这其实是中国汽车产业到底还有多大发展空间的问题。从汽车千人保有量来看，我们还没有达到世界平均水平，和发达国家相比差距更加明显。

仅仅把汽车简单视为财富的象征，这是一种陈旧的观念。实际上，汽车不只是生活用品，更是生产工具，将为包括人在内的社会资源提供顺畅移动的能力，从而为国民经济和百姓福祉提供强大的支撑。中国近14亿人口要想实现可持续发展、推进新一轮城镇化进程，就必须确保这种移动能力，这意味着中国汽车市场仍然还有很大的发展潜力。我认为，中国汽车千人保有量达到350辆左右，相应地，汽车年销量达到3800万辆左右，这将是一个可以实现的目标。目前，全世界的企业都看好中国市场的潜力，纷纷加大力度参与到中国的市场竞争中来。从这个角度来看，中国汽车产业并不存在产能过剩的问题，因为产能扩展都是企业的自主选择。实际上产能过剩是一个计划经济的概念，在市场经济下，企业会根据市场情况自动调整产品数量和结构，并通过市场竞争淘汰落后产能。

另一方面，当前能源革命、网联革命与智能革命正在给汽车带来革命性的变化，产业的全面重构正在到来，汽车将不仅是简单的代步工具，而将具有更为丰富的内涵。这种全方位的变革，给企业的核心竞争力带来全新的定义和诉求，这也是很多新入车企认为传统车企在未来竞争中并不一定具有优势的原因。但也要看到，新入车企也并不具备所需的全部能力。所以我认为，未来一定需要新旧核心技术的融合。之前我在很多场合都讲过，汽车产业一定会洗牌，未来的赢家必须既掌握传统技术，也掌握新技术，这两方面的有效组合才是未来企业最核心的竞争力。

曹景行： 现在新入车企进军汽车领域有没有刺激传统车企？

赵福全： 个人认为，新入车企在中国汽车产业的发展过程中起到了很好的作用。如果没有黑马闯入，传统车企通常会按部就班地继续进行已有的工作。同时一些大型企业，特别是像通用、丰田、大众等，每年销量都是千万辆级别的，无论从技术、成本，还是质量、服务等方面，小型车企都很难与之竞争。但是，现在产业进入变革期，新力量纷纷涌入，形势逼迫着传统大型车企也要加快进步、谋划转型，因为他们已经丧失了绝对的优势。另一方面，新入企业也越来越感受到，没有底盘、车身、电子电器等的支撑，仅靠掌握一些软件技术是远远不够的，他们同样需要向传统车企学习。如果传统车企和新入车企能够彼此学习、相互促进，必将给整个产业乃至全社会带来巨大的进步。

汽车产业的新一轮科技变革，不仅是互联网，更是物联网，而且也包括大数据、云计算等，使汽车在移动工具之外具有了诸多全新属性。以前，汽车是"信息孤岛"；现在，汽车需要融入"信息海洋"，汽车市场将由此产生全新需求。这既激发了跨界新入车企把握产业新机遇的热情，也给传统车企带来了转型升级的压力。而我认为，在这场新旧力量的较量与融合中，最终的受益者将是消费者。

曹景行：我们知道，跨界进入汽车行业的企业中，最著名的就是特斯拉了。您认为中国能否出现这样的企业？

赵福全：一家优秀企业的出现，不仅需要一位优秀的企业家、一笔充足的资金，以及先进的技术、良好的商业模式，还需要整个社会法制环境、创新环境和文化环境的共同支撑。比如，美国的产业政策是事后管理，只要企业自己认为产品合格，就可以销售，让消费者自由选择。但是，一旦产品出现了质量问题，企业要承担非常严重的后果。而中国的产业政策完全不同，我们是事前管理为主，没有国家的许可，车辆是不允许销售的。从这个角度来说，中国想要出现特斯拉这样的企业是比较困难的。当然，特斯拉本身也开辟了一条车企发展的全新思路：开发电动汽车，从高端起步，线上销售线下服务等。无论是企业家的战略眼光，还是商业智慧，都很了不起。与此同时，还有很重要的一点是，美国消费者对于新鲜事物持开放的心态，即使特斯拉的产品出现了一些问题，公众也普遍给予理解和包容，这为特斯拉打开市场提供了良好的环境。

中国要诞生"特斯拉"可能比较困难，但是这并不意味着中国将来不会诞生这样的企业，也不意味着中国当下环境中诞生的企业和特斯拉相比，就一定没有竞争力。目前特斯拉也不能说已经大功告成，实际上这家企业同样面临着很大的压力，虽然在电动汽车领域捷足先登，但很多新的理念很快就会被竞争对手借鉴学习。尽管特斯拉现在已经是一家非常值钱的企业，但还不是一家赚钱的企业，仍然处于亏损中。特斯拉的未来取决于正在不断开发的新车型和新平台能否取得成功，以及能否有效降低产品的成本。毕竟作为实体经济，车企最终一定要赚钱才行，既赚钱更值钱，这才是最高境界。如果仅仅是值钱，只代表受到资本的青睐，并不能确保企业长期的可持续发展。

曹景行：刚才从特斯拉讲到中国企业未来的发展，下面您能否就中国汽车销售政策的变化做一些评论？新的《汽车销售管理办法》会给汽车企业、经销商和消费者带来什么影响？

赵福全：对于消费者来说，一定是受益的，因为新的政策打破了之前整车厂的品牌垄断，让消费者可以有更多选择和比较产品的机会。对于经销商而言，也是好消息，他们将获得更大的经营自主权和灵活度。而对于汽车企业来讲，则是各有利弊。之前整车厂依靠品牌垄断获得了强势的话语权，并分配得到更多的利润，取消品牌授权后，这种优势就不复存在了；但是企业的产品也将有更多的机会和渠道进入市场。总体来说，我认为未来中国的汽车产业、市场和社会都将日趋开放，随之而来的是竞争也会更趋激烈。短期来看，消费者是直接的受益者；长期来看，产业才是最大的受益者，汽车产业可持续的健康发展将由此实现。

（本文根据人民日报客户端2017年4月19日"大咖有话"节目赵福全教授专访整理，原题目为《曹景行访谈赵福全：未来汽车什么样》）

全面重构前景下汽车产业的深刻变革与发展方向

【精彩语句】

"政府及全社会对汽车产业战略地位的认识不断提升,对做强汽车产业的共识不断凝聚,对本土车企的信心不断增强。全球汽车产业全面重构与中国汽车产业转型升级形成了历史性交汇,为中国建设汽车强国和健康汽车社会提供了有力支撑。"

"中国发展智能网联汽车应站在大交通和大能源的战略高度,充分发挥体制优势,进行前瞻的系统布局和统筹推进,凝聚合力、重点突破。"

【编者按】

在本文中,赵福全教授对汽车产业的深刻变革与发展方向进行了简明扼要的系统阐述,内容涉及产业全面重构、能源多元化战略和智能网联汽车发展。特别是赵教授首次提出,产业边界渐趋模糊与企业边界必须明确,正在成为汽车产业的主要矛盾。这一论断不仅是对产业发展大势和核心难点的高度概括,而且指明了各方力量必须清晰分工、有效协作的内在逻辑。

一 产业全面重构为加快汽车强国建设创造战略机遇

当前,新能源与智能网联革命驱动汽车产业全面重构不断深入,整个产业生态正在发生前所未有的深刻变革:传统与新入整车及供应链企业、信息及互联网公司、科技公司、新型商业模式公司、基础设施公司及相关运营公司等,纷至沓来,跨界交融,共同汇聚成一场空前炽热的盛宴。可以说,汽车产业从未像今天这样生机勃勃而又加倍复杂,诸多能力都成为未来出行服务生态系统中不可或缺的重要组成部分,而没有任何企业能够拥有全部所需的能力。产业边界渐趋模糊与企业边界必须明确,正在成为汽车产业的主要矛盾。这就越发需要相关各方厘清趋势、明确战略、清晰分工、有效协作。

与此同时，政府及全社会对汽车产业战略地位的认识不断提升，对做强汽车产业的共识不断凝聚，对本土车企的信心不断增强。一方面，作为国家战略的重要载体和抓手，汽车产业无可比拟的重大作用越来越受到国家的重视；另一方面，中国汽车产业的规模之大、局面之新，促使国家下定决心建立中国特色的产业政策法规体系并加快付诸实施。而中国汽车产业自身也已今非昔比，在全球产业格局中自成一极，特别是一批优势的本土车企脱颖而出，在销量规模、研发能力、盈利水平、品牌形象等方面都取得了明显进步。全球汽车产业全面重构与中国汽车产业转型升级形成了历史性交汇，为中国建设汽车强国和健康汽车社会提供了有力支撑。

面向未来的产业融合与转型升级，汽车技术向低碳化、信息化、智能化方向发展的趋势更加明朗，并且将呈现出技术创新与产品形态、商业模式、应用场景以及用户体验创新同步并行、相互交融的特点。

二 新能源汽车进入全新发展期，能源多元化战略应不断深化

随着油耗与排放标准的不断升级，单独以发动机为动力源来满足法规将日趋困难，但是这并不意味着传统发动机将很快退出历史舞台，而是表明汽车动力系统的电气化将不断加速。未来发动机将与电池、电机有效耦合，集合两方优势，为车辆以适宜成本满足严苛法规提供有效解决方案，也为新能源汽车走向成熟赢得时间。在此过程中，发动机技术仍将进行变革性的重大创新与发展，以适应油电耦合下的效率提升以及替代燃料的灵活使用。

《企业平均燃料消耗量与新能源汽车积分并行管理暂行办法》（CAFC与NEV双积分管理办法）颁布实施，标志着中国汽车产业严控能耗与推进新能源双轨并行的政策组合体系正式形成，为保障新能源汽车的可持续发展初步建立起市场化的运作机制。由此，车企发展新能源汽车成为必然义务，预期纯电动及插电式混合动力产品将得到快速发展，进而影响全球汽车市场格局。而充电技术的进步及充电基础设施的完善，将对电动汽车的普及发展产生决定性影响。同时动力电池的回收与梯次利用，也将成为新能源汽车健康发展的关键要素。

燃料电池代表着汽车动力源未来发展的重要选项之一，正受到越来越多的关注。为了应对全球变暖的严峻挑战和履行控制碳排放的国际承诺，氢能在汽车这样庞大产业中的应用不容忽视。中国必须奉行能源多元化战略，以应对任何潜在的变局。因此，在大力发展电动汽车的同时，也要对燃料电池汽车进行战略储备和前瞻布局。

三 智能网联汽车指向全新生态构建，需要各方力量协同发展

汽车智能化网联化被公认为是中国汽车产业未来发展的重大战略机遇。智能网联汽车带来产业全面重构，垂直线型的产业链向交叉网状的生态系统演进，使汽车产业价值呈现总量提升、内涵扩展的发展趋势。中国具有优势的信息通信产业力量正加入其中，为汽车产业的发展增添了强劲动力。同时，未来人类交通系统必将形成多元化、集成化、一体化的全新格局，多种交通方式充分发挥自身优势，并通过无缝连接和有效组合，实现更加高效、节能、环保与便捷的移动出行。而智能化、网联化的各类汽车产品，将各展所长，成为智能交通体系中重要的组成部分。此外，智能网联汽车与新能源汽车相互融合，将为解决能耗、污染、拥堵及行车安全等问题提供综合解决方案，从而支撑中国汽车产业的可持续发展。

在智能网联汽车产业生态的发展进程中，政府的作用将变得至关重要且不可或缺，无论基础设施建设、城市及交通平台搭建，还是法规标准制定、测试及示范应用，都有赖于政府的强力推进。为此，中国发展智能网联汽车应站在大交通和大能源的战略高度，充分发挥体制优势，进行前瞻的系统布局和统筹推进，凝聚合力、重点突破。

智能网联汽车不是简单的产品，而是一个全新的综合平台。各类参与其中的企业都需要确定和体现自身特色，通过差异化的技术创新形成独特优势，并与其他企业优势互补、有机组合，以实现"在协作中竞争、在共享中获利"。面向本轮产业重构的深刻变革，最终的赢家将是创新型、科技型、差异型、融合型和平台型企业。

展望未来，汽车产业将进入产业融合、知识融合、技术融合的全新时代。

汽车产业对人才的需求也将更趋综合性，倒逼人才培育和使用机制的全面转型。同时，关键领域的核心技术依然举足轻重，但各种技术的整合集成能力会变得更为重要。在产业全面重构的前景下，中国汽车及相关企业应以积极进取、开放包容的姿态，尝试更多维度的全面创新，开展更广范围的深度合作，以把握前所未有的历史机遇，加快建设汽车强国的步伐。

（本文根据赵福全教授为"2017中国汽车技术首脑闭门峰会"起草的技术首脑宣言整理）

既要看到成绩,更要"居危思危"

【精彩语句】

"自主品牌车企面临的挑战和机遇都是前所未有的,因此,我们既要看到成绩,更要'居危思危'。"

"与目前中国汽车产业的规模相比,现有的汽车人才,无论数量还是质量,都远远不够。在加强人才培养的同时,我们更要把有限的人才用足用好,要让每一个人都能发挥最大作用。"

【编者按】

2016年9月在韩国釜山召开的第36届世界汽车工程年会上,赵福全教授成功当选为世界汽车工程师学会联合会(FISITA)2018—2020年的轮值主席。这个成立于1946年、拥有37个会员国、被誉为世界汽车技术最高殿堂的国际组织,迎来了一位教授身份的华人新主席。赵教授的当选让国内汽车界备感振奋,很多媒体都在第一时间报道了此事并专程前来采访。本文即根据《汽车商报》的专访稿整理。针对自主品牌的发展问题,赵教授在文中肯定了我们已经取得的突出成绩,也指出了仍然存在的诸多不足。此外,他还特别强调,人才培养在未来产业发展中是重中之重。

一 换个角度看汽车行业

汽车商报:首先祝贺您当选为世界汽车工程师学会联合会(FISITA)的轮值主席(2018—2020)。国内的人对FISITA了解得比较少,请您介绍一下主席的评选过程是怎样的。

赵福全:首先是所在国的汽车工程学会提名,上报到FISITA理事会,理事会进行筛选确定候选人,最后通过全体会员大会投票表决通过。

汽车商报:以前都是大型车企的首席技术官等高管担任主席职位,很少有人能以学者教授的身份来担任主席。另外,2012—2014年也是由中国人李骏院士担任该职位。是不是可以认为中国汽车工业的影响力有了很大提升？

赵福全：应该说此次成功当选与中国汽车工程学会不断提升的国际影响力息息相关，也得益于此前李骏院士任职期间卓有成效的工作。同时，中国汽车产业不断发展壮大，在世界上的影响力也在不断增大。此外，中国汽车工业的技术水平和研发能力也在提升。以上四点缺一不可。

汽车商报：从车企的技术领军人到顶级高校的大教授，能否描述下您转型之后的感受？

赵福全：转型之后就不再是简简单单地从一个企业的角度来看产业了，更多是从国家的角度、战略的高度来看整个汽车产业，其中包括政府、行业和企业的问题。即使从企业的角度思考，也不仅仅是整车企业，还包括零部件企业，以及跨界的企业。从这个意义上来讲，转型对于我来说，等于拥有了更大的思考空间，可以更好地发挥自己的作用。

二 盲目乐观不利于产业发展

汽车商报：现在的中国汽车产业，面临的问题和挑战主要有哪些？

赵福全：过去十几年，中国自主品牌企业无论是在技术水平、研发能力、品牌塑造以及企业管理等方面，都有了大幅提升和显著进步。这些改变也直接体现在我们的产品竞争力、消费者认可度和品牌美誉度的提升上。相比以前，我们与合资品牌的差距正在不断缩小。但是也要看到，我们和合资品牌的差距依然是存在的，而且这种差距不是单一的某个方面，而是在各个方面的总体差距。特别是在一些核心技术的储备上，可能我们的差距更大一些，而品牌力不足更是难以在短期内得到解决的问题。

汽车商报：目前，国内一些自主品牌产品无论从外观、内饰、动力、配置等方面都有了很多亮点，一些人说自主品牌可以媲美合资品牌了，您觉得这种看法对不对？是否有利于自主品牌接下来的发展？

赵福全：我们的产品与以前相比确实有了质的飞跃，个别车型应该说已经和国外产品的水平很接近了，甚至从某些方面比较，比如性价比上，已经超越了合资品牌。但我个人认为，我们还是应该冷静客观地看待自主品牌和合资品牌的差距，必须在产品开发、技术攻关以及企业的运营管理等方面，继续苦下功夫，不要因为某一款车型的成功，就盲目骄傲自满。面对激烈的市场竞争，我们的斗志一点都不能放松。

汽车商报：刚才您谈到了自主品牌的差距和问题，我们应该从哪些方面着手去应对？

赵福全：从根本上讲，还是要实现对核心技术的掌控，并且要在创新方面下足功夫。这种创新不仅仅是产品和技术的创新，也包括商业模式的创新，因为在当今时代，大数据、互联网对汽车产业的影响太大了。

新一轮科技革命正在引发产业格局重构，很多原本业外的企业，如互联网公司、科技公司等都正在进入汽车产业，这些"搅局者"将带来资金冲击、技术冲击以及思维方式的冲击。从这个角度来看，自主品牌不仅要面对传统汽车强企的竞争，还要面临跨界打击的压力，很多问题都需要认真面对。

也就是说，我们在传统汽车技术还存在差距的时候，还要掌握大数据、云计算、互联网、人工智能等技术，而这些方面也并不是自主品牌的强项。当然，变局也带来机遇，例如中国较为强大的信息产业就可以为我们的发展提供助力。如何利用、抓住这些机会向前发展，是重中之重。总的来看，自主品牌车企面临的挑战和机遇都是前所未有的，因此，我们既要看到成绩，更要"居危思危"。

汽车商报：您觉得中国从汽车大国迈向汽车强国还需要有哪些转变？比如国家战略层面、政策法规层面，还有企业自身层面。

赵福全：我认为，首先还是国家战略问题，要充分认识到汽车产业作为国民经济支柱产业的战略地位，更要旗帜鲜明地坚持做强本土企业，以此作为汽车产业发展的战略目标。要研究和制定合理适宜的产业发展战略以及政策法规，真正创造公平竞争的良好市场环境，同时还要为自主品牌提供切实可行的支持。尤其是在智能网联汽车方面，这是未来产业发展的制高点，涉及信息、交通、基建等众多领域，必须从国家层面做好顶层设计，为自主品牌更好地参与激烈的市场竞争创造有利条件。

三 人才培养是重中之重

汽车商报：中国在汽车人才培养和人才储备方面的现状如何？和发达国家比有哪些差距？接下来在汽车人才方面会有哪些举措？

赵福全：汽车产业所有的差距最终都落在人才上面，我们必须高度重视汽车人才梯队的持续培育，无论是学校的教育，还是企业对于人才的引进、保留和使用，都要不懈努力，营造健康的氛围和文化。我们必须深刻地认识到，与目前中国汽车产业的规模相比，现有的汽车人才，无论数量还是质量，都远远不够，比如我们的管理人员和研发人员往往经验不足。所以，在加强人才培养的同时，我们更要把有限的人才用足用好，要让每一个人都能发挥最大的作用。

和其他一般产业不同，汽车既是多学科融合的交叉学科，也是高度复杂的产业。汽车产业链条长，产品开发周期长，资金、技术高度密集，因此对于人才的需求更广泛、更特殊，也更苛刻。为此，汽车产业的人才培养和人才使用都应该更有耐心，同时相关政策也要为优秀人才发挥更大的作用创造宽松的环境。

汽车商报：中国汽车产业在人才培养和储备方面是不是落后于汽车市场和汽车技术的发展呢？

赵福全：对，人才供给确实滞后于汽车产业的快速发展。尽管目前中国汽车销量增速在逐渐放缓，但产业规模依然在继续扩大，加之跨界融合成为常态，所以对人才需求的宽度和深度都在增加，我们必须认识到这方面的差距和压力。

汽车商报：您觉得自己当选 FISITA 主席，对于中国汽车产业的发展会有什么帮助，或者说您在这方面有什么具体计划？

赵福全：目前，中国汽车产业已经成为世界汽车产业中最重要的组成部分。我当选世界汽车工程师学会联合会主席之后，一方面要为中国汽车产业更积极地参与世界汽车产业的发展发挥推动作用；另一方面，我也愿意起到桥梁和纽带作用，让世界汽车产业的资源更好地为中国所用。

尤其是当前正值产业融合、格局重塑的颠覆性变革期，我相信，世界汽车工程师学会联合会一定会成为中国汽车产业融入世界进而引领全球的一个重要平台。

（本文根据《汽车商报》2016 年 10 月 31 日 A4 版赵福全教授专访整理）

拥抱汽车文明变革的新时代

【精彩语句】

"对国家而言,需要坚定的强国战略、系统的顶层设计、清晰的产业规划、科学的立法和严格的执法,并在鼓励和引导跨产业融合方面多做努力。对企业来说,既要解决生存问题,也要思考发展问题,必须坚持走正规化、国际化之路,坚持自主研发、掌控核心技术,注重培养及保留核心人才和跨界人才,并寻求与行业内外各方力量的深度合作,以期收到资源重组、优势互补之效。"

"传统汽车企业一方面必须居安思危,不要盲目自信,认为跨界新入车企不懂车,不可能动摇自己的地位;另一方面也不必妄自菲薄,新入车企亦非具备未来所需的全部资源和优势。关键在于,传统车企需要合理平衡'新''旧'两方面的投入,做到重点突出而又有效兼顾,为未来的转型升级做好充分储备。"

"我们现在甚至无法确切描述未来汽车文明的具体形态,因为一切都还在变化和探索之中。但可以肯定的是,新能源、全面网联、人工智能、无人驾驶以及新的基础设施等,将构成未来汽车文明的骨架与基石。"

【编者按】

北美汽车人协会(NAAP)会刊的创刊号选择了赵福全教授作为"人物专访"的开篇。在本文中,赵教授围绕未来汽车文明的重大变革、汽车行业面临的机遇和挑战、中国汽车产业的发展前景、汽车核心技术的变化趋势以及新时期海归人才的作用,分享了真知灼见。

NAAP(北美汽车人协会): 恭喜您当选为世界汽车工程师学会联合会(FISITA)主席,请和大家分享您的感受。

赵福全: 首先是自豪,因为这是全球范围内一名汽车工程师所能获得的最高荣誉和认可。其次是压力,因为这意味着我必须肩负起更大的责任。实际上,FISITA主席的身份代表的不仅仅是我自己,更是整个中国汽车产业。

作为中国的汽车人、学者和海归,我当选后一定努力促进中国汽车工业的发展,不负大家的期待,这也是我义不容辞的责任。最后是感恩,我们生活在一个伟大时代,从事汽车这样一个伟大的行业,这本身就是非常幸运的事情。更难得的是,我回国后赶上了中国汽车产业的蓬勃发展期,中国汽车产业在全球的地位早已今非昔比。

在此,我特别要感谢中国汽车工程学会,他们一直以来致力于推动中国汽车产业的国际化。同时也特别要感谢李骏院士,6年前李院士担任FISITA主席期间,通过辛勤的努力和付出,让世界对中国汽车工业有了更深的了解和认可。这些都是我这次能够成功当选FISITA主席的重要原因。

NAAP:世界汽车工程师学会联合会对于中国汽车工业发展有着怎样的作用?

赵福全:FISITA的基本宗旨,就是基于汽车技术交流和工程师互动,推动全球汽车产业的合作与发展,我希望能够带领FISITA完成好这个使命。中国汽车产业规模全球第一,为FISITA发挥作用提供了很好的舞台,而FISITA也为中国汽车产业走向世界提供了很好的平台。在中国汽车产业迈向国际化的征途中,我们这些具有较强国际背景的海归,正可以立足中国、影响世界,做出自己的贡献。

与此同时,汽车产业正处于转型重构期,能源革命和智能网联革命将催生新的汽车文明。这是一个全球化的共同趋势,而不是某一个国家的事情。在这个大变革的历史时期,尤其需要围绕新能源、智能网联等新技术开展全球范围的深度合作,从而使未来汽车可以更好地服务于人类。我希望借助FISITA这个世界级的平台,助力中国汽车产业加快全球化的步伐,并在这个过程中,为全球汽车工业的创新发展提供新的力量。

NAAP:作为清华大汽车产业与技术战略研究院院长,您对汽车产业的新生代年轻人有什么期待?

赵福全:产业变革、技术进步最终都会落实在人的身上。展望未来,人才的培养、使用和保留将越来越重要。在"跨界成为常态、融合成为必然"的新时代,将有各种不同的新兴力量进入汽车领域,汽车产业的内涵和外延将完全不同,因此对于人才的需求也将大不一样。我们原来常说的复合型人才,通常只是指在一个领域中接触面比较广或兼备不同才能的人才,比如懂底盘同时也懂动力总成、搞技术同时也擅长管理。而未来的复合型人才一定有新的定义,将是跨行业、跨领域的人才,比如对汽车和智能网联都有足够认识,对硬件和软件都很精通,甚至对商业模式都有深刻理解的人才。这样的人才是未来最需要、也最有竞争力的人才。

"十年树木,百年树人",对于未来社会和产业需要的新型人才,我们现在就应该有针对性地进行培养,这需要包括学校在内的整个育人体系的共同努力。同时,对于年轻人来说,我期望他们要有意识地培养和历练自己,不要被眼前的小利益迷惑了双眼,而应该从社会和产业变革的需求出发,全面提升自身的综合能力,在有所聚焦的前提下广泛涉猎相关领域的知识,特别是要培养大思路、大格局的宏观思维。

NAAP: 如何理解在汽车领域里,可持续发展始终是核心诉求?

赵福全: 其实不只是汽车领域,整个国家、民族和社会的终极目标都是追求可持续性发展。对于汽车来说,其本质是人类自由移动的一种重要手段。未来的社会无论怎样变化,人类都需要顺畅的移动,因此汽车必须也只有满足人类未来出行需求,才具备可持续发展的基础。同时,能耗、污染、拥堵和交通事故等汽车社会病也给产业带来严峻的压力,唯有在节能环保的前提下,汽车产业才能真正实现可持续发展。而新能源和智能网联等都是面向绿色环保方向迈进的重要趋势。

汽车是国民经济的支柱产业,在制造业中具有至关重要的战略价值。中国必须认真思考和全力确保未来汽车产业能够可持续发展、本土企业能够具备核心竞争力。为此,无论国家还是企业,都要有长远的战略眼光,多做一些前瞻性的工作。目前中国汽车产销规模连年稳居世界第一,自主品牌也有了长足的进步,而产业重构期对后发者更为有利,中国建设汽车强国具备了良好的基础,也恰逢难得的历史契机,正需加紧行动。同时,汽车产业涉及面广、关联性强、影响力大,不是只有汽车人自己努力就能够做好的。因此,对国家而言,需要坚定的强国战略、系统的顶层设计、清晰的产业规划、科学的立法和严格的执法,并在鼓励和引导跨产业融合方面多做努力。对企业来说,既要解决生存问题,也要思考发展问题,必须坚持走正规化、国际化之路,坚持自主研发、掌控核心技术,注重培养及保留核心人才和跨界人才,并寻求与行业内外各方力量的深度合作,以期收到资源重组、优势互补之效。

NAAP:智能网联、新能源的崛起对传统汽车产业有什么影响?传统汽车产业的竞争力还在吗?

赵福全:新能源革命、智能网联革命正在引发汽车产业重构,但这是长期的发展趋势,不会一蹴而就。在此过程中,外部新兴力量进入汽车产业将是很自然的事情,传统汽车企业的一些优势也确实可能减弱。例如新能源将使传统动力总成核心技术的地位下降,并要求传统车企掌握新的"三电"(电池、电机、电控)核心技术;又如汽车共享可能使汽车品牌的差异减小。但是,传统车企仍然保有独特的优势,其对汽车的深刻理解是新入企业无法比拟的。同时,产业重构将是此消彼长的漫长过程,例如尽管新能源汽车的占比会逐年攀升,但是传统动力总成可能仍然具有几十年的应用空间。因此,传统汽车企业一方面必须居安思危,不要盲目自信,认为跨界新入车企不懂车,不可能动摇自己的地位;另一方面也不必妄自菲薄,新入车企亦非具备未来所需的全部资源和优势。关键在于,传统车企需要合理平衡"新""旧"两方面的投入,做到重点突出而又有效兼顾,为未来的转型升级做好充分储备。

NAAP:面对变革,很多人说国外汽车大品牌相对焦虑,而中国自主品牌更乐观,您怎么看?

赵福全:感到焦虑往往是因为这些汽车企业看得更长远,深切感受到了产业重构对于其既有的传统优势构成了非常严峻而现实的挑战。特别是国外汽车巨头的传统优势更为明显,相应地,可能失去的也就更多。未来汽车文明究竟会是什么样、将会产生哪些影响?目前只能说方向明确,但具体路径和时间表都不清楚,这正是让国外汽车巨头感到焦虑的地方。而国内车企,相对而言可以失去的优势较少。同时,很多企业的精力还聚焦于如何生存上,没有意识和余力远望未来。因此,国内企业远谈不上乐观,其实我们面临的挑战并不比国外车企少,对此我们要有清醒的认识。

NAAP:关于您谈到的"汽车文明",它原来是指什么?现在又将被定义成什么?是什么原因导致了汽车文明的变革?未来的汽车文明将会呈现怎样的崭新姿态？

赵福全：文明，不是简单的产业、产品、技术，而是涉及整个社会以及人类的生活模式。可以说文明融入人类生活的方方面面，而且没有国界和边界。对于汽车而言，作为改变了人类移动半径和出行习惯的革命性交通工具，是文明重要的载体和影响因素之一。在本轮产业转型重构中，汽车本身将会发生重大变化，由使用化石能源向使用电能转变，由独立的信息孤岛向移动的智能终端转变，由交通工具向出行服务转变，由传统制造向智能制造转变，由人驾驶汽车向汽车自驾驶转变，由拥有使用向共享使用转变，由此必然引发汽车文明的重新定义。举例来说，未来的汽车不需要人来驾驶也能移动，这就意味着没有驾驶能力的人也可以享受汽车生活；在汽车移动期间，人们可以把时间用于驾驶以外的其他很多事情；此外，适应无人驾驶汽车的停车等基础设施也将大不相同。可见，这种变革将涉及人类生活的各个细节，因此我称之为全新的汽车文明。

汽车文明变革的根本原因在于新一轮科技革命将会引发全球产业的全面升级与社会的深刻变革，受此影响，汽车的产品、技术、用户体验、应用场景及商业模式都会发生巨变，最终导致汽车文明随之发生改变。当然，文明的变迁不是"今天"或"明天"的事情，当前的汽车文明是经过100多年的发展才逐步形成的，未来汽车文明的重塑也不会一步到位。实际上，我们现在甚至无法确切描述未来汽车文明的具体形态，因为一切都还在变化和探索之中。但可以肯定的是，新能源、全面网联、人工智能、无人驾驶以及新的基础设施等，将构成未来汽车文明的骨架与基石。

NAAP：目前有这么多新的技术，哪一项新技术能更快和消费者见面呢？

赵福全：实际上，新能源、物联网、人工智能都已经离消费者很近了。像新能源汽车的销量取得了显著提升；汽车的智能化网联化程度持续提高，一些企业已经开始测试或推进初级的自动驾驶汽车，人机交互的功能不断优化……这些都正在我们身边发生，只是各家企业的推进速度有所不同而已。

NAAP：国内车企未来将会面临什么局面？如何应对这些改变呢？

赵福全：如前所述，汽车产业正在发生革命性的变化，这是我们曾经非常熟悉的产业，但又将是完全不同的产业。尽管产业重构的过程是渐进的，但总有一天会发展到由量变到质变的突破点。而且对于不同的企业、不同的产品、不同的技术，变化的速度有所不同，最终质变的时机也会存在差异。所谓"山雨欲来风满楼"，关键在于我们对于时间节点能否准确地预判。

对于国内车企，无论是企业家还是工程师，我觉得都必须自问——我是谁？我在哪儿？我所在的领域将会发生什么变化？我需要什么样的能力来应对？而未来整个产业又会有什么变化？我要如何做好准备适应这些变化，甚至以此作为赶超的契机？为此，国内企业需要全面考虑产业、产品、技术、市场以及商业模式的变化，根据自身的实际情况，来制定转型升级战略和差异化竞争策略，并实时调整、积极推进。

NAAP：恰逢中国汽车产业的变革期，这对汽车业海归来说意味着什么？

赵福全：中国汽车产业的发展良机千载难逢，天时、地利、人和兼备，对于我们这群回国发展的海归来说，更应该感到幸运和珍惜，不要辜负这个伟大的时代，不要浪费伟大产业中孕育的伟大机会。未来的产业升级，要求本土企业在正规化和国际化方面加快提升，而海归由于其独特的优势恰可更好地发挥作用。为此，我们海归一定不能盲目跟风，必须坚持科学、坚持真理，引领企业按客观规律踏踏实实努力，从而不断取得进步。总之，我认为在产业变革期，海归施展才华的舞台将更为宽广。

NAAP：您认为汽车业海归主要的贡献有哪些？

赵福全：中国汽车产业的发展和进步是全体汽车人共同努力的结果，这其中海归发挥了生力军的重要作用。尤其在近十多年的发展历程中，汽车海归们一方面帮助国内企业取得了产品和技术的进步，另一方面把国外的先进理念和方法、认真扎实做事的精神以及宝贵的经验带回了国内。我认为，建立正规的体系、流程与标准，形成核心的自主开发能力，以及营造"按规矩做事"的企业文化，才是海归们最大的贡献，这将持续影响中国汽车产业的未来发展。

NAAP：作为北美汽车人协会的老朋友，请谈谈您的感受？

赵福全：海归有独特的经历，但我们不是另类，这一点北美汽车人协会的朋友们一定深有体会。我们因为曾经有过类似的经历和梦想相聚在一起，通过协会的平台，互相勉励和支持，从而更好地发挥合力，并结下了深厚的友情，这是非常难得的。未来，希望协会可以坚持不断完善和突破，形成共同的声音，影响产业的发展，为中国乃至世界汽车产业的发展做出更大的贡献。

（本文根据《NAAP会刊》2017年1月创刊号赵福全教授专访整理）

中国汽车零部件产业的现状、成因及未来发展战略

【精彩语句】

"中国汽车零部件产业与整车产业的实力不足相互影响、互为制约,成为做强汽车产业必须解决的硬性短板之一。"

"总体来看,中国零部件产业薄弱的现状是国家层面战略缺失、支持政策过早失位、整零薄弱相互影响以及企业自身问题等因素综合作用的结果。此外,本土零部件企业品牌力弱、研发投入不足、优秀人才紧缺也有较大影响。"

"当前在新一轮科技革命的驱动下,汽车产业的边界正在不断扩展,导致整车企业越来越无法顾及全部的关键技术领域,而是日益依赖于零部件企业提供具有完整功能和先进技术的模块化总成或系统。"

【编者按】

这是一篇研究中国汽车零部件产业发展问题的专论。在本文中,赵福全教授简明扼要地描述了中国汽车零部件产业的总体状况,系统分析了本土零部件企业数量众多但实力薄弱的综合原因,最后从国家和企业两个层面,提出了中国汽车零部件产业未来发展战略的具体建议。赵教授特别强调,在新形势下,零部件企业一定要重视战略、建设体系、打造模块化能力、提升信息化和智能化水平。

中国汽车产销量自2009年至今稳居世界第一,然而规模的增长并不意味着中国汽车产业已经实现从量变到质变的跃升。中国汽车产业虽大不强,突出表现在本土企业创新能力有限、核心技术缺失、品牌附加值低等多个方面,这其中供应链短板也是非常严重的问题。实际上,零部件水平在很大程度上决定了整车产品的竞争力。纵观全球汽车强国,无不拥有强大的本国零部件企业。

相较于整车,中国汽车零部件产业的发展更为滞后:多数本土零部件企业的业务单一、规模有限,自主研发能力薄弱、产品技术含量低,质量管控

水平也滞后，而且对汽车电子、自动变速器等核心零部件或整机涉猎较少。中国汽车零部件产业与整车产业的实力不足相互影响、互为制约，成为做强汽车产业必须解决的硬性短板之一。

一 中国汽车零部件产业的发展现状

按照资本关系区分，中国汽车零部件企业主要包括三类：内资企业、外资企业、合资企业，三者都是中国汽车零部件产业的重要组成部分。不过，真正代表中国零部件产业实力的显然是内资即本土零部件企业。

从企业数量看，内资汽车零部件企业数量众多，但是普遍规模较小，实力不足。根据中国汽车工业协会统计数据，2015年中国零部件企业总计超过3万家，其中年营业收入在2000万元以上的规模以上企业约占1/3，即1万余家。在这些零部件企业中，包含民企、国企和混合所有制企业在内的内资企业占比高达90%，而外资和合资企业各占5%左右。

从市场份额看，一级供应商中内资企业的比例只有2%，二级供应商中也仅有19%，这表明外资企业在中国零部件高端市场处于绝对优势地位；而从利润率角度看，内资与外资企业更是有天地之别，享有较高利润率的本土零部件企业的数量，只相当于外资企业数量的1/9左右。

从企业实力看，中国汽车产业总体上缺乏世界级零部件企业，尚未形成龙头带动效应。经过多年的发展，中国也出现了一批具有一定规模和实力的内资汽车零部件企业，如延锋、中信戴卡、福耀玻璃、万向集团等。但是总体而言，优秀的中国本土零部件企业数量极少，整体实力也和国外供应商巨头存在差距。截至2015年，尚无一家中国本土零部件企业的年销售收入突破百亿美元，而德国博世集团的收入已超过400亿美元。在美国杂志《Automotive News》评出的2015全球汽车零部件百强榜中，日本、美国、德国、韩国分别有29、23、19、5家企业入选，合计占比超过3/4，而中国只有2家企业入围。

从核心技术看，中国在关键零部件领域尤为缺失。世界汽车研究会的数据显示，目前外资、合资零部件供应商在液力变矩器、发动机起动装置、自动变速器等高技术含量领域具有绝对的话语权，市场占有率始终保持在很高水平，一些核心零部件甚至已经完全被外资、合资企业垄断。

从整零协同发展方面看，中国本土零部件企业的发展整体滞后于本土整车企业。事实上，汽车强国的零部件产值通常远超过整车产值。以日本为例，从2009年到2013年，零部件与整车行业的产值比始终保持在1.5:1左右。而中国本土零部件与整车的产值之比，近年来略有提升，但到2014年也才达到0.76:1。

可见，中国汽车零部件产业总体实力羸弱，本土企业在外资、合资企业的全面"围剿"下处于明显劣势，大部分关键零部件的市场份额和利润都被竞争对手占据，无法有效支撑建设汽车强国的战略目标。

二 中国汽车零部件产业薄弱的原因剖析

1. 缺乏清晰的国家战略

国家层面缺乏做强汽车零部件产业的明确战略和顶层设计，没有出台过专门针对汽车零部件产业发展的指导性文件，而在产业整体规划中涉及零部件的阐述也比较离散和泛泛。实际上，全球汽车强国均高度重视本国汽车零部件产业的发展。以日本为例，1949年日本在确定了以汽车工业为龙头产业的国家战略后，一直对汽车零部件行业给予有力扶持。仅在1956至1960年的5年间，日本政府就对生产重点产品的47家本国零部件企业提供了高达79.71亿日元的融资，并明确规定了重点零部件全面国产化的时间表。事实证明，日本政府对汽车零部件产业的高度重视为日后汽车产业的腾飞打下了坚实基础。

2. 产业支持政策过早失位

在具体政策层面，中国本土零部件企业也没有得到应有的支持。相反，1994至2004年国家相继出台一系列政策，逐步放开了汽车零部件产业的股比限制，甚至鼓励外资进入，导致尚处于发展阶段的内资零部件产业受到很大冲击。尤其是2004年允许外商独资或控股的政策出台后，国外零部件企业在中国呈现出爆发式的增长态势。仅以日本为例，据日本汽车零部件协会统计，日资在华零部件企业的数量由2003年的182家，迅速增长到了2005年的340家。

国家对汽车零部件产业实施开放政策与加入 WTO 的大背景有关，但也体现出对零部件产业的基础性和重要性认识不足。实际情况是，过早放开股比限制给刚刚取得一定发展的本土零部件产业造成了严重的负面影响：一方面外资企业纷纷涌入，蚕食本土零部件企业的市场份额；另一方面，很多内资或原本由中方主导的合资企业迅速沦为了外方独资或控股企业，使跨国公司在中国高端零部件市场占据了垄断地位。

3. 缺少上下序链条支撑

汽车产业的发展需要基础材料、基础工艺、基础零部件和技术基础（即工业四基）的支撑，没有强大的基础保障，创新与超越就无从谈起。而薄弱的汽车零部件产业，作为汽车四基之一，在很大程度上制约了汽车产业的发展。同时，零部件产业自身的发展又受制于其下序供应链的薄弱基础。另一方面，由于中国尚无世界级的整车企业，本土零部件企业也得不到本国整车巨头的有力支持，而要进入合资品牌的供应链体系必然面临更大的挑战和不确定性。

4. 企业自身问题突出

除了外部因素，多数本土零部件企业自身也存在各种问题。突出表现在：国有企业缺乏长远的发展规划和持续的技术创新，体制机制亟待改革以激发员工的创新热情和活力，同时，经营受限较多，难以完全按照市场规律行事；而民营企业虽在自主性方面展现出一定优势，但又存在不同程度的战略不清晰、投机心理严重、体系不完备、管理粗放等问题。

总体来看，中国零部件产业薄弱的现状是国家层面战略缺失、支持政策过早失位、整零薄弱相互影响以及企业自身问题等因素综合作用的结果。此外，本土零部件企业品牌力弱、研发投入不足、优秀人才紧缺也有较大影响。

三 中国零部件产业未来发展战略建议

1. 国家战略

做强汽车零部件产业是建设汽车强国的基本支撑和基础保障，尤其在本土整车企业实力有限、零部件企业整体落后的被动局面下，更需要国家尽快明确汽车产业发展战略，强力推行有效措施，有效协同各方资源，加快构建完整强大的产业链。

为此，国家应结合汽车产业转型升级的历史契机，制定做强中国零部件产业的总体战略。首先，应充分认识到汽车零部件与整车产业的发展必须同步，强大的本土零部件企业是确保本土整车企业可持续发展的根基；其次，应建立以产业协同为导向的基础共性研究平台，切实加强汽车四基建设；再次，应积极培育核心领域的重点本土零部件企业，打造龙头带动行业整体竞争力的提升；最后，应研究制定支持本土零部件企业的切实政策，重点聚焦于传统及新兴的核心零部件领域，同时鼓励有一定实力的本土企业通过海外并购加快发展。

在国家战略的指引下，行业组织也应发挥积极作用，助力国家相关政策的有效落地。包括加强跨界交流，引导零部件企业借助信息化、智能化手段提升竞争力；牵头推进整零、零零企业间的协同合作，促成本土整车及零部件企业间实现共性和基础关键技术及研究工具的共享，避免重复分散投入；制定并不断完善具有"中国特色"的相关行业标准等。

2. 企业战略

做强中国汽车零部件产业的关键在于做强本土零部件企业。为此，笔者对本土零部件企业提出以下建议：

第一，认真研究产业全面重构带来的新变化，重新定位企业核心价值和发展目标，坚决实施面向未来的转型发展战略。要彻底改变企业战略不受重视、不够科学、不甚清晰以及不能与日俱进的固有问题，量身打造系统综合的特色发展战略和落地战术，并形成动态评估和优化企业战略的有效机制，全面涵盖管理、品牌、技术、质量、商业模式等全方位创新要素，逐步解决企业面临的瓶颈难题。

第二，不断提升正规化、国际化水平，构建并持续完善核心体系与流程。通过统一标准、明确流程的体系建设，最大限度地避免企业"因人废事""朝令夕改"，确保各项业务都能有所依据地顺畅运行。同时借助体系和流程，强化管理和技术经验的积累，真正实现与国际接轨，有效利用全球资源。

第三，面向整车企业的需求升级，努力加强基础研发能力，特别要尽快形成模块化开发能力。当前在新一轮科技革命的驱动下，汽车产业的边界正在不断扩展，导致整车企业越来越无法顾及全部的关键技术领域，而是日益依赖于零部件企业提供具有完整功能和先进技术的模块化总成或系统。另一方面，模块化开发能力也是零部件企业接入未来汽车"智能制造"体系的核心能力和根本保障。因此，零部件企业切勿盲目扩展业务版图，因为未来生产单一零部件没有前途，生产彼此不相关的若干零部件也难以形成合力，反而只会分散资源。建议零部件企业围绕自身核心领域，策划扩展打造具有特色的模块总成或系统，逐步提升在供应链中的层级。同时，模块化能力是企业综合实力的体现，绝非一朝一夕之功。企业应以此为目标，踏实努力、不断积累，最终形成前期策划、设计开发、产品验证、质量保障、售后服务以及稳定供货等全方位的核心能力。

第四，充分利用信息化、智能化手段提升企业管理水平和运营效率。面向未来万物互联的发展趋势，零部件企业必须思考如何将网联手段用到极致，真正打通产品全生命周期各环节之间的屏障，构建更加高效的新型信息化、智能化运行体系。其中，基于网络的设计、制造、服务一体化工程，是企业应予高度重视的发展目标，具体体现在产品策划直接与用户的个性化需求衔接、开源设计与协同开发、柔性化制造提升生产灵活性以及贴近消费者的增值服务等方面。在此升级过程中，零部件企业应以更加开放的创新思维，积极与整车企业及下序供应商有效协同，致力于最终形成产业链一体化的信息化、智能化平台和体系。

（本文根据学术论文《中国汽车零部件产业现状分析及未来发展战略》精编整理；原论文发表于《科技管理研究》2016年第20期，署名作者：刘宗巍、赵世佳、赵福全［通讯作者］）

中国汽车产品回收利用的问题与建议

【精彩语句】

"唯有从整个生命周期的视角分析，才能发现中国汽车回收利用产业存在问题的根源；也只有从根源上思考如何治本地解决问题，中国报废汽车的回收利用才能真正做好。"

"汽车生产企业、回收拆解企业、再制造及循环利用企业必须通力协作、有效配合，在设计和制造阶段，就充分互动、共同努力，才能最终形成包括绿色设计、绿色制造、绿色回收、绿色报废、绿色利用在内的覆盖汽车产品全生命周期的完备产业体系。"

【编者按】

在车辆报废大潮即将到来之际，中国汽车产品回收利用产业的发展尚存诸多严重问题，所受关注也远远不够。针对该问题，赵福全教授明确提出，应从产品全生命周期管理优化的角度，寻求完整彻底的解决方案。赵教授还提出了做好汽车产品回收利用工作的具体建议，包括加强加快相关立法、落实生产者责任延伸制、构建监管信息系统、培育绿色消费市场以及促进各方有效合作。

汽车产业是中国国民经济的重要支柱产业之一。中国汽车市场规模目前稳居世界第一，为全球汽车工业的发展做出了积极的贡献。与此同时，中国汽车产业的可持续发展面临环境污染、能源紧缺和交通拥堵等因素的严重制约，转变粗放发展模式、提高资源利用效率、保护生态环境对汽车产业而言，已经成为必由之路和当务之急。

根据汽车产销规模发展历程和汽车使用寿命周期的分析，中国将在未来5至10年进入报废汽车数量激增的高峰期。因此，必须加快完善报废汽车回收利用的产业体系，加强再利用、再使用、再制造等循环利用环节，否则中国就会成为全球最大的"汽车垃圾场"，由此带来巨大的资源浪费、严重的环境污染以及重大的交通安全隐患。近期，国务院印发了《中国制造2025》规划，为制造业的后续发展提出了"创新驱动、质量为先、绿色发展、结构优化、人才为本"的基本原则，这是首次将绿色发展提到国家战略高度。回收利用则是汽车产业实现绿色发展、循环发展、低碳发展的重要途径之一，具有巨大的环境效益、经济效益和社会效益。着力发展汽车回收利用产业，变废为宝、趋利避害，是促进中国汽车产业绿色可持续发展的关键环节，十分紧迫，也十分必要。

一 报废汽车流入黑市的情况非常严重

中国建设报废汽车政策法规体系始于20世纪80年代，大致可分为四个阶段，每个阶段的特点都与当时汽车产业的整体发展形势紧密相关。

第一阶段（1980—1990年）：这一阶段出台的政策法规强调依法淘汰报废汽车，严禁非法拼装、倒卖五大总成。

第二阶段（1991—2001年）：这一阶段政策法规从报废逐步向回收、拆解完善，特别是2001年出台的"国务院307号令"（《报废汽车回收管理办法》）被业界认为是里程碑式的指导意见，一直沿用至今。

第三阶段（2002—2009年）：从管理性政策向完善技术法规和标准过渡，2009年颁布实施的，《报废汽车回收拆解企业技术规范》是第一个国家级强制性标准，对规范行业管理具有划时代的重要意义。

第四阶段（2010年以后）：在国家大力促进节能减排的宏观背景下，报废汽车回收利用行业以绿色发展为指导方向，"解禁"五大总成，试点将拆解、再利用、再制造与生产、制造、维修结合起来，以构建绿色汽车产业链。随着《国务院关于修改〈报废汽车回收管理办法〉的决定（征求意见稿）》的出台，这一趋势更加明显。

中国虽然从20世纪80年代开始就出台了一系列管理政策及法规标准，但是这些政策法规在制定过程中，往往只侧重报废汽车回收利用环节中的某一个点或者某几个点，没有做到由点及面、逐步推开、循序渐进，尚未形成完备、合理的保障体系来科学指导行业发展，更没有像德国、美国、日本等发达国家一样有一部完整的法律来管理约束整个汽车回收利用产业。这就导致目前中国汽车回收利用行业散、乱、差的现象非常突出。根据中国物资再生协会的统计数据，目前中国报废汽车流入黑市的比例高达80%以上，分拆出的零部件直接回流到"地下"市场，或转卖到三四线城市和农村市场，经过简单非法拼装后就直接上路，严重危害道路安全，同时造成大量环境污染和资源浪费。

二 前端收不回来、中间利用不好、后端卖不出去的现状

从整个产业链条的角度来看，目前中国汽车回收利用产业在前端、中间和后端都存在着比较突出的问题，简单地说，就是前端收不回来、中间利用不好、后端卖不出去。

前端收不回来：收不回来主要表现为应依法报废的车辆流失严重，正规拆解企业"吃不饱"，正规企业对报废汽车的回收价格远低于非法渠道，巨大的价格差异是黑市横行的原始驱动力。

中间利用不好：前端收不回来造成正规回收拆解企业普遍规模较小、利润微薄，并由此陷入产能低、利润少导致缺少资金进行技术升级的恶性循环，因此总体而言，汽车回收利用产业至今仍未突破以手工方式作业为主的瓶颈。

后端卖不出去：卖不出去的根本原因是未落实生产者责任延伸制，车辆生产厂商在设计、制造环节缺乏对易拆解、易回收性零件及绿色材料等先进技术的应用，在销售、服务环节缺乏对绿色汽车产品的有力宣传和引导，导致消费者无法获得或不愿接受循环利用产品。

汽车回收利用产业不应像当前这样，仅仅在回收利用阶段针对拆解企业和金属冶炼企业制定相关政策法规，而是应当从产品生命周期的设计、制造、采购等阶段就开始考虑：在设计阶段要充分融入绿色设计与绿色选材，在制造阶段要重视清洁生产与绿色制造，在使用阶段则要强调绿色使用与绿色消费。唯有从整个生命周期的视角分析，才能发现中国汽车回收利用产业存在问题的根源；也只有从根源上思考如何治本地解决问题，中国报废汽车的回收利用才能真正做好。

三 汽车产品回收利用产业发展的建议

结合对汽车回收利用产业存在问题的深入剖析，以及对发达国家先进经验的充分借鉴，本文为中国汽车产品回收利用产业提出五点发展建议，具体如下。

1. 立法规范行业有序发展

中国必须加快立法以有效规范报废汽车回收利用行业的健康有序发展，具体应在未来可能出台的"车辆法"中充分体现，即将"回收利用"单独作为一个重要方面。而现阶段应着重解决回收问题，出台相关管理细则，严厉打击报废车辆进入黑市的违法行为。一旦解决了这个关键问题，正规企业的规模就可以快速提升，进而依托市场这一强大推手获得显著的经济效益。相应地，生产、回收、拆解等各方参与企业就能实现共同盈利，而不需要依靠政府补贴来维持。

2. 落实生产者责任延伸制度

为了从源头上提高中国汽车产品回收利用的综合效益，打造绿色供应链，实施生产者责任延伸制度已经迫在眉睫。政府应鼓励汽车企业推行生态设计、开发绿色产品，在设计阶段就采取环境友好的方案，确保产品具有良好的易拆解性和可回收性，以利于提高回收利用的效率和收益。而作为责任主体的整车企业，一方面应向各级零部件和材料供应商明确传递可回收性管理的相关要求，强制供应商尽可能采用资源利用率高、污染物产生量少的环保材料、技术和工艺；另一方面，还需向下游的回收拆解企业提供足够的有毒有害物质信息和标识，以帮助报废汽车回收企业实现环保、高效、安全、精细的拆解和利用。

3. 构建支撑监管的信息系统

汽车产品信息贯穿于整个生命周期全过程，对于回收利用尤为重要，只有信息完整、监控到位，才能有效确保报废车不流入黑市，以及进入正规渠道的车辆可以回收利用到位。因此，在管理方式上，应加强事前、事中、事后三个环节有效协同的监管机制，严格登记整车、各级零部件和各种材料的标识信息，保证整个供应链体系的信息、车辆的流通信息以及报废拆解的信息，都得到完整记录且没有遗失。同时，还要确保在整个产品生命周期的各个阶段，车辆的各类标识信息都能安全、准确地传递。

4. 培育绿色汽车消费市场

绿色消费理念是汽车回收利用产业赢得广大消费者青睐、实现健康发展的关键，因为唯有以市场驱动为导向，才能引领行业不断发展壮大。有鉴于此，建议政府相关管理部门应明确支持企业开发绿色产品、建设绿色工厂、打造绿色供应链。同时，应强化绿色监管、开展绿色评价，并通过定期发布汽车行业绿色发展报告，加强市场宣传和社会舆论导向，引导全社会建立绿色消费观，培育以循环利用产品为荣的绿色消费市场及文化。

5. 促进各方企业有效合作

汽车产品回收利用产业涉及面很广，不是简单依靠拆解、回收及再利用中某个环节的企业就可以做好的，各方参与者都应建立产品全生命周期的大局观。汽车生产企业、回收拆解企业、零部件再制造企业以及汽车维修服务企业之间，必须加强合作、协力攻关，不断突破材料再生、部件拆解及再制造等核心技术，打通汽车产品回收利用的全产业链，从而最终实现共赢。

要实现报废汽车回收利用产业的健康可持续发展，必须以法律形式规范管理体系、构建监管机制，包括建立支撑监督管理的信息平台、支撑奖惩机制的绿色评估平台以及确保车辆合法回收拆解的执法平台。与此同时，汽车生产企业、回收拆解企业、再制造及循环利用企业必须通力协作、有效配合，在设计和制造阶段，就充分互动、共同努力，才能最终形成包括绿色设计、绿色制造、绿色回收、绿色报废、绿色利用在内的覆盖汽车产品全生命周期的完备产业体系。

（本文原载于《中国经济导报》2016年12月2日B6版专论，署名作者：赵福全、陈轶嵩、郝瀚、刘宗巍）

汽车产品召回：力度应增强、认识需澄清

【精彩语句】

"品牌建设绝非一朝一夕之功，唯有以持续提升的优秀质量支撑产品品质的提升，再以持续提升的卓越品质支撑品牌的升华，长此以往，最终才能得到消费者的认可，形成自己的品牌特色与优势。"

"无论主管部门还是媒体，都应该加强对召回进行正面宣传，甚至可以尝试做一些公益实践，对认真召回的企业不仅不批评，还要进行表彰。要让消费者知道这些企业之所以选择召回，是对消费者负责，对自己的产品负责。"

【编者按】

针对中国汽车产品召回问题，赵福全教授在这篇专访中表达了自己的观点：自主品牌车企的品质和品牌意识正在不断提高，包括汽车产品召回机制在内的行业标准体系建设，发挥了重要的促进作用。中国汽车产品召回制度日趋完善，作用不断增强，今后应重点从两个方面入手继续进行优化，一是无论立法还是执法，都要加大对违规不召回企业的处罚力度；二是正面宣传引导消费者改变对召回的误解，避免负责任召回的企业反而受到更多质疑。

一 "十三五"自主品牌要全力补短板

当前，自主品牌毫无疑问已经取得了长足的进步，但是在核心技术以及品牌溢价力等方面仍有不足。同时，汽车产业的可持续发展必须解决能源、环境、拥堵、安全等制约问题。除此之外，新一轮科技革命正在到来，汽车产业还要经受技术革新带来的巨大考验。新技术、新材料、新工艺等，最终都会在汽车上得到应用并产生重大影响。

作为国民经济的支柱产业，汽车产业必须做强，而本土企业必须承担起产业做强的主体责任，掌控核心技术则是其中最为关键的环节之一。应该说，过去十几年，自主品牌在正向研发方面取得了巨大进步，其进步的速度之快

在全球范围看也是绝无仅有的。得益于技术水平的不断提升，我们的一些产品在部分性能上甚至已经超越了合资品牌。而在性价比方面，自主品牌更是长期保持优势，我们的产品是物超所值的。当然，目前仍有不少自主品牌企业的正向研发是"形似而神不似"，这些问题必须在"十三五"期间加以解决。

"十三五"期间，自主品牌第一要加快弥补短板，包括企业在人才、技术、创新、管理等方面的不足；第二要更加重视战略规划，动态评估支撑企业发展的核心技术、产品及能力，并实时调整企业发展策略；第三在新一轮科技革命正在引发产业重构的情况下，要紧跟市场及行业发展趋势，像新能源、智能化与网联化等方面的布局，必须及时并真正有所投入，切不可输在起跑线上。上述目标不是"配几个人、给点预算"就能达成的，企业必须坚持正向开发，不断积累经验和技术诀窍，踏踏实实、一点一滴地进步。

除了在产品和技术方面努力之外，自主品牌也要在品牌建设方面下功夫，以打造自身产品的核心竞争力。品牌建设就像一场看不到尽头的马拉松，必须坚持坚持再坚持，但是无论多么困难，每迈出一步，都会更靠近终点。目前一些自主品牌车企确实成功地做出了一两款产品，甚至一个平台，不过这还远远不够，只有打造出定位足够清晰、价值得到公认的品牌，才能让消费者真正理解和认同产品的内涵、诉求与价值观。因此，品牌建设绝非一朝一夕之功，唯有以持续提升的优秀质量支撑产品品质的提升，再以持续提升的卓越品质支撑品牌的升华，长此以往，最终才能得到消费者的认可，形成自己的品牌特色与优势。

三 标准提升增强企业的品质意识

近年来中国汽车行业的标准体系建设进步很大，而且标准体系的建立与不断完善，也使汽车企业的品质意识不断增强。

以 C-NCAP 为例，这给自主品牌参与产品安全评价提供了一个客观而中立的平台，为推动汽车产品安全性能提升发挥了重要作用。原来我们的企业对于产品安全性能的重视程度不够，在安全体系打造方面也比较滞后，但是自从有了 C-NCAP 这个平台，各家企业的产品都要拿出来"晒"成绩，这对于企业来说无疑有了很大的压力，这就倒逼企业必须加快技术升级、加强质量管控，推出安全性能更高的产品。与此同时，这个平台也给了自主品牌展示自己进步的机会，否则，即便我们的产品取得了很大的进步，也很难被消费者了解和认可。事实上，一些自主品牌的产品安全性能，在某些环节甚至整体水平上已经不输于合资品牌产品了，而 C-NCAP 评价结果恰是最有力的证明之一。

但是，与发达国家相比，中国汽车行业的标准体系仍有明显差距。从标准体系的完备性、导入过程的科学性，以及标准执行的严肃性等方面，我们都还需要不断完善。此外，也要对社会舆论和公众价值观给予正确的引导。因为标准体系建设是一项全方位的系统工程，如果消费者不认可或者不买单，企业提升产品性能及品质的动力就会减弱。

三 加大企业不召回的经济代价

中国自 2004 年开始实施缺陷汽车产品召回制度，特别是 2013 年《缺陷汽车产品召回管理条例》颁布实施以来，召回汽车数量明显增加，近年来屡创历史新高。这反映出中国汽车召回制度正在不断完善；而且，企业在国家制度的监管下，也越来越客观地面对自己产品的质量问题，企业的召回意识正在提升。

总体来看，一方面，汽车召回制度日趋完善，政府监管不断加强，明确并强化了汽车生产企业在召回中的主体责任；另一方面，企业召回缺陷产品的主动性和责任感也在不断增强，因为大多数企业都已经认识到，不按规定召回缺陷产品不仅要承担严重的法律后果，可能付出更大的经济成本，而且还会给企业造成负面影响，给品牌带来伤害。

需要正确理解的是，汽车产品召回次数的增多，并不意味着汽车质量问题的增加，这完全是两回事。目前消费者对于召回的认识仍存在误区，认为召回多就是产品问题多，事实上主动召回是企业对消费者负责的体现，而不召回也不代表产品就没有问题。

四 尝试对召回进行公益宣传和实践

中国汽车召回制度真正发挥作用，在近几年体现得最为明显。其中的原因包括：汽车召回体系建设不断完善，汽车质量标准不断提升，以及企业对召回的理解和主动性不断增强。当然，这也和企业担忧法律纠纷带来潜在风险有关。可以说，中国汽车召回制度正在经历一个从构建、普及到日趋成熟的过程。

目前中国汽车召回制度及体系和国外已经非常接近，但是仍有一部分企业逃避召回。一些企业在发现产品存在缺陷时，心存侥幸，只把小毛病挑出来，而对大问题却瞒而不报。为此，我们一方面还要继续强化对有问题不召回企业的惩罚。比如在美国，企业可以选择不召回，但是一旦出现重大安全事故，付出的代价足以让企业倾家荡产。因此，无论是召回制度的设计者还是监管方，都要加大处罚力度，让企业为不召回付出惨重的经济代价。另一方面，对于主动召回的企业，应该考虑如何弱化召回可能产生的负面影响，而不是放大召回的缺陷问题本身，避免企业产生躲避的心理。

正如前面提到的，目前还有很多消费者对召回的认识存在误区，认为召回多就等同于该企业的产品质量不可靠。这一点对于汽车召回的正常开展很不利，主动召回的企业反而可能遭受消费者更多的质疑。

所以，无论主管部门还是媒体，都应该加强对召回进行正面宣传，甚至可以尝试做一些公益实践，对认真召回的企业不仅不批评，还要进行表彰。要让消费者知道这些企业之所以选择召回，是对消费者负责，对自己的产品负责。建议正反两方面都选择一些典型案例进行奖惩：认真召回的企业给予表彰；有问题不召回的企业，一经发现不仅严惩不贷，还要列入黑名单，广而告之，警示消费者慎重选择这种企业生产的产品。

（本文根据《产品安全与召回》2017 年 2 月第 1 期赵福全教授专访整理）

第三部分 企业篇

"十四五"中国车企需要全方位突破

【精彩语句】

"品牌不是某一项技术,也不是某一款产品,而是消费者与企业之间通过产品和服务产生的情感共鸣。当人们提到某个品牌时,就会自然浮现出这样的或者那样的印象。因此,并不是只有豪华汽车品牌才叫品牌,大众化汽车品牌同样是品牌,也需要用心打造。"

"如果总是用已经发展了100多年的传统燃油汽车来对比,想着投入一款新车就能赚钱,以这种思路做新能源汽车是不可能成功的。因为发展新能源汽车必须要有一个培育的过程,这既是国家战略性产业培育的过程,也是企业转型升级能力培育和品牌再塑造的过程。"

"未来汽车将会形成两个不同的生态:一个生态是在车里的人能够和外部服务连接的那个生态,这部分与手机的生态是很相近的;另一个更重要的生态是把车辆与相关企业连接起来,实时确保汽车本身功能和性能的那个生态。"

"面向未来的发展来实现眼前的生存,这样企业活下来本身就是发展;而如果只是简单地为了活下去,企业是没有未来的,最终还是无法生存。"

【编者按】

在2020年8月召开的中国汽车论坛期间,赵福全教授接受了多家媒体的群访,逐一回答了他们关于诸多产业热点话题的提问,分享了很多精彩观点。赵教授指出,品牌建设必须源自清晰的品牌定位,需要经历扩大知名度、打造美誉度、培育忠诚度三个阶段的长期努力;强调"品牌向上"不等于打造高端品牌,中国车企今后更应追求物有所值,而非物超所值;阐明发展新能源汽车必然要有一个培育的过程,对此国家和企业都应有足够的耐心和坚持;提出"白匣子、灰匣子、黑匣子"模式是车企应对"软件定义汽车"可行的决策方法论;最后,针对车企"十四五"期间的行动策略,给出了四点具体建议,即坚持高质量发展、大胆创新实践、抱团取暖与协同合作以及努力提升全要素的生产效率。

一 关于品牌：打造品牌就像培养孩子，一定要有耐心

记　者：论坛上对于品牌有很多观点，请问赵教授，对于"品牌向上"您有什么建议？企业做产品应该是做经典款还是爆款，您是怎么看的？

赵福全：首先我们对品牌要有理性的认知。品牌不是某一项技术，也不是某一款产品，而是消费者与企业之间通过产品和服务产生的情感共鸣。当人们提到某个品牌时，就会自然浮现出这样的或者那样的印象。因此，并不是只有豪华汽车品牌才叫品牌，大众化汽车品牌同样是品牌，也需要用心打造。比如如果消费者想购买物美价廉的汽车就会想到某个品牌，这同样是一种品牌价值，也是一种情感共鸣。企业在所有环节的投入，最终积淀下来的就是品牌，也就是在消费者心目中形成了某种根深蒂固的印象，使消费者与企业产生情感共鸣。

为什么企业都希望"品牌向上"？因为品牌在很大程度上决定着产品的溢价能力，品牌越高端，产品的溢价能力就越强。企业在产品上做同样的投入，低端品牌的收益比较小，而高端品牌的收益则比较大，所以，企业都希望能够实现"品牌向上"。这无疑是正确的方向，不过做起来非常困难。

那么品牌应该如何打造？我认为，品牌是"小火慢炖"出来的，没有任何一家企业的品牌能够速成。打造品牌要经历三个阶段：第一要有知名度，广泛地被人们所知，最好能做到家喻户晓；第二要形成美誉度，品牌不只是有名，还必须有市场认可的好产品，如果产品评价低，品牌知名度就没有意义了；第三要建立忠诚度，能够在消费者心中建立起信誉，如果只是偶尔做得好，是很难让人信任的，而忠诚是基于长期的信任积累起来的。

建立一个优秀的品牌要经历以上三个阶段，而前提是品牌定位必须清晰。在清晰的品牌定位下，把每个阶段都做到位，不断扩大知名度，不断打造优质产品，不断让消费者感受到企业的进步，这样最终才能把品牌建立起来。

而品牌定位本身充满挑战。尽管企业都知道品牌的重要性，也都有自己心目中理想的品牌定位，但在现实中常常难以做到。比如企业想把品牌定位在高端，产品定价就是一个难题，便宜的产品一定无法支撑高端品牌，可是

产品如果定价过高以致无法售出，就会影响企业收益，而且最终也无法支撑品牌，所以一定要做好平衡和取舍。又如当企业经营状况不佳时，面对研发、采购和营销投入的压力，往往不得不降低产品售价，结果原来期待的高端品牌就又重回低端了。不少中国企业都在这样周而复始，很难坚守住规划中的品牌定位，这是我们的问题所在。

所以，企业对品牌的定位既要清晰，也要合理，更要坚持。可以做大众化品牌，也可以做高端品牌，但必须清楚，做高端品牌就不能过分追求上量，做大众化品牌就不能过分追求单车利润。最终企业要计算综合收益，高端品牌带来的是单车的高利润，大众化品牌则要通过规模效应提升整体利润。这个问题如果没有想明白并以坚定的恒心去落地，所谓清晰的品牌定位就是一句空话。

总体来看，我认为品牌建设必须做到以下三点。

第一，打造品牌就像培养孩子，一定要有耐心。不管是希望孩子建功立业还是养儿防老，都不是为了眼前。同样的，打造品牌也不能期待立竿见影，而是必须为了将来一直坚持做下去。我觉得，汽车品牌要花 5 年做到有知名度，再过 5 年做到有美誉度，还要再坚持 5 至 10 年才可能建立起应有的忠诚度。因此，中国本土企业必须长期不懈努力才能打造出卓越的中国汽车品牌。

第二，打造品牌需要持续的产品支撑，而不是打造一款爆款产品就可以了。一方面，品牌一定要有产品支撑，产品一定要有技术内涵，所以企业必须确保自身的技术不断进步。另一方面，产品是品牌定位的反映，但绝对不是把产品价格定得高就能支撑高端品牌。比如，红旗作为高端品牌的知名度是无人否认的，但如果只是简单的名气大、定价高，而产品的技术和质量不尽人意，就会遭遇质疑。近几年红旗品牌进行了大量的投入，正是有了货真价实的产品和技术支撑，2019 年销量一举突破 10 万辆，才使红旗品牌的美誉度逐步建立起来。我坚信，通过几代产品一直这样坚持下去，就会逐渐形成忠诚度，让消费者下意识地相信红旗品牌是值得信赖的高端品牌。

第三，打造品牌要把握住当前的历史机遇。原来汽车产品是通过技术领先、质量可靠来体现差异的，但是现在仅仅这些"硬"的属性已经远远不够了，品牌需要更多"软"的属性。互联网时代的消费者更追求产品体验和个性彰显，特别是年轻一代，对高科技产品讲究的是"好玩"或"炫酷"。这就使品牌有了更加多元的内涵和完全不同的要素，谁能率先抓住消费者的这些新诉求，谁就有可能打造出不同以往而且更具吸引力的优秀品牌。我认为这是中国车企的机会所在，也是很多新势力敢于进入汽车产业的原因之一。

最后我想强调的是，品牌建立起来非常困难，但要毁掉却非常容易，这种例子比比皆是，甚至一些知名品牌也遭遇过"滑铁卢"。另外，品牌在空间上并不必然具有强扩散性，比如有的品牌在某些国家做得很好，但是到了中国并没有做好；有的品牌在中国做得很好，但是在别的国家却业绩平平。所以，企业在品牌建设中要随时随地心存敬畏、毫不松懈，用跑马拉松的心态去经营品牌是成功的前提！

记　　者：中国汽车品牌难做，我觉得更多的是因为国外高端品牌有先发优势，中国企业后续做起来难度就大了。您觉得全新的品牌定位应该是什么？

赵福全：做品牌就是要做高端，我认为这种概念本身是错误的。我们不能只盯着奔驰、宝马这些高端品牌，世界上也有大众、丰田、通用、现代这些大众化的优秀汽车品牌。正如我前面提到的，品牌定位非常重要，一定要量体裁衣，符合企业的实际情况。企业应该针对自己的客户群来定位品牌，然后打造相应的产品。也就是说，要吸引什么样的人群来消费，就应该打造什么样的品牌，提供什么样的产品。只要符合企业自身定位，能够有效针对目标消费群体，那么无论高端、中端甚或低端，品牌建设的方向就都是正确的。

实际上，企业不同的品牌定位也决定了不同的细分市场和盈利模式。对于高端品牌，国外企业的确占据优势，这也是其积累了几十年甚至上百年的结果，并不是这些品牌自诞生起就有这样的认知，而是企业一直坚持这种品牌定位，同时产品始终保持高价位，技术始终保持高含量，质量始终保持高水准，才形成了今天这样得到消费者认可的高端品牌。

对于中国车企而言，"品牌向上"是必由之路，其核心是要基于现有产品和能力真正做到物有所值。过去很多中国车企追求的都是物超所值，这其实还是低价策略的延续；而带有差异化功能和体验的物有所值，才是"品牌向上"的努力方向。在这方面，中国车企必须有效传递"品牌向上"的信息，否则就会对消费者产生误导。这里必须明确的是，企业的"品牌向上"与打造高端品牌是两回事，所有的企业都应该致力于基于现有能力的"品牌向上"，以期提高产品的溢价能力。但企业是否要做高端品牌，那要另当别论。

二 关于新能源汽车：企业不应过分追求短期收益

记　者：现在新能源汽车非常受关注，您预期到什么时间新能源汽车的市场化会更快？

赵福全：当前新能源汽车面临一些挑战，其中既有技术本身不够成熟的问题，又有新技术导入必须经历一个过程的问题，例如电动汽车产品面临的成本、续驶里程和安全等挑战，以及"有补贴就好卖，没有补贴就不好卖"的情况，这些都是新技术导入阶段诸多因素相互交织产生的正常现象。不过我认为，电动化是大势所趋，对此不应有任何怀疑。现在我们就是要逐个解决新能源汽车发展遇到的实际问题，不必太过急于求成，否则对国家不利，对企业更不利。

要知道新能源汽车不只是一类新产品，也不只是一种新技术，而是需要整个产业体系和社会环境匹配其发展进程的新型动力系统的重大变革。比如电动汽车产品的体验不好，很大程度上是因为充电基础设施跟不上，这是任何一家企业都解决不了的，甚至汽车行业都无法解决，必须依靠能源和基础设施等行业的支持。在这个过程中，一定是"春江水暖鸭先知"，即消费者最先感受到新能源汽车使用不方便，把这种需求传导给车企，然后汽车产业再把这种痛点传递给其他相关产业，最后多个相关产业协同互动，最终解决充电难这个问题。

总体来看，现在新能源汽车的情况已经比5年前好了很多，无论是产品的性价比，还是充电设施的数量，都有大幅提高。但是企业仍然需要清楚地认识到，做新能源汽车是不能过分追求短期收益的，否则就不应该选择这条技术路线。企业要想最终在新能源汽车领域取得优势，唯有不断坚持。从国家角度来看，也需要不断坚持。新能源汽车的市场份额一定是从2%到5%再到10%这样逐步提升的，一旦市场真正形成一定规模的时候，后续的发展就会快很多。之后增加更多的市场份额，肯定不需要此前那样长的时间，届时新能源汽车将形成内在的增长动力。这就是新产业培育过程中必须面对的"煎熬"。

所以，我认为新能源汽车当前遇到的困难是阵痛，不会影响未来的发展大势。当然这种阵痛可能还要持续一段时间，到底是3年还是5年，取决于国家非财税补贴政策的推动力度、企业对于产品的长线投入力度，以及消费者对新技术接纳意识的提升速度。如果总是用已经发展了100多年的传统燃油汽车来对比，想着投入一款新车就能赚钱，以这种思路做新能源汽车是不可能成功的。因为发展新能源汽车必须要有一个培育的过程，这既是国家战略性产业培育的过程，也是企业转型升级能力培育和品牌再塑造的过程。举个不恰当的例子，不能总是觉得小孩子的理解力不够，却忘了自己已经是成年人了，其实孩提时代的自己又如何呢？

三 关于"软件定义汽车"：关键在于准确判断白匣子、灰匣子和黑匣子

记　者：最近有一个热词是"软件定义汽车"，在汽车产品软件化的趋势下，车企的话语权是不是被削弱了？

赵福全："软件定义汽车"意味着整车企业的侧重和汽车产品的内涵都将发生重大变化。不过这并不必然导致车企话语权的减弱，更不意味着车企必须自行掌握所有软件。一方面，品牌的所有权至关重要，未来谁来定义品牌的内涵，谁就能决定支撑品牌的产品和技术需求，这是一种综合的规划和集成能力。从这个角度看，我判断车企并不会失去话语权。另一方面，在"硬件定义汽车"时，整车企业也并没有掌握汽车上所有的硬件，而是只拥有一些关键硬件技术，如发动机、变速器等，大部分零部件还是来自供应商。甚至发动机和变速器技术，也不是车企自诞生起就掌握的，而且一些车企至今也并不掌握变速器技术。到了"软件定义汽车"的时代，整车企业同样不需要"通吃"所有软件。

实际上，整车企业对核心硬件的定义也是在变化中的，比如在汽车电动化的进程中，整车企业开始把动力电池放到核心位置，从购买电池起步，到外购电池包，再到自己制造电池包，再后来一些企业甚至自己制造电池模组乃至单体电池。这和当年车企逐步掌握发动机核心技术的过程是一样的。

那么"软件定义汽车"的核心问题是什么？我认为，所有企业都应思考，

到了"软件定义汽车"的时代,自己到底应该掌握什么、不应该掌握什么。也就是说,企业必须判断未来自己必须掌握的核心软件技术是什么。不要误认为"软件定义汽车"需要车企自己编写所有软件源代码,对车企来说,这既非所长,更无必要。问题的关键是要理清,未来哪些软件对于汽车产品的核心功能和体验具有决定性影响,这些软件就是车企必须自行掌握的,即使暂时不具备能力,需要和别人合作打造,企业也要努力形成能力,最终逐渐掌握。而一些不太核心的软件,车企就没有必要耗费精力和资源去掌握。这其实与掌握核心硬件的原则和进程是一样的。

以前我们在做产品研发时,有黑匣子、灰匣子、白匣子的说法。黑匣子硬件买来直接用就行了;灰匣子硬件要有一定了解,要能够定义甚至进行部分设计,但是不需要自己打造;而白匣子硬件则是必须自己掌握的核心技术。至于黑匣子、白匣子、灰匣子的具体内容,随着产品属性的改变和企业能力的提升,也在不断改变中。就像发动机最初对很多车企来说就是黑匣子,后来与其他公司合作开发,慢慢就变成了灰匣子,到最后自己能够独立设计并制造,就变成了白匣子。

我认为,未来"软件定义汽车"的时代也可以套用这种模式。也就是说,车企需要明确,当前的白匣子、灰匣子、黑匣子软件是什么?未来的白匣子、灰匣子、黑匣子软件又是什么?如何把现在和未来有效打通?如果是车企未来必须掌握的白匣子软件,而现在是只能靠别人打造的黑匣子,那么车企就要一点一点地积累能力,让黑匣子逐渐变灰,最后变成白匣子。这其实也是企业为了掌控未来核心技术所必须采取的技术创新方法。具体如图 3.1 所示。

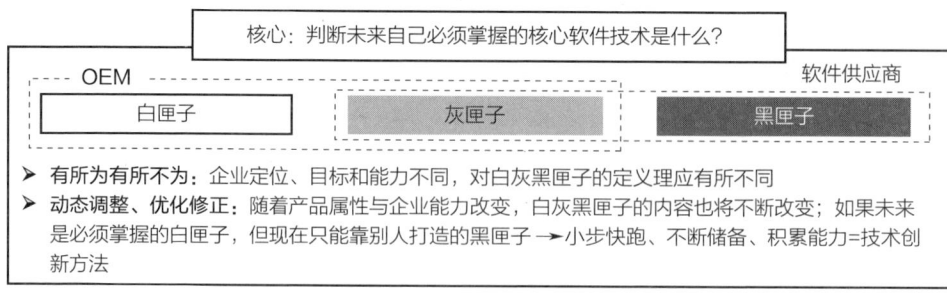

图 3.1 车企面向"软件定义汽车"的白灰黑匣子开发模式

当然，不同的企业定位不同、目标不同、能力不同，对于白匣子、灰匣子和黑匣子的定义也应该有所不同，这恰恰反映了企业的战略选择。但是任何企业只有把这个定义想清了、做对了，之后才能走在正确的道路上。比如现在只能用黑匣子的做法，但目标很明确，就是要形成白匣子的能力，为此小步快跑、不断储备，前途就是光明的。反过来，如果始终都应该是黑匣子的软件，企业却费力去掌握，那就是走在了错误的道路上，这种企业是没有"后劲"的。从这个意义上讲，"软件定义汽车"时代的企业对策，核心依然在于战略的预判、合理的取舍以及不断的积累。

四 关于智能化趋势：未来汽车将同时拥有两个生态

记　者：汽车会不会像手机一样发展？未来基于互联生态，汽车行业会不会越来越趋近于手机行业？

赵福全：我认为，总体上汽车行业的发展规律和趋势与手机行业不同。当然，从大方向上看，汽车在智能化、人机交互体验上肯定会越来越接近手机，不过这只是部分体验和技术的趋同，而汽车和手机的产品定位则完全是两回事。这其中主要有三个原因。一是手机已经成为日常生活的必需品，现代社会几乎人人都用智能手机，甚至时时都不离手，而汽车并不是这样。二是汽车作为大宗的民用消费品，品牌对产品的作用更大，或者说消费者对汽车品牌有更高的要求和期待。三是汽车产品更加复杂，虽然也要像手机那样形成智能的交互体验和服务生态，但是汽车始终必须确保一系列基本要求，如安全、能耗、成本等。因此，无论汽车如何向智能化、网联化方向发展，也绝不是仅凭BATH（指百度、阿里、腾讯和华为）就能解决汽车的所有问题。例如，如果没有车企提供自动驾驶的硬件支撑，未来汽车最重要的智能化功能即自动驾驶是不可能实现的。

依我判断，未来汽车将会形成两个不同的生态：一个生态是在车里的人能够和外部服务连接的那个生态，这部分与手机的生态是很相近的；另一个更重要的生态是把车辆与相关企业连接起来，实时确保汽车本身功能和性能的那个生态。比如自动驾驶能力、续驶里程优化等，未来汽车的各种功能和性能都将基于互联实现在线优化，这既与具体的硬件相关，也与相应的软件相关，需要的是车企和供应商组成的功能与性能开发者生态。当然由于汽车涉及安全问题，所以汽车开发者生态不可能完全开放，进入这种开发者生态的伙伴必须具有相应能力并按相关流程参与，完成的工作必须得到相关的安全验证与认证，然后才能投入使用，这一点与手机的应用开发生态有本质区别。即便如此，汽车开发者生态的总体趋势一定是有越来越多的参与者加入进来。

由此可以做出如下推断。

首先，未来并不是说打造汽车硬件会变得非常简单，好像随便哪家企业都可以胜任，只不过汽车硬件的标准化、抽象化、解耦化程度将不断提高，从长远来看，不同企业造车的硬件成本会逐渐接近。

其次，品牌对汽车来说始终非常重要，前面谈到品牌的终极目标是忠诚，而忠诚度需要从知名度、美誉度开始，一步一步建立起来。在这方面，车企虽然可以基于当前汽车产品属性的改变寻求建立全新的品牌内涵，但这个长期不懈努力的过程仍然是必不可少的。

最后，由于万物互联的不断普及和外部生态对车辆运行影响的不断深化，未来汽车将越来越成为区域特色主导的产品。这既与车辆与外部连接的应用生态具有区域特色有关，更与车辆运行本身具有区域特色有关。比如在上海使用的汽车对上海的运行环境非常熟悉，如果转到北京使用，它的自动驾驶功能可能就不那么好用了。这是因为，这款车是基于上海的应用场景数据优化的，并没有经过北京数据的高强度训练。毕竟机器的"聪明"程度取决于数据，而这些数据来自区域的道路状态、通信条件、基础设施和交通参与者等信息，具有很强的区域属性。

五 关于中国汽车市场：下半年情况要好于上半年

记　者：您能否对今年中国汽车市场做一个预测，尤其是在新能源汽车方面，今年竞争格局会加速变化吗？

赵福全：目前对2020年中国汽车的产销量很难预测具体数值，因为变数太多，比如说新冠肺炎疫情会不会出现反复，还有在国外经济乏力的情况下，国内的消费信心和消费能力会怎样变化，这些因素都很难判断。在此，我可以谈谈对中国汽车市场趋势的看法。

如果在疫情控制方面延续当前这种状态，我认为下半年汽车市场会比上半年好很多。今年上半年，中国汽车累计销量同比下降16.9%，结果好于预期。下半年市场应该会继续恢复，预计全年降幅将显著缩窄。不过我们也不要寄希望于下半年把上半年损失的销量全都补上，这可能比较困难，其中不仅仅有消费信心的问题，还有消费能力下降的问题，毕竟疫情让不少家庭收入减少，尤其是低收入家庭受到的冲击更大，而这恰恰是中国汽车市场潜在的增长空间所在。

对于新能源汽车市场，下半年应该可以实现同比正增长。因为本来2019年下半年的新能源汽车市场状况就不太好，主要是因为当时受补贴政策调整的影响，上半年存在提前透支消费的情况。2020年下半年随着汽车消费逐步恢复正常，相较去年同期实现新能源汽车销量增长应该不成问题。但是全年销量能有多大程度的恢复，我感觉还面临不小的挑战。毕竟市场不只是新能源汽车之间的竞争，消费者是在传统燃油汽车与新能源汽车之间进行着选择。而不同动力车型的性价比是消费者关注的要点之一，传统燃油汽车价格下探的空间显然更大，特别是很多企业为了抢占份额在下半年可能会加大降价促销的力度，这将对新能源汽车造成不小的冲击。所以，对于新能源汽车今年下半年的销量增长率，我的基本判断是谨慎乐观。

六 关于"十四五"：高质量发展、坚持创新、抱团取暖

记　者：现在各大车企都在做"十四五"规划，您有没有什么建议？哪些方面是企业必须要做的？

赵福全："十四五"对中国汽车产业的发展非常重要，国际形势变化、中国社会转型、产业重构、"新四化"变革、市场调整等各种因素相互叠加，又遭遇百年不遇的疫情影响，可以说"十四五"面对的形势空前复杂，这将是中国汽车产业进入全新发展轨道的关键时期。为此对于车企的"十四五"规划，我有以下四点建议，如图3.2所示。

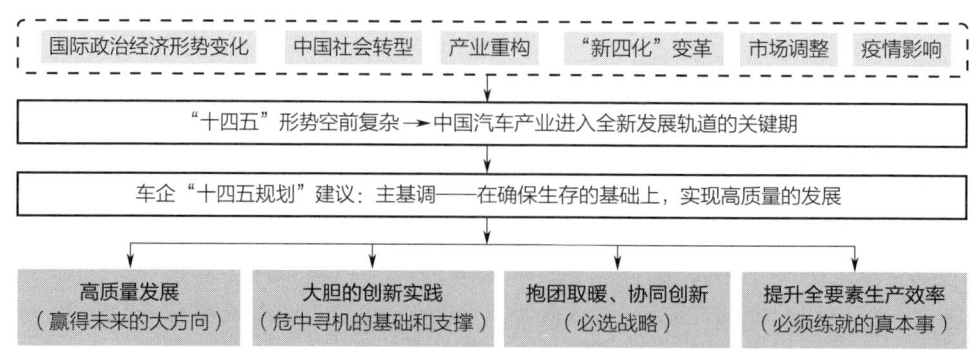

图 3.2 "十四五"期间的产业形势分析与企业发展建议

第一，企业必须坚持走高质量发展之路。我认为，"十四五"的主基调一定是在确保生存的基础上，实现高质量的发展。实际上，面向未来的发展来实现眼前的生存，这样企业活下来本身就是发展；而如果只是简单地为了活下去，企业是没有未来的，最终还是无法生存。面对国内外环境的多元挑战，只有坚持高质量发展的企业才能赢得未来。

第二，企业必须坚持进行大胆的创新实践。一方面要有战略定力，绝不能因为一时的困难就对储备未来的投入"踩刹车"，那样以后的发展只会更加艰难；另一方面，要积极拥抱转型，尝试一系列新打法。现在很多企业还在沿用传统的打法，或者说是在老路上探索"新"走法，这是行不通的。企业必须关注消费者真正关注什么，特别是年轻一代对智能产品、对高科技的诉求体现在哪里，比如前面提到的"好玩""炫酷"，企业要如何打造相应的产品来匹配。

当前，中国的创新已经来到了一个全新的节点。改革开放40年后的今天，很多的后发优势已经没有了，相对低成本、低风险的跟随式创新难以为继，所有产业都不例外，而像汽车这样集大成的产业就更是如此。与此同时，"新四化"将催生完全不同以往的汽车新物种和产业新生态，从这个角度看，未来国外也没有成熟的经验可以照搬或借鉴。当此之际，我们必须以前所未有的勇气进行前所未有的创新，这既是空前挑战，也是空前机遇。近期一些新造车企业的产品让消费者眼前一亮，甚至在较短时间内就形成了一定的品牌号召力，这恰是坚持大胆创新带来的回报，也为我们指明了创新的方向。全面创新、全员创新是企业未来渡过难关、危中寻机的基础和支撑。

第三，企业必须抱团取暖、协同合作。未来汽车产业将向"制造+服务"的生态化方向不断演进，产业边界不断扩展且渐趋模糊，越来越多的不同参与者都将进入汽车出行生态系统并发挥各自不可替代的作用。在此情况下，企业要想基于自身有限的资源做好汽车"新四化"，就必须协同分工、有效合作。这种合作不是简单的交易关系，而是要抱团取暖，真正实现优势互补，要把自己的优势和别人的优势通过商业智慧进行有效叠加，形成新的合力和能力，这不是1加1等于2，而是1加1大于2。同时，这种合作也是我们面对疫情带来的长期性挑战的必选战略。

第四，企业必须在做精、做细上下足功夫，努力提升全要素的生产效率，这是中国企业面对未来激烈竞争必须练就的真本事。这种竞争力对于产业链条长、管理复杂度高、资金技术人才高度密集的汽车产业尤为重要。经过改革开放40年的发展，我们已经跨越了"从无到有"这座大山，这不仅体现在物质上，更体现在技术、管理等方方面面，进入了所谓的"无人区"竞争阶段。之前那种"大致差不多、好像都在做"的发展模式已经过时了，未来"全面做强、引领式发展"将成为必然选项，而打造精益的体系竞争力是"十四五"及以后一个时期内的重中之重。只有真正把短板补齐，做到产业全要素的高效率运行，我们的企业乃至整个产业才能赢得未来日益激烈的全球化竞争。

最后，我对中国汽车市场的长期发展是有信心的，因为有庞大规模的体量作为基数，再加上不断增长的消费能力，只要国民经济继续保持增长，中国汽车销量的发展潜力就一定会逐步显现出来。尽管近期我们遇到一系列困难，但是展望未来的长期前景，我们有理由保持乐观、充满信心。未来的世界一定会有很大的变化，中国汽车市场的不确定性因素也有很多。但总体来看，当前的市场波动只是长期增长后必然出现的一个调整期，或者说是未来增长的一个储备期，因为汽车产业的发展规律并不会改变，而中国的人口总量和消费潜力就摆在那里。只要相信中国经济长期向好，那就应该相信中国汽车市场长期向好，这就是我的基本判断。而未来在"十四五"期间，各家企业究竟能够占据多大的市场份额、形成多强的核心能力将非常重要，这将决定市场恢复时企业竞争的起点和优势。

（本文根据赵福全教授2020年8月14日在中国汽车论坛期间接受媒体群访整理）

关于新势力不断涌入造车行列的几点思考和建议

【精彩语句】

"一方面,未来汽车产业的转型发展需要ICT技术的加持;另一方面,ICT企业也需要以汽车为载体,实现其在产业互联网时代的转型突破。"

"建议传统车企可以考虑导入'双赛道'战略,将传统业务与智能电动汽车新业务拆分运营。这样既有利于传统业务的聚焦,又可以避免'传统思维'定式对于新业务创新发展的限制和禁锢,从而形成新旧业务并行发展的双赢局面,更好地实现企业整体业务的转型升级。"

"在产业全面重构的关键历史时期,无论新旧车企都必须用变革、创新的理念来面对企业经营中的每一个细节,并积极进行实践。唯有如此,企业才有可能在产业巨变复杂局面下的激烈竞争中脱颖而出。"

【编者按】

2021年4月13日,赵福全教授作为优秀作者奖项的获得者,受邀参加了机械工业出版社汽车分社举办的"十三五"优秀图书及作者颁奖活动,并在此期间接受了媒体记者就当前产业热点问题的群访。本文系统整理提炼了赵教授现场回答的精彩观点:当前ICT产业巨头纷纷加入造车行列,旨在抓住汽车这一最佳载体,抢占产业互联网时代的转型先机;汽车与手机在产品、技术及应用环境复杂度方面完全不同,小米、苹果等手机巨头进军汽车产业需要心存敬畏;与此同时,新入车企必须采取跨越式的创新策略,面向移动智能空间这一全新物种和汽车出行这一全新生态系统,打造软硬融合的新集成能力和资源互补的新商业模式;传统车企也需要大胆实践颠覆性创新,为此可考虑采取新旧业务相对独立、并行发展的"双赛道"战略;总体而言,无论新旧车企都有机会成为未来汽车产业的胜出者,而企业的成败最终要由市场来检验。

一 汽车是产业互联网的最佳载体

当前资本市场对打造智能电动汽车的企业非常青睐,其根本原因在于汽车产业正在发生前所未有的巨变,而智能电动汽车代表着本轮产业变革的方向。原来以硬件为主的传统汽车产业,今后将成为软件与硬件深度融合的全新产业。事实上,汽车产业的这一演进趋势与人类社会向智能化方向发展的趋势完全一致。如果说过去互联网实现了人与人之间的连接,那么未来物联网即产业互联网将实现物与物之间的连接,并且这些相连的物都有 AI(人工智能)赋能,从而驱动人类社会真正进入万物互联的智能时代。由此,ICT产业的较量将进入下半场。鉴于依托互联网的业务如智能手机等已日趋饱和,传统 ICT(信息通信技术)产业巨头同样面临转型的挑战,面向产业互联网寻求新的突破口是其转型的关键。而汽车恰是产业互联网的最佳载体和突破口。

未来汽车不仅要实现自身上万个零部件之间的互联,还要实现全供应链各类企业之间的互联,更要实现车辆与人、车辆与车辆以及车辆与环境之间的互联。正是由于意识到了汽车产业的重大战略价值,众多 ICT 产业巨头,包括苹果、小米等手机制造商,才纷纷下决心进入造车行列。也就是说,一方面,未来汽车产业的转型发展需要 ICT 技术的加持;另一方面,ICT 企业也需要以汽车为载体,实现其在产业互联网时代的转型突破。

二 造汽车与造手机存在本质区别

那么,从手机领域转战到汽车行业的 ICT 产业巨头们发展前景如何呢?我认为,汽车产业迫切需要这些 ICT 企业带来互联与软件方面的新技术、新能力与新理念,从这个意义上讲,手机巨头进军汽车领域确实有机会也有可能重新定义汽车产品和产业。

不过,造汽车与造手机的本质区别仍然不容忽视。首先,造汽车与造手机的难度完全不同。与汽车相比,手机的硬件比较简单,或者说只相当于汽车里面的一个小总成。显然,有能力把一个总成造好,并不代表就有能力把由上万个零件组成的汽车造好。比如特斯拉发展到今天，其产品质量依然不时受到消费者的诟病。其次，汽车和手机在安全方面的要求截然不同，手机偶尔死机一次没什么关系，但是汽车一次都不能"死机"，否则就可能会车毁人亡。未来的智能汽车必须把安全作为最重要的基础属性来开发，只有做到了安全，诸如提升效率等其他价值才有意义。再次，汽车的供应链管理远比手机复杂，一家手机企业管理好几十家供应商就可以了，而一家汽车企业的供应商至少有几百家。最后，手机只有应用服务生态，而未来汽车除了应用服务生态之外，还有功能和性能开发生态，这个生态包含了汽车所有的硬件和软件，并且这些硬件与软件的开发都要在满足安全要求的前提下进行。

总之，虽然手机也是实体产业，但无论是产品和技术的复杂度，还是应用环境的复杂度，都完全无法与汽车相比。所以，新进入汽车领域的手机企业，即便原来规模再大、实力再强，也一定要对汽车产业心存敬畏。

三 产业变革期必须面向新赛道、形成新能力

在产业变革期，汽车企业无论"新旧"，想要最后获得成功，都必须面向新赛道、形成新能力。

一方面，过去产业新入者那种循序渐进的发展路径已经不再适用，像奇瑞、吉利、比亚迪等车企当年进入汽车领域时，只能先从低端产品入手，靠性价比优势起步，逐步积累和提升能力。然而当前汽车产业格局正在全面重构，新入者既无必要也不应该继续沿着传统路径参与竞争，而是必须用全新的理念来打造全新的能力。这意味着新车企迎来了后发赶超的历史机遇，并且具有了快速建立全新品牌并直接切入中高端产品的可能。当然，这其中的挑战也是巨大的，特别是新车企必须尽快补足汽车硬件方面的短板。

另一方面，传统车企也并非止步不前，而是正在抓紧谋划和实施转型。目前很多传统车企都在研究特斯拉等头部新车企，努力在新赛道上培育新能力。实际上，一些传统车企在新赛道上的起步并不比新车企晚，而他们在汽车领域的积累和经验则远非新车企可比。当然，对于传统车企而言，培育新能力并不只是攻关一些新技术那么简单，更需要构建新的思维方式和商业模式，借助外部资源，提升自身的电动化以及网联化、智能化能力，特别是要

弥补自身在汽车软件方面的不足。此外，传统车企还必须做好新旧业务的合理平衡，既要有效借助于厚重的能力积淀，又要避免受累于沉重的历史包袱。

为了解决生存与发展之间的矛盾、加快实现企业转型升级，建议传统车企可以考虑导入"双赛道"战略，将传统业务与智能电动汽车新业务拆分运营。这样既有利于传统业务的聚焦，又可以避免"传统思维"定式对于新业务创新发展的限制和禁锢，从而形成新旧业务并行发展的双赢局面，更好地实现企业整体业务的转型升级。

总的来说，我认为新旧车企在本轮产业变革中都有脱颖而出的机会。最终那些在软硬融合方面做得最好的车企，将成为未来汽车产业最后的胜出者。

四 新车企必须采取跨越式的创新策略

展望未来，汽车将不只是"四个轮子加一个外壳"即移动的物理空间，更是"四个轮子加一台电脑"即移动的智能平台，这意味着汽车产品将成为全新的物种，并集成应用一系列全新的技术。除此之外，服务将成为汽车产品很重要的一个组成部分，因为唯有"产品＋服务"才能让用户在使用汽车时感受到安全、便捷、舒适乃至愉悦的体验。而技术、产品与服务往往各有不同的提供者，要将这些要素有效组合，为用户提供最佳体验，必须依靠创新的商业模式才能实现。以动力电池为例，电池本身有其核心技术，充电和换电也有不同的核心技术，电池最终还要进行回收和再利用，在这个过程中，确保各参与方责权明晰、各取所需的商业模式设计和资源组合方案将变得至关重要。如果小米、苹果等新入企业能够立足于未来产业生态，将汽车技术、产品、服务与商业模式都考虑清楚，甚至比特斯拉等当前的头部新势力理念更创新、思路更清晰，那他们完全有机会开创汽车产业的全新格局。反之，如果新进入的企业只是复制当前一些车企的造车模式，那么即便他们掌握了某些领域的关键技术，也很难超越已经有了很多积累的众多先行者们。

另外，一些新车企选择了由传统车企代工的模式来推出产品，这本身是新形势下产业再分工的一个方向。但是新车企必须先把代工模式对自身品牌和产品的影响梳理清楚。在这方面，苹果手机由富士康代工是一个典型的案例。不过需要注意的是，首先，富士康在制造领域的积累非常深厚，由其代工并不会让苹果手机的硬件品质受到质疑，事实上富士康也不只为苹果一家公司代工。其次，形成手机品牌差异的关键主要还在于产品设计，而"美国加州设计"足以让苹果赢得粉丝们的信赖。最后，苹果手机的优势不仅在于创新的设计能力，更在于其服务生态，即基于App Store的一系列应用软件。

相比之下，汽车代工恐怕要复杂得多。第一，传统车企都有自身的品牌定位和形象，可能会对其代工的新车企的品牌造成影响。第二，新车企如何把握好产品设计与制造的边界是一个挑战。要知道，整车设计与制造是一个多方参与、集大成的系统工程。代工并非简单的交钥匙工程，针对汽车技术、产品设计、工艺技术、制造装备、部件供应等多元业务需求，整车企业必须平衡好自身与代工方以及供应链企业之间的业务分工、能力匹配与资源融合。简单的"1+1"式物理组合或"甩手掌柜"式委托生产，肯定无法形成跨越式的竞争优势。如何建立起相互信任、优势互补、责任共担的伙伴式合作关系，挑战企业商业模式设计的大智慧。第三，未来汽车产品不仅会有应用服务生态，还会有功能与性能开发生态，两者共同实现用户的个性化体验并彰显汽车品牌的差异化。而功能与性能开发无疑需要基于硬件开展并依靠硬件实现，为此，新车企必须确保代工制造的硬件能够充分满足与外部生态匹配的硬性需求。

有一点毋庸置疑，汽车产业正在发生全面变革，如果此时进入的新车企只是简单复制已进场企业的打法并在其延长线上参与竞争，我觉得是很难取得根本性突破的。所以，新车企一定要有颠覆性的创新思维，采取跨越式的创新策略，这样才有胜出的机会。

五 未来汽车软硬融合的集成能力至关重要

在万物互联的时代，垂直线型的汽车产业链将演变成为立体交叉的汽车出行生态系统。这个生态系统中的每一家企业都需要找到自身在其中的精准定位，提供相应的技术、产品或服务，并通过创新的商业模式实现与其他企业之间的分工协作与资源组合。如果说硬件是汽车的躯体，那么软件就是汽车的灵魂。而躯体与灵魂的完美统一绝对不是硬件加软件的简单组合，一定是软硬充分匹配的极致融合，最终这种融合都将体现在创新商业模式的设计上。

尽管未来汽车产品中软件的价值不断增大，但是这并不意味着汽车硬件不再重要。相反，把汽车硬件做好始终是前提条件，否则汽车软件做得再好也没有意义。同时，不论汽车产业怎样变化，整车集成能力始终至关重要。而未来在汽车硬件的基础上还要融入软件，这无疑会大幅增加集成的难度。车企只有构建起"软硬融合"的整车集成开发体系，才有可能把产品的功能、性能和体验都做到极致。那些"软实力"较强的"新势力"必须对汽车硬件充满敬畏；而靠"硬实力"立足的传统车企必须充分认识到，实现"软硬融合"不可能只靠自己的力量，特别是很多新的核心技术既非车企擅长，又非车企能够完全掌控。因此，无论新旧车企都必须与相关合作伙伴有效分工协作，共同建设适应未来产业发展趋势的全新开发者生态，最终通过有效的资源组合来抓住本轮产业变革的重大机遇。

六 从服务用户角度出发解决各种难题

未来汽车制造必将升级为智能制造，步入所谓"工业4.0"的时代。在此前景下，我认为，汽车供应商将有机会与用户直接互动，这是实现智能制造即大规模个性化定制生产的关键。不要以为这种定制只限于软件，实际上硬件也同样适用，将来用户可以为自己的汽车选择保险杠颜色或者方向盘样式等。显然，用户的这类需求不能只靠整车企业来满足，唯有将其及时传递给相关供应商，才能得到快速有效的响应和实现。在这个过程中，将有越来越多的供应商与用户建立起紧密的互动关系，这早已不再是遥不可及的事情，像上汽大通就已经在商用车上付诸实践了。

相较于硬件的定制化，未来利用软件实现用户个性化体验的商业机会将会更多。目前很多整车企业已经开始着手联合ICT企业建立自己的开发者生态圈，让众多软件开发者可以利用其整车平台为用户开发各种新的功能，以更好地满足用户的个性化体验需求。当然，由于开发者生态参与者众多，这就涉及产品体验由谁来定义、开发结果由谁来验证、由谁来签收发布，产品进入市场后的质量责任如何划分，以及最终的利益如何分配等一系列问题。

从消费者的角度来说，责任方是明确的，那就是整车企业。但是整车企业为了有效解决问题和改进产品，还是需要找出真正应该负责的供应方。事实上，对于整车企业来说，这不仅是产品问题，也是服务问题。如果问题处理得不好，就会引发消费者的抱怨，影响企业的品牌美誉度；反之，如果问题处理得好，车企的服务就会得到消费者的认可，品牌美誉度也会相应提升。

在服务方面，蔚来汽车的表现值得肯定，这也是其能在很短的时间里收获大量"粉丝"的主要原因之一。而蔚来之所以能把服务做到位，我认为，一是因为企业领军人李斌本人对服务的重要性有很高的认识，二是因为蔚来运用互联网手段进行了很多服务方面的创新尝试。互联网的重要价值之一就是使实时触及用户成为可能，这样车企就可以与用户很方便地互动交流，及时获知并解决用户遇到的各种问题。蔚来汽车正是充分利用了互联网工具，随时了解到用户的感受，并依此提供精准的服务，才赢得了用户的认可。其实对于传统车企来说，这样的事情也不是做不到，那为什么没有去做或者做得不够到位呢？这恐怕还是要从观念上寻找答案。所以我认为，在产业全面重构的关键历史时期，无论新旧车企都必须用变革、创新的理念来面对企业经营中的每一个细节，并积极进行实践。唯有如此，企业才有可能在产业巨变复杂局面下的激烈竞争中脱颖而出。

七 新车企的成败最终要由市场检验

值此产业巨变之际，我们必须秉持开放、平和的心态欢迎更多的跨界者参与汽车产业的重构，盲目认可或否定新势力进入造车行列都是不可取的。实际上我们看到，不只特斯拉，还有蔚来、小鹏、理想等国内头部新车企，都已经取得了阶段性的良好业绩，但也有很多新势力已经倒在了造车的赛道上。我认为，部分新势力获得阶段性成功的原因在于，这些新车企的产品硬件能够满足消费者的基本要求，而其产品软件做得足够好，且在商业模式上具有自身的特色，从而逐步形成了与传统汽车产品差异化的卖点。当然我们必须充分认识到，汽车产业的竞争是一场马拉松比赛，即便是目前最具代表性的新车企特斯拉，也未必一定能够笑到最后。从这个意义上讲，小米、滴滴也包括恒大等业外巨头进入造车行列都有实现后发赶超的成功机会，关键要看这些新车企能否以独特的商业智慧把握住这次产业重构千载难逢的历史机遇。

在这里我想特别强调的是，我们对新车企的发展要有合理的预期和足够的耐心。新车企提出规划目标与实际交付成果之间总会有一个时间差，毕竟汽车产品开发至少需要 3 年左右的时间。我们不能因为一些后进入的新车企还没有拿出产品，就否定其在思维方式、产品理念和商业模式上能够做出重大创新并创造出更大价值的可能性。而新车企自身也应保持客观、淡定的心态，不能急于求成，要相信只要正确地走在正确的道路上，就一定可以得到回报。当然，新车企是否真心造车以及其造车理念是否领先，最终还是要通过市场来检验。事实上，无论新旧车企都必须用实实在在的业绩，不断满足消费者和投资者的期待。

（本文根据赵福全教授 2021 年 4 月 13 日在"机械工业出版社汽车分社'十三五'优秀图书及作者颁奖活动"期间接受媒体群访整理）

只谈总量意义不大，企业更应关注细分市场

【精彩语句】

"造成新能源汽车市场这种 U 形状态的根本原因之一，是新能源汽车的制造成本高于传统汽车。而高端车型凭借较高的售价可以在一定程度上'掩盖'高昂的电池成本，低端车型则可通过缩短续驶里程来降低搭载电池的成本，从而使这两类车型在性价比上相对更容易被消费者接受。相比之下，在中间市场尤其是 A 级车市场上，面对传统燃油汽车极强的性价比优势，新能源汽车还承受着很大的竞争压力。"

"对于汽车企业来说，数字化能力才是苹果们带来的最大威胁。传统车企要想成功应对科技公司造车的挑战，必须充分认识到未来的汽车一定是数字化、可编程、能进化的智能产品，并为此加紧打造相关的能力。"

"相比于增加电池提升续驶里程来缓解充电难题的方式，提高充电便利性才是解决问题的根本之道。而且无论是从成本，还是从碳排放的角度，后者无疑都比前者更优。从这个意义上讲，先进充电技术的研发、充电商业模式的探索以及强环境适应性电池技术的攻关，都是加快推动电动汽车大规模普及的重要方向。在这些方面，我们还有太多的基础工作要做。"

"实际上，中方需要外方的技术和品牌，外方也需要中方在本土市场把握、跨界伙伴选择、创新商业模式探索和公共资源协调等方面的能力，因此双方选择继续合作更能实现互利互惠。"

【编者按】

在 2021 年一季度中国汽车市场迎来久违的良好开局之际，赵福全教授接受了《21 世纪经济报道》（以下简称 21 世纪）的独家专访，就近期产业的一系列热点话题分享了自己的真知灼见。关于汽车市场前景，赵教授预测新能源汽车未来 2 至 3 年将进入"供大于求"的状态，同时两头高、中间低的市场格局源于客观条件，还将继续延续；谈到特斯拉能否继续领先，赵教授判断，随着更多"实力派"纷纷入场，特斯拉的领先优势将逐步缩小，特别是

如果不能积极有效应对当前的产品安全、质量和服务问题，其优势的削弱速度还会加快；针对新造车企业的市值泡沫问题，赵教授指出，市值泡沫的存在有其合理性，但最终企业的成败还是要看其实际价值；论及苹果等科技公司造车的影响，赵教授强调，数字化能力才是想造车的苹果们带给汽车企业的最大挑战，为此汽车企业必须认识到进入新赛道、形成新理念、打造新能力的重要性，积极拥抱科技公司，努力实现双赢；最后，对于股比放开后的博弈，赵教授认为，中外双方加强合作仍是互惠互利的首选，为此企业的着眼点不应局限于合资公司的控制权，更应与合作伙伴共谋应对产业变革的长久大计。整篇文章内容丰富，观点犀利，论述精辟，值得细细品味。

一 决胜细分市场

21世纪：虽然在2020年经历了V形反转，但是中国汽车市场已经连续三年下滑，2021年中国汽车市场会回暖吗？有专家认为这将是一个五年新周期的开始，也有专家判断会有5%的增长。对此，您怎么看？

赵福全：我的判断是，乐观估计2021年中国汽车市场可以实现5%的销量增长，但是不确定性仍然较大。2020年的市场表现之所以好于预期，既是因为新冠肺炎疫情初期大家的预测相对悲观，更是因为政府的宏观调控和企业的让利促销，应该说这是多种因素共同作用的结果。此外，去年的市场表现很大程度上得益于商用车的增幅，乘用车销量相较2019年还是下跌了不少，而今年商用车要继续保持去年那样高的增幅，可能性不大。当然，中国的宏观经济还在持续增长，疫情影响也渐趋消退，因此2021年中国汽车市场实现3%至5%的同比增长是可以期待的。如果达到了这一增幅，汽车销量就可以略超过2019年。

不过我想特别强调的是，对于企业来说，过度关注市场总量的小幅起伏其实意义并不大。当市场已经达到2500万辆这么大的规模时，企业更应该关注自己所在细分市场的情况，研究这个细分市场的销量有何变化，分析特定消费群体的喜好有何改变，并基于此谋划和实施自己在该细分市场上的决胜战略，这样才更有针对性和实际价值。

21世纪：在您看来，今年哪些细分市场相比去年会有明显变化？需要企业重点关注什么？

赵福全：总体来说，经济型轿车应该会比去年好一些。中低收入群体是经济型轿车消费的主力军，他们的消费信心和能力去年受疫情的影响较大。今年情况肯定会有所好转，从而使经济型轿车市场得到一定的恢复。当然，目前看这种恢复还需要时间。而高端车市场仍会继续增长，但估计增速可能会放慢一些。原因一是高端汽车市场去年本来就没有受到太大影响，也就不存在恢复性的增长；二是去年面对疫情危局，很多企业纷纷让利促销以确保市场份额，高端汽车厂商也不例外，从而导致部分有购买力的消费者被促销政策吸引，提前购车。

我认为，今后中国汽车市场总量能否增长，主要取决于中低端汽车市场能否增长。高端汽车市场的增长主要源于换购，会相对稳定。即使市场总量不增长，甚至负增长，中国整体上的消费升级也会驱动高端汽车市场长期稳步增长。

也就是说，中低端汽车市场的增长将决定未来中国车市的整体走向。而今年宏观经济形势趋稳向好，经济增长的恢复势必带动大众消费。所以，今年中国汽车市场应该可以恢复正增长，特别是经济型轿车的细分市场会比去年好一些。

21世纪：您的这番话把我们的探讨提升到了一个更深的领域。此刻，关注细分市场对企业来说非常重要。

赵福全：的确如此，我们看待中国乃至世界汽车市场的发展趋势，不能只泛泛关注总量。比如现在中国市场已经是2500万辆级别的规模了，但还是有企业陷入困境，甚至濒临倒闭，这显然不能归咎于市场不够大。又如去年轿车市场整体下滑了约8%，但还是有企业实现了轿车业务20%至30%的增长。所以，企业不要只盯着市场总量的变化，更不要寄希望于"水涨船高"，而是应该在自己的细分市场里深耕细作，努力做到最好，这才是产业竞争参与者应有的心态。

二 新能源汽车未来几年将供大于求

21世纪：去年整个新能源汽车市场，以上汽通用五菱宏光 MINIEV 为代表的低端车型，以及高端车型两个细分市场都在增长。您对2021年新能源汽车市场的走向有何判断？

赵福全：我判断2021年中国新能源汽车市场肯定要比2020年好很多。虽然当前新能源汽车产业还没有完全进入由市场驱动发展的阶段，但是消费者对新能源汽车的认知已经有了很大改观，无疑更客观、也更理性了，电动汽车消费正从2B更多地向2C转变。同时产业政策、充电基础设施等的进一步完善，也有利于新能源汽车产业的健康发展。因此，预计中国新能源汽车在2021年的增幅会比2020年高很多，总量可能突破200万辆，甚至有望达到250万辆。总体来看，新能源汽车的发展速度一定会越来越快。

就细分市场来说，各种档次的新能源车型销量都会上涨，不过我估计还是会延续两头高、中间低的U形状态。实际上，造成这种市场表现的根本原因之一，是新能源汽车的制造成本高于传统汽车。而高端车型凭借较高的售价可以在一定程度上"掩盖"高昂的电池成本，低端车型则可通过缩短续驶里程来降低搭载电池的成本，从而使这两类车型在性价比上相对更容易被消费者接受。相比之下，在中间市场尤其是A级车市场上，面对传统燃油汽车极强的性价比优势，新能源汽车还承受着很大的竞争压力。长远来看，新能源汽车将逐步取代传统燃油汽车成为市场的主流，但这一定是一个渐进的过程。

从发展趋势看，小型车会越来越向纯电动方向发展；而对于大型车，新造车企业无疑会在纯电动方向上深耕，而传统车企为了同时满足双积分和油耗法规的要求，可能会更多地选择插电式混合动力方案。在充电基础设施普及尚不充分，或者在纯电动汽车使用条件比较苛刻的冬季寒冷地区，增程式电动汽车也是一个不错的选项。而且增程式电动汽车在实现电动化驾驶体验的同时，还为企业优化产品的性价比提供了一定的可能。燃料电池将在商用车上率先应用，但也需要一个较长时间的准备期，且面临不小的挑战；而在乘用车上，短期内很难有产业化方面的大突破。总的来说，在可预见的将来，汽车动力系统将呈现出多元化的全新格局。不同的企业应综合考虑自身的品牌定位、产品特性、技术储备以及法规变化趋势，来选择最适合自己的动力技术路线。

尽管新能源汽车市场大势向好，但企业切不可盲目乐观。一方面，会有更多的企业推出更多更优秀的新能源汽车产品；另一方面，短期内消费者对新能源产品接受度的提升速度，远没有企业新能源产品导入数量和规划销量的提升速度快。所以未来2至3年，新能源汽车市场将处于"供大于求"的状态，竞争会非常激烈。说到底，发展新能源汽车是一个"十年树木"的长期过程，企业要充分认识到新技术推广普及阶段的困难和挑战。

21世纪：供大于求的局面，只是针对新能源汽车？

赵福全：是的。越来越多的车企已经充分认识到电动化是未来汽车产业的战略制高点，再加上NEV积分法规的驱动，各家车企都在新能源产品及技术平台上进行了大量投入。当前几乎每家一线车企每年都有10款以上新能源主力车型上市，如果主流企业按30家计，试想未来三年将有多少款新能源产品进入中国市场？而消费者认知、接受新能源产品需要一个过程。所以未来几年，中国新能源汽车市场的竞争会异常激烈。

21世纪：随着新产品的推出，您觉得今年新能源汽车市场的中间部分即U形底部会不会有一些变化？像大众、丰田这样的传统车企巨头，都有相关车型的推出计划，他们的发力能否影响当前市场的格局？

赵福全：我的判断是，新能源汽车市场总体上还会呈现两头高、中间低的态势，不过中间的U形底部可能会增长得更快一些。因为中间部分的销量最大，无论是传统汽车企业，还是新造车企业，未来都会在这部分市场做更多努力。

虽然中间部分是最热门的细分市场，不过相应地，这也是竞争最激烈的细分市场，有太多的品牌和车型可供消费者选择。新能源产品要想在这个市场上实现突破，既要赢得新能源汽车之间的竞争，更要赢得新能源汽车和传统燃油汽车之间的竞争，显然这是非常困难的。如前所述，高昂的电池成本和尚不完善的充电设施等原因，决定了新能源A级车在短期内很难赢得对传统燃油A级车的竞争优势。除非企业在电池成本等核心技术方面或者在电池以租代售等商业模式方面取得重大突破，否则新能源汽车市场基于客观条件形成的 U 形状态，不会因为一些企业导入了新产品而发生根本性改变。无论中资还是外资车企，必须把自己新能源 A 级车产品的性价比做到接近甚至超越同级别传统燃油汽车的水平，才有可能在这个市场上开疆拓土。

三 特斯拉应更积极地面对企业经营中遇到的问题

21 世纪：您觉得 2021 年特斯拉还会不会一骑绝尘，无论是在市值还是在影响力等方面。您如何看待特斯拉未来的发展？

赵福全：我认为特斯拉在未来一段时间内还会处于领先位置，但是竞争对手与特斯拉的差距会快速缩小。这主要有三个原因。

第一，作为先行者，特斯拉一开始近乎没有竞争对手，后来逐渐开始与中国自主品牌竞争，但还没有真正面对外资品牌的挑战。今后，随着更多的外资品牌纷纷导入新能源产品，特斯拉的相对优势将会下降。

第二，再好的科技产品也必须做到质量可靠，才能赢得消费者的长期信赖，更何况汽车产品质量事关生命安全。而特斯拉对于质量的重视程度似乎存在一些问题，社会上对其产品质量的质疑声一直不断，这肯定会影响企业的可持续发展。毕竟汽车产品的安全问题是最根本的问题，车企有义务保证自身产品能被安全地使用，这也是车企的一种社会责任。

第三，特斯拉在中国的经营方式似乎有点不接地气，有时候甚至让人感觉有些"自以为是"，例如不能积极面对市场上出现的一些产品问题。如果后续在客户服务等方面没有明显改善，特斯拉的先发优势也会由于负面问题而被逐渐削弱。

说到底，任何企业在经营中都不能盲目自信，更不能盲目自大。事实上，所有不尊重中国市场的外资企业，没有一家能在中国取得成功。在这方面，很多外资企业都曾交过学费。我想随着对中国市场了解的日渐深入，特斯拉应该也会在内部进行相应的反思、调整和改进，但关键是这种改变的速度一定要快。

总体而言，特斯拉的科技形象、创新精神以及品牌号召力等，都有利于其维持领先地位，这些也是特斯拉受人尊重和追捧的原因。但是市场从来不是非谁莫属，随着更多竞争者的入局，加上自身产品质量及客户服务等方面出现的诸多问题，特斯拉的相对优势恐将逐渐下降。

另外，特斯拉的品牌定位似乎与其产品定价存在错位，消费者的这种感觉正变得越来越强烈。虽然高科技产品也不是不能低价销售，但价格无疑是品牌定位的直接标尺。如果特斯拉的品牌仍然定位为高端，那其现有的产品定价策略是与此矛盾的。长远来看，其品牌的高端定位将难以维持。

21世纪： 我理解马斯克是要进行一场革命，他认为在历史上真正给汽车行业带来革命性改变的就是福特的T型车，所以特斯拉要上量，要成为新时代的福特。而与之相反，蔚来明确要对标ABB。当然，无论特斯拉的品牌定位到底如何，安全都是必须保障的前提。

赵福全： 如果目标是扩大销量，那就应该明确地告诉消费者，特斯拉是大众化的品牌。实际上，产品定价如何决策都没有错，关键是一定要与品牌定位保持一致，这应该与企业参与产业重构、实施科技创新没有关系。

同时我们必须清楚，汽车是与生命安全息息相关的产品，如果质量不可靠，只谈高科技，只追求炫酷或好玩，我觉得是一种不负责任的做法。事实上，汽车智能科技的第一诉求就是让人们用车更安全、更可靠。在我看来，特斯拉产品出现的很多质量问题都是可以解决的，至少企业首先应该诚恳地面对这些问题。如果没有解决问题的态度和行动，只是一味地辩解，这就有点掩耳盗铃的味道了，客户也不可能有良好的体验，最终受损的还是企业自身。纵观历史，有很多拥有领先技术的企业，由于忽视产品质量问题而最终被消费者抛弃。如果企业长期不能积极有效地面对和解决安全、质量等重大的产品及服务问题，就会让人怀疑这家企业的文化和价值取向是不是出了问题。果真如此，那特斯拉未来的可持续发展就令人担忧了。

四 切不可"穿新鞋、走老路"

21世纪： 造车新势力现在可以分为两种，一种是已经上市、拥有成熟车型的企业，主要以蔚来、小鹏和理想"三剑客"为代表，以及正准备上市的企业，像威马、零跑等。他们在 2021 年会面临怎样的挑战？另一种是新进入者，包括一些"起死回生"的企业，例如刚刚又与珠海地方政府合作的 FF、被富士康救活的拜腾等。您觉得他们还有机会吗？

赵福全：所谓新势力的"三剑客"，我认为他们也只是阶段性地迈出了一大步，还不能说已经成功。毕竟造车是一场漫长的马拉松比赛，必须一步一步扎实前进。目前这三家企业的品牌认知度和影响力都比疫情之前增强了很多，曾经有那么多家新造车企业，只有他们脱颖而出，说明这三家企业做得更扎实些。所谓"潮水退后才能看清谁在裸泳"，疫情带来的经营挑战更彰显这三家企业取得的进步。当然在前进的征途中，他们也遇到了很多困难，这非常正常，产业发展本来就是一个大浪淘沙的过程。

至于新造车企业应该如何发展，我个人有三点认识。

第一，新造车企业必须从骨子里摒弃投机思维，要踏踏实实地做对每一件事，否则即使一时取得一些成绩，将来也很难笑到最后。汽车产业是一个人才、技术、资金高度密集的复杂产业，必须做到生产一代、研发一代、储备一代，这就需要企业持续不断的投入和积累。能够成功的车企一定是在骨子里尊重汽车产业的基本规律、秉持做好实业的态度来经营的。无论新造车企业，还是传统车企，莫不如此。

第二，既然称之为造车新势力，新造车企业就必须有独特的创新，一定要沿着新赛道，采取新打法，尝试新模式，否则很难在今天这样激烈的产业竞争中胜出。所谓新赛道，其实就是汽车的"新四化"。这似乎尽人皆知，但却不是每家车企都能理解并践行到位的。在这方面，切不可"穿新鞋、走老路"。

第三，传统车企尽管面临历史包袱沉重、资源配置分散等难题，但他们并没有坐以待毙，而是在加紧转型；同时，还有更多的新企业怀揣造车梦想，不断加入竞争行列。所以，每家新造车企业都要有充分的危机意识，必须快马加鞭、分秒必争地努力做大做强。

而对于新进入的企业来说，我认为永远都有机会。不过，与传统车企以及初步站稳脚跟的新造车企业相比，后来的新入者如果不付出更大的努力、形成更强的能力，是很难有机会取胜的。毕竟在品牌认知度、资本青睐度，以及人才、技术和经验积累等方面，新入者都无法与"老"车企相提并论。更何况新入者同样需要时间去学习、试错和成长。

在这方面，时间就是阳光，将促进企业成长；时间就是裁判，将淘汰投机者和落后者；时间更是高速公路，让掉队者驶出，让后来者追上；而最终时间将成就那些方向正确（战略）、打法正确（战术）且踏实努力的坚持者。

21世纪：刚才您谈到不能"穿新鞋、走老路"，那么在汽车"新四化"的新赛道上，您认为企业应该采取怎样的新打法？

赵福全：企业必须认识到，本轮产业重构将是一场翻天覆地的重大变革，我们原本习以为常的很多事情，都可能变得不再可行，而原本不可能的很多事情，却将变得可能。我们原来理解的产业革新大都是渐进式的改变，而本轮产业重构更多的是跨越式的改变。未来汽车产业的边界将不断扩展，跨界融合将成为常态，上游供应商、中间整车制造商、下游经销商的传统汽车产业链与分工模式将被彻底重构，最终会形成全新的汽车出行生态系统。因此，我们必须重新进行系统思考，以真正建立起全新的理念，形成全新的打法。也唯有如此，我们才有可能抓住这次千载难逢的历史机遇。

以"软件定义汽车"为例，在硬件主导的时代，消费者主要关注汽车产品的功能和性能，车企可以通过增加硬件配置来提升产品的竞争力；而在软件主导的时代，消费者更在意汽车产品的服务和体验，车企必须通过增强软件能力来提升产品的竞争力。现在几乎所有车企都认识到了软件的重要性，纷纷加大该领域的投入。然而在产品开发的过程中，不少车企还是下意识地把软件作为一种配置来打造，而不是从服务和体验的角度出发，对汽车软件进行全面系统的布局，这其实就是"穿新鞋、走老路"。

必须明确，本轮汽车产业变革是一场全面、多元、立体的产业生态重塑，不仅是科技革命、产业革命，而且是出行革命、智能革命、社会革命。未来的汽车必须是联网且在线的智能产品，所有与车相关的要素都将与智能汽车互联，成为汽车出行生态系统中的组成部分，从而形成一个多产业、多企业共同参与、分工协作的全新格局。在此前景下，汽车企业与ICT公司都将在该生态中发挥重要作用。有一点毋庸置疑，汽车企业想要掌握所需的全部ICT

能力是不可能的，而 ICT 公司要想掌握造车所需的全部能力也不现实。因此，未来汽车产业需要更专业化的分工协作、更有效的资源组合以及独特的创新商业模式，而这正是适应新赛道所需的新打法的关键所在。

五 数字化能力才是苹果们带来的最大威胁

21 世纪：我们看到以特斯拉为首的造车新势力的第一轮入局，给汽车产业带来了很大冲击。接下来第二轮包括百度、苹果、小米等的入局，会不会带来更大的冲击？在产业大变局中，传统车企究竟应该怎样应对？

赵福全：全新的赛道必须有全新的打法，全新的打法必须靠全新的能力。所谓全新的能力，不是说要全部抛弃过去的能力，实际上很多过去的能力仍有价值，需要有效继承。但是只有这些能力已经远远不够了，车企要参与未来的竞争必须具备一系列新能力。当然，这些新能力并不一定全都需要车企自己掌握，甚至其中有一部分能力是车企不应该、也不可能自己掌握的。这是其一。

其二，在这种情况下，车企必须形成有效组合新旧资源的能力，这样才能借助其他企业的优势，补足自己的短板。正因如此，资本在本轮产业变革中至关重要——资本是黏接剂，可以把很多资源组合起来；资本还是催化剂，可以促进重点领域更快更好地发展。

当前，业界已经形成了共识，那就是只依靠传统汽车产业自身的能力，不足以拥抱未来，因此必须寻找具有新能力的合作伙伴，开展跨界合作。而且这种跨界合作并非简单的加法，而是要真正实现深度合作，只有这样企业才有可能在本轮竞争中最终胜出。所以，企业能否在新赛道上取得好成绩，还要看合作各方资源融合的程度。

由此我认为，当前最重要的是，企业领军人必须想清楚，作为未来汽车大生态中的一个参与方，自己应该拥有什么、打造什么、储备什么，又应该与哪些参与方合作，为其提供什么，从中获得什么。实际上，那些什么都要自己做、制定了超大战略的企业，出问题是大概率事件。或者说，盲目以打造整个生态为目标并按此构建商业模式的企业，是很难成功的，因为没有哪家企业可以拥有整个生态。

从这个意义上讲，众多ICT巨头开始跨界进入汽车领域，带来的既是挑战，也是机遇，因为他们引入了产业急需的新资源和新能力。而汽车企业要做的就是，努力与ICT等科技公司相向而行、互相拥抱、优势互补、形成合力，这样汽车才能真正实现躯体（硬件）与灵魂（软件）的统一，形成自我进化的新能力。

21世纪：近期苹果造车的消息不断传出，如果苹果入场，恐怕将给传统车企带来巨大的挑战，可能有的车企将被淘汰，还有的车企会沦为苹果的代工厂。您觉得传统车企未来的发展前景如何，他们怎样才能在新赛道上占据主动？

赵福全：要想实现颠覆性的改变，先要有颠覆性的认识。传统车企如何看待本轮产业变革的幅度、速度以及自身转型所需的力度，这非常关键。事实上，本轮产业变革的幅度之大、速度之快都超乎想象，为此企业转型的力度也必须足够大，这是在新赛道上占据主动的前提。

至于说到苹果造车，我认为，一方面，车企大可不必自惭形秽。为什么苹果公司要与日产、起亚等车企探讨合作？这就说明即使像苹果这样的信息产业巨头，也同样需要传统车企的造车能力。尽管这部分能力未来只是成功的必要条件，而非充分条件，但仍然是传统车企可以凭借的优势。传统车企应以此为基础，加紧扩展自己所需的新能力。

另一方面，车企必须清楚自身欠缺什么能力，思考如何形成这些能力。如果不能面向新赛道快速形成新能力，就很可能会被苹果这样的巨头打个措手不及。实际上很多传统车企并不是完全没有打造新能力的资源，也并不是没有看清未来产业发展的大方向，但是由于其固有的历史包袱和内部阻碍，容易在眼前的利益与未来的发展之间徘徊犹豫，最终导致在转型中决心不够坚定、前进不够快速而错失良机。也就是说，传统车企巨头虽然实力更强，但转型的阻力也更大。我认为，这才是传统车企可能难以应对苹果们造车挑战的根本原因。

从这个意义上讲，我们更应该思考苹果这类公司加入造车行列，究竟传递出什么信息？我认为最重要的信息是，未来的汽车一定是可编程的数字化产品。基于数字化能力产生的数据可以使汽车产品更加智能，并且拥有不断自我进化的能力，这其实是未来所有工业产品的必然发展方向。也就是说，数字化能力将成为未来汽车最根本的能力，而这恰是苹果这类科技公司的看家本领，这才是苹果们进入汽车领域的底气所在。其实特斯拉也是一样，其真正的领先优势并不在于电动化，而在于数字化，在于其已经具备了年产50万辆可以自我进化的数字化汽车的能力。

展望未来，数字化转型将是汽车产业的大势所趋。而在苹果们入场之后，可以预期他们将导入数字化程度更高的全新汽车产品，从而对现有汽车产品构成降维打击。在我看来，对于汽车企业来说，数字化能力才是苹果们带来的最大威胁。传统车企要想成功应对科技公司造车的挑战，必须充分认识到未来的汽车一定是数字化、可编程、能进化的智能产品，并为此加紧打造相关的能力。

六 是金子就一定会发光

21世纪：您如何看待资本市场对造车新势力的追捧？这其中是不是有泡沫？

赵福全：市值代表了投资者对于企业未来发展前景的一种预期，而不代表企业当前的实际价值，也不代表企业未来必定能够实现投资者预期的价值。市值泡沫指的就是高预期企业的市值与其实际价值之间的差距。由此我认为，第一，不能因为新造车企业股票市值的高涨，就判定他们已经成功，长远来看，企业是否成功最终还是要看其实际价值；第二，市值泡沫无疑是存在的，但对于有发展潜力的企业来说也是正常的。后续随着新赛道渐趋明朗，企业的市值会逐渐向其实际价值回归。那些只是方向正确、但没有踏实努力或者经营不善的企业，其市值泡沫必将缩水甚至完全崩盘，也就是说，市值泡沫中的水分最后一定会被挤出去；反过来讲，那些方向正确同时又踏实积累、不断前进的企业，即便市值可能暂时没有反映出其实际价值，最终也一定会被市场认可。正所谓"是金子就一定会发光"。

说起来市值高也并非新造车企业专有，比如作为传统车企的比亚迪，就颇受资本看好。我认为，主要原因不在于比亚迪进入了新能源汽车的新赛道，实际上很多传统车企都在加紧新能源领域的布局，而在于比亚迪不仅有传统汽车上的持续积累和新能源汽车上的先发优势，而且在动力电池等新能源汽车核心零部件方面也有很强的技术储备，这才是其受到投资者青睐的关键。

21世纪：您如何看待电池的技术路线之争，还有1000公里续驶里程和固态电池等热点议题？

赵福全：目前综合电池性能、安全、成本等关键要素，行业对于不同动力电池的发展前景、速度以及适合哪种车型，已经形成了基本共识。

第一，在未来一个时期内，三元锂电池和磷酸铁锂电池将占据主导地位。其中，三元锂电池要在保证安全性的前提下努力降低成本，无钴、高镍等改进方向都是为了实现这个目标；磷酸铁锂电池则要基于成本优势尽可能提升能量密度。

第二，在现有电池体系基础原理已经明确的情况下，当前电池技术的创新机会将更多来自工艺和材料优化，比如刀片电池、CTP（无模组电池包）技术等，我认为主要都是工艺上的创新。

第三，固态电池潜力巨大，被大家寄予厚望，不过目前尚处于研发阶段。有的企业宣称其固态电池即将量产，不过应该还是过渡性的半固态电池，距离未来有望全面替代现有电池体系的真正的全固态电池应该还需要很长一段时间。

总体来看，未来十年，电动乘用车的动力电池将以三元锂电池为主、磷酸铁锂电池为辅；在此之后，固态电池将逐渐导入。

应该说，中国的电池企业抓住了本土新能源汽车产业快速发展的战略机遇，像宁德时代等的崛起就源自于此。不过随着电动化趋势在全球范围内扩展，韩国、日本和美国的一些电池企业正在发力，其竞争力不容低估。中国电池企业虽然取得了先发优势，得以迅速扩大规模，也在一定程度上掌握了电池先进技术，但是如果不能在材料和工艺等基础技术领域下足功夫、做好布局，仍然面临后劲不足的风险。尤其是下一代全新电池的开发能力，将决定谁能成为电动汽车全面普及阶段的王者，因此中国电池企业切勿有丝毫的放松。

至于1000公里续驶里程的说法，我觉得这说明不少企业正致力于开发支撑长续驶里程的电池技术，代表着市场的一种需求和企业的努力方向。说到底企业追求长续驶里程，主要还是因为电动汽车面临充电难的瓶颈。为此，国家必须持续加快推进充电基础设施建设。相比于增加电池提升续驶里程来缓解充电难题的方式，提高充电便利性才是解决问题的根本之道。而且无论是从成本，还是从碳排放的角度，后者无疑都比前者更优。从这个意义上讲，先进充电技术的研发、充电商业模式的探索以及强环境适应性电池技术的攻关，都是加快推动电动汽车大规模普及的重要方向。在这些方面，我们还有太多的基础工作要做。

七 得中国者得天下

21世纪：最后一个问题是关于合资股比放开的。去年大众控股了江淮大众合资公司；春节前一汽和奥迪成立了新能源合资公司，基于奥迪的PPE平台生产纯电动汽车，德方占60%的股份；而此前宝马和华晨早已达成了合资公司的股份转让意向。外资车企纷纷突破股比限制，将对中国汽车产业造成怎样的影响？

赵福全：股比在本质上意味着参股各方对合资公司的控制力和决策权，显然，控股方在经营中将拥有更大的话语权和自主性。因此，在股比放开的前景下，中外双方必将就合资公司的拥有权、控制权和经营权展开博弈。

坦率地讲，股比放开是大势所趋，目前已经不是山雨欲来，而是风暴已至。现有合资公司的双方都需要重新思考未来的合作，或者说重新定义彼此的"婚姻"，以实现自身利益的最大化。而且在日益开放的政策环境下，外资车企不仅可以谋求扩大现有合资公司的股比，还可以选择新的合作伙伴，成立自己控股的新合资公司，或者直接建立独资公司，例如特斯拉。当然，股比放开是相互的，中方同样可以谋求扩大现有合资公司的股比，或者选择新的外方合作伙伴。毕竟时至今日，中外车企的实力对比已经发生了很大变化，不少中国车企取得了长足进步，已经不再是绝对弱势的一方。尽管合资公司的外方相较中方通常仍占据优势，但也有一些外方渐趋势弱，或者至少中方的话语权在相对增强。因此，我们对于股比放开大可不必过分悲观，事实上，这也是产业资源优化重组的契机。其实在今天的大环境下，谋求对合资公司的控制权已经成为中外双方心照不宣的公开"秘密"，对此双方都不必"犹抱琵琶"，大可坦然直面、理性对待。

在此过程中，中外双方首先都要认真考虑一个重要的问题，那就是双方究竟应不应该分道扬镳？对此我的看法是，总体而言继续合作对中外双方都是更好的选择。所以，双方更应考虑如何准确定位自己在合作中的角色及作用，要从"责权利"相互匹配的角度进行客观评估，从而促进合资公司更好地发展，通过做大共同的蛋糕而让彼此受益。如果这些问题企业还没有想清楚，就贸然寻求改变股比或者成立独资公司，那恐怕只会事倍功半，甚至后患无穷。

在此，我想特别提醒外资车企，千万不可忽视中国市场。第一，中国汽车市场不仅稳居全球第一，而且仍有增长潜力；第二，全球汽车产业正处于全面重构中，而中国有望引领这场变革，因为未来区域性、数字化的智能汽车产品将成为主流，这一点与中国大市场相结合，使"得中国者得天下"这个判断变得更为正确；第三，本轮汽车产业变革以跨界融合为基本特征，政府的协同推进和信息通信产业的深度融入正变得日趋重要且不可或缺，而中国拥有"集中力量办大事"的体制优势以及较强的信息通信产业基础，这些因素都有利于推动汽车产业在中国市场上率先实现转型升级，进而引领全球创新发展。

由此出发，对于股比放开，我建议中外车企都要理性面对、科学评估、力争双赢。实际上，中方需要外方的技术和品牌，外方也需要中方在本土市场把握、跨界伙伴选择、创新商业模式探索和公共资源协调等方面的能力，因此双方选择继续合作更能实现互利互惠。如果没有这种心态，股比博弈就很可能会造成彼此较劲、互不信任，其结果一定是双输，并会贻误企业的发展良机，这绝对是不可取的。实际上，股比放开只是在法律层面上取消了约束，给了企业自主选择的更大灵活度，至于企业具体如何调整，还是应该基于自身的核心诉求和彼此的实际情况来慎重决策。我认为，中外双方高层基于股比政策变化展开的讨论不应局限于对合资公司控制权的博弈，更应站在合资公司背后两个汽车集团如何应对产业变革的高度，探讨抱团取暖、优势互补、合作共赢的大战略。

（本文根据《21世纪经济报道》2021年3月31日赵福全教授专访整理）

企业家的战略领导力决定企业数字化转型的成败

【精彩语句】

"今后无论企业应用数字化的范围有多广、程度有多深,数字化依然只是手段而非目的。而企业经营的核心目的始终是让效率更高、质量更好、成本更低,从而赢得消费者的青睐,获得更大的收益。对此,企业切不可本末倒置。"

"数字化转型更需要领军人基于自身的深刻理解和前瞻认识,进行全局性的系统布局,并以极大的勇气积极实践、不断推进。如果说原来企业领导者的领导力主要体现在敢于投入的勇气和魄力上,那么新时期企业数字化转型对领导力的需求则要高得多。"

"数字化转型需要对企业进行全要素的再造和升级,既要在技术手段上实现数字化,更要让所有数据都流通起来,还要使所有数据都得到有效使用。这个转型过程涉及企业方方面面的投入和改变,包括软件投入、硬件投入以及组织架构和商业模式的重新定义,是多元要素相互交织的系统性创新。"

"现在很多企业纷纷成立了数字化领导小组,宣称要向数字化业务转型。但是如果没有充分考虑到数字化转型的继承性,没有依托原有业务进行数字化升级,而只想着全新构建一套数字化业务,这样的转型注定是不可能成功的,因为从一开始就已经走上了歧路。"

【编者按】

针对企业数字化转型这一行业热点问题,赵福全教授应邀参加了天津大学中国汽车战略发展研究中心举办的《数字化变革"咖"对话》栏目,与栏目主持人郭焱老师进行了深度对话,系统阐述了自己关于汽车企业如何认识和实施数字化转型的深刻理解和敏锐洞见。赵教授明确指出:数字化只是手段,优化业务才是目的,其实现路径是数字化支撑数据化,数据化支撑智能化。数字化转型是庞大的系统工程,必须在每一家企业、每一个部门、每一个业务、每一个零部件都得到充分实现,由此将催生出一个智能化的全新世界。企业实施数字化转型,不仅需要软件技术,也需要硬件技术,还需要软硬融合技术,更需要与之匹配的资源配置与业务分工,即新的运行模式。而实现数据标准的统一化,打通不同部门的数据管理系统是当前的关键所在。为此,数字化转型必须是一把手工程,其成败及效果取决于企业家的战略领导力。同时,赵教授还谈到了数字化转型中整供车企的不同侧重点和突破口,以及开拓创新与继承发展的辩证关系等重要问题,从而为新时期企业探索数字化转型之路提供了一套完整的方法论。

汽车产业作为国民经济的重要支柱产业,涉及面广、关联度高,对上下游产业和就业的拉动效应十分明显。特别是随着我国汽车产销规模和保有量的不断增长,汽车产业对国家政治、经济、文化、社会环境等产生了日益深远的影响。

当前,新一轮的科技革命正在引发汽车产业的深刻变革,包括整车及供应链企业、信息及互联网公司、科技公司、基础设施公司及相关运营公司等各方势力纷纷入场,用大数据、云计算、智能网联、人工智能等新技术为汽车产业创造新的利润增长点,而这些技术应用效果的关键在于车企的数字化转型。

一 汽车企业数字化转型难度更大、价值也更大

郭　焱:和快消品企业相比,车企数字化转型的特点有何不同?

赵福全:在新一轮科技革命的驱动下,互联网正向产业联网深度演进,而数据将基于万物互联得到有效流通和充分利用,并由此产生广泛而巨大的价值。人工智能就是以数据为基础发展起来的,没有数据将使其成为无本之木。而数据的采集、处理和应用都依赖于数字化技术。数字化的概念早在计算机诞生之时便已出现,不过此前人们谈论更多的一直是日本专家在20世纪60年代提出的信息化概念。数字化和信息化在本质上都是对信息资源进行加工、利用的技术,两者的最大区别在于:数字化能够将信息进行更精准的处理;通过数字化技术产生的大量数据,可以作为信息的有效载体,实现信息

的精准传递，进而对人类社会、产业和技术的进步产生深远影响。

由此可知，汽车和快消品行业的数字化并无本质不同，都是一种增加价值的手段。不过数字化在不同产业和领域应用的难度以及潜在价值是完全不同的。在当今世界，利用计算机将一些信息转化为标准化的数据本身并不困难，困难的是获得这些数据之后，怎样才能有效地为企业所用。实际上，产生数据只是数字化的第一步，此后如何对数据进行深度加工和充分利用才是关键所在。唯有如此，数字化才能推动人工智能的发展，催生新的服务内涵和新的商业模式。

对快消品行业来说，数字化的应用相对简单，容易产生价值，但潜力也比较有限，而汽车产业恰恰相反。汽车产品涉及上万个零部件，而且是自由度最高的可移动载体。如果汽车的每一个零部件以及每一次出行都基于数字化技术产生了数据，并且这些数据都得到了有效加工和利用，那么这其中蕴含的巨大价值及潜力，足以让我们无限畅想。反过来讲，要在汽车这样复杂的产业实现全面的数字化谈何容易！数字化如果不能在产业链上的每一家企业、企业内部的每一个部门、产品的每一个零部件以及每一次使用中都得到充分实现，是不可能发挥其应有作用的。

从这个意义上讲，数字化不只是简单的技术进步，更是对产业既有商业模式和组织关系的重大变革。现在一些车企开始向扁平化方向调整组织架构，就是因为依托数字化手段实现了数据流通，可以更有效地打通横向部门之间的协作关系了。比如数据从销售部门流向研发部门，就可以用市场数据直接指导研发；又如数据从研发部门流向制造部门，就可以实现设计和生产的无缝对接。从专业分工角度来说，这些业务仍然属于不同的职能部门，但是通过数据的连接与贯通，就可以实现跨部门、多业务的一体化运营，从而大大提升企业整体的运行效率和质量。

显然，汽车和快消品在数字化方面的最大区别在于前者太过复杂，仅仅某个部门或某个业务在数字化方面做了一些工作，可能根本看不出成效。而快消品则简单得多，像手机等电子产品就比较容易实现基于数字化的研发、生产、服务一体化。当然，对于快消品成功应用数字化的模式和经验，汽车企业还是应该高度重视，并认真思考如何借鉴。

二 数字化转型是企业赢得竞争优势的重要手段

郭　焱：数字化和企业转型之间是什么关系？企业是否需要另起炉灶？

赵福全：那种认为"数字化就是要打破旧世界、建立新世界"的观点是错误的。实际上，数字化主要是对原有业务进行优化和改造的手段。一方面，数字化并不会改变业务的核心与实质；另一方面，此前企业也需要数据以及相应的数字化能力，只是当时限于技术原因，很难实现数据的有效生成、存储、传递、处理和利用。而计算机的出现和联网技术的发展，使企业越来越具备数字化能力，因此数字化转型才逐渐成为业界普遍关注的焦点。由此可见，数字化并不是一个全新的概念，更不需要企业另起炉灶。

也就是说，企业首先应该从原有业务出发去努力挖掘和搜集相关数据，并利用这些数据把业务做得更好。今后无论企业应用数字化的范围有多广、程度有多深，数字化依然只是手段而非目的。而企业经营的核心目的始终是让效率更高、质量更好、成本更低，从而赢得消费者的青睐，获得更大的收益。对此，企业切不可本末倒置。

当然，数字化转型虽然不是企业发展的根本目的，但却是企业赢得竞争优势不可或缺的重要手段。首先，数字化将为企业参与新时期的竞争提供必要的新能力，由此企业将如虎添翼，可以利用数字化手段改造原有业务，实现提质增效降本。其次，企业依托数字化带来的新能力还可以不断拓展原有业务，从而在改善旧的业务存量的基础上，获得新的业务增量。这是因为企业离散的业务基于数字化充分打通之后，将会彻底改变既有的业务模式和价值潜力。所以企业通过数字化不仅可以把原有业务做得更好，也可以开拓出新的业务发展空间。最后，数字化一定会实现数据化，数据化一定会助力企业实现智能化。而作为终极目标的智能化，绝不是简单的产品智能，而是包含整个企业所有环节和所有参与者在内的全面的管理智能，这将使企业的综合竞争力取得质的跃升。

说到底，企业管理就是对企业资源的有效组合和充分利用，而基于数据的智能管理将使企业的决策更科学、更迅速，所以智能管理将是管理的最高境界。比如以大规模定制化生产为特征的智能制造是当前企业转型升级的重点方向之一，其本质就是企业对自身的制造资源进行智能化的组合和利用。在智能制造的理想图景下，企业基于数字化手段掌握并利用各种类型的大量数据，这些承载着不同信息的数据在相关业务环节之间顺畅流动，支撑企业进行实时、精准的决策和响应，从而更加高效、科学地调配资源、打造产品，最终实现按照消费者的个性化需求提供定制化的产品和服务。毫无疑问，数字化代表着一种全方位的新能力，将会催生数据化、支撑智能化，为企业带来空前的发展机遇。

从这个意义上讲，未来伴随着数字化一定会出现一个智能化的全新世界，只不过这个新世界不是通过抛弃旧世界凭空创造出来的，而是要在继往开来和承前启后的过程中，从旧世界中逐步衍生发展出来。事实上，数字化技术作为一种新的生产力，其改造旧世界的力量是巨大的；反过来，新的生产力要求必须有新的生产关系与之匹配。如果没有适应数字化能力的组织架构和管理模式，也就是没有构建起新的生产关系，企业是不可能把数字化这种新的生产力用好用足的。所以，数字化转型不仅要求企业拥有新技术，而且要求企业建立新的运营模式，这样才能让新技术更好地服务于企业，使企业可以发展得更快更好。

针对数字化的具体应用，其核心是基于充分网联条件产生数据，并使数据得以顺畅流通和有效利用。而数据流通的起点和终点都是消费者，即从消费者的需求出发，最后以更好地满足消费者的需求返回。因此，数字化可以拉近企业与消费者之间的距离，使企业能够直接感知消费者的各种需求及其满足情况，这一点应成为企业实施数字化转型的重点攻关方向和关键突破口。

对于汽车产业而言，数字化以及由此实现的跨部门、跨企业、跨产业的数据流通，是汽车产品由硬件主导向软件主导发生转变的根本原因，由此企业核心能力需求也将发生根本性的改变。今后汽车企业既要做好硬件，也要做好软件，更要做好软硬结合，而这些努力都离不开数字化的支撑。如果企业在面向"软件定义汽车"布局时只强调应用软件，而没有进行数字化建设，也就是未能让各个部门都产生数据并充分流通，那么软件应用的效果就会非常有限，甚至可能适得其反。实际上，大量数据的充分流通意味着各个业务部门虽然仍有分工的边界，却不再有思维与合作边界的限制，因为各个业务部门都可以站在全局高度，面向总体目标，实施前所未有的紧密合作与一致行动，真正为消费者提供最适合的产品和服务。从这个角度讲，企业既需要实现数字化的新技术，更需要应用数字化的新理念与新架构。

三 数字化转型需要企业构建新型的战略领导力

郭　焱：面对数字化转型，领导力的特质和原来相比有何不同？

赵福全：企业的发展无时无刻不需要领导力，而在数字化转型之际，企业所需的领导力将有全新内涵。因为数字化转型是在原有业务的基础上应用新技术以实现创新发展的复杂过程，或者也可以说是一个庞大的系统工程，这不仅涉及与数据相关的软件技术，也涉及支撑数据运行的硬件技术，还涉及软件与硬件的融合技术，更涉及与这些业务相匹配的资源配置与业务分工。而且正如前面讲到的，数据一旦流通起来，业务的边界就会变得模糊，这既给企业带来了创造更大价值的潜在空间，也使数字化转型本身变得更加困难。

数字化转型与过去以硬件能力提升为主的转型完全不同：原来企业只要加大投入、升级设备，同时培训员工使其能力与硬件设备相匹配即可；而数字化转型不是只靠投入硬件或者软件就能实现的，而是需要企业整体的组织架构和运行体系都进行与数字化相匹配的持续优化和调整，这其中有很多要素是"看不见、摸不着"的。因此，数字化转型更需要领军人基于自身的深刻理解和前瞻认识，进行全局性的系统布局，并以极大的勇气积极实践、不断推进。如果说原来企业领导者的领导力主要体现在敢于投入的勇气和魄力上，那么新时期企业数字化转型对领导力的需求则要高得多。在很大程度上，数字化转型要求企业领导者必须具备颠覆性的新理念和新认识，因为唯有如此，企业才有可能坚持进行颠覆性的创新实践，最终实现颠覆性的变革，取得颠覆性的成果。

有鉴于此，企业领导者既要加紧了解数字化相关技术，更要围绕数字化尽早形成深层次的理解和认识，即未来数字化将给诸多企业、各个产业乃至整个人类社会带来哪些深远影响和巨大价值。在此基础上，企业领导者必须先进行自己思想上的革命，挑战固有的惯性思维，构建全新的正确理念，这样才能有效领导和推动企业的数字化转型行动。举例来说，现在不少公司认为安装了诸如 ERP（企业资源计划）等软件管理系统，再给各部门都配备了计算机，就实现数字化了。其实数字化转型绝非如此简单，要实现所有部门之间数据的有效流通，必须先实现数据标准的统一化，打通不同部门的数据管理系统，这样才能真正取得质量更好、效率更高、成本更低的转型效果。因此，企业必须进行整个运行体系的全方位变革，甚至还要否定以前一些局部最优的打法。显然，如果领导者没有正确的理念是不可能有效推进数字化转型并坚持下来的。实际上，这也正是数字化转型最难之处——企业领导者必须自我革命，不仅要自己走出舒适区，还要带领员工走出舒适区。

当前，新一轮科技革命正逐渐接近从量变到质变的拐点，原来人与人之间传递信息的互联网正在向物与物之间传递数据的物联网即产业互联网演进，而这种数据流通的前提条件就是数字化，其最终结果则是使各种人造产品都实现智能化。从这个角度看，数字化转型代表着人类社会发展的大方向，同时也是科技革命引发的必然趋势。企业领导者必须站在这样的高度上认识数字化，不一定要懂数字化技术的细节，但一定要对数字化的战略价值有充分的认识。正因如此，数字化转型必须是一把手工程，其成败以及效果主要取决于企业领导团队对未来产业发展的准确判断和深刻理解，也就是说，数字化转型将比以往任何转型都更取决于领导力，特别是战略领导力。与此同时，产业全面重构给后发的中国车企带来了空前的机遇和挑战。如果说在旧赛道上我们只能跟跑，那么在新赛道上我们更有机会并跑，甚至有望领跑，这同样迫切需要中国车企构建起支撑并跑乃至领跑的新型战略领导力。

（四）汽车企业实施数字化转型是全方位的系统性创新

郭　焱：车企的数字化转型具体应该在哪些方面展开？

赵福全：车企实施数字化转型首先需要对所有业务进行全面系统的盘点和梳理，然后基于数字化手段的潜力，面向企业提质增效降本的目标，对相关业务及其流程、模式进行改良和优化，并在此过程中努力发现新机会，挖掘新价值。也就是说，数字化转型需要对企业进行全要素的再造和升级，既要在技术手段上实现数字化，更要让所有数据都流通起来，还要使所有数据都得到有效使用。这个转型过程涉及企业方方面面的投入和改变，包括软件投入、硬件投入以及组织架构和商业模式的重新定义，是多元要素相互交织的系统性创新。

对于企业而言，必须认识到基于数据的智能化是未来最核心的竞争力。而为了全面拥抱智能化，汽车企业就不能只局限于"造好车"，还要努力帮助用户"用好车"。这样才能及时响应用户反馈的需要，随时解决用户遇到的问题，深度挖掘汽车的潜力，真正提供满足用户需求的产品和服务，让广大用户都能享受到使用汽车出行带来的便利、舒适和快乐。在这个过程中，用户所有的需求及其对应的产品和服务，都是以数据的形式呈现的，换言之，让数据贯穿全产业链条和各业务领域顺畅流通起来，是确保未来汽车产品可以常用常新的关键。

这也从另一个角度说明了数字化的重要价值：如果说此前汽车产品由于大工业生产而趋于同质化，那么今后数字化支撑下的数据化和智能化，将使车企有能力满足用户的个性化需求，并由此形成汽车产品差异化的竞争力。最终，用户的个性化需求将通过"千人千面"和"千车千面"的个性化服务而得到满足。而在这种差异化竞争力的背后，企业既要对内外部资源进行重新组合，也要对供应链进行扩展布局，还要对产品开发流程进行全面再造，使其由过去的主要基于硬件向未来的主要基于软件进行转变。

为此，在基于数据实现产品常用常新的前景下，车企需要对产品开发理念和流程进行相应的重大调整。比如，原来我们把产品量产上市称为 SOP（投产开始），而现在这个概念已经不准确了，今后应该把 SOP 改称为 SOD（交付开始），或者 SOP-X，即在产品全生命周期内汽车会有 X 次"投产交付"，产品上市只是企业对用户的第一次交付，此后在数字化能力的支持下，企业可以通过 OTA（空中下载）进行第二次、第三次乃至第 X 次交付。这样用户在汽车产品的整个生命周期里，都不会感觉到是在使用一个"旧"产品，而是随时都能感受到产品的最新进步。这正是基于数字化支撑数据化进而实现智能化的重大价值所在；同时，由于数字化和数据化主要通过软件实现，这也揭示了"软件定义汽车"的真正含义所在。

未来几乎所有的产品及产业都必须实施数字化转型，以实现上述目标。事实上，像手机等产业已经在做了，汽车产业之所以相对滞后主要是由于自身的复杂性。但反过来讲，像汽车这样复杂的大产业，一旦成功实施了数字化转型，其价值之大也远非其他产业可以相提并论。

五 整供企业数字化转型应有不同的侧重

郭　焱：在数字化转型中，整车和零部件企业的发展策略有何不同？两者各自应该如何思考和布局？

赵福全：所有企业面对数字化转型都需要进行重大调整和转变，这其中不乏一些共性因素，像新能力的投入、新理念的转换以及新领导力的形成等。对于整车和零部件企业来说，作为同一产业内的制造类企业，其共性因素肯定会更多。在转型过程中，两者的核心目标和基本路径是一致的，都是以数字化支撑数据化，最终实现智能化，为此实施的很多措施也是类似的，比如流程再造和体系优化等。但是整车和零部件企业的数字化转型还是要有所差别，以适应各自不同的定位。

未来整车企业数字化转型的目标应以更好地服务用户为核心，重在打造服务品牌，而不只是此前的产品品牌。为此，整车企业不仅要做好产品集成，更要做好服务集成，而无论产品集成还是服务集成，其基础都是数据集成，这方面的技术和能力应是整车企业未来关注的重点。

与此相应，零部件企业更应该不断提升自身零部件产品的数字化能力。其数字化转型的核心目标主要有两个：一是尽可能帮助整车企业采集相关数据，为产品的整体优化提供支持；二是直接为用户提供相应的产品和服务，因为今后个性化定制模式将越来越普及，而用户的很多个性化需求都对应于某些零部件产品及服务，需要零部件企业直接满足。实际上，如果不具备满足用户个性化需求的能力，未来零部件企业将很难进入汽车产业生态系统中，最终只能被淘汰。

在产业生态化发展的前景下，整零关系也将发生根本性改变。一方面，零部件企业的传统定义已经太过局限，供应链企业才是更为合适的概念。因为汽车产业的边界正在不断扩展且渐趋模糊，越来越多不同类型的企业都已成为汽车产业生态中不可或缺的组成部分，为汽车产品和服务提供各不相同的重要支持。由此整零关系将向整供关系转型。另一方面，传统零部件企业以硬件为主，范围基本固化，而未来供应链企业既涉及硬件，也涉及软件，且其内涵还在不断延展。也就是说,在汽车产业生态中,整车以外的部分比重将越来越大。与此同时,由于数据流通本身没有边界,可以跨越物理时空,因此未来汽车产业生态系统的业务范围和用户范围将会空前扩大,没有任何一家企业能够拥有或掌控整个生态。整车企业无力覆盖产业生态对汽车产品和服务提出的全部需求,只有通过与其他相关企业充分协作,才能参与未来竞争。因此供应链企业的重要性将相对提升,从而更有可能与整车企业真正形成命运共同体式的战略伙伴关系。

当然,这也意味着汽车产业生态系统将对供应链企业提出更高的要求,为此供应链企业在数字化转型进程中必须更具前瞻性。对于供应链企业而言,既要解决好所有企业面对数字化转型的共性问题,更要围绕核心领域努力打造出自身的特色能力,还要探索形成与其他供应链企业相关产品有效组合的能力,这样才能更好地为整车企业提供支持,并在未来生态系统下的激烈竞争中占据优势。

展望未来,定制化的智能汽车产品和智能出行服务尚无标准模式,"软件定义汽车"的内涵也有待进一步明确和细化。究竟谁来经营整个生态?谁来提供标准硬件?谁来提供定制软件?目前都没有定论。到底如何构建商业模式?如何合理分工?如何有效协作?也仍是仁者见仁,智者见智。这其中涉及诸多主体、各个层面的资源组合与分工协作,包括不同技术、不同企业以及不同产业等,特别是还要发挥政府的贯通推动作用和资本的黏结催化作用,才能真正形成一个有机的生态整体。

以车路协同为例,目前车路协同作为中国智能网联汽车的发展路径已成为行业共识,但是相关要素究竟哪些放在车端,哪些放在路端,哪些两端兼而有之?整个平台谁来牵头,怎样分工,后续又如何运营?这一切都没有明确的结论,需要整车以及各类供应链企业彼此相向而行、积极创新探索,按照共性要素放在路端、个性要素放在车端的基本原则不断细化优化,逐渐形成切实可行的商业模式,最终共同推进产业生态建设,实现合理分工、有效协作与互利共赢。在这个过程中,各类企业都要加紧实施数字化转型,并努力实现相互之间的数据打通。

汽车企业数字化转型应兼顾创新性和继承性

郭　焱： 车企在数字化转型过程中应如何实现新旧业务协同发展？

赵福全： 当我们在讨论所谓传统业务和数字化业务的时候，就已经人为地把业务和数字化割裂开来了，这其实是一个很大的误区。因为数字化是一种提升业务水平的手段，它当然能够在传统业务的基础上延展出新的业务，但它更能让传统业务焕发青春，使原来做不到、做不好的事情都能做得到、做得好。而且其衡量标准是客观的，那就是各项业务的质量改善、效率提升和成本下降，最终实现以数字化手段支撑企业的销售增长和利润增长。从这个意义上讲，数字化转型不是企业根据不同业务分别实施的可选项，而是对企业所有业务都有价值的必选项，也可以说是企业转型发展的必由之路。

其实企业的每一次转型都是如此，既有新业务的诞生，也有旧业务的改良，不可能一切都推倒重来。因此，转型既需要大刀阔斧、勇往直前，也需要继往开来、承前启后。这一点至关重要，企业领导者必须真正想清楚、弄明白。现在很多企业纷纷成立了数字化领导小组，宣称要向数字化业务转型。但是如果没有充分考虑到数字化转型的继承性，没有依托原有业务进行数字化升级，而只想着全新构建一套数字化业务，这样的转型注定是不可能成功的，因为从一开始就已经走上了歧路。

与此同时，企业的数字化转型也不是让各业务部门都拥有一套信息管理软件就实现了，实际上有效打通现有不同环节和层级的信息管理系统，如ERP、PLM（产品全生命周期管理系统）、MES（生产过程执行系统）等，恰恰是当前数字化转型最核心也最困难的工作之一。因为如果不能真正集成这些信息管理系统，形成一个彼此兼容、无缝连接的总体数据管控平台，就无法实现企业的全面数字化，也无法让各类数据在不同环节、不同部门和不同专业之间流通起来。而高效率、高质量、低成本的全面数据流通，才是支撑企业数字化转型成功的关键。

总之，对于包括国际车企巨头在内的所有汽车企业来说，数字化转型都是巨大的挑战。在转型过程中，企业既要清楚数字化的本质是一种手段，为此应努力基于数字化优化旧业务、拓展新业务；又要充分理解数字化转型具有颠覆性，因为要实现企业各个环节、所有部门的全面数字化，必须探索新的组织形式、运行机制和商业模式，甚至必须挑战汽车产业在上百年发展历程中形成的很多固有范式和经验。归根结底，企业要通过数字化转型实现数据流通，并以此打通所有业务，实现内外部资源在更高层面上的优化组合，从而为用户提供更好的智能产品和服务，并最终实现企业的成功转型。

（本文根据赵福全教授 2020 年 10 月 14 日参加天津大学中国汽车战略发展研究中心《数字化变革"咖"对话》栏目的对话与分享整理）

新入车企选择代工必须充分考虑品牌建设问题

【精彩语句】

"一些互联网企业在跨界造车时往往标榜'轻资产'的生产和管理模式，但是在品牌差异明显的情况下，产品制造环节的巨额投入实际是不可避免的，只是委托方和代工方谁来承担或如何共担的问题，而如果由后者承担也一定会向前者索取相应的利益回报。所谓'互联网造车就不需要制造投入'是一个认知的误区，因为'世上本无免费午餐'，这也是近百年来汽车代工没有成为主流商业模式的原因之一。"

"无论是生产代工还是品牌授权，笔者认为'门当户对'都是关键。只有双方的品牌比较接近、能力与需求匹配度较高时，才能使资源利用最大化，最终实现以较低的成本，获得更高的成功概率。"

"跨界造车的'新玩家'们如果要打造出与众不同的品牌价值，恐怕还是需要形成自己可控的产品制造能力，否则品牌的长期塑造将成为'无本之木'。"

【编者按】

针对一些新入车企提出的以产品代工实现"轻资产造车"的理念和模式，赵福全教授应《中国汽车报》之邀，发表专论文章进行了透彻分析。他一针见血地指出，问题的关键在于产品代工背后的品牌建设问题，因为品牌最终是通过产品来体现的。委托方必须确保代工方生产的产品能够达到其预期的品牌支撑效果。为了使代工方在技术标准、质量标准、工艺标准、供应商体系、装备水平以及工人能力方面都符合自己的要求，委托方就要付出相应的成本。因此，在代工模式下，巨额投入同样是不可避免的，而"门当户对"的合作由于资源匹配度较高，可以最大限度地减少投入。他同时指出，对于这种创新尝试本身，政府和行业都应持鼓励态度，并尽可能在政策层面减少资质等非市场因素对企业模式选择的影响。

近日蔚来与江淮汽车达成战略合作协议的消息备受关注，从发布的公告看，蔚来汽车将授权江淮汽车使用其商标和相关技术，生产商定之新能源汽车车型，江淮汽车负责进行合作车型的生产。尽管从目前公布的粗线条的合作条款中看不到更多细节，但能够在品牌和技术的使用上达成共识，显示出双方的合作已经达到了较深层次。这是一次"轻资产造车"模式的创新尝试，体现了分工协作、资源共享的互联网精神，也符合有效利用汽车产能的大方向，全社会都应给予鼓励和支持。为使这种造车模式能更有效地落地，我们有必要对这一模式进行冷静的思考和系统的分析，毕竟造车需要真金白银的投入。同时，在品牌培育中双方所承担的责任是完全不同的，作为品牌拥有方的新入车企更要周密策划、谨慎行动。汽车代工远没有那么简单，尤其需要把涉及长远大计的品牌建设问题梳理清楚、回答明白，以免有过于乐观之虞。借此机会，笔者就合作双方及广大汽车同仁共同关心的话题，谈谈我们的粗浅认识。希望这些思考有助于创新造车模式的成功起航。

一 汽车代工有不同的合作模式和分工需求

首先必须清楚，代工可以有不同的合作模式，相应地，委托方和代工方的分工以及面临的挑战也各不相同。大致说来可分为两类。

第一类是"按方抓药"式的合作模式。在这种模式下，委托方负责产品的定义、要求和把关，将产品的技术标准、质量标准、工艺标准、供应商体系、装备水平以及工人能力需求等明确地提供给代工方。而代工方只负责遵照执行，不需要理解委托方要求背后的品牌诉求。在此情况下，委托方必须充分梳理清楚自身品牌的内涵和外延，清楚到底要用什么样的产品和技术来支撑自己的品牌，更要对符合要求的代工产品能否达到预期的品牌支撑效果负责，还要基于代工方的实际情况准确评估所提要求带来的技术及成本投入。

不难理解，这种模式下最大的挑战在于委托方究竟有无"开方"的能力，对经验有限、品牌全新的新入车企而言，这并非易事。当然，委托方可以通过招揽所需的各类人才来解决问题，但是这些来自四面八方的人才只有短时间的磨合，能否有效集成、快速形成合力？他们对代工方的制造能力是否有足够的了解和认知？对供应商体系是否有足够的理解和驾驭能力？同时，代工方能否真正理解委托方造车的核心要素，并愿意为此全力投入？毕竟品牌不是一个虚的概念，而是要通过产品、技术以及服务等逐渐堆积塑造出来的，初创品牌更是如此。笔者认为，这是新入企业代工造车所面临的第一个挑战。

第二类是"共商药方"式的合作模式。如果委托方在产品研发、采购、制造、质量及配套的人力资源等方面，没有定义体系和标准的充分能力，又或者并不想在这方面做完全的投入，那就需要依赖于经验更丰富的代工方提供支持，这不仅意味着双方必须要更有效的互动配合，更要求代工方对委托方的品牌及支撑其造车的核心要素有深层次的理解。也就是说，委托方与代工方都需要对品牌的内涵和外延有清晰的认识，共同商定以什么样的产品、技术及制造能力来实现品牌的价值，包括市场定位、性能指标、成本目标、关键技术、质量标准、供应商体系及生产工艺、装备等。

需要强调的是，新入车企与传统汽车强企动辄数十年的品牌积累完全不同，后者的品牌定位早已清晰，而前者对品牌的愿景和描述以"形而上"的成分居多，尚无实际产品佐证，不够也无法具象化。因此，新入车企如何让代工方充分理解自己的品牌理念是一大难题。

对于委托方而言，如果选择"共商药方"，更大的挑战在于主导权问题。即双方的意见不一致时，谁来主导？如果听委托方的，就是"按方抓药"模式了，代工方将无法有效发挥作用以弥补委托方能力的不足；而如果听代工方的，就不只是代工那么简单了，等于在共建新的品牌，在产品最终如何符合品牌需求的问题上很难分清责任。特别是新入车企，为确保品牌建设受控，在品牌初创期是不会把产品定义授权出去的，否则，一旦产品不支持品牌的形象和定位，将很难扭转局面。这是新入车企采用代工造车模式所面临的第二个挑战。

而从代工方的角度考虑，又为什么要投入很大的精力与新入车企"共商药方"、共担风险呢？要知道即使产品成功了，也是在"为他人作嫁衣"。或许蔚来授权江淮使用其商标隐含着更宽的内涵，即江淮自己的车型未来也可以使用蔚来的品牌？笔者倒是认为这种做法的可能性不大，一来蔚来品牌尚未在市场上立足，二来蔚来很难维护自身的品牌差异性；而对于江淮来说，果真如此，除了资金及产能共享外，又和自己去打造一个全新的电动汽车品牌有何区别呢？

当然，在中国，新入车企寻求代工合作还有一个绕不开的诉求，就是生产资质问题。但是如果新入车企只是为了解决资质问题，那就没有必要非得扩展成为全方位的战略协作，这样双方的关系也许更加简单明了。

二 汽车代工合作中的巨额投入不可避免

从上面的分析不难看出，无论是"按方抓药"还是"共商药方"，本质上都需要代工方生产出真正满足委托方需要的产品，这就涉及双方话语权博弈的更深层次问题。实际上，自一些新入车企提出代工生产模式伊始，"委托方与代工方谁来主导产品制造"这一命题就随之产生，业内对此也有不同观点。而笔者认为，在最佳状态下，主导权的归属应该参照"谁更懂谁就说了算"的原则，由双方理性决定。即哪方对用户需求有更清晰的认识，哪方更清楚如何有效地解决用户的痛点，哪方更了解造车的核心要素以及如何以低成本、高质量和快速度来打造产品，哪方就应该获得产品制造的主导权。

但在实际合作过程中，上述原则是很难把握的，真正发挥决定性作用的可能还是谁掌握品牌定义及资本的主导权。以代工方现有的设备和技术，能否直接满足委托方品牌定位完全不同的产品制造需求呢？恐怕很难。这就需要对生产装备进行必要的改造、优化甚至全新的投入，也需要对制造工人进行新的培训，同时还涉及与供应商的有效互动等问题，所有这些都需要大量的投入。如果新入车企并不想在生产线等硬件上过多地投入，那就只能依赖于传统车企现有的条件来造车，并在产品的定位和品质等方面做出妥协；而如果新入车企要确保产品定位和质量完全按照自己的标准来实现，那就需要加大投入，以资本输入确保产品制造的主导权，但是这样的投入除短期共享一些产能外，与自己新建制造能力又有多大的差别？当然，新入车企也可以通过股权置换、利润分配等手段来谋求掌控主导权，这需要双方在合作之前就达成共识，更要消除代工方对新入车企"画饼充饥"的疑虑。

一些互联网企业在跨界造车时往往标榜"轻资产"的生产和管理模式，但是在品牌差异明显的情况下，产品制造环节的巨额投入实际是不可避免的，只是委托方和代工方谁来承担或如何共担的问题，而如果由后者承担，也一定会向前者索取相应的利益回报。所谓"互联网造车不需要制造投入"，是一个认知的误区，因为"世上本无免费的午餐"，这也是近百年来汽车代工没有成为主流商业模式的原因之一。

三 "门当户对"的汽车代工更可能获得成功

汽车是极其复杂的工业产品，其产品开发绝不是简单的设计问题，而是涉及技术体系、采购体系、质量体系和制造体系等全方位的系统工程。在委托方和代工方品牌差异很大的情况下，后者能为前者直接所用的资源其实很有限，因为企业管理、研发、采购、质量和制造等方面的能力都是基于自身品牌定位来建设和积累的，要改变这一局面远非一朝一夕之功，而且意味着大量的新投入。这也是很多品牌向高端进军之路异常艰辛，甚至不得不选择另起炉灶的原因之一。当年克莱斯勒和戴姆勒分道扬镳的原因很多，其中很重要的一点就是双方没能真正实现原来预期的资源互补。

正因如此，无论是生产代工还是品牌授权，笔者认为，"门当户对"都是关键。只有双方的品牌比较接近、能力与需求匹配度较高时，才能使资源利用最大化，最终实现以较低的成本，获得更高的成功概率。

四 未来汽车品牌建设必须基于"软""硬"有效结合

在跨界造车的浪潮中，最为重要的一点就是新入车企如何建设并持续塑造全新的品牌。而由代工问题引发出另一个思考，即未来消费者对汽车品牌的认知方式是否会发生改变？毫无疑问，消费者将越来越关心产品的体验与服务。但十年之后，消费者是像今天一样，主要基于车辆外观、性能、质量及工艺等"硬"的成分来建立对汽车品牌的认同，还是会把汽车看成类似智能手机这样的产品，更看重其提供的服务和体验，即"软"的部分，并以此作为品牌认知的核心？

显然，这个问题事关当下车企应该选择哪种商业模式来迎接未来的竞争：如果消费者转为根据服务与体验等"软"的因素来认知汽车品牌，那么新入车企坚持将发展重心放在构建互联服务上,选择代工生产就是明智之举;而如果消费者依旧以"硬"为主或者"软""硬"并重来认知汽车品牌,那么代工合作恐怕就只能解一时之渴,无法持续支撑其品牌形象的构建和完善。这是因为,代工生产远非"按方抓药"那么简单,汽车生产过程中的诀窍(所谓的 Know-how)是很有技术含量的。实际上生产与设计共同决定了被代工的汽车产品的"硬"表现,也就是说,代工决定了产品力中很重要的一部分。那些以为"汽车可以随便代工"的想法,显然是对汽车生产过程的技术含量以及企业技术积累的重要性认识不足。

笔者判断:在新一轮科技革命的影响下,汽车品牌内涵中"软"的成分一定会越来越多,也越来越重要,并且最终会超过"硬"的成分,主导汽车产品的定义;但"硬"的部分永远是一款好车的必要条件,对于汽车的品牌认知而言,"硬"的部分始终不可或缺。这是由汽车产品本身的特性所决定的,尽管"软"的成分将使消费者最看重的汽车安全、节能与舒适性更佳,但这些性能是不是卓越,都还是基于"硬"的成分来实现的。从这个意义上讲,汽车代工与手机代工存在本质区别,切不可简单等同。实际上即使是智能手机,苹果品牌的塑造也是基于"软""硬"有效结合来实现的,并不是只有"软"的体验即可。当然,智能手机远比汽车产品简单,委托方"开方"让代工方"抓药"很容易实现,这也是手机行业代工模式成为主流的根本原因所在;而汽车产品的"软""硬"有效结合既复杂又困难,且投入大,牵一发而动全身,既对委托方的"开方"能力,也对代工方的"抓药"能力提出了挑战,没有对汽车制造的透彻理解和充分经验,很难实现两者的最佳平衡。在此前景下,跨界造车的"新玩家"们如果要打造出与众不同的品牌价值,恐怕还是需要形成自己可控的产品制造能力,否则,品牌的长期塑造将成为"无本之木"。其实部分新入车企选择以超跑作为其首款产品,就是要借助特殊车型的"硬"特色来完成高端品牌形象的初期打造。

总体而言,笔者对互联网造车的创新尝试持积极乐观态度。外部力量的介入既是汽车产业生机勃勃的佐证,也是未来产业健康发展的必然趋势。只有内外两股力量有效融合,中国汽车产业才能抓住新一轮产业重构的历史机遇。本文提及的问题,新入车企与传统车企在合作时,如果能清醒认识、充分考量并拿出有效举措,相信他们的合作一定能够结出硕果。最后,希望国家的产业政策为这些勇于创新的企业创造健康发展的有利条件,对于跨界造车给予更多的实质性支持,特别建议国家在生产资质方面给新入车企开绿灯,避免不必要的"借腹生子"。这样他们在践行"轻资产造车"模式时,可以不考虑额外的资质因素,谋求真正与传统车企资源互补或资源共享的代工合作,避免企业及国家不必要的浪费。

(本文原载于《中国汽车报》2016年6月20日第4、5版专论,署名作者:赵福全、刘宗巍)

打造中国汽车品牌
需要品牌升华与技术创新的双轮驱动

【精彩语句】

"过去,我们对品牌的认知太过有限,在引进外资的过程中轻易放弃了原有的很多自有品牌,使合资企业完全采用外方的品牌,并逐渐在中国深入人心。"

"技术进步与品牌提升必须同步进行、协调发展。技术是支撑,品牌是升华。没有优质技术支撑的品牌,终将难以为继;而没有卓越品牌升华的技术,也无法体现应有的价值。"

【编者按】

赵福全教授在本文中分享了自己对于品牌建设的深刻理解。他分析了品牌的内涵和重要性,提出了此前合资时代最大的失误在于放弃了自己的汽车品牌,这是比核心技术更难弥补的短板。赵教授尤其强调,中国车企必须秉承"做品牌如做人"的理念,认认真真做对做好每一件事,才能不断稳步提升自己的品牌。

中国汽车产销量连年稳居世界第一,不经意之间我们已经快速迈进了汽车社会。随之而来的是两个突出问题:一是能源、环境、拥堵、安全等各种"汽车社会病"日益凸显,对汽车产业未来的可持续发展构成严峻挑战;二是中国汽车产业虽大不强,集中体现在中国自主品牌汽车企业仍然不够强大,特别是在"含金量"最高的乘用车领域,合资品牌还占据着优势地位。如何尽快弥补差距,早日建成汽车强国,成为行业内外高度关注、上下求索的焦点。

中国汽车产业大而不强的客观现实,当然可以找到诸多原因,但在我看来,最主要的还是战略问题。长期以来,我们对汽车产业的重要性认识不足,对汽车产业的发展速度判断失误,甚至对建设汽车强国必须以本土企业为基础都有过争论。当前,产业进入了转型升级的重大变革期,如果在这个关键时刻,中国汽车强国战略再次缺席或者误判,自主品牌很可能将再无机会。

过去几十年,中国汽车产业曾寄希望于"以市场换技术",结果并没有获得真正的核心技术。更严重的是,我们对品牌的认知太过有限,在引进外资的过程中轻易放弃了原有的很多自有品牌,使合资企业完全采用外方的品牌,并逐渐在中国深入人心。后来出现的自主品牌,在艰难发展的初期唯有以低价取胜,这又对品牌形象产生了极为不利的影响。可以说技术和品牌的差距,直接导致了自主品牌处在产业价值链低端的尴尬处境。

相对而言,自主品牌近年来不断取得技术进步,我们有信心可以通过坚持自主研发,较为快速地缩小技术方面的差距;但是要弥补品牌的差距却远非一时之功,品牌也因此成为中国汽车产业当前最核心的短板之一。虽然近期自主品牌车企频频在品牌提升方面发力,也取得了一些成绩。不过,我们的自主汽车品牌离强大还相去甚远。中国汽车产业早日打造出可以和国外顶级品牌相提并论、正面抗衡的自主品牌,成为全行业翘首以待的共同心愿。

令人欣喜的是,最近我与多家中国汽车企业的领军人进行了直接交流,他们都谈到了在技术和品牌方面的宏伟计划,认为这是未来企业更上一层楼的关键所在。看来重新思考如何实现技术与品牌的相互促进,以实现企业核心竞争力的进一步升级,这已是主流自主品牌车企的新共识。

我一直认为,技术与品牌难分彼此,共同制约着中国汽车向高端发展。相比之下,此前中国汽车企业往往关注技术更多,而关注品牌建设较少,又或者将品牌视为营销推广,甚至觉得做品牌就是打广告。基于这样的认识和行动,又怎么可能真正实现品牌提升呢?显然,如果企业只攻关技术,而不同步提升品牌,只能事倍功半,最终将导致具有先进技术的产品难以获得应有的回报。实际上,这正是当前自主品牌的困境所在。因此,技术进步与品牌提升必须同步进行、协调发展。简单地说,技术是支撑,品牌是升华。没有优质技术支撑的品牌,终将难以为继;而没有卓越品牌升华的技术,也无法体现应有的价值。

当然,品牌的内涵远不止技术。事实上,品牌是产品和技术最终实现市场转化的标记和通道，与企业管理、质量、服务、文化以及用户体验、信任等各个方面都息息相关。所以品牌研究与建设是一项系统工程，有其客观的规律和丰富的内容。在这方面，自主品牌必须躬下身来认真补课。

至于具体采取哪种模式来进行品牌建设，是持续提升原有品牌，还是推出全新的子品牌，这取决于企业的实际情况与战略选择。但是无论怎样选择，企业都必须牢记，做品牌如做人——持之以恒地踏实努力，认真做对做好每一件事，始终是必不可少的。

（本文根据赵福全教授 2016 年 12 月 28 日为《汽车的风口：中国汽车品牌创建与管理》一书撰写的序言整理）

汽车产品竞争力评价

【精彩语句】

"汽车不仅是构成复杂、应用广泛的民用工业品,也是在购买过程中存在多元影响因素的大宗民生商品,其实际水平和发展进步未必能被广大消费者客观、理性、准确地认知。例如,尽管本土车企的产品近年来取得了巨大进步,但限于品牌等因素制约,消费者对其产品提升的认知明显滞后。"

"产品与价格的共同评价实际上就是汽车产品'性价比'的体现。从产品+价格的维度来看,在 A 级 SUV 市场上本土车型相对于合资车型显示出明显优势,前者的平均表现远在后者之上。也就是说,如果不计品牌因素,本土车企的 SUV 产品具有显而易见的性价比优势,是更为'实惠'的选择。"

"产品、价格、品牌三项一级指标的综合表现代表的是完整的汽车产品竞争力。受制于品牌力不足,本土车型的性价比优势未能延续到产品综合竞争力上,平均得分低于合资车型。这说明,很多消费者不计价格差异最终选择合资产品的根本原因,主要已经不在于产品本身,而在于长期积淀形成的品牌差异。"

【编者按】

曾长期执掌本土车企研发帅印的赵福全教授,对于汽车产品竞争力有着深刻的思考和独到的认识,本文就是他在这方面进行学术拓展的研究成果之一。文中直击本质地将产品竞争力分解为产品、价格和品牌三个维度,构建了全客观要素组成的综合评价指标体系,并以 A 级 SUV 产品为例进行了评价分析。结果表明,本土车型取得了显著进步,仅就产品自身而言,主流本土车企已经丝毫不逊色于合资车企,而其产品性价比明显更优;但受限于品牌,其综合产品竞争力仍弱于合资对手。因此,品牌建设应是本土车企下一阶段强化攻关的重点领域。当然,从产品维度下的二级指标来看,本土车型仍然在核心技术和质量保障能力等方面存在短板,亟须进一步加强积累和持续提升。而这一系列结论,无疑既是对本土车企产品进步的一次客观"正名",又是给本土车企全面提升产品竞争力提供的重要方向指引。

当前中国汽车市场的竞争愈发激烈，整车企业亟须加快创新产品，提升产品品质，以满足消费者日益提高的需求。同时，汽车作为国民经济的支柱产业，其产品升级对于供给侧结构性改革具有重大意义，有利于深度挖掘内需，满足国民优质出行需要。而汽车不仅是构成复杂、应用广泛的民用工业品，也是在购买过程中存在多元影响因素的大宗民生商品，其实际水平和发展进步未必能被广大消费者客观、理性、准确地感知。例如，尽管本土车企的产品近年来取得了巨大进步，但限于品牌等因素制约，消费者对其产品提升的认识明显滞后。这不利于形成健康的汽车消费文化，也不利于企业掌握产品实际水平和改进方向。因此，构建可以最大限度客观量化评价汽车产品竞争力的指标体系，以引导用户及企业形成对汽车产品的合理认知，具有重要的研究价值和现实的指导意义。

一 汽车产品竞争力评价指标体系的设计

1. 评价指标体系的设计原则

出于客观剖析产品本身的目的，我们没有采用通常偏重"消费者主观感受"的调研方法，而是力求基于客观参量设置和专业意见解读，来建立一套独立、科学且高效的汽车产品竞争力评价指标体系。

首先充分挖掘复杂市场环境下影响汽车产品竞争力的主要客观因素，在此基础上，遵循代表性、独立性、指导性和可获取性等基本原则，选择确定了相应的评价指标。由于不同种类汽车产品之间的差异明显，所以对不同细分市场的产品竞争力，选择的评价指标及其内涵应有所不同。这里以近年来市场份额持续快速增长的 SUV 产品为例，说明汽车产品竞争力评价指标体系的构建及其应用。

2. 评价指标体系的构建

尽管学术界和产业界对产品竞争力的确切定义并没有明确共识，但大众对影响汽车产品市场表现的影响因素还是有着相对近似的认知，即产品竞争力不仅受品牌、价格、成本、功能/性能（设计水平、技术含量）、产品品质（质量）等因素的影响，也和经济、社会、文化等因素密不可分。对此，笔者认为，除了产品本身之外，影响其竞争力的最主要因素就是品牌和价格，换句话说，品牌溢价力强以及产品价格相对低也是产品优秀的突出体现。

基于前述基本原则，经过反复分析和多轮提炼，最终构建了汽车产品竞争力多层级综合评价指标体系，包括产品、价格和品牌3个一级指标，动力性和经济性、核心零部件、空间表现、配置和质量保障5个二级指标，以及进一步细分的17个三级指标。例如，动力性和经济性指标由动力总成输出功率、加速时间、油耗数据等表征；核心零部件指标通过变速器、悬架、驱动、转向、制动系统的不同类型进行区分；空间表现指标主要考察有无第三排座椅以及储物空间大小等；配置指标则以甄选出的座椅、方向盘、天窗、前照灯、车窗和多媒体等配置选项为依据；最后，质保指标选择承诺质量保障的年限/公里数为判别因素。

这些因素充分涵盖了消费者高度关注的SUV产品相关事项，且均可参照实际情况客观评估。各指标的数据来源包括政府发布报告、企业产品手册以及专业汽车媒体解读等，可信度较高，并且大多可在新产品上市后第一时间获取，从而确保了评价的时效性。同时，以构成合理的专家小组评价、判别矩阵分析、特征向量核算以及一致性检验等方法，尽可能客观合理地确定各级指标的权重。

二 汽车产品竞争力评价结果及对比分析

针对最具销量代表性的A级SUV产品，充分覆盖不同品牌、定位、消费群体以及价位空间，选择了当前市场表现较好（2017年）的总计20款车型作为评价样本。需要说明的是，对于同一车型具有不同配置版本的情况，统一选用该车型各配置版本中受关注度最高者（基于大型第三方选车平台数据）参与评价，通常这也和该款车型的销量相匹配。

基于所建立的指标体系，对上述车型样本进行产品竞争力评价，并分别以产品、产品+价格、产品+价格+品牌的形式展示。

1. 产品指标评价

仅考虑 1 个一级指标即产品本身的评价结果如图 3.3 所示。图中，车型代号 LU、JV、CH 分别代表合资车企豪华车型、合资车企其他车型以及本土车企车型，各有 2 款、7 款和 11 款产品参加评价（下同）。

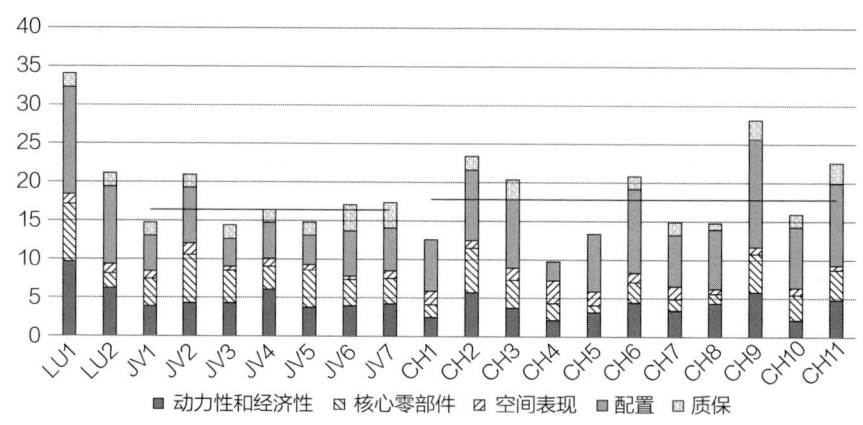

图 3.3　产品指标的单一评价结果

可以看到，如果不计 2 款合资车企的豪华车型，仅从产品本身即动力性和经济性、核心零部件、空间表现、配置、质保 5 个要素进行比较，则本土车型的平均表现（图中灰色线）并不逊于合资车型，甚至还略微高出。这一方面是由于近年来相对于合资车企，市场反应更灵活的本土车企对 SUV 市场提前布局发力；另一方面，也是本土车企在该细分市场中产品水平不断提升的直接体现。这个似乎"出乎意料"的结论其实并不意外，与本土及合资汽车企业当前在 SUV 市场上较量的实际表现相当吻合，是本土车企产品进步的有力证明。

不过也要看到，相对于合资车型，不同的本土车型在产品维度上的表现存在更大的差异性，这表明，并非所有的本土车企都获得了相同的进步，部分本土车企的产品依旧处于明显落后的境地。后续合资车企必将在 SUV 领域加大投入，这些后进的本土车企可能将会面临异常严峻的挑战。

2. 产品 + 价格指标评价

同时考虑 2 个一级指标即产品和价格的评价结果如图 3.4 所示。

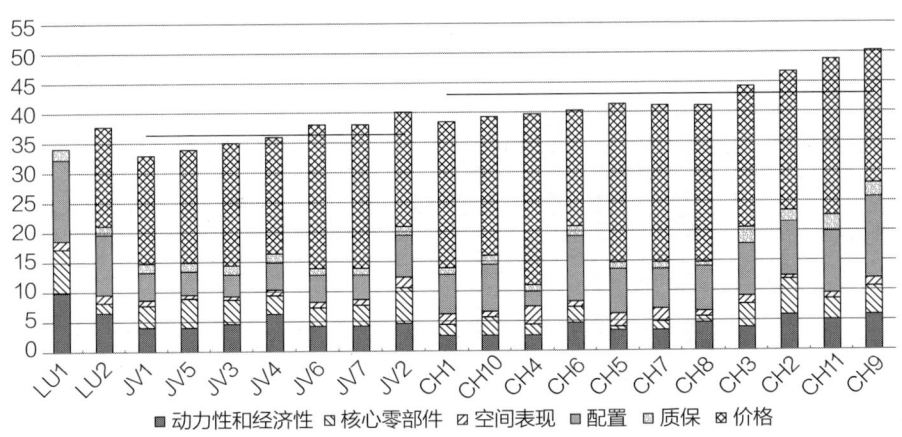

图 3.4　产品 + 价格指标即"性价比"的评价结果

产品与价格的共同评价实际上就是汽车产品"性价比"的体现。相比于单一产品维度的评价结果，从产品 + 价格的维度来看，在 A 级 SUV 市场上本土车型相对于合资车型显示出明显优势，前者的平均表现远在后者之上，且得分最低的本土车型也基本与得分最高的合资车型持平。也就是说，如果不计品牌因素，本土车企的 SUV 产品具有显而易见的性价比优势，是更为"实惠"的选择。

3. 产品 + 价格 + 品牌指标评价

3 个一级指标产品、价格和品牌同时考虑，即产品竞争力的综合评价结果如图 3.5 所示。

此处，我们基于不同品牌的定位及第三方评价，采用聚类分析和大类区隔方法，客观确定不同车型的品牌得分。显然，3 项一级指标的综合表现代表的是完整的汽车产品竞争力。从最终结果来看，品牌得分的加入使合资车型与多数本土车型之间产生了较为明显的区分。受制于品牌力不足，本土车型的性价比优势未能延续到产品综合竞争力上，平均得分低于合资车型。这说明，很多消费者不计价格差异最终选择合资产品的根本原因，主要不在于产品本身，而在于长期积淀形成的品牌差异。对于这一结论，一方面本土车企

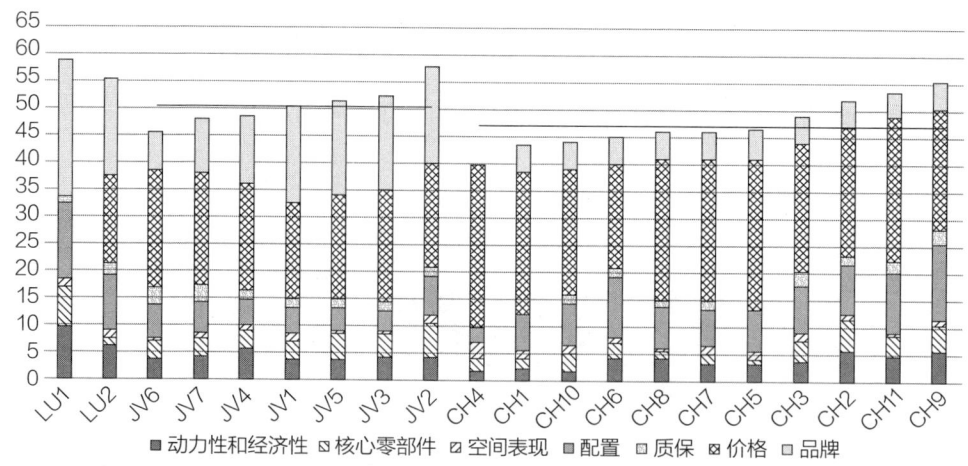

图 3.5 产品 + 价格 + 品牌指标的综合评价结果

可以为自己在产品竞争力上取得的进步感到自豪,并更加坚定后发赶超的信心;另一方面,也说明品牌已成为本土车企当前发展的主要瓶颈之一,唯有持之以恒地全力开展品牌建设,本土车企的产品综合竞争力才能迈上下一个台阶。

4. 产品维度的二级指标评价结果

最后,对不同车型产品维度的评价结果进行细化分析,将 5 个二级指标的平均得分绘制成雷达图,以进一步对比本土与合资产品的具体差异,结果如图 3.6 所示。

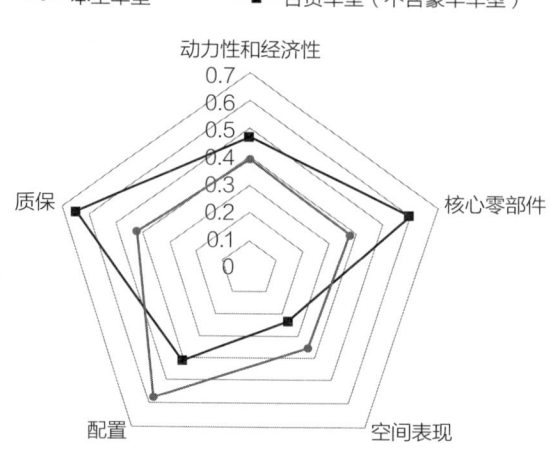

图 3.6 产品二级指标的评价结果对比

横向比较本土车型与合资车型（不含豪华车型）产品维度的分项得分不难发现，即使是在本土车企目前占据较高份额的 A 级 SUV 市场，在动力性与经济性、核心零部件以及质保 3 项指标上，本土车型的平均水平仍明显低于合资对手；而本土车型相对合资车型的主要优势来自配置和空间表现。也就是说，本土车型仍然是通过以高配置、大尺寸的产品与合资对手低配置、小尺寸的产品进行竞争来获得产品优势的。而在技术能力和质量保障能力方面，本土车企仍处于明显劣势。因此，本土车企必须针对动力总成、核心零部件等关键技术，继续强化积累和提升，同时产品全生命周期的质量保障能力也必须进一步提高。

三 汽车产品竞争力评价的研究结论

我们基于所构建的汽车产品竞争力评价指标体系，以 A 级 SUV 这一细分市场为例进行分析。结果表明，就产品本身而言，本土车型的平均水平已经与合资车型基本相当，不过不同本土车型的差异性更大，说明整体表现并不稳定，一些本土车型仍明显逊色于合资竞争对手。同时，相对于合资车型，本土车型在事关核心技术与质量管控水平的 3 项二级指标上仍然落后，只是通过配置和空间 2 项二级指标的优势，才取得了大致持平的产品表现。这说明本土车企的产品提升之路依然任重道远，需要继续努力，尤其要在核心技术和质量保障能力方面加快进步。不过，以产品和价格 2 项一级指标衡量，本土车型对合资车型呈现出压倒性的"性价比"优势，因此，国家、产业界以及广大消费者应对本土车企的进步有客观公正的评价和认可。但是如果再计入品牌这项一级指标，即以综合性的产品竞争力来评价，则本土车企相对合资车企仍旧处于劣势地位。这说明品牌溢价力不足是当前本土车企面临的严重瓶颈因素，后续必须在品牌提升方面取得实质突破，才能支撑本土车企的产品竞争力升级。

（本文根据学术论文《汽车产品综合竞争力评价指标模型及其应用研究——以 SUV 为例》精编整理；原论文发表于《汽车工程学报》2018 年第 2 期，署名作者：刘宗巍、姜昊、郝瀚、赵福全［通讯作者］）

汽车共享模式的效益分析、路径识别与发展建议

【精彩语句】

"'轻拥有，重使用'的汽车共享具有重大战略价值，将显著提高汽车的利用率，在确保社会移动能力提升、人民享受汽车出行便利的同时，大幅节约社会资源，从而为汽车产业的可持续发展提供重要支撑，甚至可能由此改变整个交通体系和社会生活的基本形态。"

"在信息实时动态交互、无人驾驶、移动支付等技术的支持下，全天候汽车共享模式可有效解决当前模式在用车、还车、运营等各个环节的痛点问题，具有高流动性、高度信息化、低成本、高便利性、低停车位需求、高承载率等一系列优点。"

"汽车共享模式的推广与核心技术、用户需求和商业模式息息相关，还涉及政府政策规范、公共配套资源以及社会用车文化等多种因素，是一个复杂的系统工程，不可能一蹴而就。"

"国家主管部门应明确鼓励而非限制汽车共享方面的创新尝试，通过市场引导、配套支持和财税手段等措施引导国民选择共享出行；地方政府应摒弃区域保护主义，真正从满足百姓需求、节省社会资源出发，为汽车共享模式的发展创造良好环境。"

【编者按】

早在2013年，赵福全教授就敏锐地觉察到汽车共享将成为行业未来重要的发展方向，并开始安排学生进行这方面的基础研究。从一开始，赵教授就是站在国家出行能力提升和社会资源节省的高度，来认识汽车共享的战略价值。本文就是当时赵教授前瞻洞见的集中体现。文章分析了广义汽车共享的各种模式，建立了汽车使用模式共享程度的评价体系，定义了未来全天候汽车共享模式的基本特征，评估了其巨大的个人及社会效益，梳理了其落地实施的关键要素，描绘了分三阶段逐步发展的实施路径。在此基础上，明确

建议国家应积极看待和推动汽车共享模式的创新尝试，并采取切实有效的支持措施，以期用更少的社会资源投入，实现更大的社会出行能力。

虽然中国连续多年新车销量蝉联世界第一，但是国际横向比较表明，中国人均汽车保有量仍处于较低水平，与发达国家存在巨大差距。实际上，汽车的普及程度反映了社会的机动化水平和国家的发达程度，同时使用汽车也是人民生活水平提升的必然需求。由此推断，中国汽车产业未来还要有很大的增长才能满足社会经济发展的需求。

然而，中国快速跨入汽车社会，随之而来的能源、环境、交通拥堵等问题日益突出，这些制约因素与不断增长的汽车消费和使用需求构成了尖锐的矛盾。为此，一些地方政府采取了限行限购措施，但这只是短期的治标手段，长远来看却不能治本，无法解决根本问题。从满足百姓生活品质提升需求和建设法治社会的角度出发，限行限购既不合情，也不合理。

在此背景下，研究如何在汽车使用理念和商业模式上进行创新，让有限的车辆可以更高效地发挥作用，即探索从根本上解决汽车出行问题的可能途径，具有重要的现实意义和应用价值。结合车辆电子技术和网联化技术的进步，通过商业模式的创新，推行"轻拥有、重使用"的汽车共享理念，可以在满足消费者用车需求的同时，提升车辆利用率，减少汽车总体数量，并有望有效缓解能源、环境和交通拥堵等方面的压力。

为此，在综合分析现有汽车使用模式的基础上，笔者对未来理想状态下的汽车共享模式进行了构想，提出了全天候汽车共享模式的概念，以此为目标评估了汽车共享潜在的巨大效益，并给出了相应的具体路径及实施建议。

一 现有汽车共享模式简析

实际上，汽车共享并非新鲜概念，从广义上来讲，一切带有共享属性的汽车使用方式均可以称为汽车共享，包括一些原来既有的以及近期新出现的汽车使用模式。对这些模式进行梳理分析如下。

出租车：由出租车公司购买车辆并组织驾驶员营运，有专门牌照和车辆限额，并制定统一的收费标准。当前，越来越多的出租车依靠互联网平台匹配供需。

专车（网约车）：通过互联网平台预约使用配有驾驶员的车辆，多针对高端型或商务型的租车需求，费用相对较高。专车模式的车辆可以来自平台公司，也可以是私家车。在国家的最新规定中，专车被改称为网约车。值得注意的是，此前网约车一直是一个内涵不明确的泛化概念，各种基于互联网出行服务平台、以"网约"为手段的新汽车使用模式，如快车、顺风车等，也都可视为是广义上的网约车。

快车：与专车的使用模式相似，但主要是针对中低端用车需求，相应的费用也较低。绝大多数快车都是私家车。

P2P拼车/顺风车：即传统拼车方式的"升级版"。拼车现象早已存在，在国内常被叫作"顺风车"，国外有Car Pool、Ride-Sharing等叫法，指的是多个乘客由于相似的出行需求而采取合乘的方式，达到减少出行成本的目的。而P2P（Peer to Peer）拼车则是一种结合信息化手段、"伙伴对伙伴"的拼车方式。其特点是通过互联网平台发布信息，匹配路线部分重合的乘客和私家车主。

P2P租车：通过在互联网平台上匹配信息，私家车主在一定时间范围内，向用车需求者提供车辆，以获取租金收入的方式。

汽车租赁：指汽车租赁机构购置汽车，向汽车使用者提供车辆、收取租金的运营模式。目前汽车租赁的周期通常至少在一天以上，且借出及归还都需要到指定的地点办理。

车队共享（分时租赁）：国外有Car sharing等叫法，车辆也由运营商购买并集中管理。在形式上与传统的汽车租赁并无明确区分，但与汽车租赁相比，车队共享的租赁时间（租车时间可以按小时计费、无工作时间限制）更灵活，借还车地点选择自由度更高，可以理解为一种基于互联网平台、提高了借还车灵活度的汽车租赁经营模式。在中国，这种模式以专属称呼"分时租赁"而闻名。

显然，以上模式在车辆的共享程度上并不相同。而笔者认为，面向未来的汽车共享一定是充分利用车联网及自动驾驶等先进技术、实现更高车辆共享程度的创新模式。其本质是通过汽车所有权与使用权以及驾驶权与使用权的分离，提升车辆的使用效率、降低车辆的使用成本。按照这一原则，对上述汽车使用模式进行了分类，以研究汽车共享的未来发展方向，如图3.7所示。

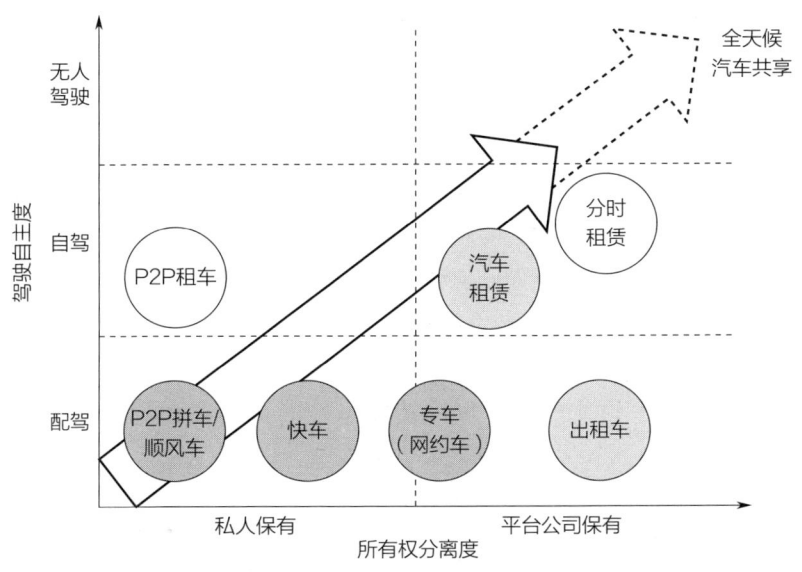

图 3.7　带有共享属性的汽车使用模式分类

如图3.7所示，为分析各种汽车使用模式的共享程度，笔者构建了两大维度的评价体系。其中，横坐标代表的是车辆的所有权分离度，由出行服务平台公司保有的车辆比私人保有车辆的共享程度更高；纵坐标代表的则是驾驶自主度，按照共享度从高到低依次划分为无人驾驶、自驾和配驾三级。也就是说，所有权分离度与驾驶自主度都高的汽车使用模式，其共享程度更高。基于此，我们把现有的各种汽车共享使用方式填入坐标体系中，进行系统的分类，以期对比不同商业模式的共享程度。例如，出租车属于平台公司所有，具有一定的共享性，但由于配备了驾驶员，其整体共享程度并不高，尽管出租车已经越来越多地接入互联网平台。而在现有模式中，分时租赁无疑是共享程度最高的，或者说，分时租赁最接近于未来更充分共享的汽车使用模式。

展望未来，理想状态下的汽车共享，一定是车辆完全由平台公司保有，同时无人驾驶技术充分成熟，可以在各种条件下实现汽车高效、便捷的共享使用。对于这一汽车共享的终极形态，笔者将其称为"全天候汽车共享模式"。显然，该模式代表着汽车共享的理想特征和最大价值。下文将基于这一商业模式，对汽车共享的内涵、效益、实施路径以及发展建议展开讨论。

二 全天候汽车共享模式的内涵

当前互联网、大数据、云计算以及汽车智能化技术不断快速进步，让实现更高程度的汽车共享模式成为可能。同时，很多创业实践已经证明：在商业模式层面如果能够找准方向、有效创新，可以在相当程度上促进和拉动技术进步，加快技术成熟和产业化进程。由此，笔者面向未来应用场景提出了一种理想状态下的汽车共享解决方案，即所谓全天候汽车共享模式。

1. 全天候汽车共享模式的定义

全天候汽车共享模式的定义可以从技术、消费心理和管理三个层面进行阐述和界定。

技术层面：通过车联网实现人－车－路－配套设施的全面互联，以大数据作为信息的载体，利用云计算对获得的海量数据进行综合处理，并依靠共享车辆的无人驾驶和自动泊车技术提升车辆移动出行能力和交接效率。

消费心理层面：分离汽车所有权和使用权，充分体现"轻拥有、重使用"的汽车消费理念，以更低的成本实现更便捷的出行。

管理层面：对共享车辆施行分布式的营运、集中化的保养维护，以达到最大程度提高车辆利用率、减少社会资源负担的效果。

使用者通过预约和实时搜索附近车辆两种方式均能获取相应的汽车出行服务，费率根据使用者的信用等级和不同车型等因素决定。

2. 全天候汽车共享模式的优势

在信息实时动态交互、无人驾驶、移动支付等技术的支持下，全天候汽车共享模式可有效解决当前模式在用车、还车、运营等各个环节的痛点问题，具有高流动性、高度信息化、低成本、高便利性、低停车位需求、高承载率等一系列优点，详见表3.1。

表 3.1　全天候汽车共享模式的优点

优　点	说　明
高流动性	共享车辆的使用率高，不会出现长时间闲置或区域性闲置
高度信息化	人－车－路－配套设施的信息实时动态交互，出行者更充分地掌握出行状况
低成本	车辆由共享汽车平台运营公司集中管理；规模效应和专业分工带来较低的成本
高便利性	从时间角度，自助服务不受时间限制，提前或即时预约都能获得及时响应；从空间角度，在信息技术和无人驾驶技术支持下，真正实现随借随还，无须考虑"最后一公里"（Last Mile）问题
低停车位需求	车辆使用时间长、流通性强，闲置停车时间大幅减少
高承载率	为单车单次承载更多乘客提供条件

三　汽车共享模式的效益

下面从个人和社会两个维度，对汽车共享模式潜在的巨大效益进行分析。

1. 个人维度

个人效益可以从成本角度分析，个人用车成本总体上可分为使用成本和固定成本两部分。在全天候汽车共享的模式下，每个人的用车需求都能得到充分满足。为此，可以认为私家车主放弃私人保有的车辆后，在相同时间内依然通过共享汽车出行了相同的里程，那么这些人的汽车使用成本（主要是汽车行驶中的电能或燃油消耗）基本上应该是不变的，而汽车固定成本（购车、保险、养护、停车等支出）则由于多人共享使用车辆而得到大幅分摊。

假定汽车共享率为 8:1，即每辆全天候共享汽车可以满足原来 8 名私家车主的用车需求。同时需要注意的是，私家汽车的使用寿命平均约为 10 年，而共享汽车由于使用更频繁，寿命将有所缩短，对比出租车的平均使用年限，假定共享车辆的使用寿命为 5 年，即两类汽车的寿命比为 2:1。那么，简单计算即可得出，共享汽车的人均固定成本仅为私家车的四分之一左右。也就是说，从个人维度来看，汽车共享能节省绝大部分的固定成本，并且共享率越高，这种效益就越显著。

以上仅是粗略估算，但足以反映汽车共享模式下个人效益的巨大潜力。在实际运行中，由于共享汽车运营公司需要盈利，个人效益会有所减少。但充分的汽车共享具有出行更便捷、成本更低的优势是显而易见的，同时面向共享使用场景进行车辆的专属设计，还将使这种优势得到进一步加强。

2. 社会维度

共享汽车能替代更多数量的私家车，因此在满足相同出行需求的情况下，社会整体需要的车辆总数将会减少，由此节省的社会资源就是汽车共享产生的社会效益。下面估算一下社会效益的情况。

由于汽车共享需要足够的车辆使用需求密度，会更集中于一二线大城市；同时不太可能所有车主都放弃购置私家车，因此需要考虑共享汽车在汽车总量中的占比。对此以共享汽车的占有率来定义，假定该数值为20%，即有20%原本计划购置私家车的消费者放弃了购车，而是选择通过共享汽车出行。按照汽车共享率为8∶1来计算，意味着这20%的私家车可以由2.5%的共享汽车来替代，换句话说，汽车总体需求量将下降17.5%。如按乘用车保有量为2亿辆估算，则全天候汽车共享可以减少约3500万辆的保有量。保有量的减少将节约大量社会资源，包括原材料、能源以及劳动力等，同时还将节省日趋紧张的城市停车资源。

与此同时，汽车共享还将降低汽车的使用门槛，使更多的社会群体可以享受汽车出行的便利，从而以相对较少的汽车保有量确保中国的社会移动出行能力达到发达国家的水平。在此过程中，汽车产业的资源利用效能将显著提升。

四 汽车共享模式的实施路径探索

从上述效益分析不难看出，面向未来的汽车共享模式将给个人、汽车产业以及整个社会带来深远影响，因此有必要对这一模式如何落地实现进行前瞻研究和深入分析。显然，汽车共享模式的推广与核心技术、用户需求和商业模式息息相关,还涉及政府政策规范、公共配套资源以及社会用车文化等多种因素,是一个复杂的系统工程,不可能一蹴而就。结合当前产业实践和各要素发展状况,经认真思考,笔者将汽车共享模式的实施划分为三个阶段。

1. 实现汽车共享的三个阶段

笔者从采用的核心技术、满足的用户需求以及企业的运营模式三个维度,按照共享程度不断提高的过程,对汽车共享模式实施路径的三个阶段进行描述,具体见表3.2。

表3.2 汽车共享模式实施路径的三个阶段

实施路径	初级阶段（现有模式）	中级阶段（不断进步）	高级阶段（理想目标）
核心技术	使用能搜索到附近停放的共享车辆以及提前预约车辆	动态车况和实时路况优化匹配；实现低速自动驾驶	实现全程的无人驾驶
用户需求	用户自助使用共享汽车，营造共享出行的文化氛围	用户用车需求得到更好更快的满足，共享理念逐渐普及	由人找车变为车找人，可随时随地用车还车，便利性空前
运营模式	设立若干车辆共享点；增加路边专属停车位；奖励前后使用者无缝交接	与智能停车场匹配，自动泊车技术充分应用，省去停取车时间	以共享汽车为节点接入外部出行生态，享受全方位的出行服务
汽车共享模式实现程度	共享车辆初步形成规模，但集中分布在共享停车点，取还灵活性低，利用率受限	停车分布更加均衡，车辆流动性提高；通过合乘进一步提高共享程度	车辆流动性和利用率最大化，汽车共享出行体验趋于完美

初级阶段：主要基于现有条件培育汽车共享出行的市场和文化,初步形成商业运营规模。当前以分时租赁为代表的汽车使用创新模式,就属于这一阶段,这表明该阶段目前已经具备实施基础。

中级阶段：是初级阶段向高级阶段持续发展完善的过程,期间不断应用网联化、自动驾驶等技术的进步成果,并不断优化汽车共享的运营模式。特别需要指出的是，尽管高等级的无人驾驶技术不可能一蹴而就，但特定条件下的无人驾驶技术就可以有效支撑中级阶段的汽车共享。例如，应用低速自动驾驶技术实现无人条件下的车辆移动，提供车找人而不是人找车的"送车上门"服务。同时通过"上车前车驾驶、上车后人驾驶"的车辆运营方式，既可以大幅降低配驾带来的高昂成本，又可以规避短期内无人驾驶技术无法广泛应用的相关法律障碍和安全顾虑。此外，低速自动驾驶技术还可以与智能停车场等应用有效匹配，为车辆运营公司和用户带来更多商业价值。

高级阶段：是汽车共享模式的终极阶段和理想目标，即最终实现全天候汽车共享，汽车的使用率和便利性均达到最高，汽车共享出行成为主要的移动出行方式之一。该阶段将以全场景下的无人驾驶技术为根本支撑，真正实现车辆"随用随叫、随用随还"的理想共享出行模式。

2. 初级阶段实施分析

笔者认为，目前在部分适宜地区推广初级阶段汽车共享已经具备可行性，需要更多关注的是如何把技术、需求和运营模式有效结合起来，这将为高级阶段全天候汽车共享模式的最终实现打下坚实基础。下面对基于现有条件的初级阶段汽车共享模式进行评估和分析。

从核心技术角度来看，个人通过智能移动终端进行消费及预约服务的趋势已经形成，尤其是在大中城市，网络普及程度很高，汽车及相关基础设施完全可以接入互联网。不过，车联网技术的成熟度尚未达到预期，这一方面需要企业加强技术攻关和应用尝试，另一方面，也和车联网技术获得明确收益的商业模式尚未打通有关。为此，应通过需求拉动等技术的产业化进程，加速突破技术瓶颈。

从用户需求角度来看，年轻的用车群体正在迅速扩大，这部分人群正逐步成为消费主力，他们更容易接受以汽车共享为代表的新型消费观念，将为汽车共享的大规模普及创造积极条件。与此同时，大型城市的限行限购也有利于汽车使用模式的创新。然而，信用机制有待健全、行业规范尚未统一等因素，阻碍了更多消费者放心地选择共享汽车出行。此外，消费者从拥有到共享的心理转变也还需要一定的时间，因此初期汽车共享模式的推广效果不宜过于乐观。解决这些障碍，不只需要相关各类企业相互协作、积极尝试，也需要政府的大力支持。从建设节约型社会和提升社会出行能力的战略需求出发，政府理应通过引导用户需求向共享出行转变，建议采取各种手段鼓励汽车共享发展，如开辟高承载率车辆专用车道、设立共享车辆专用的路边车位、减免共享车辆过路收费等，这将对汽车共享模式的加快发展和理念的深入人心，产生重大效果。

从商业运营角度来看，目前投资者在汽车共享领域非常活跃，车队共享、P2P 租车等多种模式都涌现出了一批备受关注的创业公司。不过这些公司仍处在探索和相互角力的过程中，最终谁能在市场上站稳尚难定论。同时，商业模式的创新对固有的利益格局构成了挑战，法律法规亟须做出相应的调整。对此，政府主管部门不能一味采取"卡、管、限"，而应全力成为商业模式创新的推动力量。建议国家和相关产业，都应从建设和谐汽车社会、实现支柱产业可持续发展以及解决社会出行能力不足的战略高度，来认识和看待汽车共享。由国家相关部门明确发展方向，相关行业牵头聚力，各类不同企业相互协作，共同探索并推动汽车共享商业模式早日走向成熟。

五 推进汽车共享模式的建议

"轻拥有，重使用"的汽车共享具有重大战略价值，将显著提高汽车的利用率，在确保社会移动能力提升、人民享受汽车出行便利的同时，大幅节约社会资源，从而为汽车产业的可持续发展提供重要支撑，甚至可能由此改变整个交通体系和社会生活的基本形态。目前，汽车共享模式已基本具备了实践初级阶段并不断发展完善的可行性，正需要我们前瞻研究和积极探索。

汽车共享模式的实施及推广取决于多种因素，既需要技术进步作为支撑，又需要培育市场和改变用户心理，还需要建立行之有效的商业模式。在此过程中，政府与企业的共同努力、积极互动必不可少。为尽快实现汽车共享模式的巨大效益，笔者建议：国家主管部门应明确鼓励而非限制汽车共享方面的创新尝试，通过市场引导、配套支持和财税手段等措施引导国民选择共享出行；地方政府应摒弃区域保护主义，真正从满足百姓需求、节省社会资源出发,为汽车共享模式的发展创造良好环境。企业应积极研究相关技术,特别是车联网和自动驾驶技术,做好战略储备,并时刻关注新型商业模式的动态,不断思考并适时尝试将技术要素与配套资源和商业模式有效结合。同时,汽车及相关领域的产业研究机构,也应更多关注汽车共享方面的学术研究,为国家、产业和企业提供决策参考。最终多方凝聚合力,共同推进利国利民的汽车共享模式逐步发展并不断完善。

(本文根据学术论文《基于网联化的全天候汽车共享模式效益分析及实施路径研究》精编整理;原论文发表于《企业经济》2015年第7期,署名作者:刘宗巍、陈铭、赵福全[通讯作者])

中国零部件企业为什么做不强？

【精彩语句】

"如果我们的零部件产业不做强，不诞生一批具有先进核心技术、良好质量水平、较强成本控制能力和足够优质产能的零部件强企，中国汽车产业是不可能做强的。"

"国家必须采取行动，培育和扶植一批本土的关键零部件企业，而不是坐等其自己做强。应尽快梳理产业链条的关键环节，给予重点企业以持续支持。同时，要紧紧地把握住新兴的新能源与智能网联汽车核心零部件。"

"智能汽车的升级发展是一个产业生态的系统问题，其中安全始终是第一要务。无论是从信息行业还是其他行业进入汽车产业的从业者，对汽车都要有敬畏之心，对安全都要高度重视。"

【编者按】

本文是"汽车志汇"公众号怡雪女士专访赵福全教授系列文章的第二篇。相比于整车产业，中国汽车零部件产业更显弱势。对此，赵教授一针见血地指出了三点原因：一是政策过早完全放开，本土企业没有足够的学习成长时间；二是面对整车企业客户而非消费者，不是做得好就能拿到订单；三是与整车更强调集成创新不同，零部件必须有专业性更强的原创突破。但是，做强汽车零部件产业对建设汽车强国至关重要，因此赵教授特别强调，无论是国家还是整车企业都应该有所行动，切实培育和支持本土零部件企业。

怡　雪：面对国内如此巨大的汽车市场，为什么零部件企业的发展速度赶不上整车企业？问题出在什么地方？

赵福全：第一个重要原因在于，与整车企业尚有合资股比限制不同，早在20世纪90年代，我们的零部件产业就对外资全线放开，不再设置任何限制和附加条件。这样外国零部件巨头们就陆续在华设立了独资或者控股公司，逐渐实现了本地化。而彼时中国自己的零部件产业还很弱小，鲜有企业能与外企正面抗衡，很多原本有了一些积累的中资零部件企业也因此陷入了困境，甚至不少企业就此消亡。也就是说，过早放开使中国零部件企业失去了自我成长以及与外方合资学习的契机。

相比之下，中国的整车企业其实原本并不比零部件条件好，那时候可以说什么都没有，一贫如洗。但是产业政策要求，外资企业要进入中国必须和中国企业合资。在这个过程中，外资企业就自然带来了产品、技术、管理、品牌以及制造能力，同时也培养了人才，除了研发能力外方一直有所保留，其他方面应该说都带进了合资企业。这样中国整车企业就有了向外方直接学习的机会，加上人员的流动，就惠及整个行业，这对中国自主品牌车企的成长还是有很大帮助的。

实际上，只有彼此水平接近的时候，才有可能靠着我比你更努力来取胜。而如果与对手的差距太大，只靠梦想、情怀、励志是没有用的。这就好比让一米六的初中生和两米多的姚明打篮球，不给年轻人足够的时间成长和学习，他怎么可能有机会打赢呢？

到了30年后的今天，中国企业再想进入传统零部件领域，应该说更加困难了，因为产业格局基本上已被外方掌控。有一部分中国零部件企业在中低端领域艰难地做大了，但还很难说做强。真正掌控了核心技术的中国零部件企业，可以说少之又少。这是不容乐观的现状。

有人或许要问，吉利、长城、比亚迪这些民资整车企业，并没有与外方合资，不是也发展起来了，零部件企业中为什么就没有出现这种情况呢？

这就涉及第二个重要原因。那就是整车和零部件企业的客户完全不同：整车企业直接面对消费者，实际上是B2C，只要自己做出来的产品性价比高，就一定会有消费者买单；而零部件企业直接面对的是整车企业，也就是B2B，能否拿到订单说到底取决于整车企业的信赖。而无论德系、美系，还是日系、韩系，各国整车企业都有自己的供应商体系，基于共同的文化、情感以及长期合作的默契、友谊，他们之间早已形成了相对稳定的商业关系。且不说这些外方零部件企业往往本来就掌控着我们还不具备的一些核心技术，而且大批量的供货能力与质量管理能力也更强，就算我们的零部件企业能够做到与其相同的水平，外方整车企业也不会轻易改变其供应体系。

实际上，外方零部件企业的初期发展，很大程度上得益于本国整车企业在供货机会、资金、技术和管理等多方面的扶植。而中国零部件企业从来不曾具有这样的条件。没有整车企业足量的订单、技术的支持、管理的对接，本土零部件企业要想在强手如林的竞争中崛起谈何容易！

第三个重要原因在于，零部件技术的专业性更强，更强调原创性的突破，这不是靠简单模仿就能起步的。因此，零部件企业的技术创新更加困难。比如同样一根曲轴，外方的品质很高，你如果不掌握其中的材料和工艺，只是按照同样的形状制造，是没有用的，装上车很快就磨损甚至断掉了。

相比之下，整车企业更强调集成式创新。吉利、长城、比亚迪为什么能发展起来？因为他们可以买中国的零部件，也可以买外资的零部件，技术含量高的零部件买外资的，技术含量低的就买国产的，甚至还可以自己做零部件。只要最终能把车有效地集成组装起来就行，就有机会参与市场竞争，有性价比优势就会有市场。这就比零部件企业主动多了。

当前中国汽车零部件产业的局面是很严峻的。本土零部件企业在中国高端市场上的占比，恐怕连10%都不到。实际上，整车60%以上的零部件都是买来的，整车的技术含量和质量品质很大程度是通过零部件体现的。如果我们的零部件产业不做强，不诞生一批具有先进核心技术、良好质量水平、较强成本控制能力和足够优质产能的零部件强企，中国汽车产业是不可能做强的。

正因为如此，我认为国家必须采取行动，培育和扶植一批本土的关键零部件企业，而不是坐等其自己做强。应尽快梳理产业链条的关键环节，给予重点企业以持续的支持。同时，要紧紧地把握住新兴的新能源与智能网联汽车核心零部件。

与此同时，整车企业的直接支持至关重要。目前一些本土零部件企业的确还存在质量不可靠、信誉无保障等问题，也没有优势的技术和良好的品牌效应。但是本土整车企业必须意识到，没有本土零部件企业的支持，整车的发展最终也将后继乏力。整车与零部件之间就像鸡和蛋的关系，你不帮零部件，零部件就永远做不起来，而零部件做不起来，你就永远受制于外资零部件企业。在新的发展阶段，我们自主品牌整车企业也要有更长远的战略思考，努力构建起可控、"合拍"的供应商体系。在这一点上，当年日系、韩系整车企业的做法是值得借鉴的。

怡　雪：未来智能汽车的系统安全问题怎么解决？

赵福全：汽车与手机的最大不同就是安全问题，汽车承载着生命，既需要便捷、快速，更需要安全、可靠，手机则没有这个问题。而未来智能汽车一定要更加安全，不只包括车辆自身的机械安全，也包括车辆内部与外部的信息安全，最终都会影响车辆的运行安全。

正因如此，智能汽车不只是一种普通的移动工具，自动驾驶也不只是一种简单的核心技术。国家对这个产业不会放手，因为这不仅涉及国民的出行安全问题，也涉及社会的信息安全问题。在智能汽车时代，如果传递的信息出现错误，汽车就会陷入危险境地，这就像电影里黑客入侵，直接遥控车辆相互碰撞、阻断交通的场景。试想，如果大量自动驾驶的车辆突然失控，将是多么可怕的局面！显然，不解决这个问题，全天候的自动驾驶就不会付诸实现。

此外，未来汽车还将是人类应用最为普遍的智能终端和信息交互节点之一，因此汽车信息安全也涉及海量个人数据遭到删改、流失或者中断的巨大风险。而挑战越大，商机也就越大，能够解决信息安全问题的企业，包括硬件和软件，将成为未来汽车产业新的、最重要的一类供应商。

未来智能汽车的机械零部件会做得越来越可靠，而与网联与智能控制相关的系统则必须充分考虑冗余设计。比如传感器等关键部件可能要有两套，一套失灵了，另一套仍可以确保自动驾驶的安全。实际上，人们对智能汽车的期待是全方位的，不只是自动驾驶技术本身，当车辆能够完全自主决策时，需要考虑和解决的实际问题太多了，例如车辆行驶中突然爆胎、制动突然失灵，车辆能否立即采取有效措施应对？如果发生其他安全事故，车辆能否自主迅速处理？

智能汽车的升级发展是一个产业生态的系统问题，其中安全始终是第一要务。无论是从信息行业还是其他行业进入汽车产业的从业者，对汽车都要有敬畏之心，对安全都要高度重视。如果不能确保安全，自动驾驶汽车就失去了意义。这方面需要整零企业共同高度关注，进行大量的研发投入和反复的试验测试。如果用开发手机的理念来开发汽车，结局一定会很惨。

（本文根据"汽车志汇"公众号2017年9月27日"赵福全聊汽车"专访整理）

第四部分 技术篇

中国汽车技术的现状、发展需求与未来方向

【精彩语句】

"汽车产业在中国经济社会发展中具有重要地位,这一战略定位要求汽车技术必须加速发展,以支撑产业的可持续发展。第一,汽车产业是中国国民经济的重要支柱产业。第二,汽车产业是中国工业化与信息化深度融合的重要交汇点。第三,汽车是未来中国高端制造业输出的重要支点。第四,汽车是中国城镇化进程的重要战略支撑。"

"与此前历次科技变革主要以某个领域的技术突破为标志进而带动整体进步不同,本次科技变革的广度和深度都是前所未有的,不仅在多个重要领域同时实现突破,而且各个领域之间又紧密联系、相互影响,波及人类社会的方方面面。"

"节能汽车、新能源汽车和智能网联汽车是汽车技术发展与应用的体现形式和最终载体。三者之间不是割裂的,更不是对立的。节能与新能源汽车共同面对节能、环保等严峻挑战,而智能网联汽车不仅直接关系到交通拥堵、行车安全等问题的最终解决,也与节能汽车、新能源汽车彼此作用、相互促进。"

【编者按】

根据《节能与新能源汽车技术路线图》总体组的研究需求,赵福全教授带领团队对中国汽车技术进行了一次系统把脉和全面梳理,本文就是这一成果的集中体现。文章不仅清晰描绘了中国汽车技术当前的发展现状和主要差距,而且从经济社会可持续发展、科技变革与产业重构的战略高度,明确提出了中国汽车技术的社会和产业二维发展愿景以及总体发展目标;在此基础上,还深入剖析了未来汽车技术的关键领域、重要意义及其内在逻辑关系,从而为中国汽车技术的重点方向和发展路径提供了参考和指引。

当前,新一轮科技革命和产业变革引发新一代信息技术与制造技术的深度融合。在此过程中,汽车正由典型的机械产品,逐步演变为机电一体化、

智能网联化的高科技产品，呈现出与能源、材料、电子、信息等相关产业紧密相连、协同发展的趋势。未来汽车产业和技术将发生深刻变革，其中低碳化、信息化、智能化技术的不断进步，将催生全新的产品形态与商业模式，进而推动整个汽车产业格局和生态的重构。

汽车产业和产品涉及的技术种类繁多、异常复杂，且各种技术相互交织、彼此影响，必须通过综合研究和深入分析，进行系统梳理和准确识别，以确定具体的关键技术领域，明确细分技术的发展目标和优先级，为汽车技术的发展指明方向，进而形成集中优势资源重点攻关、加快推进核心技术的良好态势。

一 中国汽车技术发展现状

1. 中国汽车技术现状总览

近20年来中国汽车产业发展迅猛，总体技术水平有了很大提升，不过同时仍有明显不足。

（1）整体技术水平实现显著提升

中国汽车技术水平总体上呈现稳步提升的态势，业已基本形成自主研发能力，不断取得各领域的重点突破，初步掌控了部分关键技术，对前沿技术也有所布局。当然，与世界先进水平相比，中国汽车技术仍有不足，如自动变速器技术尚在攻关、汽车电子电气技术还有较大差距、整车集成优化能力有待进一步提升等。

（2）关键技术领域取得重大突破

整体技术水平的提升，与各关键技术领域的进步密不可分。其中，在先进动力总成、动力电池及驱动电机、燃料电池动力系统和整车轻量化等关键技术领域，近年来中国都在不同程度上取得突破，部分技术接近或达到了国际先进水平。不过仍在诸多核心技术领域或单项关键技术上相对落后，如发动机新型燃烧技术应用不足、能量管理技术尚待突破，自动变速器有待大规模产业化检验，电子电气关键零部件与核心技术多为外资掌控，混合动力技术尚需系统性整体提升，三元锂电池部分基础技术由日韩企业掌控，智能网联技术亟须实质性突破且关键部件还受制于人等。

2. 中外主要差距分析

由于汽车工业起步较晚、基础薄弱,中国尚不是汽车强国,其中汽车技术与世界先进水平相比还有明显差距是重要因素之一,具体体现在研发能力、创新体系和工业基础等方面。

(1) 技术研发能力明显进步,但仍存在差距

经过几十年的努力,特别是改革开放以来的快速发展,中国汽车技术的自主研发能力已有明显提升,但是总体来看,在科技人才、研发投入、知识积累等方面,与国外先进水平相比仍有一定差距。

从科技人才方面来看,随着汽车产业的蓬勃发展,国家及行业对汽车科技人才培养的重视程度日益提升,中国汽车科技人才的数量和质量都有很大进步,汽车行业工程技术人员的人数及其在行业从业者总数中的占比连年增长。但是,由于汽车人才培育周期长、中国汽车产业起步晚,目前中国汽车产业的科研人员和工程师仍然以中青年为中坚力量。与国外相比,经验丰富的资深工程师数量严重不足,整体人才结构偏向年轻化,普遍欠缺经验。科技人才的差距仍是制约行业整体研发能力的突出问题之一。

从研发投入方面来看,中国汽车产业的研发投入总量连年提高,研发投入在营收中的占比总体上也呈增长态势,但无论是研发投入总量,还是其占营收的比例,中国与汽车强国相比都有一定差距。作为后发者,中国在研发投入方面无论是总量还是占比,都需要进一步加强。

从知识积累方面来看,目前多数主流自主品牌车企已经初步建立了较为完善的汽车技术基础数据库,既包括大量的技术参数与数据,也包括丰富的技术标准与规范等,同时也基本形成了较为完整的产品开发流程。但必须清醒地看到,以中国汽车产业第一轮合资为标志,中国对现代汽车技术的积累不过二三十年,而西方汽车产业发展自工业革命以来已经有100多年的历史和积累,双方的差距仍很明显。

(2) 技术创新体系初步形成,但有待完善

汽车技术需要前瞻性的创新研究,更需要面向产业化的开发应用,因此,

多领域、多学科和多方面的协同创新至关重要，而分工明确、环环相扣的技术创新体系是支撑核心技术不断突破的动力源泉，也是把握历史机遇、实现后来居上的关键因素。

目前，中国汽车产业初步形成了包括政府、行业、企业以及高校等研究机构在内的技术创新体系。在国家层面，以不断完善中的汽车产业标准法规与政策体系为重要保障，以国家科技计划和产业技术创新工程为支撑，围绕重大战略需求，逐渐形成了创新体系；在行业层面，多行业的跨界合作与行业内的交流协同也呈现日趋紧密的态势，产业技术创新联盟和共性技术研发平台等创新机制正在发挥越来越大的作用；在企业层面，创新主体地位得到充分肯定，加强技术攻关成为多数主流企业的共识；在研究机构层面，高等院校和科研院所的学术成果数量也明显增加。

然而，汽车强国的技术创新体系更为完善，整体上仍领先于中国。例如：美国汽车研究理事会（USCAR）创新平台，分为公共、行业和企业三级，通过合理的管理架构有效联通产学研用各方力量；德国的国家科技创新体系，通过政府的有效引导和行业组织、科技中介的纽带作用，广泛联通了科研系统、企业、高校等各方面资源，使技术从基础研究、应用研究到产业化研究真正连接成为一个完整的链条。

相比之下，中国技术创新与成果转化还存在一些较为突出的问题。主要包括：产学研创新主体定位不分明，创新资源分散重复，未形成稳定创新链；产业技术转化价值链的各个环节相对薄弱，甚至存在相互割裂、断档的情况，尤其是从基础研究到产业化之间的工程转化能力不强；专业化程度高、种类齐全的工程公司在技术创新中的作用被严重低估；缺乏具备核心零部件、模块、总成开发能力的供应商；各环节对自己的工作定位及分工认识不够清晰，彼此之间互动不足。为此，中国应积极借鉴汽车强国的先进经验，构建并不断完善新型技术创新平台，真正打通产学研用之间的藩篱，有效支撑汽车技术的突破与应用。

（3）技术升级受制于整体工业基础薄弱

工业基础是一个国家制造业发展的共性基础，也是产业做强的基石和技术创新的支柱。汽车产业关联性强、涉及面广，是最为复杂的产业之一，其做强在很大程度上受制于整个工业的基础技术水平。工业基础主要包括基础材料、基础零部件、基础工艺和技术基础，即"四基"。

目前，中国在车用高强度钢、超高强度钢、轻质合金、车身用复合材料、高品质底盘橡胶件用材料、后处理催化材料等方面尚与国外存在差距。以高强度钢为例，国内已有车用高强度钢产品推出，但尚不能覆盖汽车应用需求的全部强度级别，成形性等关键指标尚显不足。同时，未来汽车轻量化等技术不断发展，将对基础材料提出更高要求。

当前，中国基础工艺水平不足，关键高端装备缺乏，工艺装备主要集中在粗加工，加工稳定性低、可靠性差，虽然也有部分精加工和自动化程度高的加工中心，但加工质量与国外先进水平相比仍有差距。另外，中国汽车技术发展受制于基础零部件制造技术薄弱的现象非常明显。中国本土零部件企业普遍规模小、技术差，竞争力不足，绝大多数处于产业链下游，而附加值高的关键零部件仍有不少依靠进口或外资独资在华生产，如动力总成电控系统、底盘电控系统、超低摩擦关键零部件、可变配气机构、发动机后处理器、双离合总成、高效作动器、高品质底盘橡胶元件、高精度电流传感器等都存在较大的自主缺失。

反观各大汽车强国，其工业基础都较为雄厚。其中，作为一直高度重视实体经济的老牌工业强国，德国的总体工业基础实力最强，与汽车相关的基础产业发展最为全面。相比之下，美国在基础材料领域具有较强实力，日本的优势则主要体现在基础工艺领域。而中国无论在基础材料、基础工艺，还是在基础零部件、技术基础方面，与上述汽车强国相比都还存在着明显的差距。

由此可知，建设汽车强国是一项艰巨的系统工程，不仅需要汽车产业自身厘清发展战略、加强自主创新、提升技术水平，也需要中国整体工业能力的不断提升和工业基础的持续完善。

二 中国汽车技术发展需求分析

1. 经济社会可持续发展要求汽车技术协调发展

当前，汽车产业在中国经济社会发展中具有重要地位，这一战略定位要求汽车技术必须加速发展，以支撑产业的可持续发展，具体体现在四个方面，如图4.1所示。

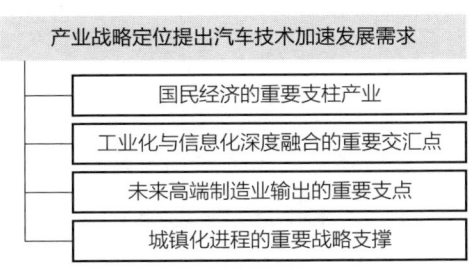

图 4.1 汽车产业的战略定位

第一，汽车产业是中国国民经济的重要支柱产业。如果汽车技术始终滞后，那中国就无法建成汽车强国，也难以实现汽车产业的可持续发展，势必动摇汽车产业的支柱地位，并对国民经济发展造成严重影响。第二，汽车产业是中国工业化与信息化深度融合的重要交汇点。规模庞大的汽车产业涉及面广，集成度高，资金、技术、人才高度密集，是未来中国两化深度融合的最强需求、最佳载体和最大平台，也是中国推进"中国制造 2025"、建设制造强国的龙头和抓手，具有带动、引领整个制造业抢占未来战略制高点的核心地位。信息化技术的全面介入及其与工业化技术的深度融合使汽车技术有了全新内涵，也给汽车技术的发展提出了新的需求。第三，汽车是未来中国高端制造业输出的重要支点。中国未来的工业产品输出将从劳动密集型的轻工业制品逐渐向技术密集型的高端制造业产品转变。在不断进步的汽车技术支撑下，日益增强的汽车产业有望成为中国输出高端制造业的又一战略选项。第四，汽车是中国城镇化进程的重要战略支撑。汽车作为可以自由移动的交通运载工具，能够真正实现全"面"联通，这与未来中小城镇星罗棋布于若干中心大都市周围的城市集群规划相得益彰。在此前景下，汽车技术亟须加快发展，持续完善产品性能和质量，并不断提升信息化、智能化程度，方能适应未来智能交通体系和智慧城市规划的需求，有效发挥自身在城镇化进程中的重要作用。

日益严峻的能源、环境、交通、安全等问题，倒逼汽车技术必须走向绿色和融合发展道路。在能源与环境方面，随着现代化进程的不断深入，中国整体的能源需求和环境压力持续增大,而汽车产业既是化石能源消耗的"大户",也是城市环境污染的"贡献者"之一。汽车产业规模的井喷式增长,使中国"跑步"迈入汽车社会,也使交通拥堵与行车安全两大汽车社会问题尤为凸显,因此,全面升级交通体系,提高交通效率和安全,成为城市规划与建设的紧迫需求。

2. 科技变革与产业重构要求汽车技术创新发展

以万物互联、大数据、云计算和人工智能等为代表技术的新一轮科技变革正在到来,与此前历次科技变革主要以某个领域的技术突破为标志进而带动整体进步不同,本次科技变革的广度和深度都是前所未有的,不仅在多个重要领域同时实现突破,而且各个领域之间又紧密联系、相互影响,波及人类社会的方方面面。对于汽车技术来说,其主要影响集中在三个方面。

第一,新一轮科技变革指明汽车技术发展方向。与一般产业的情况不同,汽车产业的升级将是汽车"智能制造"与智能汽车产品的双向并行、共同发展。一方面,未来汽车产品将向网联、智能和新能源的方向持续发展,并以智能网联汽车作为必然的产品体现形式;另一方面,汽车智能制造则是工业体系整体升级到"智能制造"的先导、基础和载体。两者相互影响、相互促进,引发汽车产业、产品与技术内涵和范畴的重新定义,并形成汽车产业的新变局。

第二,产业全生态重构创造汽车技术全新可能。科技变革将引发汽车产业向充分互联协作的智能制造体系演进,促使汽车的生产方式、产品形态、合作模式和商业模式等各个方面都发生根本改变,带来产业全生态的重构。这个转变过程是以相关技术的进步为基础和支撑的,尤其有赖于网联技术与汽车移动属性的有效结合。反过来讲,新的产业生态又将促进相关技术的深度融合和加速发展。

第三,核心技术成为把握重大历史机遇的关键。科技变革引发的产业重构期和中国建设制造强国的关键攻关期形成了历史性交汇,未来汽车产业和产品也将与现在大不相同,从而为后来居上创造了更大的机遇。巨大的机遇同时也意味着巨大的挑战,如何应对挑战、把握机遇成为中国建设汽车强国乃至制造强国的关键,而掌控核心技术无疑是重中之重。未来,汽车产业的竞争归根到底还是核心技术的竞争，如果不能加快弥补在核心技术水平与自主研发能力方面与国外的差距，中国汽车产业的整体竞争力将不可能进入世界先进行列。尤其在转型时期，大量"新"技术将与"旧"技术发生交融和组合，产生各种不同变化。因此，我们既要加强对传统技术的持续追赶，也要关注对新兴技术的不断开拓。最终，通过汽车核心技术的有效掌控、有效融合，把握空前的历史机遇，占据未来的战略制高点。

三 中国汽车技术的发展愿景

展望未来，以节能汽车、新能源汽车和智能网联汽车为产品方向和集成载体，汽车技术向低碳化、信息化和智能化发展的趋势将日趋明显，而随着汽车技术的不断进步，汽车产业最终期待在社会和产业两个维度实现发展愿景。具体如图 4.2 所示。

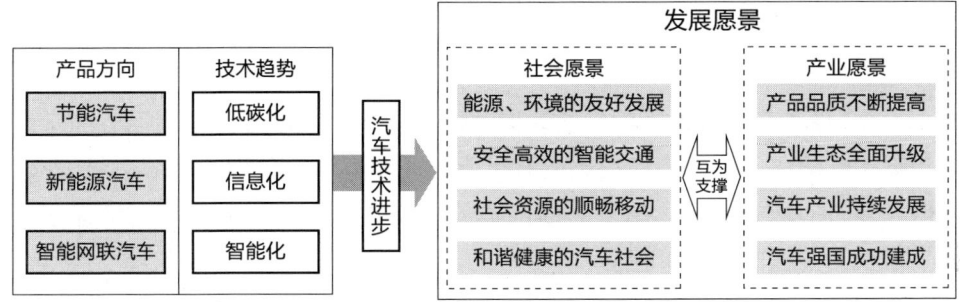

图 4.2 汽车技术未来发展愿景

1. 社会愿景方面

1）实现能源、环境的友好发展。持续提升汽车低碳化技术水平，使汽车产业的发展能够与中国能源、环境战略目标相适应，为建设绿色、低碳社会做出应有的贡献。

2）实现安全高效的智能交通。以智能网联汽车为核心枢纽环节，促进智能交通体系的有效应用和加快完善，以大幅度减少交通事故、提升交通效率，同时助力整个交通系统能耗和排放的降低。

3）实现社会资源的顺畅移动。通过充分网联、高度智能的汽车产品，提高车辆的运输能力与效率，满足包括人在内的各种社会资源自由移动和顺畅流通的战略需求。

4）实现和谐健康的汽车社会。通过节能环保水平、交通运载能力的提升，综合解决汽车社会的能耗、污染、拥堵和行车安全问题，确保汽车与人员、其他交通工具、道路设施及城市规划与建筑的协调发展，构建和谐健康的汽车社会。

2. 产业愿景方面

1）实现产品品质的不断提高。持续提升汽车产品的安全性、经济性、动力性、可靠性及耐久性，使中国汽车产品的质量控制能力逐步达到世界先进水平，全面提高消费者对汽车产品的综合感受和满意程度。

2）实现产业生态的全面升级。引导并构建适应新一轮科技变革的汽车产品形态、使用方式、商业模式及全产业链，以产业转型升级与核心竞争力提升为目标，重构汽车产业生态。

3）实现汽车产业的持续发展。推动汽车制造、使用直至报废回收的全生命周期的低碳化，确保汽车产业能够在能源、环境承载范围内实现绿色发展。同时，通过实现更高效、更节约的汽车使用模式提高车辆利用率，确保产业发展对资源消耗的总体可控。

4）实现汽车强国的成功建成。以本土车企逐步掌控重点和新兴核心技术为依托，培育出至少两三家具有国际竞争力和品牌知名度的本土整车企业，把中国成功建设成为汽车强国。

（四）中国汽车技术总体发展目标

产业未来发展愿景为中国汽车技术提出了明确需求，也指出了前进方向。以此为出发点，在制造强国战略的指引下，结合全球汽车技术"低碳化、信息化、智能化"的发展趋势，依据"创新驱动、质量为先、绿色发展、两化融合"的基本方针，按照"重点突破、全面推进"的指导思想，对中国汽车技术未来15年的发展进行了系统梳理，选取了最能体现主要领域持续进步的表征性指标，提出了以下中国汽车技术总体发展目标。

（1）节能汽车技术

推动汽车低碳化方向发展进程，通过技术进步和重点产品的推广，汽车产业碳排放总量先于产业规模，在2028年提前达到峰值。新车能耗水平达到国际先进水平，形成自主、可控、完整的节能汽车产业链，具有知识产权的自主产品份额不断提升。掌控包括先进动力系统、高效传动系统、多种混合动力以及轻量化、低阻等共性技术在内的节能汽车关键技术。

（2）新能源汽车技术

在稳步提升的新能源汽车技术支撑下，新能源汽车逐渐成为市场上的主流产品，中国汽车产业初步实现电动化转型。全面掌握高能量密度动力电池、高效驱动电机、先进电控系统、全新整车平台以及低成本燃料电池等新能源汽车关键技术，并达到国际先进水平。以技术突破为支撑，推动新能源汽车销量不断提升，助力中国汽车产业低碳化进程。

（3）智能网联汽车技术

智能网联汽车技术不断发展，产生一系列原创性科技成果，并有效普及应用，使中国在该领域能够逐渐引领全球趋势。逐步掌握智能网联汽车领域内的车辆感知、决策及控制关键技术，信息交互关键技术以及高精度地图与定位等基础支撑关键技术。依托中国较为强大的信息产业实力和成为全球翘楚的汽车产业规模，加速在汽车领域实现信息化与工业化的深度融合，有效形成发展合力，推动汽车技术信息化、智能化发展。

（4）技术创新体系

培育并完善完整的汽车技术创新价值链，使技术创新体系基本成熟，持续创新能力具备国际竞争力。建成支撑汽车技术自主研发与持续创新的完整体系，全面覆盖汽车技术的各个领域。包括国家层面的顶层设计、企业层面的有效实施以及研究机构层面的有力支持，通过搭建自主研发共性关键技术的公共平台、持续完善科技创新的管理机制、构建支撑科技创新的服务体系，真正实现政产学研的各司其职、协力发展，使中国汽车产业科技创新能力和持续创新能力达到国际先进水平。

五 汽车技术的重点发展方向

汽车技术涉及要素广、关键领域多、相互影响强、发展变数大，准确识别关键技术领域及其相互关系至关重要。根据汽车各项技术的内涵、特点及其相互关联，将低碳化、信息化、智能化技术予以综合分析与系统分解，确定了中国汽车技术的重点发展方向，如图4.3所示。

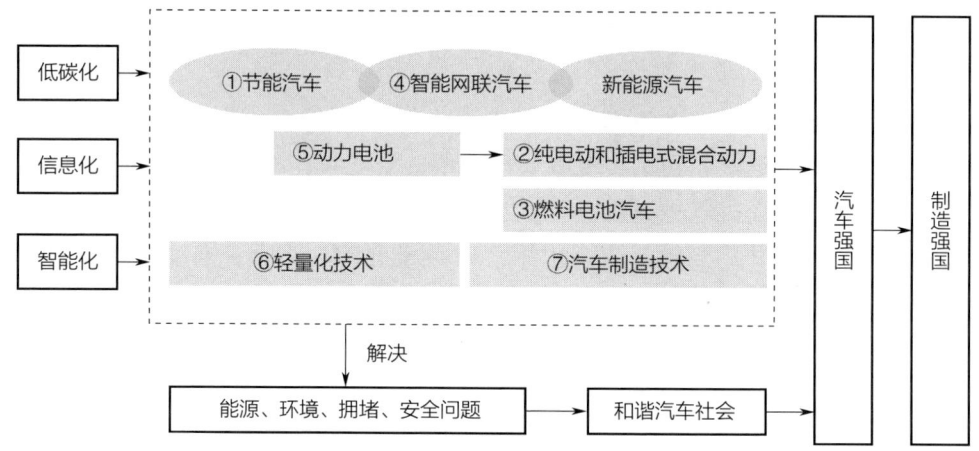

图 4.3　中国汽车技术重点发展方向

当前，节能汽车、新能源汽车以及智能网联汽车已被确定为中国汽车产业的发展重点。新能源汽车包括纯电动、插电式混合动力及燃料电池汽车，其中，动力电池处于关键地位。同时，汽车制造技术和轻量化技术作为共性基础技术，也具有重要价值。由此确定了汽车技术的7个重点发展方向。

（1）节能汽车技术

在可预期的未来，传统内燃机汽车仍将占据汽车产品的主要份额，因此节能汽车是未来汽车产品的重要形态之一，提高节能汽车在传统动力汽车中所占比例，推广先进节能技术在节能汽车上的应用，推动其不断向低碳化方向发展，是汽车产业降低能源消耗、减轻环境污染，最终实现低碳目标的重要保障。

（2）纯电动和插电式混合动力技术

新能源汽车有助于国家能源结构调整，最终确保汽车产业的绿色、和谐发展，代表了汽车的发展方向。当前，纯电动和插电式混合动力汽车是已经产业化推广的重要产品，也是未来10至15年内新能源汽车逐渐成为汽车产品主流的关键所在。

（3）燃料电池汽车技术

燃料电池汽车具有零排放、零污染的特点，是氢能清洁能源应用的重要领域之一，代表着人类能源结构"脱碳入氢"的潜在可能和发展方向。

（4）智能网联汽车技术

智能网联汽车是新一轮技术变革和产业重构前景下，打造全新汽车出行生态圈的核心，也是实现汽车产业与技术全面转型升级的重要支撑。

（5）动力电池技术

动力电池是支撑纯电动汽车和插电式混合动力汽车的核心基础，其技术进步和性能水平直接决定新能源汽车的续驶里程、使用寿命、成本等关键指标，是新能源汽车普及的关键要素。

（6）汽车轻量化技术

减轻车辆质量意味着在汽车行驶过程中可直接节省大量能量，同时，汽车行驶过程中所受到的阻力也与车辆质量相关。作为共性基础技术之一，汽车轻量化是有效降低能耗及排放的重要领域。

（7）汽车制造技术

作为节能汽车、新能源汽车、智能网联汽车的共性基础，汽车制造技术是有效打造未来汽车产品的前提。同时，低碳化、信息化、智能化技术在汽车制造过程中的应用，也是汽车技术发展的重要方向。

上述重点技术领域共同体现了汽车技术低碳化、信息化、智能化的发展方向，同时彼此之间又紧密关联、相互影响。其中，节能汽车、新能源汽车和智能网联汽车是汽车技术发展与应用的体现形式和最终载体。三者之间不是割裂的，更不是对立的。节能与新能源汽车共同面对节能、环保等严峻挑战,而智能网联汽车不仅直接关系到交通拥堵、行车安全等问题的最终解决,也与节能汽车、新能源汽车彼此作用、相互促进。一方面,节能汽车和新能源汽车最终都可以也必须成为智能网联汽车;另一方面,充分网联与高度智能将大大提升各种动力形式车辆的节能环保效果、运行效率以及安全性能。

汽车轻量化和先进制造等是节能汽车、新能源汽车与智能网联汽车的共性基础技术,将为未来所有的汽车产品提供有效支撑。面向新一轮科技革命及其引发的产业重构,共性基础技术的重要性并未下降,而是具有了全新的内涵与发展空间。例如,与应用于传统的节能汽车不同,轻量化技术对于新能源汽车而言,意味着大量节约高成本动力电池的可能性;又如,作为高度复杂的民用工业品,智能汽车是与汽车"智能制造"相向并行、同步升级的,前者为后者提出了更高的发展需求,后者则确保前者能够真正被制造出来。

因此,中国应沿着上述 7 个重点发展方向,加快推进相关关键技术的不断进步,以最终解决能源、环境、拥堵与安全问题,支撑中国汽车产业向着强国目标不断迈进。

(本文根据学术论文《中国汽车技术的现状、发展需求与未来方向》精编整理;原论文发表于《汽车技术》2017 年第 1 期,署名作者:刘宗巍、史天泽、郝瀚、赵福全 [通讯作者])

关于未来汽车技术发展的几点思考

【精彩语句】

"未来汽车既要继续保持作为复杂交通工具的硬件属性以及所需的相关技术，更要升级形成作为移动智能终端的软件能力以及所需的相关技术。由此，汽车将进化成为全新物种，需要传统整零车企与ICT企业共同携手打造。而中国有望成为引领这一进程的中心，基于中国市场形成的技术应用成果将产生辐射全球的潜在效应。"

"软件只是实现数据采集、处理、优化以及基于此进行车辆操控的手段，基于数据的自我进化能力才是未来智能汽车的核心基因。"

"到底智能座舱先行，还是自动驾驶先行，或者两项技术并行推进，既要看消费者的不同需求，也要看企业自身的技术能力和优势，更要看企业的产品定位以及想要提供给消费者什么样的差异化体验。"

【编者按】

2020年8月赵福全教授受邀主持第二届"全球汽车技术发展领袖峰会"，与各大公司技术负责人（CTO）共同探讨未来汽车技术的发展趋势。在主持发言及点评中，赵教授妙语连珠、金句不断，分享了自己对诸多行业热点问题的真知灼见，包括疫情对汽车"新四化"的影响、企业应对产业重构的认识和实践、新能源汽车安全问题的系统性、智能网联汽车发展的终极目标、"软件定义汽车"的内涵以及数据的重要性，以及消费者对汽车产品体验和需求的变化等行业诸多共性问题的解决之道。

当前世界正处在百年未有的大变局中，汽车产业也面临深刻变革，这场变革的范围之广、程度之深、影响之大均前所未有。而本轮产业变革最根本的驱动力来自科技的发展与进步，谁能掌控世界领先的关键技术，谁就能在未来激烈的竞争中占据主动。中国坐拥全球最大的汽车市场，正日益成为全球汽车及相关领域技术最新实践的核心舞台，抓住中国市场的历史性机遇，推动中国汽车技术创新发展进而实现全球同步甚至引领，不仅对于中国汽车企业至关重要，对于各跨国公司同样至关重要。

一 疫情或将加快汽车智能化的发展

当前,百年不遇的新冠肺炎疫情使很多企业的经营受到严重影响。在此背景下,业界对产业变革的方向和进程也出现了一些不同的声音,核心是汽车"新四化"究竟要不要坚持?在当前局势下是否应该放慢发展的步伐?

我认为,"新四化"即电动化、智能化、网联化和共享化已经成为全球汽车产业的重要趋势,代表着汽车产业未来发展的正确方向,对此不应有任何怀疑。尽管受疫情和国际形势等因素的影响,一些企业正在重新调整"新四化"的发展计划,不过企业调整的不应该是战略方向,而应该是面向未来进行投入的力度和速度,即基于自身经营情况进行战术措施的优化调整。

实际上,"新四化"已经改变了汽车产业的格局。本次论坛不仅邀请了传统汽车企业,同时也邀请了新造车企业和ICT企业,这些"新"的参与者正是基于"新四化"的契机才得以加入汽车产业中,并且已经成为汽车产业重要的组成部分。

同时,疫情期间的一些特殊需求,让我们愈发意识到"新四化"潜在的重大价值,例如无接触式、高灵活性的人员出行及物资配送,企业基于数字化的远程线上运营与服务能力等,都发挥了不可替代的作用。从这个意义上讲,疫情可能会成为汽车产业智能化发展的助推器。实际上,疫情期间呈现出来的这些需求具有长期性和战略性,或将促进包括政府在内的各相关主体,加大汽车智能化方面的投入力度。

二 中国市场实践成果有望反哺海外市场

当前国际环境日趋复杂,呈现出"逆全球化"的某种倾向,不过在我看来,这其实是一个"新全球化"的重塑进程。对于各国车企而言,具有巨大规模和潜力且将越来越开放和规范的中国汽车市场,是无论如何不应该失去的。更重要的是,为中国市场开发的技术以及进行的商业实践,今后很有可能将反哺全球市场,从而让企业获得新的竞争力。当前,很多跨国车企已经充分认识到了这一点，正在新能源、车联网、自动驾驶以及商业模式等多个方面，不断加强中国市场解决方案的本土研发和创新探索。

新一轮科技革命是汽车产业全面重构的原动力，新技术代表着新的生产力，而新的生产力必将催生与之适应的新的生产关系。正因如此，当前汽车产业的参与方正在不断增加，参与模式也在不断改变。特别是 ICT 企业的加入，为汽车产业带来了新的能力，也带来了新的机会。未来汽车既要继续保持作为复杂交通工具的硬件属性以及所需的相关技术，更要升级形成作为移动智能终端的软件能力以及所需的相关技术。由此，汽车将进化成为全新物种，需要传统整零车企与 ICT 企业共同携手打造。而中国有望成为引领这一进程的中心，基于中国市场形成的技术应用成果将产生辐射全球的潜在效应。

三 企业要有战略定力、加大转型投入

未来汽车产业将更加复杂，也更加精彩，为各类企业提供宝贵机遇。对此，企业只要选对战略方向，走在正确的道路上，就是成功的开始。我一直认为，任何成功的企业，都不是某款产品的成功，也不是某个人的成功那么简单，而是企业长期坚持正确战略的成功。在中国汽车产业发展之初，恐怕没有谁能想到中国将快速成为世界最大的汽车市场，但是一些有眼光的车企却看到了中国市场的潜力，确定了重视中国市场的正确战略，并持续加大投入，也因此获得了丰厚的回报。今天产业变革确实存在很大的不确定性，但越是如此，越需要企业做出正确判断、坚定战略方向、加大转型投入，只有那些在产品创新、技术创新和商业模式创新上持续加大投入的企业，才有可能成为未来的赢家。

当然，企业不同，实力不同，特点也有差别，即使在同一个方向上前进，投入的侧重和强度也应该有所不同。企业要根据自身的情况来选择合适的发展策略。这既需要对战略方向的准确判断，更需要战术执行上的量体裁衣。那些实力强的企业可以考虑在"新四化"的各个方向都有所布局，而实力不足的企业显然不能这样做。实际上，即便是实力强的企业也不能盲目地四面出击、样样"通吃"，否则终将难以为继。反过来讲，实力有限的企业更应选准某个重要领域，集中力量实现重点突破，以期在未来产业生态中占据不可

或缺的一席之地。

要知道，企业今天的经营结果是由昨天的战略决定的，而企业今天的战略又将决定明天的经营业绩。因此，企业决策者一定要站得高、看得远、看得清、看得准，在此基础上还要有胆识和魄力去认真实践。

现在似乎所有企业都清楚汽车产业的发展趋势，不过无论是电动化还是智能化转型，都需要企业进行大量投入，而真到投入的时候，很多企业就缩手缩脚了。一些企业可能确实是因为资源不足，但那也可以思考换一种"打法"，基于自身优势寻找合作伙伴，携手打造面向未来的核心竞争力；而更多的企业恐怕还是因为欠缺战略眼光和行动魄力，说到底其实还是没有真正理解产业发展大势及其深远意义。例如开发电动汽车，面向未来发展需要，车企就应该开发全新平台，尽管这样做不如在传统平台上改造省钱又来得快，但却可以给产品带来更强的竞争力。广汽电动汽车自2018年上市以来销量一直不错，我想其中一个重要的原因就是，广汽高层早在2014年很多企业还在犹豫不决之时，就下定决心打造全新的电动汽车平台，以期在车辆架构、选材、电池布置等诸多方面都可以按最佳方案设计。虽然这样做前期投入较大，但换来的是产品竞争力的大幅提升，最终也得到了市场的高度认可和有效回报。

（四）应从系统工程的角度推动电动汽车健康发展

在汽车电动化的进程中，电池技术受到业界高度关注，但必须清楚，电动汽车是一项高度复杂的系统工程，我们不能只关注电池技术。例如电动汽车的安全不只是电池安全的问题，而是整车全方位安全的问题，仅仅单一零件的安全是不够的，整车充分安全才能满足市场需求。只有安全的车，没有安全的零部件，这个道理对传统汽车如此，对于电动汽车也同样如此。其实电池技术本身也是性能、成本及安全等多重属性的系统平衡问题，比如三元锂电池在能量密度提高到一定程度后，安全隐患就会大幅提高。要想获得能量密度、安全及成本综合最优的动力电池解决方案，一方面需要技术上的持续突破，另一方面也需要我们重新评估现有电池体系。像磷酸铁锂电池常被视为相对低端的电池，但从安全和成本的角度出发，磷酸铁锂电池其实还有很大的应用空间可以拓展。同时，行业应该达成共识：电动汽车的续驶里程够用就好，盲目追求长续驶里程并形成恶性竞争态势，对产业的健康发展、企业的合理经营以及消费者的利益保障都是不利的。

除了电池以外，发展电动汽车还需要电机、电控以及整车技术的共同进步，同时还要努力尽快解决充电基础设施不足、行业法规标准等一系列问题。像法规留给企业的准备时间太短且变化太快等问题，也是企业应对困难、难以积累的重要原因之一。所以说，发展电动汽车是一项系统工程，并不是只要突破了电池技术就万事大吉了，我们需要关注整车层面乃至整个产业环境上的每一个细节，这是后续推动电动汽车市场加快走向成熟的关键所在。

五 智能汽车的真正目标是实现智慧出行

智能汽车无疑是未来汽车产业竞争的战略制高点。在我看来，智能汽车是车联网、大数据、云计算和人工智能等技术充分集成的综合载体。作为可自由移动的智能网联终端，未来智能汽车将基于信息流，实现人流、物流、能源流的高效畅通，从而大幅减少交通事故、提高通行效率、降低出行成本；同时通过把人从驾驶中解放出来，并连接外部丰富的服务生态，为汽车的使用者创造更大的价值、提供更多的便利。

由此可见，打造智能汽车本身并不是目的，实现智慧出行才是智能汽车的真正目标。实现智慧出行是人类进入智能社会的重要标志之一，反过来讲，智慧出行也只有在智能社会中才能真正实现。这是因为，智慧出行需要的一定是多方参与的协同智能，只有智能汽车（SV）是不够的，还必须与智能交通体系（ST）、智慧城市环境（SC）以及智慧能源网络（SE）相互匹配，最终4S紧密融合构成智能社会，这也是智能汽车必须依靠车路协同才能有效发展的核心所在。

六 "软件定义汽车"的核心在于决定产品的基因是什么

关于"软件定义汽车"，我认为讨论的核心在于未来定义汽车产品的基因究竟是什么。未来的汽车必须是智能的，智能的最明显标志是汽车具备可以不断自我进化和提升的能力，从而变得越来越"聪明"。而汽车只有在可以不断收集数据并通过数据的处理和优化来自我赋能时，才能达到不断进步的目的。从这个意义上讲，软件只是实现数据采集、处理、优化以及基于此进行车辆操控的手段，基于数据的自我进化能力才是未来智能汽车的核心基因。

由此可知，一方面，软件必将成为未来汽车产品的核心和灵魂，但硬件仍然是基础的必备条件；另一方面，未来如果一款汽车产品像现在这样，出厂之后就无法进行升级和进化了，那么即使硬件配置再豪华也不会有市场竞争力。

在这个过程中，ICT 领军企业将会成为基于数据的"软件定义汽车"的重要参与者。不过 ICT 领军企业如果只是沿着传统汽车产品的打造模式，以延长线思维来思考如何参与车企的智能汽车开发工作是远远不够的。在我看来，未来汽车产品定义的主导权还是会由整车企业掌握的，但 ICT 企业应该积极推动汽车基因的本质性改变，站在与车企共同重新思考和定义汽车产品的高度，推动汽车产品向智能化方向快速进化。

与此同时，汽车企业必须充分认识到自身将面临的巨大挑战，在基于数据的"软件定义汽车"的跑道上加快前进。对此我的建议是，车企要努力做到软硬结合、软硬融合、软硬分离和软硬平衡，最终目标是实现硬件相对于软件的标准化、抽象化和解耦化。到那个时候，有形的硬件将会变成基础性的必要条件，无形的软件才是企业之间较量的充分条件。同样的硬件可以被不同的软件调用，让消费者得到更好的个性化体验。我相信这一天一定会到来。

七 集中行业力量解决产业重构进程中的共性问题

当前在企业遇到的难题中，有相当一部分诸如充电基础设施、智能道路环境、行业标准等，都是行业发展中的共性问题，仅凭企业一己之力是难以解决的。企业体量再大仍然是企业，解决不了行业的问题。事实上，如果行业的共性问题不能有效解决，就会导致企业之间的低层次重复投入，造成社会资源的低效利用，最终使整个产业的发展受阻。

从这个角度看，行业管理者一定要有战略眼光，必须对产业未来发展图景有准确的前瞻预判，在此基础上，有效识别和把握行业的共性问题，着力引导并调配相关资源重点解决。同时，汽车行业自身更要团结起来，形成合力，积极推动解决产业重构进程中遇到的诸多行业共性问题。

八 未来汽车技术发展更需要分工协作

毋庸置疑，技术始终是企业的核心竞争力。未来在"新四化"的发展前景下，汽车核心技术将变得更加多元、更加交织、更加易变，也更加重要。这意味着，一方面技术的发展模式将变得更加复杂，我们不能只考虑单一技术本身，还必须同时考虑其他相关技术以及技术背后诸多要素之间的耦合关系；另一方面，没有任何企业有能力掌控所需的全部核心技术，因此，在产业生态中与其他企业进行分工协作就成为必然选择。总体来看，未来汽车技术的发展将比以往任何时候都更需要相关参与方的融合创新和分工协作。

说到底，新技术作为生产力，必须有与之匹配的生产关系才能充分发挥作用。面对未来边界不断扩展的产业生态，我们需要探索更多创新的商业模式，最终形成汽车产业的新型"生产关系"。

在此，我还想谈谈资本的作用到底如何有效发挥。我认为资本是未来创新资源组合的黏结剂，可以把分散的资源整合起来并有效打通，形成完整的产业生态；资本又是产业发展和技术突破的催化剂，投入资金多的领域就更容易产生效果。特别是在新技术的发展进程中，资本无疑是支撑技术创新至关重要的核心要素之一。而基于产业的特殊性，具有战略眼光、关注长效投资收益的资本更是汽车行业真正需要的。

九 技术创新应聚焦于消费者体验

汽车产业正迎来一个颠覆性变革的时代，有很多颠覆性的先进技术涌现出来，但是能不能用好这些技术，产生颠覆性的结果，还取决于我们是否具有颠覆性的认识。有了颠覆性的认识才有可能产生颠覆性的结果，否则根本不可能识别出战略机遇所在，也不可能坚定不移地加大投入和积极实践，这样又怎么可能最终取得颠覆性的结果呢？

当前一个非常核心的改变就是消费者的关注点和以前大不相同了，车企必须充分意识到提升消费者"体验"是未来技术创新的努力方向。所谓的科技感绝对不是各项新技术的简单堆砌，而是让消费者体验到"好玩""炫酷"。对于产业发展的大趋势，企业一定要有前瞻判断和战略洞见，千万不能陷入开始"看不见"、接着"看不起"、后来"看不懂"、最后"来不及"而终被淘汰的境遇。

那么究竟应该如何选择技术方向呢？我觉得答案其实很简单，即所谓的第一性原理。也就是说，我们必须回归到市场需求本身来思考：消费者到底关注什么？我们需要为消费者提供什么样的体验？我们提供的技术做不到这一点就没有意义，这样的产品也不会有竞争力可言。有时候我们可能会觉得，用音乐或灯光来取悦消费者太"小儿科"了，应该用更复杂或更"高档"的技术来彰显品牌内涵。其实这么想很可能是错误的，现在主流消费者中有不少就是因为"好玩""炫酷"等体验而做出购车决定的。说到底，技术本身并无对错之分，最终还是要在市场上以"成败论英雄"。

➕ 智能网联汽车的技术路线终将殊途同归

对于未来汽车技术的发展路径，不同的企业有不同的判断和预测。有的企业认为智能座舱应该先于自动驾驶发展，而有的企业认为自动驾驶应该先于智能座舱发展。我认为从本质上，前者是以乘车者的关注为优先，后者则是以驾车者的关注为重点。到底智能座舱先行，还是自动驾驶先行，或者两项技术并行推进，既要看消费者的不同需求，也要看企业自身的技术能力和优势，更要看企业的产品定位以及想要提供给消费者什么样的差异化体验。即使并行推进，也会有投入力度不同的侧重，并将由此产生不同的效果。在产业格局空前复杂的当下，我觉得各家企业有不同的技术思路不是坏事，因为新技术的演进都需要一个过程。在此期间，各种路径的尝试都是有益的，即使被证明是失败的尝试，也将为产业提供经验借鉴。只要大家的终极方向一致，最终就会殊途同归，共同推动产业的发展和技术的进步。

（本文根据赵福全教授2020年8月14日主持第二届"全球汽车技术发展领袖峰会"的引导发言及点评整理）

中国汽车产业技术转化价值链解析与优化策略

【精彩语句】

"技术转化的基本规律可以概括为：第一，技术本身并不能直接产生价值，只有通过有效集成实现某种功能、性能，并被消费者接受，才能产生最终的商业价值，才是真正有效的技术创新；第二，技术转化价值链是一个环环相扣的紧密过程，各个要素不容缺失，各个阶段不可逾越。"

"从专业化分工的角度来看，整车企业应掌握整车和部分整机的集成技术、支撑整车设计开发的基础技术以及相应的前沿技术。各级供应商应分别掌握单项技术或模块、总成的集成技术，以及相应的基础技术和相关领域的前沿技术。工程公司主要担负着技术工程化开发的职责。高校及科研院所的主要使命是探索远期前沿技术，以及进行相关的基础技术研究。"

"当前不少中国企业都在产品开发过程中争先增加新的技术亮点以提升产品竞争力，但是产品开发有着严格的时间节点要求，追求零差错；而新技术研究带有探索性质，不仅会出错，而且时间进度很难完全受控。显然，正确理解 R 和 D 的关系及差异，实现企业和研究机构的合理分工，在做 D 的同时前瞻性地预先做好 R，对提升中国汽车产品的开发水平和技术竞争力将大有裨益。"

"未来的竞争是技术的竞争，而技术竞争在本质上就是技术创新和转化能力的竞争，两者缺一不可，否则技术是无法实现价值的，技术创新也就无法落地。因此，中国在鼓励技术创新的同时，还必须强化技术转化价值链的建设，以真正提升产业竞争力。"

【编者按】

这又是一篇站位高远、内容丰富的深度文章。在本文中，赵福全教授全面解析了技术转化价值链的基本规律，即技术本身具有价值，但不经应用及转化就不能实现价值，而实现价值需要技术转换价值链各个环节的有效衔接。由此出发，赵教授深刻阐释了技术类别及其内涵、汽车技术选择要素、整车企业技术需求、零部件企业应具备的能力及发展策略等重要问题，其中不乏不同技术创新主体的职责分工、R与D的混淆理解、未来整零关系重塑趋势、新一轮科技革命带来的影响等精辟论断。最后赵教授一针见血地指出，中国汽车产业技术创新与成果转化的主要症结在于，技术转化价值链的各个环节都相对薄弱，各主体彼此定位不清且不能有效协作，以及专业化的工程公司缺乏等问题。为此，各方应明确定位、各司其职，同时有所为、有所不为，真正做好、做精自己应当聚焦的环节。

虽然坐拥全球最大的汽车市场，但是中国汽车产业总体而言远非强大，自主品牌汽车产品还缺乏竞争优势，产品附加值低、竞争力较弱，这些现象背后最核心的问题之一是汽车核心技术掌控力不足。近年来中国在基础研究、技术基础等方面投入不断加大，各高校及科研院所等也不断产出科研成果，同时也拥有众多优秀的技术专家和企业家，但是从整个产业的技术转化价值链上来看，仍然存在严重的"断链"问题，从基础研究到工程应用直至产业化应用普及的过程没有完全打通，与世界先进工业强国相比差距明显，成为制约中国汽车产业乃至整个制造业技术进步的严重瓶颈。

为了实现经济增长方式的转型和科技实力的跃升，必须加快建立并持续完善适应市场经济的科技成果转化管理机制，使高等院校、科研院所的基础研究能够快速有效地转化成为企业的核心竞争力。对于规模巨大、关联性强、涉及面广的汽车产业而言，研究产业技术转化价值链及其优化策略，就更具有重要价值和现实紧迫性。

为此，笔者以汽车产业为切入点，阐释了技术转化的基本规律和关键要素，分析了在产业技术转化价值链条上整车企业对零部件供应商的技术需求，讨论了零部件供应商的应对措施和发展战略，在此基础上，结合新一轮科技革命引发全球产业重构的大背景，面向建立及完善汽车产业技术转化价值链，提出了技术创新和产学研合作等方面的具体建议。

一 汽车产业技术转化的价值链及其基本规律

1. 技术转化价值链的一般过程与基本规律

技术，特别是先进技术无疑具有价值，但是技术本身不一定能够实现价值。有技术并不代表必然能够得到转化和应用，技术只有体现在产品和商品上，才能真正实现价值。汽车产业技术转化价值链如图 4.4 所示，技术首先需要体现在零部件上，再由零部件集成形成具备局部功能、性能的总成或模块，然后再进一步集成形成整车产品，最终通过合理定价、质量保证、销售渠道、品牌推广等措施将汽车产品推向市场，成功售出，从而成为满足法规和消费者需求的商品。

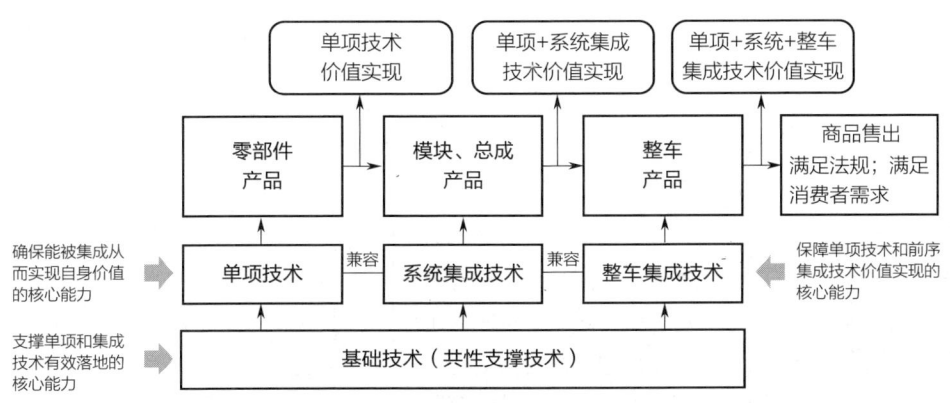

图 4.4　汽车产业技术转化价值链

在此过程中，单项技术为零部件提供支撑，当零部件产品作为商品售出并集成到总成、模块时，单项技术的价值就得到了实现；不同层级的系统集成技术为总成、模块提供支撑，当总成、模块产品作为商品售出并集成到整车产品时，系统集成技术的价值就得到了实现；而整车集成技术为整车产品提供支撑，当整车产品作为商品售出时，整车集成技术的价值也得到了实现；与此同时，基础技术为单项技术和不同层级的集成技术提供共性支撑。由此可见，对汽车产业技术价值转化而言，单项技术、集成技术和基础技术都是重要的核心能力，而彼此之间能够实现兼容也是一种重要的核心能力。特别需要指出的是，如果整车产品最终没有实现商品化，那么零部件和总成、模块产品是无法持续实现商品化的，这是集大成的汽车产业技术转化价值链的重要特点。

将上面的价值链再做进一步的细化分解，对于汽车产业而言，汽车技术的价值实现是一个从作品到商品、从概念到消费者认同的过程。如图 4.5 所示，汽车产业技术价值的实现发端于作品，通常是根据最初概念形成的构想；继而把概念开发制作成能够实现基本功能，但是没有考虑到使用寿命、成本、质量以及制造难易度的样品，这个样品由试制的样件或样机组装而成，若将样品展示出来（如参加车展），也可称为展品；样品包括样件、样机或样车在内，通过反复测试验证后，投入模具进行确保一致性的批量生产，就产生了真正的产品；最终产品通过销售给消费者实现商业价值变现，则成为商品。

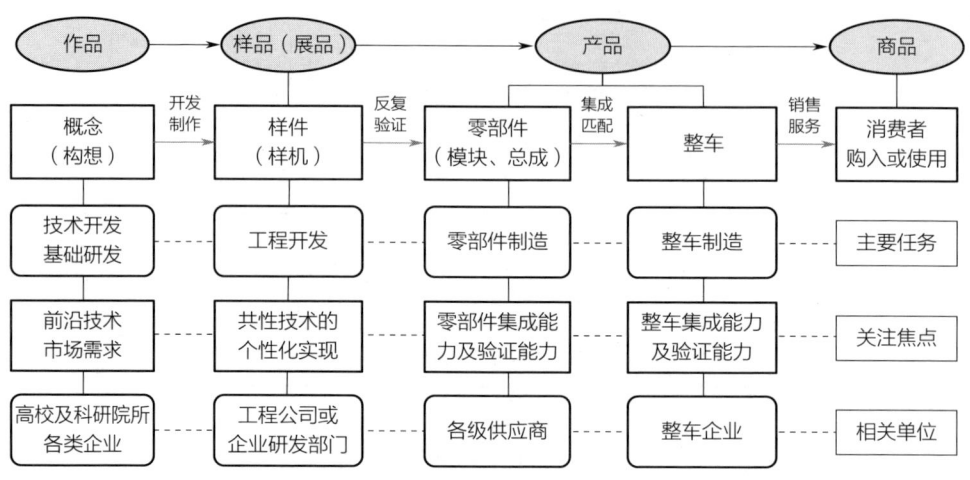

图 4.5　汽车产业技术价值的实现过程

在上述技术价值实现过程的不同阶段需要不同参与方承担不同的工作，其主要任务和关注侧重点也各不相同。作品更多是体现一种概念，处于基础研发和技术开发阶段，关注的焦点是一些前沿技术和市场需求。样品需要更多考虑工程开发，关注共性技术的个性化实现，这个阶段可以由工程公司或企业内部的研发部门来完成。产品则包含从零部件直到整车的制造，此阶段必须兼顾成本、质量和效率，强调集成和验证能力，需要整车企业和各级供应商的共同参与和通力协作。最后，整车企业的销售公司及各级经销商通过建立销售网络实现整车产品向商品的转化。由此可见，汽车技术从概念产生到商品化的过程中，需要各个环节的有效互动，才能共同完成技术价值转化的顺畅"接力"。

值得注意的是，在工程开发阶段实现概念到样件、样机的过程需要很强的技术能力和工程化开发经验，这项工作通常是由企业的产品开发部门来完成的。但由于对新技术的把握及相关的工程经验不足，或者不愿意在这种工程样件、样机上进行相关的投入，部分企业会把这类工作外包。在先进工业国家，有很多强大的专业化工程公司（工程服务公司、工程咨询公司等）承接这类工作，这些公司可以将科学家及工程师的想法和设计快速转化成企业认可的具有相关功能、性能的样品，以便于企业进行后续的深度开发。而在中国能够提供这类专业化工程服务的公司非常少，且能力有限，这就构成了中国科技创新中非常欠缺的一个重要短板。

从另一个角度看，技术能否得到转化和应用，也取决于技术所处的状态。根据表4.1，若某项技术仅停留在发明创造阶段，可能只是一个构思，即使想法可行，也未必就有产业化的价值；而未成熟的技术需要继续进行深度开发；半成熟的技术需要在产品化过程中逐步完善；只有真正成熟的技术才是企业最需要的，可以立即直接应用。此外，技术的不同价值和作用也与其类别有关，例如，具有支持性、前瞻性、宽泛性等特点的基础技术并没有直接转化的巨大商业价值，但却是其他技术有效转化的重要支撑。

表 4.1 技术的不同状态及定位

技术状态	定位
发明创造	可能只是个构思，即使可行，也未必能够产生转化价值
未成熟技术	需要继续开发
半成熟技术	需要在产品化过程中逐步完善
成熟技术	是企业最需要的，可以立即直接应用

综上所述，技术转化的基本规律可以概括为：第一，技术本身并不能直接产生价值，只有通过有效集成实现某种功能、性能，并被消费者接受，才能产生最终的商业价值，才是真正有效的技术创新；第二，技术转化价值链是一个环环相扣的紧密过程，各个要素不容缺失，各个阶段不可逾越。在技术创新及价值实现的链条中不存在"弯道超车"或"跨越发展"的可能，至多只能加快速度，缩短技术转化的时间跨度。

2. 汽车技术转化价值链的启示

汽车是高度复杂的运动性机电一体化产品，一辆汽车的零部件数以万计。

整车的开发过程大致可分为三个层级,如图4.6所示,整车企业负责集成各种总成和模块,确保整车的功能和性能,构成了第一层级;总成或模块由众多零部件构成,是第二层级;零部件则是通过单项技术、单个元器件和原材料等开发出来的,是第三层级;而基础研发能力对整个开发过程起到支撑作用。

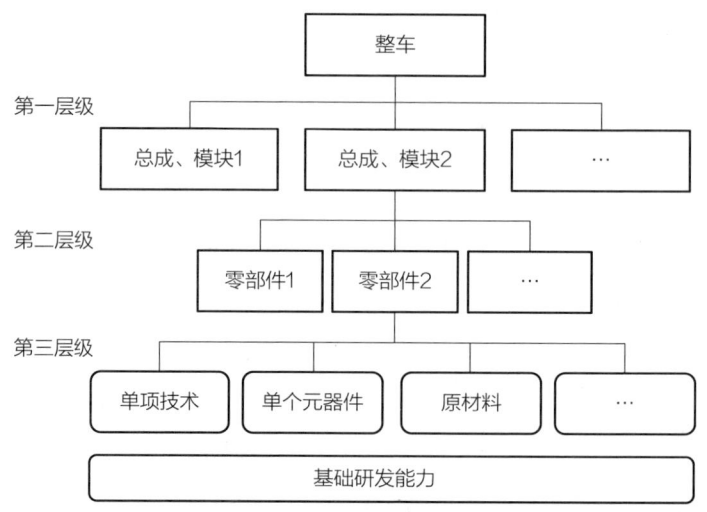

图4.6 汽车技术价值转化的层次

由于汽车产品的复杂性和层级性,整车企业都是通过采用新的功能或性能模块来应用新技术的,因此无论是单项技术还是单个零部件,都较难与整车企业直接对接。因为不同创新参与方在价值链条中的位置和分工不同,只有每一段价值链都做好、做精,逐次衔接,才能最终实现系统的技术创新及完整的成果转化。

3. 汽车技术的类别及其专业化分工

如前所述,有效实现汽车技术价值转化要求各相关参与方必须各司其职,而准确理解不同类别技术的内容并由此确定合理的分工,则是实现各司其职的前提和基础。总体来说,技术可谓无处不在,但又存在明显差别。经认真思考,笔者将复杂的汽车技术梳理划分为四个类别,即单项技术、集成技术、基础技术和前沿技术,各类技术的内涵、分工及相互关系如图4.7所示。

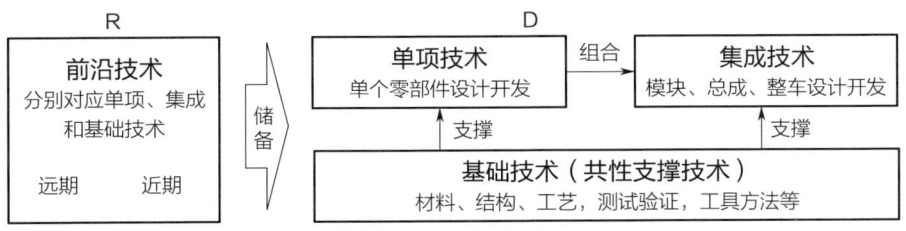

图 4.7　汽车技术的不同类别及其理想状态下的分工

一是单项技术，与单个零部件的设计开发相对应，负责单项技术开发的是零部件供应商和工程公司。二是集成技术，包括从模块到总成直至整车的设计开发，可为单项技术的集成提供支撑，整车企业、系统供应商和工程公司是负责集成技术开发的主体。三是基础技术，也可称为共性支撑技术，内容既包括材料、结构和工艺等方面的研究，也包括测试验证能力，还包括研发所需的基本工具和方法等。基础技术同时为单项技术和集成技术提供支撑，整车企业、供应商、工程公司、高校及科研院所都需要掌握与自己业务密切相关的基础技术。以上三类技术在状态上均属于成熟技术，支撑着企业的研发活动 D（开发）。四是前沿技术，无论单项技术、集成技术，还是基础技术，都有相对应的前沿技术作为储备。前沿技术又有远期和近期之分，远期前沿技术主要由高校及科研院所来研究，部分工程公司和实力较强的企业也会在这方面进行一定探索；而有望较快进入成熟状态的近期前沿技术则处在整车企业、供应商和工程公司密切关注和探索的范畴。总体而言，前沿技术对应着企业的研发活动 R（研究）。

当然，严格来说，R 指的应是前瞻性和基础性较强的远期前沿技术研究，实际上一些规模较大、能力较强的企业，会把当前产业化可能性较大的近期前沿技术的开发从 R 里分离出来，将其称为 A（先行开发），而与 A 相对应的 D 则更多强调产品开发，由此就构成了 RAD 的技术创新链，即从基础研究到技术开发再到产品开发的完整链条。这里的 A 更关注先进技术产业化的可行性，通常由企业的先行技术开发部门借助外部工程公司的力量完成，其工作主要是对未成熟的技术进行深度开发并制成具有完整功能及性能的样件、样机，以解决产业化前潜在的工程技术问题。而大部分企业基于自身规模、资源及分工协同性等多方面的考虑，把 A 的工作分散融入 R 和 D 中，这就是通常所指的企业研发部门 R&D 的业务范畴。

从专业化分工的角度来看，整车企业应掌握整车和部分整机的集成技术、支撑整车设计开发的基础技术以及相应的前沿技术。各级供应商应分别掌握单项技术或模块、总成的集成技术，以及相应的基础技术和相关领域的前沿技术。工程公司实际上是一个群体的概念，包括侧重各异的诸多类型，有些聚焦于单项技术或集成技术，有些聚焦于某类特定的基础技术（如测试验证或工具方法类的专项技术），还有些聚焦于远期或近期的前沿技术。少数工程公司可以囊括上述大部分技术内容，但更多的工程公司只聚焦于其中的某类技术。整体上，工程公司主要担负着技术工程化开发的职责。最后，高校及科研院所的主要使命是探索远期前沿技术，以及进行相关的基础技术研究。

在此需要特别说明的是，整车及零部件企业和工程公司既需要做 D，也需要做 R，但是两者的定位和侧重是不同的。对于整车及零部件企业来说，其落脚点是产品开发，因此更应聚焦于成熟的技术；同时也必须对相对趋于成熟的近期前沿技术进行应有的储备，这是企业持续保持技术竞争力的重要支撑。而对于工程公司而言，既要储备前沿的技术，也要形成帮助企业衔接 R 与 D 两部分工作的能力。这就要求工程公司必须系统掌握相关领域的单项技术、集成技术和基础技术，从而为不同技术创新主体提供不同层面的全方位支持，包括弥补整零车企技术能力或人手的不足。从上述分析可以看到，工程公司的价值是巨大的，其所承担的任务是艰巨的，强大的产业必须培养出具有多种能力的工程公司集群。当前中国技术转化价值链的核心短板之一就在于，我们缺少掌握相关技术工程诀窍、可以有效各司其职的专业化工程公司集群。

此外，中国很多企业对 R 和 D 的理解一直存在一定误区。一方面，中国所谓的研究院大多数从事的是工程应用开发，而不是技术研究，其实质只是工程开发院。其实，技术研究更应侧重于前沿技术的储备，以支撑后续的产品开发。然而作为创新主体的企业往往很少做这部分工作，而是交给高校及科研院所来承担，但是高校及科研院所又不具有企业的技术应用能力，因此就出现了相互脱节。实际上 R 和 D 的工作是完全不同的：在技术研究过程中，是允许出错的，甚至应该鼓励试错；而在产品开发中绝不允许试错、出错，必须也只能应用成熟的技术。

当前不少中国企业都在产品开发过程中争先增加新的技术亮点以提升产品竞争力，但是产品开发有着严格的时间节点要求，追求零差错；而新技术研究带有探索性质，不仅会出错，而且时间进度很难完全受控。在这种情况下，将 R 和 D 混淆，导致企业往往在新技术并未成熟的情况下，就"将错就错"地应用在新产品上，后续难免会带来质量问题和客户抱怨；而如果进行充分验证又会影响产品开发进度，造成产品上市延期而贻误战机。显然，正确理解 R 和 D 的关系及差异，实现企业和研究机构的合理分工，在做 D 的同时前瞻性地预先做好 R，对提升中国汽车产品的开发水平和技术竞争力将大有裨益。

二、整车企业的技术需求及零部件供应商的应对措施

1. 汽车产业的技术选择

整车产品开发高度复杂，相关环节分工极其精细。汽车产品开发周期长，开发一款全新整车通常需要 2 至 4 年时间，有些企业不将前期策划计入，周期也需 18 个月以上。汽车产品开发涉及上万个零部件，且相互之间关联性强，可谓"牵一发而动全身"。而且汽车产业投入大、回报慢，销量攀升后才能回收成本。因此，企业和科研单位必须找准自己的核心定位、主营方向和竞争优势。

同时，汽车产业的技术选择也是一门平衡的艺术。如图 4.8 所示，横向上一边是技术成熟性，另一边是技术先进性：技术要成熟，投放市场才能减少风险，但技术也要先进，这样才能更有竞争力，而追求新技术带来的亮点，往往会产生技术不成熟带来的诸多问题。纵向上一边是质量，另一边是成本：成本尽可能低是任何企业都在孜孜不倦追求的目标，但高质量又是赢得消费者信赖的前提，而质量提升通常又与成本控制是一对矛盾体。最后输出的产品，一方面要满足法律法规要求，另一方面更要提升消费者的认可和接受程度。因此，汽车技术的选择和应用并没有绝对正确、一成不变的答案，只能在技术成熟性和技术先进性、质量和成本之间寻求动态的平衡点。这也增加了汽车产业技术转化的困难度和复杂性，即使有了成熟可行的技术方案，也未必就值得进行商业化应用。

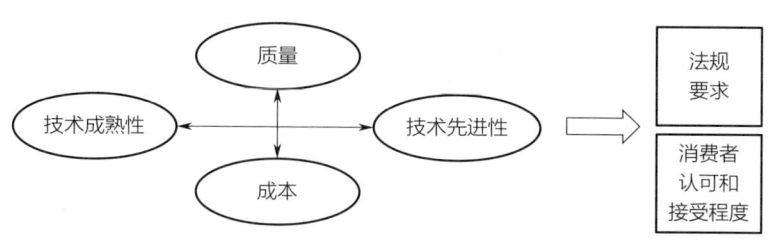

图 4.8　技术选择的平衡艺术

2. 整车企业的技术需求

通常整车企业自制的零部件成本占比至多为 40%，另外 60% 以上则由各个零部件供应商提供，且供应商所占的比例还呈现与日俱增的态势。

从技术角度来看，整车企业拥有整车层级技术集成的权力和能力，也拥有整车层级技术定义及验证的能力和义务。整车企业对供应商的技术需求主要表现在以下几个方面。

其一，整车企业需要的是成熟而先进的技术，能够稳定地实现预期的功能和性能。由于每个零部件都要进行模块、总成乃至整车级别的验证，需要高额的投入，所以整车企业不允许供应商试错，而使自己承担巨大的风险。整车企业的规模越大、品牌知名度越高，对零部件技术成熟度和先进性的要求就越高。目前中国自主品牌整车企业正处于转型升级的关键时期，预计在这个过程中将有大量低档次的供应商被逐渐淘汰。

其二，供应商向整车企业提供满足车型功能和性能需要的总成或模块而非某个孤立的零件或零件组，这已成为日益明显的趋势。整车企业对零部件单项技术不可能做到面面俱到，更青睐于针对少量的总成或模块进行集成，这对整车企业而言更容易、也更受控。因此，单一零部件的供应商与整车企业直接合作的空间越来越小。另外，零部件供应商还必须满足规模经济的需求，能够为整车企业及时、稳定、保质地提供产能受控的零部件。

3. 满足整车技术需求的供应商类别与能力

根据供应商与整车企业的供货层级，可将零部件供应商分为一级、二级、三级等，基本上这个划分也和零部件的复杂度及供应商的技术集成能力相对应,见表4.2。尽管部分核心技术掌握在专业更聚焦的二级或三级供应商手中,不过总体来说,一级供应商的综合实力和技术水平更能代表一国汽车零部件产业的状态。当前中国附加值高的关键零部件总成及模块,很多仍然依靠进口或由外方独资及控股企业在华生产。同时本土零部件企业普遍规模小、技术能力弱,大部分处于产业链下游,能够自行提供总成、模块、向整车企业直接供货的一级供应商数量较少,实力也偏弱,这也是中国汽车技术转化价值链的短板之一。

表4.2 一级、二级、三级供应商分类

根据供应商与整车企业的供货层级划分		技术集成能力
一级供应商	能够直接为整车企业提供具有一定功能和性能的总成、模块	高
二级供应商	能够为一级供应商提供零部件	中
三级供应商	能够为二级供应商提供小零部件、半成品或原材料	低

优秀的一级供应商必须有能力满足整车企业的全面需求。具体来说,一是技术能力,包括满足功能、性能需求的总成或模块的开发和保障能力。二是大规模供货能力,整车企业,特别是大型整车企业要求一级供应商能够持续稳定供货,这就挑战供应商的产能规模、生产一致性的保障能力、自身的稳定性以及对自己下游供应商的管控能力。国内很多零部件供应商无法进入合资品牌的供货体系,主要原因之一就是无法大量稳定地供货。三是质量保障能力,供应商在研发及制造过程中能够按照需求控制质量,和整车企业一起做到恰到好处。四是成本控制能力,零部件企业可以通过提升生产技术或者扩大规模降低成本。五是资金保障能力,主要影响企业的运营安全。六是物流保障能力,例如供应商是否有实力跟随整车企业异地建厂以实现全球一体化战略,这也是整车企业选择供应商的重要因素之一。

而根据供应商的技术开发能力,又可将供应商分为一轨、二轨乃至三轨供应商,见表4.3。一轨供应商有足够的技术开发能力,能够直接参与整车或整机产品前期的策划、定义及开发,独立提供满足功能、性能需求的总成或模块,往往拥有主要的市场份额。二轨及三轨供应商是一轨供应商的"候补",能够按照一轨供应商所开发零部件的边界条件,仿效开发出功能、性能相同或相近的零部件，然后批量生产供货，通常具有一定的价格优势。

表4.3　一轨、二轨、三轨供应商分类

分类	根据供应商技术开发能力划分
一轨供应商	有足够的技术开发能力，能够参与整车、整机产品前期的策划、定义及开发
二、三轨供应商	按照一轨供应商完成的边界条件，开发功能、性能相同或相近的零部件

对于整车企业来说，采用多轨开发方式，提高供货安全性，防止意外断货或者受制于人也是非常重要的考量。整车企业如果只开发一轨供应商，容易受到一轨供应商的制衡；而引入二轨供应商，则可以在追求高质量的同时，有效降低成本。但是，显然整车企业也不能直接只用二轨供应商，这样危险性极大，因为二轨供应商一般不具备足够的技术实力，无法支持整车的同步开发，也因此不具备在产品全生命周期内持续供货的能力，当产品需要升级换代时，二轨供应商没有技术能力支撑换代更新，整车企业将处于风险状态。因此，整车企业通常至少开发两轨供应商来满足有竞争力的供货需求。

4. 零部件企业的应对措施与发展战略

面对汽车技术的快速进步和整车企业的技术需求，零部件企业必须制定相应的发展战略和应对措施。

其一，零部件企业一定要成为具有充分技术实力的供应商，努力形成一体化的生产、采购、销售以及研发、验证能力，具备一轨供应商必备的开发能力，成为整车企业或者大的总成企业的一级供应商。当前，整车企业正在快速迈入平台化、模块化时代，零部件企业也必须紧跟整车企业的步伐。只做单一零部件的研发制造已经越来越难以满足整车企业的需求，而生产彼此没有关联的零部件，即使种类多、数量大也不是方向，因为这样的企业无法有效实现技术共享，更难形成核心竞争力。由此可见，零部件企业走向集成化模块是其发展的必由之路。实力偏弱的零部件企业应该通过资本联合，积极协同二级、三级供应商共同打造集成化模块，并通过合作弥补彼此能力的不足，实现优势互补；一些有实力的零部件企业甚至可以只做系统集成供应商，通过资本、品牌或技术集成能力进行产业链整合，即只提供总成和模块供货，而不生产单一的零部件。

其二，零部件企业必须努力参与到上一级产品的前期策划和开发过程中，特别是力争直接与整车企业对话。零部件企业只有在前期方案制定、技术路线选择阶段就介入产品开发，才有可能成为一轨供应商，构建"你中有我、我中有你"的新型整零关系；否则，最多只能在数据冻结后担任二轨供应商。而为了与整车企业更好地接轨并形成自身特点及优势，零部件企业必须建立适合整车企业产品开发流程并具有自身特色的产品开发流程。

综上所述，面对汽车技术的发展趋势和整车企业的技术需求，零部件企业必须努力形成局部多零部件的集成能力、重点技术的开发能力以及调配或联合其他零部件企业的资源整合能力，真正成为有能力担当整车企业战略合作伙伴的系统供应商。

三 关于技术创新与产学研合作的思考

1. 中国技术创新与成果转化面临的主要问题

当前中国技术创新与成果转化存在三个问题。

第一，产业技术转化价值链的各个环节相对薄弱，而且不尽完备，出现相互割裂、断档的情况，尤其是从基础研究到产业化之间的工程转化能力不强。从前述的技术类别分析，单项技术、集成技术、基础技术以及前沿技术都有不足，且彼此之间未能有效衔接。这意味着中国的技术差距是整体性的，不仅单项技术有短板，而且集成技术和基础技术更是主要瓶颈；同时，不仅现有技术落后于发达国家，而且前瞻储备更是严重不足。

第二，各环节对自己的工作定位及分工认识不够清晰，彼此互动不足，导致各个环节都不够专注，本就实力不足，偏又"越俎代庖"，由此产生低层次重复投入严重的问题。实际上，在理想状态下，基础研究、工程开发及产业化之间应该既有明确分工，又有适当重叠，互为依托，环环相扣，如图4.9所示。

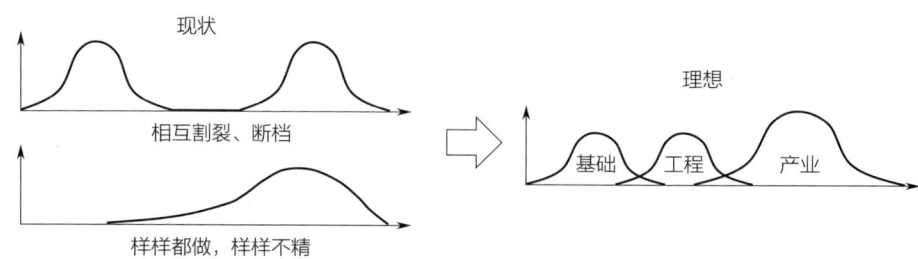

图 4.9 技术创新与成果转化的分工模型

第三，在中国，专业化程度高、种类齐全的工程公司集群在技术创新中的作用被低估。相较于德国等工业强国工程公司的高度发达，中国在这个环节尤其薄弱。中国企业必须努力形成极强的工程开发能力，以产业化、工程开发能力为主，以基础研究为辅，把产业技术转化价值链的上下游真正连接并打通。

面向未来，高校及科研院所更应聚焦于基础研究，在基础研究和产业化之间通过高度特色化、专业化的工程公司作为连接桥梁，贯通及支持产学研合作，为企业工程开发提供辅助支持，避免企业投入过于分散，由此构成完整的技术转化价值链即技术创新体系。这也是技术创新过程中各利益相关方的应有共识和分工原则。只有朝着这个方向不断努力，我们的系统创新能力才能大幅提高，我们的创新效率才能得到质的跃升。

2. 新一轮科技革命可能带来的新变化

当前，以互联网、大数据、云计算、3D 打印等为代表技术的新一轮科技革命，正驱动汽车产业技术转化价值链发生显著变化。展望未来，中国对专业能力强的工程公司的需求将快速攀升，对其专业化程度的要求也将逐渐提高，而这正是目前中国技术价值链断档最为严重的一环。今后随着新技术的飞速发展，汽车产品的更新换代将不断加速，模块化功能的定义与升级也将越来越快，这需要大量的技术积累和资金支撑。受资源、能力和专注度的限制，任何企业都不可能样样做精，也没有必要面面俱到，贯穿整个产业链从头做到尾。因此，未来专业分工只会更趋细化，努力将自己的核心工作做好、做精是更为明智之举。

另一方面，汽车全产业链上下游的协作关系，特别是整零关系，将发生重大变化。整车与零部件企业之间将从单纯的买卖关系转变成为真正的战略合作伙伴关系，整车企业更专注于集成，零部件企业更专注于总成及模块，从而形成唇齿相依的协作关系。在此过程中，以硬件为主的单一零部件供应商将向软硬结合的系统供应量商不断进化。

四 汽车技术实现产业化转化的方法

综上所述，类似汽车这样的长链条产业，其技术最终实现产业化转化是有基本规律和方法论可以遵循的。归纳起来，大致有二。

一是明确定位，各司其职。无论是整车企业、各级供应商、工程公司，还是高校及科研院所，都必须确定自己在技术转化价值链中身居何处，然后聚焦于把自身这段价值链做好做精。同时，关注自己的上序和下序，加强彼此的合作与协同。也就是说，整个技术转化价值链中的各类主体都要做好"自己的一棒"以及"交接棒"的工作，通过各司其职、相互衔接，确保技术创新成果最终得到有效的产业化应用。

二是有所为，更有所不为。在新形势下尤其不可能存在技术转化价值链上的"万能通"，没有战略上清醒的判断与取舍，就没有战术上的专注与成功。在这一点上整车企业如此，零部件供应商如此，工程公司、高校及科研院所以及从事技术创业的团队更需如此。

未来的竞争是技术的竞争，而技术竞争在本质上就是技术创新和转化能力的竞争，两者缺一不可，否则技术是无法实现价值的，技术创新也就无法落地。因此，中国在鼓励技术创新的同时，还必须强化技术转化价值链的建设，以真正提升产业竞争力。对于集大成的汽车产业而言，建立及完善汽车产业技术转化价值链，需要参与技术转化全过程的不同主体都能明确定位、有所取舍、聚焦核心、各司其职。唯有每个环节都不缺失、无短板，整个汽车技术转换价值链才能顺畅贯通，最终实现技术成果不断得到产业化应用的理想效果。

（本文根据学术论文《中国汽车产业技术转化价值链的基本规律与构建战略》精编整理；原论文发表于《科学学与科学技术管理》2016年第7期，署名作者：赵福全、刘宗巍）

汽车产品平台化模块化开发模式与实施策略

【精彩语句】

"模块是基于平台原理,从整车结构角度拆分出的、具有某种特定结构和功能的通用部件的组合。架构平台也可称为模块化平台,这是模块化开发模式产生后随之衍生的'新'概念。架构平台是基于共性的零部件模块打造而成,具有更复杂也更充分的通用体系,与传统产品平台的最大不同在于可以实现零部件模块的跨平台通用。"

"企业选择适宜的平台化或模块化产品开发模式必须与自身整体发展战略及相应的产品规划相匹配,既要充分理解实施全新模块化开发模式带来的价值,也要慎重评估调整开发模式所需要的时间、能力以及可能带来的负面影响,还要系统梳理改造原有的产品平台框架所需付出的额外代价。"

"尽管模块化可以认为是平台化的最新发展,但两者的目标都是'通用'以及由此带来的成本节约、开发时间缩短和开发质量提升。作为产品开发手段,平台化与模块化并无高下之分,选择的关键是要契合企业当前的现状,并为后续发展做好储备。因此,企业切不可被'时新'的名词误导,为了追求'先进'而盲目推行平台化模块化战略。"

"当传统产品平台的成本贡献趋于上限时,企业就应考虑通过搭建模块化的架构平台,实现跨平台的模块共享,为成本控制带来更大的可能空间。但是企业向模块化开发模式切换的初期需要大量的投入,对成本的贡献不升反降。这个'震荡'过程的长短因企业不同而各异,不过,即使对于世界级的超大规模汽车企业,也会对其资金和技术实力构成巨大挑战。"

【编者按】

这是一篇系统阐述汽车产品平台化模块化开发模式的重磅文章,针对业界对传统产品平台及模块化平台普遍存在的理解混淆、认识误区和实践困惑,赵福全教授深入浅出地将自己的观点和盘托出。文中首次定义了平台、模块、产品平台、架构平台以及相应开发方法的概念体系,明确指出了架构平台即模块化平台可以在不同产品平台之间实现零部件通用的本质，并强调平台化和模块化都是追求通用化的手段，如何选择还是要回到目的本身去判断。在全面解读了企业推行平台化模块化开发模式需要关注的影响因素，并对比剖析了大众、丰田和日产三家车企具有代表性的模块化平台之后，赵教授最后特别向中国本土车企提出了具体建议：企业推行平台化模块化产品开发模式必须基于自身实力和外部条件，目前中国车企不宜盲目跟风打造模块化平台，但必须把传统产品平台的优势发挥到极致，同时考虑构建一些集成度高、可靠性强的共性模块，以提前获取模块化平台的效益。这一真知灼见对于广大车企而言，是非常宝贵的。

成本是决定产品竞争力的重要因素之一，对于汽车产业来说，极度追求规模效应的目的就在于此。为了充分发挥大规模制造带来的成本节约优势，平台化模式在汽车行业率先得到应用。早在20世纪80年代，一些跨国汽车企业就提出了汽车产品平台的理念，强调在同一平台内应用一些固定的零部件及技术组合，使同平台的不同车型之间具有相似的技术、结构与配置，从而为产品的设计开发与生产制造带来巨大便利。

与传统开发模式相比，平台化产品开发模式具有节约开发成本、分摊制造和采购成本、产品衍生能力强、新品开发时间短、质量更易保证等优势。同时，通过实施平台化开发战略，企业可以将资源集中于汽车平台的设计开发，以高水准的平台确保后续衍生车型产品的高水准落地。

平台化的内涵一直在实践中不断成熟和变化，近年来由大众汽车公司率先提出的模块化理念就是平台化思想的最新发展和突出代表。当前，新一轮科技革命正驱动全球制造业向充分网联协作的智能制造转型，智能制造的指向则是大规模定制化生产。而比平台更为灵活的各个模块，可以通过充分网联实现规模化生产并组装成为各种不同产品，使产品成本与消费者个性化需求兼顾成为可能。也就是说，模块化产品开发模式恰与未来产业演进方向一致。显然，企业深度理解并有效实施产品平台化模块化开发，将直接决定其成本控制的可能空间，并带来其他方面的诸多益处，具有重要的战略意义。

一 汽车产品平台化模块化的相关概念

1. 基本概念及其逻辑关系

目前对于平台化、模块化的相关概念并无清晰界定,业界的理解也有模糊和差异之处,这不利于该领域的研究和发展。基于对诸多企业平台化、模块化实践的深入分析,经过系统的学术提炼,笔者从相关概念的本质及其内在的逻辑关系出发,提出了汽车制造业范畴内平台及模块等概念群组的定义,作为后续讨论的基础。

1)平台:由若干通用部件组合而成的一种载体,在这一载体上开发出的不同产品会使用这些通用部件及技术。

2)模块:基于平台原理,从整车结构角度拆分出的、具有某种特定结构和功能的通用部件的组合。模块和总成、系统等概念有相近之处,但模块更强调独立性、继承性和通用性。在本定义体系下,模块是整车产品中高于总成和系统的特定零部件组合。

3)产品平台:即用于开发系列化产品的平台。对于汽车制造业而言,传统意义上的平台概念就是指产品平台,通常同一产品平台上的车型产品拥有相同或相似的动力总成系统、底盘系统及电子电器架构。

4)架构平台:由若干可通用和组合的共性模块组成的平台,也就是使用各种通用的模块组合的多个不同产品平台的载体。架构平台也可称为模块化平台,这是模块化开发模式产生后随之衍生的"新"概念,也是平台和模块概念易于混淆的地方。为此,笔者特别提出架构平台这个概念以便更好地区分和理解。从这个定义出发,不难理解,架构平台是连接产品平台与模块的纽带,这也正是当前大众、丰田等国际汽车巨头致力于打造并完善的平台类型。

与此相应的概念还包括:"平台化"是基于平台理念进行产品开发的方法;"模块化"则是基于模块理念进行产品开发的方法;此外,还有"系列化""通用化"和"标准化"等产品设计开发方法。这"五化"对应着整车产品的不同层级,同时均为提升汽车大规模制造中零部件共享程度的重要手段，其核心指向都是尽可能地实现"通用"，具体对应关系如图4.10所示。

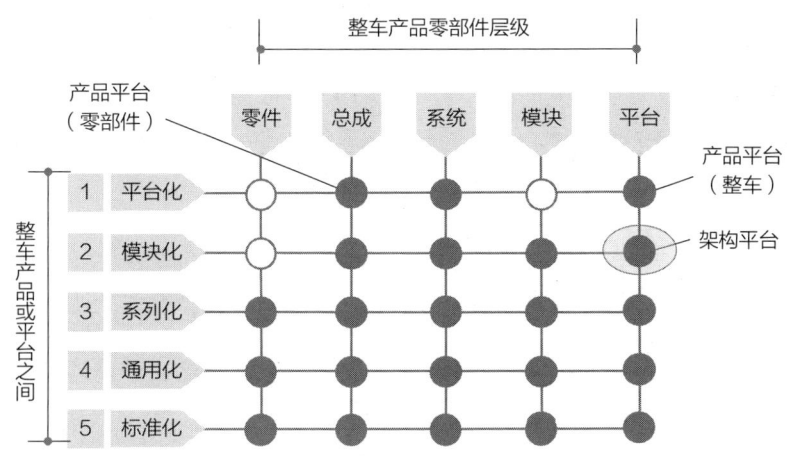

图4.10 "五化"开发手段与整车产品不同层级的对应关系

由图4.10可知：对于单个零件来说，是无所谓平台化或模块化的，主要通过系列化、通用化和标准化的设计手段实现在不同总成间的充分通用，如为螺钉、螺母等制定统一标准；对于总成及系统而言，可以进行平台化或模块化的开发，总成的平台化开发实际上就是打造零部件的产品平台，如发动机平台；平台化的总成及系统就构成了整车级别的产品平台，如大众的PQ系列平台、丰田的B平台等；模块化设计的总成及系统就是模块，模块构成的就是整车架构平台，如大众的MQB平台。

2. 架构平台和传统产品平台的比较

如前所述，要理解平台与模块的概念，核心在于理解架构平台与传统平台的异同。就相同点而言，两者本质上同为汽车开发中平台理念的应用，都以"实现通用"为核心目标，也都可以实现平台之上多款不同车型产品的打造。

不过架构平台与传统平台的差异也很明显，如图4.11所示。传统平台实际上就是一种产品平台，在平台内的不同产品通常采用相同的动力总成、底盘结构及电子电器架构，并共享相当一部分其他零部件，但在不同的产品平台之间，零部件通用程度非常有限，也就是说各产品平台之间是分隔的。架构平台是基于共性的零部件模块打造而成，具有更复杂也更充分的通用体系，与传统产品平台的最大不同在于可以实现零部件模块的跨平台通用。例如，同一个共性零部件模块（如空调模块），可以应用于不同的架构平台，进而应用于不同架构平台下不同的产品平台及车型产品。同时，这些共性的模块也是系列化的，选择不同的模块组合就可以形成不同的架构平台以及相应的产品平台。

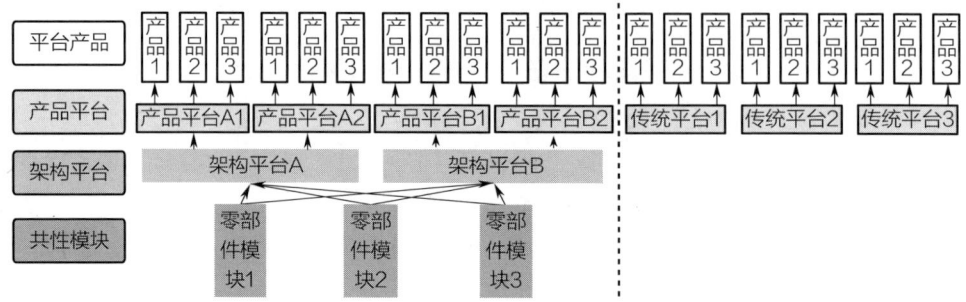

图 4.11 架构平台、产品平台与传统平台衍生车型产品的不同方式

可以看出，架构平台通过重新定义整车构成，弱化了原来传统产品平台之间的界限，实现了更大程度的技术及零部件通用。显然，架构平台更具扩大规模效应、共享关键技术、节约相关成本的空间，这对于产品线庞大的巨型汽车企业的重要意义不言而喻。

基于模块的架构平台代表着实现更大程度通用的可能，因此可以认为是平台化的一个新阶段。但是我们对模块化开发及架构平台的概念切勿"神化"。一方面，平台化和模块化开发在本质上是一致的，都是追求通用化和共享化、降低成本、提升效率的一种模式，如果推行架构平台不能取得比传统平台更大的收益，那就完全没有意义。也就是说，架构平台并不必然比传统平台更"高级"，两者都是手段，不是目的，不可本末倒置。另一方面，推行架构平台是有前提的，这与企业自身规模、规划能力、技术实力以及设计积累密切相关，同时还要考虑供应商能力等外部条件以及未来变化趋势的影响。因此，企业对架构平台应量力而为、适时而动。

◆ 影响企业推行平台化模块化开发模式的因素

尽管架构平台即模块化平台在理论上具有多重优势，但为了追求跨平台的更大范围通用与共享，势必要牺牲专属于每一个产品平台的相对"更佳"的设计方案，因此，架构平台并不一定带来正向收益。对此，企业必须保持清醒的认识，系统全面地分析自身相关的基本条件及要素，既不冒进也不拖沓地有序推行平台化和模块化产品开发。

1. 企业产品规划与整体发展战略的匹配性和前瞻性

企业选择适宜的平台化或模块化产品开发模式必须与自身整体发展战略及相应的产品规划相匹配，也就是说，既要充分理解实施全新模块化开发模式带来的价值，也要慎重评估调整开发模式所需要的时间、能力以及可能带来的负面影响，还要系统梳理改造原有的产品平台框架所需付出的额外代价。

如果企业的销量规模有限，产品线密度并未饱和，产品平台的构建也尚未清晰有序，此时按照传统平台的理念，重点打造几个核心的产品平台可能是更直接也更有效的明智选择。在这种情况下，追求用一个架构平台涵盖所有产品会"事倍功半"，因为这意味着必须针对共性模块进行超盈余的设计以适应各种产品的不同需求，虽然这将使模块得到更大程度的通用，但企业较小的销量并不能充分兑现这种通用带来的好处，反而平白损失了面向一个产品平台进行"最优"设计的优势。

反之，如果企业已经接近产品平台实现通用化的上限，销量规模巨大、产品线丰富而密集，此时就必须思考是否推行模块化产品开发模式，通过架构平台打通不同产品平台之间零部件通用的藩篱，否则很难有更大突破，并有落后于竞争对手的风险。当然，能达到这种程度的汽车企业往往都已经有较为成形的传统产品平台体系，要转向全新的架构平台体系并不容易，既需要大量的时间和巨额的投入，更要面对过渡期必然带来的阵痛，这就是所谓"历史包袱"的束缚。在此情况下，企业必须基于全球布局和战略预判，前瞻性地系统谋划，寻求最佳的解决方案。

2. 企业总体实力和外部条件支撑

企业推行平台化和模块化产品开发模式必须基于自身实力和外部条件的支撑。前者包括企业的产品及技术策划能力、产品开发及验证能力、质量保障能力、供应链体系管控能力以及足够的经验积累等，后者则主要体现在上下游战略协作伙伴的支持保障能力。

如果企业对于如何打造汽车产品的理解不充分、能力不健全，即使有推行平台化和模块化产品开发模式的正确理念和方向，也无法落实到位，难以设计出足够安全、充分兼容而又冗余适当的共性组件。实际上，更大程度的通用化对产品的可靠性及质量的稳定性提出了更高的要求。

同时，整车企业还需要有足够实力和极强合作意愿的核心供应商与其共进退，毕竟通用的零部件及相关技术主要来自供应商。提供更高数量级的零部件模块，无论是技术还是供货的难度，都将呈几何级数增加。例如，有能力保质保量按时提供几十万套零部件的供应商，未必有能力同样提供几百万套零部件。实施零部件的模块化设计与供货，无论对于供应商的技术能力，还是其大批量供货能力，都是全新的挑战。对于千万辆级别的汽车企业，如果有部分零部件在大部分车型产品中都能通用，那么能否找到满足千万辆级别供货需求的供应商就至关重要；否则，规模优势根本无从实现。这是企业必须认真思考的系统性问题。

3. 市场需求及产业发展的变化趋势

企业要在竞争中胜出，归根结底要靠赢得消费者的青睐，因此，如何推行平台化模块化产品开发模式，还必须充分考虑市场需求和产业发展的变化趋势。

对于消费者而言，个性化是始终不变的追求，每个消费者都希望自己购买的产品与众不同。目前，大部分消费者愿意接受基于平台打造的相对"同质化"产品，一方面是因为平台模式下大规模生产的这些产品更为便宜，另一方面也是因为汽车企业在消费者能够直接感知的部分并没有一味追求通用化，而是尽量彰显差异化。这其中有一个度的把握问题，假如汽车企业过分追求通用化，容易让消费者产生对"趋同性"产品的反感，甚至认为模块化开发是企业"取巧""偷懒"的手段。事实上，随着汽车的普及程度日益提高，消费者对个性化的追求正在不断提高，汽车企业对此必须有充分的考量。

与此同时，新一轮科技革命引发全球产业重构，基于充分互联协作的智能制造体系成为未来升级的方向，原本相互矛盾的大规模和定制化生产有望由此统一起来。在此前景下，模块的原有功能也在发生延展，不只是实现跨平台间通用的载体，也将成为满足消费者个性化需求的关键。汽车企业对这一演变也要有前瞻性的认识，并预先做好准备。

三 典型汽车企业的模块化开发路径解析

1. 大众汽车

大众汽车是"模块化开发"的最早提出者，这与其全球年销量达千万辆级的规模密切相关。应该说，大众汽车是大力推进模块化平台即架构平台战略的典型企业。

大众模块化平台的代表作是发动机横置模块化（MQB）平台，其目标是整合原有的产品平台——PQ2、PQ3及PQ4系列产品平台，从而形成一个全新的扩展性更强的统一平台。这是一个宏大的替换目标，可以说MQB平台是目前最接近理想化的架构平台。MQB平台以通用机舱为基础与核心，通过大量系列化的可组合的模块与子模块构成不同的产品平台，除了前轴与前围板距离不变外，其他尺寸如轴距、前悬和后悬等都可调整，甚至轮距也允许变化，具有超大柔性和超强灵活性。鉴于大众集团旗下品牌众多，MQB平台理论上可以承载几十款不同品牌和市场定位的车型产品。大众希望在MQB平台上衍生出的车型可以实现80%至85%的零部件通用，从而极大地节约产品开发时间和费用、降低零部件采购和质量管控成本。

然而MQB平台并非百利而无一害。其一，MQB平台的初衷是追求最大限度的通用，为寻找不同产品性能、成本、制造方便性等之间的有效平衡点，工程开发和生产制造的复杂程度超乎想象，特别是在轴距和轮距都放开的前提下，不同模块组合下的车型产品有着明显的差异，而MQB要将这些属性都囊括其中，难度之大可想而知，因此，为MQB平台开发所进行的投入是非常巨大的。其二，为了实现系列化的共性模块在 MQB 平台上众多产品之间的通用，这些模块的设计往往只能选择"最小公倍数"，有大量的设计预留，而具体到某个产品平台设计时，这些模块的设计方案可能都不是最佳的——大模块用于小车存在"浪费"，小模块用于大车则略显"不足"。其三，以 MQB 平台取代 PQ 系列 3 个传统产品平台，不仅意味着大众自身的变革，也意味着遍布全球的众多零部件供应商及生产设备供应商都要随之进行切换和调整，协调难度空前，且供应商也需要极大的投入。

也就是说，推行 MQB 模块化平台战略导致了一定时间内大众集团投入的大幅增加，而只有在 MQB 衍生出足量的车型产品后，其收益才有可能抵消投入。从这个意义上讲，MQB 平台更像是理想状态下的架构平台，有追求工程设计极致完美的嫌疑，可能已经超出了有效降低成本的合理范畴。对于实力不足的中国车企而言，不宜盲目推崇与借鉴。

2. 丰田汽车

在大众推行模块化平台战略之后，丰田也提出了自己新的平台战略，其核心就是丰田新全球架构（TNGA）平台，这是对原有 NBC、B、K、N 四大产品平台的整合，并将新的架构平台重新分为混动、前驱、后驱三大类产品平台。同大众的目标相似，丰田也计划利用 TNGA 平台进一步扩大零部件及相关技术共享、缩短车型研发和生产周期，从而降低成本。不过与大众 MQB 单一平台只是对横置产品平台的整合不同，TNGA 平台同时囊括了横置和纵置两个平台，理论上讲平台柔性更高。

从表面上看，丰田的方案较大众更为激进，但丰田的 TNGA 平台实际上是通过架构平台内的模块共享实现零部件的通用，通过架构平台衍生的不同产品平台来实现前驱、后驱甚至混动系统的柔性化组合的。从已知信息来看，TNGA 平台更多是在现有产品平台的通用化整合上做了大量优化设计工作。即便如此，丰田对 TNGA 平台制定的 80% 的通用化目标同样面临巨大挑战，在现有技术水平和全球布局模式下，难度可想而知。

3. 日产汽车

日产的通用模块化谱系（CMF）平台同样也是一种架构平台的理念。

CMF 平台由 4 个基本模块组成，包括发动机舱、乘员舱、前部底盘和后部底盘模块，此外，还有 1 个电器构架模块。通过这些系列化模块的不同组合，衍生出众多的不同产品，从而可以大幅简化设计、缩短研发及生产所需的时间。

日产规划的架构平台，采用相对较少的模块是其突出特点，模块的性能和可靠性更容易得到保证。同时，各模块并非完全固化，而是系列化的，有不同的尺寸，因此也具备灵活组合、衍生不同车型的能力。与大众模块高度细化的方式相比，日产的模块化平台可以说较为简单，虽然理论上的最大收益小一些，但实现起来也更为容易。

当然，这类相对简单化的模块化战略，由于不能一步到位规划出具有充分柔性和灵活度的平台，会使衍生车型的尺寸范围和数量受到限制，未来可能存在平台成本竞争力不足的风险。必须强调的是，任何企业的平台化模块化战略都不能说绝对是最优的，不同企业必须结合自身状况深思熟虑后进行合理的选择，以期做到最适合。

四 中国汽车企业产品平台化模块化开发实施策略建议

1. 平台化模块化开发模式的本质、影响及其需求条件

正确理解平台化和模块化开发模式的本质、影响及其需求条件，是企业合理规划、有效实施相关战略的前提。尽管模块化可以认为是平台化的最新发展，但两者的目标都是"通用"以及由此带来的成本节约、开发时间缩短和开发质量提升。作为产品开发手段，平台化与模块化并无高下之分，选择的关键是要契合企业当前的现状，并为后续发展做好储备。因此，企业切不可被"时新"的名词误导，为了追求"先进"而盲目推行平台化模块化战略。

平台化、模块化产品开发模式对企业成本控制的贡献可参见图 4.12。如图 4.12a 所示，在平台化进程的初期，曲线较为平缓，这表明在企业规模有限、平台化执行不够深入时，零部件及技术通用带来的收益并不明显，这也是部分中国汽车企业认为不需要平台、造好产品即可的原因；但是随着企业

推行平台化进程的不断深入，这一进程通常也伴随着企业产品线的丰富和销量的攀升，产品平台内零部件的通用程度不断提升，平台化进程将有效降低企业的成本；而伴随着企业规模的进一步扩大，平台化产品开发模式对成本节约的贡献将逐步趋近于饱和，达到理论上传统平台降成本的上限。显然，面向未来的发展，企业是否推行平台化战略的最终效果差异极大，只顾产品、不考虑平台的战略是短视行为，企业应该在规模不大的发展初期就做好平台的规划和预留。

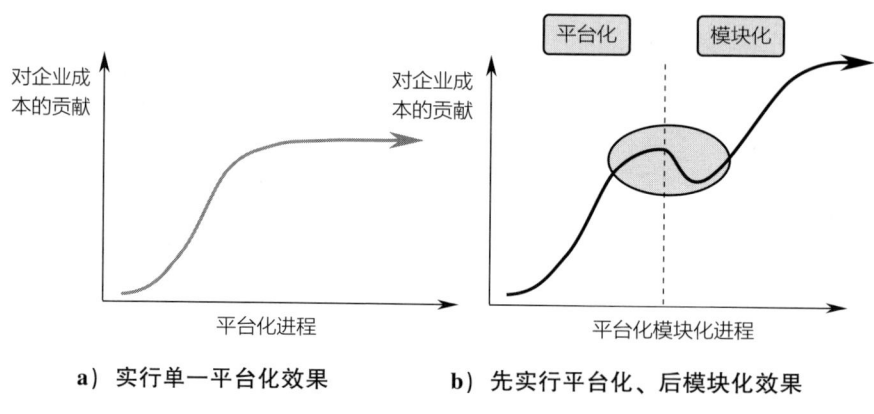

图 4.12　平台化、模块化产品开发模式对企业成本控制的贡献

如图 4.12b 所示，当传统产品平台的成本贡献趋于上限时，企业就应考虑通过搭建模块化的架构平台，实现跨平台的模块共享（零部件通用），为成本控制带来更大的可能空间。但是由传统的产品平台向模块化的架构平台转化是一个艰难的过程，必然要经历过渡期的成本上涨阶段。因此，企业向模块化开发模式切换的初期需要大量的投入，对成本的贡献不升反降。这个"震荡"过程的长短因企业不同而各异，不过，即使对于世界级的超大规模汽车企业，也会对其资金和技术实力构成巨大挑战。当然，模块化进程在稳定之后，其最终指向的成本节约饱和值会更高，这正是企业追求的目标。

这里需要特别强调，尽管架构平台是随模块的概念同步衍生出的，但模块本身具有独立的功能和价值。对于后发车企而言，即使还没有紧迫需求和足够能力来系统规划完备的架构平台并付诸实施，也并不代表完全不能推行模块化开发策略。实际上,规模相对较小的企业,在持续优化传统产品平台开发的同时,适当导入跨产品平台的少量通用模块,不失为很好的选择。同时,必须认识到,汽车企业打造核心模块是大势所趋,更与未来智能制造前景下满足消费者的个性化需求相匹配。从这个意义上讲,汽车企业规划模块化的架构平台可谓势在必行,只是在具体推行的过程中,应根据自身情况把握适宜的尺度和侧重点。

2. 中国汽车企业的平台化模块化之路

中国本土汽车企业发展至今,在市场份额、产品与技术等方面都取得了很大进步,一些企业已经拥有较为丰富的产品线,年销量达到数十万辆以上的规模。面对不断增大的竞争压力,中国汽车企业已不能只停留在"开发一款好车"的目标上,而是到了必须认真思考并积极实践平台化模块化产品开发模式的时候。为此,笔者有如下建议:

(1) 正确理解,避免误区

目前仍有一些似是而非的观点在质疑平台化的大趋势。

有观点认为采用平台化开发模式,一旦某个车型出现质量问题,同一平台上所有的车型都面临被召回的危险。这是一种本末倒置的理解,恰恰相反,采用平台化开发模式,解决了一个车型的质量问题,就等于解决了该平台上所有衍生车型的问题,从而大大减少了验证成本和时间。另一方面,企业也可以把原本分散到多款车型的开发资源和精力集中到一个平台上,更容易防止质量问题的出现。实际上,在不同车型上采用不同的零部件出现质量问题的风险概率更高。

另有观点认为,平台化战略意味着要放弃对汽车产品个性化需求的满足。其实在实践中,企业完全可以平衡好平台化设计与个性化需求之间的矛盾。例如,完全可以通过造型、内饰等的差异化来突出产品个性,而发动机、底盘、变速器、电子电器架构、空调、收音机等则要尽可能实现平台共享,即所谓"看不见的都相同,看得见的都不同"。

(2) 积极行动,前瞻规划

平台化模块化开发意味着一次投入就能逐次衍生出多款车型,同时也意味着技术及产品的继承性与积累性。对于能力有限的中国汽车企业，同时启动多个平台或许力有未逮，但是时至今日，做精做好一到两个平台应是必然的选择，只做车型而不规划平台的做法太过短视。实际上，当前汽车产品更新换代和技术进步的速度越来越快，如果一款一款车去追赶，企业的研发之路会越走越艰难。而平台开发可以立足现在、储备未来，既能解决近忧，又能兼顾远虑，是同时关注眼前产品与后续产品的一种有效平衡。因此，中国汽车企业必须积极行动起来，未雨绸缪，前瞻规划好自己的产品平台体系。

（3）认清自己，循序渐进

中国汽车企业目前可能既无能力也无必要搭建架构平台进行产品开发，所以无须盲目跟风，现在就追求打造类似大众汽车MQB这样的平台，而是应当加快推进平台化的进程，把传统产品平台的益处发挥到极致。与此同时，必须认识到模块化是未来产品开发的大势所趋。作为后来者，中国汽车企业应充分发挥自身"历史包袱"较少的优势，认真研究国际汽车企业的实践和经验，与核心供应商一起，尝试在模块化的道路上系统规划、稳健前进，逐步构建起一些集成度高、可靠性强的共性模块，集成应用到现有的产品平台上，既发挥"平台化＋模块化"开发模式的优势，又避免过早陷入力所不及的复杂架构平台的开发中。唯有如此，才能最大限度地降低研发和制造成本、缩短开发周期，真正提升产品的核心竞争力。

（本文根据学术论文《汽车产品平台化模块化开发模式与实施策略》精编整理；原论文发表于《汽车技术》2017年第6期，署名作者：赵福全、刘宗巍、李赞）

中国汽车产业满足未来乘用车燃油消耗量法规的技术路线

【精彩语句】

"随着电气化、电动化技术的不断渗透，到2030年，电气化、电动化技术总占比将达到78%左右，纯内燃机汽车只占22%左右。不过换个角度来看，使用内燃机的汽车产品将仍占据市场主流，只是以混合动力、插电式混合动力等不同形式存在。"

"汽车动力技术正在进入多元化的新时期，虽然面对2020年的CAFC法规，汽车企业仍可基于汽油机技术提升来实现达标，但此后多种节能与新能源技术路线并举将越来越成为最优的技术战略。"

"面向CAFC法规的达标压力因企而异，主要受先发技术优势和产品市场定位影响。一方面，先发技术优势越大，企业达标的技术增量成本就越低，压力也就越小。另一方面，产品平均售价较高的企业具备更强的技术成本增量承受能力，从而可使其法规达标压力相对降低。"

【编者按】

日益严苛的中国油耗法规对汽车产业的发展方向和技术路线具有重要影响，为此赵福全教授领导构建了面向乘用车CAFC法规的汽车技术评价与决策模型，这应该是中国首个可量化分析行业整体和具体企业节能与新能源技术路线的模型，而本文就是应用该模型所得部分结果的一次集中展示。文章预测了在CAFC法规约束下发动机、变速器、电气化及电动化和整车四类共56项技术至2030年的发展前景，并从油耗降幅及成本增量比例两个维度分析了不同主流车企的达标难度。相关结论不仅预测了行业技术走向，可指导企业进行技术路线优化，还评估了CAFC法规预期影响，可为政府完善标准提供参考。

中国汽车市场的快速发展带来了日益严峻的能源安全和环境污染挑战，为此，2005年至今，中国先后建立并实施了四个阶段的乘用车平均燃油消耗量（以下简称CAFC）法规，旨在推动汽车先进节能技术应用，持续降低乘用车燃料消耗量。该法规对汽车企业的产品、技术路线以及节能与新能源汽车产业的发展，都有直接的根本性影响。

面向未来，中国CAFC法规日趋严苛，到第五阶段行业目标值将由2020年的5L/100km降至2025年的4L/100km，同时计划由此前的阶梯型法规变为更加准确的连续型法规。而第六阶段计划在2030年将行业目标值进一步降至3.2L/100km。在此背景下，一方面，面对逐步加严的CAFC法规，行业及企业如何选择满足法规的合理技术路线成为亟须研究的重点问题。另一方面，科学评价法规对汽车产品及技术路线的影响，以指导后续法规的调整完善和技术战略的优化选择，对于缩小中国与发达国家的技术差距、确保国家能源及环境安全具有重要意义。

有鉴于此，笔者构建了面向CAFC法规的节能与新能源汽车技术评价与决策模型，并以此对2030年前中国汽车行业的整体技术路线以及主要企业的达标成本和难度等进行了系统评估和前瞻预测。

一 节能与新能源汽车技术评估模型及方法

基于技术组合优化思想，我们建立了节能与新能源汽车技术评价与决策模型。该模型以CAFC法规为约束条件，以技术数据库（包含各种节能与新能源汽车技术效果、成本及协同效应等信息）和市场数据库（包含企业车型参数、销量、技术配置等信息）为基础，以各种可能的节能与新能源汽车技术为输入，以获得满足CAFC法规要求的最低成本的产品与技术组合为优化目标，可以对车企的最优技术策略及CAFC达标成本进行分析，并基于此对行业整体的技术路线、渗透率及成本进行量化评估。结果对比表明，该模型的技术路线优化效果比企业通常使用的"类贪婪"技术决策方法有明显提升。

模型将节能与新能源汽车技术分为发动机、变速器、电气化或电动化和整车四类关键技术，共包括增压、汽油缸内直喷（GDI）、可变气门正时（VVT）、可变气门升程（VVL）、排气再循环（EGR）、先进柴油机、轻量化、减摩擦、减阻、各种变速器结构以及从启停、一体化启动电机（ISG）、混合动力汽车（HEV）、插电式混合动力汽车（PHEV）、电动汽车（BEV）等56项技术。

显然，从行业角度对中国乘用车 CAFC 法规产生的影响进行综合评估，才能更加全面准确地把握节能与新能源汽车技术路线的发展趋势。为此，笔者选择了覆盖中国市场约 90% 销量的 27 家主流整车企业作为研究对象，采用上述模型进行分析，再通过这些企业的市场和技术份额测算行业整体情况。

在具体评估中，对每家车企，首先确定其产品平台、技术基准等车队初始信息，再基于企业产品和技术基础，采用优化算法对不同技术路线下的应用效果和成本进行测算和对比，直到企业能够以最低成本满足 CAFC 法规为止。需要说明的是，该预测结果是基于模型获得的"理论最优解"，或者说是企业满足 CAFC 法规的最佳情况，并不代表企业实际的技术规划与决策。

基于上述模型和方法，笔者对中国节能与新能源汽车关键技术路线的渗透率、节油贡献率、CAFC 达标成本以及各企业的达标难度等进行了评估与预测，并以 2020 年、2025 年、2030 年三个关键时间节点展示了研究结果。

二 中国汽车产业节能与新能源技术路线预测

1. 发动机关键技术

在发动机关键技术方面，如图 4.13 所示，发动机减摩擦、VVT、VVL 等技术的成本有效性较高，将成为未来满足 CAFC 法规的标配技术。涡轮增压小型化技术作为重要的发动机节油技术，将在 2025 年前提供较大的节能贡献。

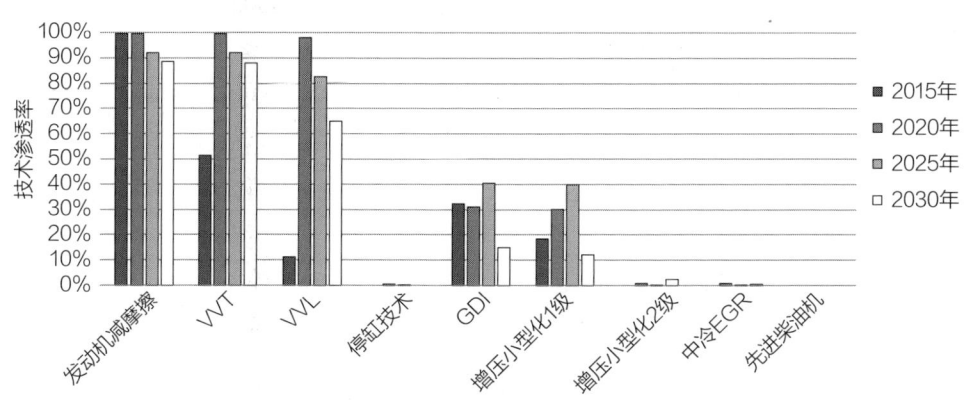

图 4.13　发动机关键技术渗透率

VVT—可变气门正时　VVL—可变气门升程　GDI—缸内直喷　EGR—废气再循环

注：图中，增压小型化 1 级指小型化 30%；增压小型化 2 级指小型化 50%。

同时，尽管柴油机与汽油机相比具有更高的热效率，先进柴油机技术可实现20%至30%的节油率，但成本和排放问题将制约柴油机的发展，模型测算表明，在现有法规条件下，中国乘用车市场将几乎完全摒弃柴油机技术。总体而言，发动机技术的行业平均渗透率将呈下降态势，主要原因是未来电动化技术成本有效性的逐渐提高将使纯发动机汽车的总量不断下降。

2. 变速器关键技术

在变速器关键技术方面，如图4.14所示，当前中国乘用车市场的自动变速器主要以4AT（液力自动变速器）和6AT为主，未来变速器技术将呈现明显的多档化趋势。到2020年，4AT将逐渐被淘汰，8AT和CVT（无级变速器）的市场份额大幅上升。到2030年，8AT和CVT将成为市场主流；同时6DCT（双离合变速器）和8DCT也将占据15%左右的市场份额；此外，受电动汽车市场份额逐步提升的影响，传统自动变速器的市场占比将会下降，空出来的份额将被相对简单的电动汽车变速器所占据。在此主要针对各种自动变速器进行分析，而未考虑市场占比日益萎缩的手动变速器。

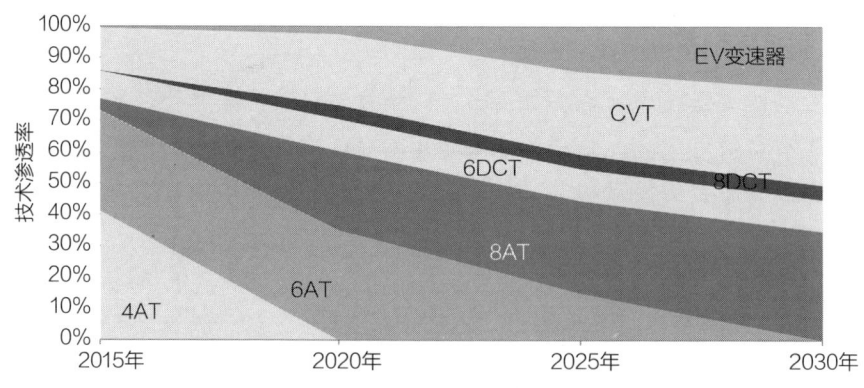

图4.14　不同类型变速器技术渗透率

3. 电气化、电动化关键技术

在电气化、电动化关键技术方面，如图4.15所示，未来中国日益严苛的CAFC法规将使电气化技术ISG、强混逐步替代起停技术获得长足发展；同时，随着电气化、电动化技术的不断渗透，到2030年电气化、电动化技术总占比将达到78%左右，纯内燃机汽车只占22%左右。不过换个角度来看，使用内燃机的汽车产品将仍占据市场主流,只是以混合动力、插电式混合动力等不同形式存在。也就是说,CAFC法规将助推汽车动力系统向电气化发展。同时,传统发动机基于已有产业基础,通过电气化升级,完全可以在较长时间内继续发挥重要作用,即内燃机与电机、电池结合,只在特定的高效率工况区域工作,从而大幅改善能耗及排放。

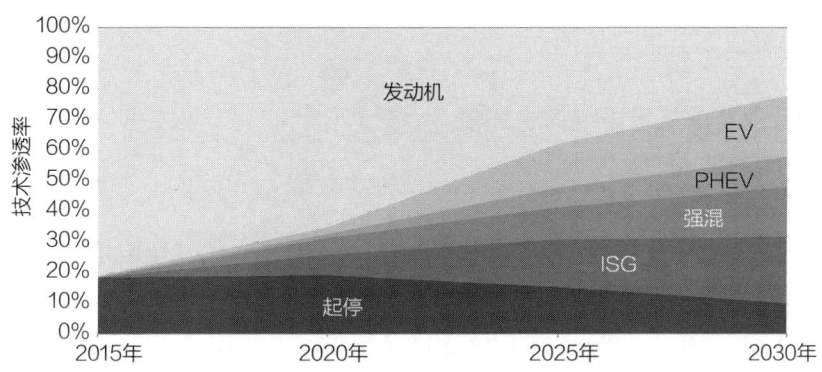

图 4.15　电气化、电动化关键技术渗透率

4. 整车关键技术

在整车关键技术方面,如图 4.16 所示,附件提升、低滚阻、低风阻等技术将逐步成为 CAFC 法规达标的标配技术。对于轻量化技术而言,2020 年以

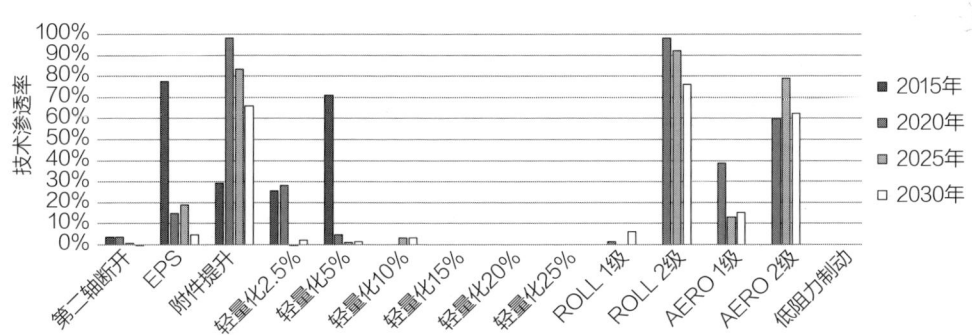

图 4.16　整车关键技术渗透率

注:图中,EPS 指电子助力转向;ROLL 指低滚阻技术,其中 ROLL 1 级和 2 级分别指滚阻降低 10% 和 20%;AERO 指低风阻技术,其中 AERO 1 级和 2 级分别指风阻降低 10% 和 20%;第二轴断开技术指在部分工况下断开第二轴动力传动,使四驱车变为两驱车,以降低功率损失。

应用低轻量化率（2.5%、5%）技术为主，2025年至2030年开始应用中轻量化率（10%）技术，但高轻量化率技术基本没有应用空间。总体而言，轻量化技术在中国CAFC法规下的应用前景较差，这在很大程度上是因为中国CAFC法规以整备质量为基准，造成应用轻量化技术获得的节油效果被整备质量下降带来油耗目标值加严部分抵消。从这个意义上讲，美国以车型脚印面积（轴距×轮距）为基准的燃油经济性法规对轻量化技术更具中立性，未来中国有必要研究其借鉴价值。

5. 行业整体技术路线综合评估

（1）行业整体CAFC达标技术路线

如图4.17所示，通过对发动机、变速器、整车、电气化或电动化四类56项关键技术的发展前景进行分析可知，2015年行业渗透率较高的是发动机减摩擦、VVT、GDI、4AT、EPS、轻量化等技术，其他节能与新能源汽车技术还未被大量导入。

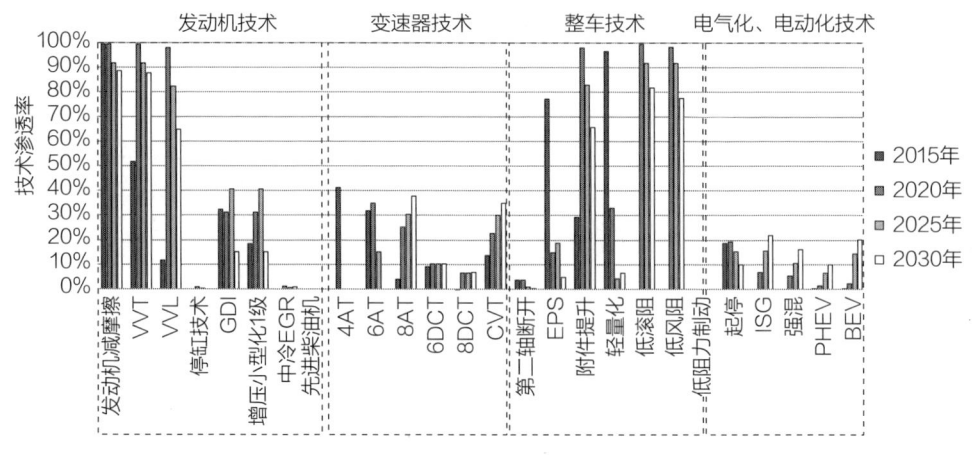

图4.17 行业整体技术渗透率

到2020年，随着法规的不断加严，VVT、VVL、增压小型化、8AT及低滚阻、低风阻等技术将迎来快速发展。主要依靠发动机、变速器及整车技术等传统节能技术的进步，同时搭配一定比例的各种混合动力技术可以实现达标。其中，启停技术渗透率接近20%，ISG、强混技术渗透率分别达到5%左右。

到2025年，随着电气化、电动化技术成本有效性的不断提高，ISG和强混技术的渗透率将进一步提高，同时将有6.5%的PHEV和14.3%的EV导入。

到2030年，发动机减摩擦、VVT、VVL、附件提升、低风阻、低滚阻等技术将成为标配，8AT和CVT将成为未来市场主力，4AT和6AT几乎完全被替代。总体来看，2030年实现CAFC法规达标需大力挖掘发动机、变速器、整车节油技术潜力，同时导入约10%的启停技术、约20%的ISG和约16%的强混技术；同时，PHEV和BEV的技术渗透率将分别达到10%和20%左右。

（2）技术节油贡献率及达标成本预测

图4.18展示了2020年、2025年、2030年各类技术节油贡献率，由计算结果可知，2020年主要依靠发动机、变速器、整车包括附件技术即可实现法规达标，几乎不需要BEV、PHEV的贡献。而随着法规的不断加严和传统节能技术达到上限，电气化、电动化技术渗透率和贡献率不断提高，2025年、2030年电气化、电动化技术将成为法规达标的主要贡献者，贡献率分别为44.1%和69.0%。

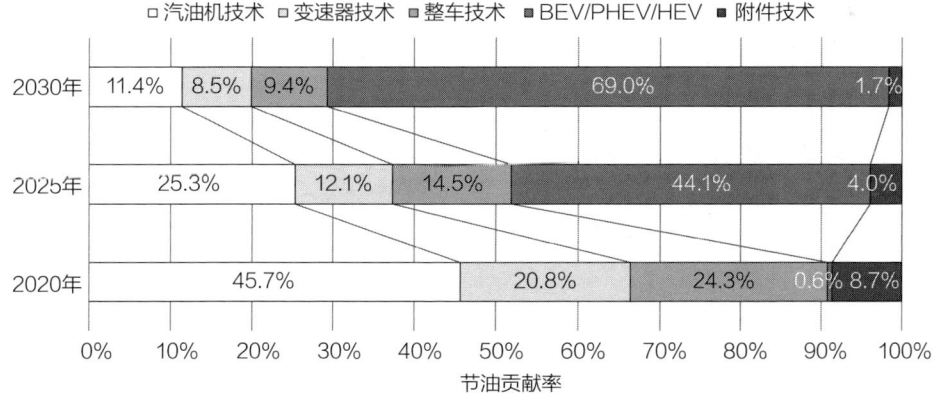

图4.18　不同技术的节油贡献率

根据计算，相对于2015年乘用车车队，2020年、2025年、2030年单车达标增量成本分别为4363元、14878元、19745元。2020年CAFC法规不但可以依靠改进传统节能技术实现，而且在不考虑其他刺激政策的情况下，依靠传统技术优化是最佳选择。2025年电气化、电动化技术成本投入需要大幅增加。同时，由图4.19所示车队技术增量成本分布情况可以看出，2020年至2030年成本分布的最高峰值逐渐变小，产品的增量成本分布更加分散，直方图从单峰向多峰转变。这反映了技术路线和产品组合的变化。单峰代表单一的汽油机技术路线，多峰则反映了HEV、PHEV和BEV多种技术路线。这意味着，汽车动力技术正在进入多元化的新时期，虽然面对2020年的CAFC法规，汽车企业仍可基于汽油机技术提升来实现达标，但此后多种节能与新能源技术路线并举将越来越成为最优的技术战略。

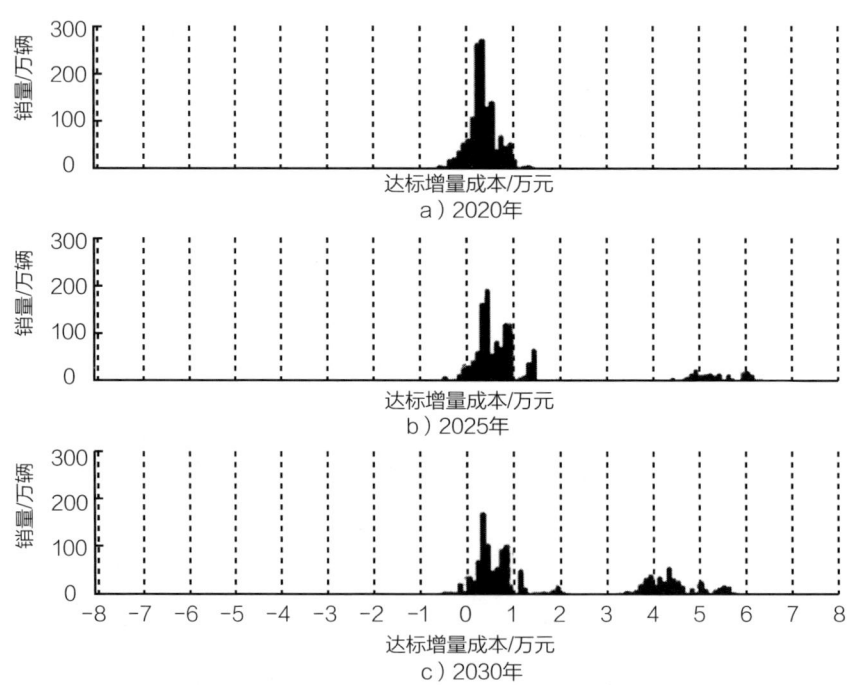

图4.19　2020年至2030年CAFC法规下的车队技术增量成本分布情况

（3）企业达标难度分析

分别从油耗下降率和成本承载力两个维度分析中国市场上27家主流整车企业面向2020年、2025年和2030年CAFC法规的达标难度，具体结果如图4.20和图4.21所示。为方便阐述，其中10家企业以符号标记。在这里，油耗下降率和成本承受能力分别是指，以 2015 年企业状况为基准，通过技术进步和优化达到未来法规标准时，企业 CAFC 值需要下降的幅度和企业达标增量成本占产品售价的百分比。

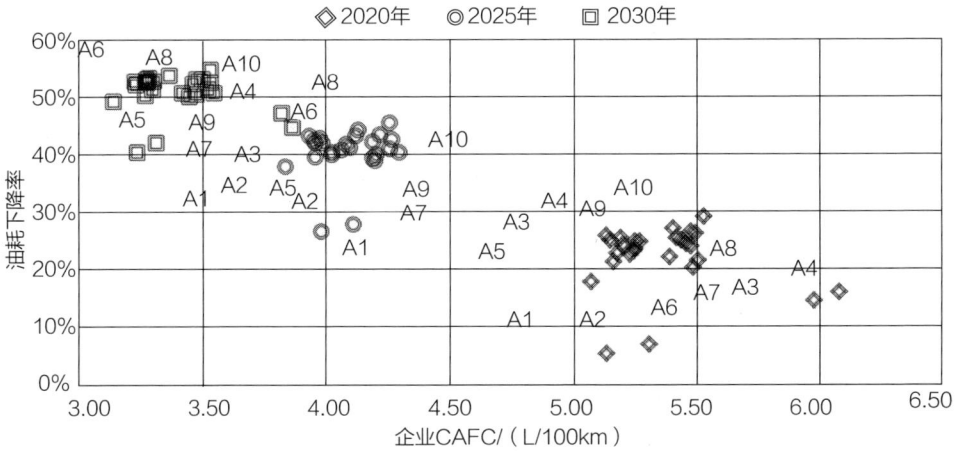

图 4.20　企业达标难度 – 油耗维度

注：图中 A1～A10 为不同企业代号。

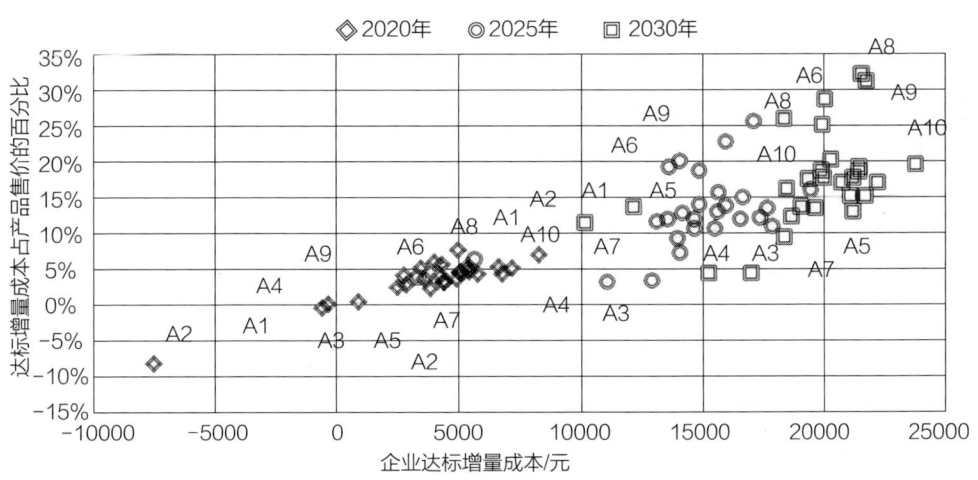

图 4.21　企业达标难度 – 成本维度

注：图中 A1～A10 为不同企业代号。

从油耗下降率角度看，先发技术优势较大、新能源产品应用较多的企业，如 A1 和 A2，可以轻松实现达标，2020 年油耗下降率分别为 5% 和 7%，2025 年分别为 27% 和 28%，2030 年分别为 41% 和 42%。相比之下，企业 A10 达标难度最大，2020 年、2025 年、2030 年油耗下降率分别要达到 29%、46% 和 55%。而 A4 等企业的车型整备质量大，但由于其具备先发技术优势，达标难度适中。

从成本承载力角度看，一方面，先发技术优势越大的企业，达标增量成本越低，压力相对越小。如企业 A1 和 A2，由于新能源汽车的投放，在不需要增加成本的情况下即可满足 2020 年法规要求。另一方面，产品市场定位高、平均售价高的企业具备更强的投入成本承受能力，其达标增量成本与平均产品售价的比率较低，从而缓解了企业实现法规达标的压力。而大批企业由于未来法规达标增量成本达到产品售价 25% 甚至 30% 左右，将面临巨大的达标成本压力。

三 满足未来 CAFC 法规的汽车技术路线总结

在中国乘用车燃油消耗量法规日益严苛，同时法规形式由阶梯型向连续型调整的背景下，科学评价 CAFC 法规对技术路线、产品组合及企业发展的影响具有重要意义。为此，笔者专门构建了节能与新能源汽车技术评价与决策模型，并基于此对行业及企业的技术路线进行了分析测算。研究结果表明：

在行业技术路线方面，发动机减摩擦、VVT、VVL 等将是未来 CAFC 达标的标配技术。变速器多档化趋势明显，8AT 和 CVT 将成为中国变速器市场主流。电气化、电动化技术将取得长足进步，到 2030 年总占比将达到 78% 左右，而纯内燃机汽车占比在 22% 左右，同时 ISG、强混等技术则将逐步替代启停技术获得快速发展。整车技术中附件提升、低滚阻、低风阻等技术将成为标配，而轻量化技术的应用将由于法规以整备质量为基准而受到一定影响。

在企业技术路线方面，面向日益严苛的 CAFC 法规，2020 年之后多种节能与新能源技术路线并举是最优的技术战略，预计在 2025 年前后，传统汽油机的份额将开始明显下降，同时电气化、电动化技术将有大幅增加。面向 CAFC 法规的达标压力因企而异，主要受先发技术优势和产品市场定位影响。一方面，先发技术优势越大，企业达标的技术增量成本就越低，压力也就越小。另一方面，产品平均售价较高的企业具备更强的技术成本增量承受能力，从而可使其法规达标压力相对降低。

（本文根据学术论文《满足未来中国燃油消耗量法规的行业技术路线选择》精编整理；原论文发表于《汽车技术》2019 年第 3 期，署名作者：陈康达、赵福全、刘宗巍、郝瀚）

燃油汽车还有未来吗？

【精彩语句】

"纯内燃机汽车的比例将越来越小，这是大势。但这并不意味着内燃机本身会快速消亡，而是动力系统的电气化会加速。"

"汽车动力源的未来方向是明确的，但是具体路径和演进速度还不清晰。未来车用动力的发展方向是高效、清洁、低碳，在相当长的一段时间内多种动力源将同时存在，各自应用领域有所不同。无论何种动力源，都要在全生命周期内不断降低排放和能耗。"

"长期的过渡技术就不是过渡，混合动力就是如此，在电动汽车或者燃料电池汽车时代全面到来之前的漫长过程中，混合动力是必不可少的关键技术。"

【编者按】

本文是"汽车志汇"公众号怡雪女士专访赵福全教授系列文章的第四篇，主要谈到汽车动力技术未来发展趋势以及新入车企如何取得成功等两个焦点问题。对于前者，赵教授认为传统内燃机汽车比重下降、新能源汽车比重上升是大势所趋，但这种转变必然是一个长期过程，在可预期的未来，能源多元化将成为汽车动力技术的基本特征。对于后者，他提出了新入车企必须应对四大挑战，即造车能力、快速发展、智能体验和品牌建设。

怡　雪： 现在有不少发动机专业的人在考虑是否转行新能源，燃油汽车还有未来吗？

赵福全： 从长期来看，传统内燃机汽车的比重确实将逐渐下降，新能源汽车会不断得到发展，这是一个必然趋势。但是，这种更迭转变的速度究竟会有多快，其实还很难断言。

有人认为传统内燃机的空间越来越小的原因在于石油资源枯竭，这是一个误区。并不是因为石油不足才强制减少内燃机的市场比例，更主要的原因是环境因素，这与人类社会发展到一定时期后，传统化石能源组合带来的碳排放以及其他有害物排放问题日趋严重，造成人类健康受损和地球变暖有关。特别是汽车排放属于低空排放，存留在地面的时间长，对人体健康的影响更直接。随着汽车保有量越来越大，城市交通越来越拥堵，对环境的污染也就越来越大。

显然，汽车本身不会消亡，因为只要有人类社会存在，就有人的出行和物的移动的需求。而为了解决污染问题，我们就需要加快推广新能源汽车。电动汽车至少在使用过程中是没有污染的，而在发电过程中产生的污染可以集中处理、稳步改善。因此，从长远发展的角度看，纯电动以及混合动力汽车将逐渐取代纯内燃机驱动的汽车，这是不容置疑的。

至于这种汽车动力源迭代更替的速度，取决于内燃机改进和动力电池进步的速度，也和燃料电池的发展相关，这将是一个此消彼长、相互竞争的过程。由于环境保护的压力不同、汽车保有量和产业基础不同、全新基础设施所需的规模不同，各个国家对汽车动力升级的认知也是不同的。各国政策并不一致，这是诸多因素综合起来的结果，有些地方可能会加速淘汰内燃机，而有些地方速度会慢一些。就全球格局而言，能产生较大影响的还是中美德日等几个主要汽车大国的政策导向。这些国家如果采取激进措施，传统内燃机退出历史舞台就会比想象的快，这在很大程度上取决于未来技术的进步和政治家的诉求。无论如何，纯内燃机汽车的比例将越来越小，这是大势。但这并不意味着内燃机本身会快速消亡，而是动力系统的电气化会加速，即汽车的混动技术将日趋成为主流。

一些企业已经提出很快将不再推出内燃机汽车，这其实也不是说一下子就完全切换到电能，彻底淘汰内燃机了，而只是说纯内燃机驱动的汽车不再推出了。在混合动力车型上，仍然有内燃机的应用。实际上，今后排放法规将越来越严，内燃机由于原理上的效率极限，无论技术如何进步，已经很难单独满足未来的排放要求，只能靠电能来弥补。同时，电池的成本还比较高，这就需要两者有效的组合。因此，认为内燃机明天就会被淘汰肯定是错误的。

按照国家最新提出的规划目标，到2025年，中国新能源汽车在总量中的占比力争要达到20%，包括纯电动、插电式混动和燃料电池汽车；节能汽车要占到30%，这主要就是传统内燃机与电池组合的混合动力汽车，两者合在一起就是50%。而另外一半的份额中，预计纯内燃机汽车的比例也将不断缩小。总体来说，纯内燃机驱动的车辆将逐步退出历史舞台，一种更优化的机电耦合模式，将作为汽车新的动力总成取而代之。

机电耦合的形式是多样的，包括HEV（混合动力）、PHEV（插电式混动）、REV（增程式电动汽车）等。在这些动力总成中，内燃机将有新的使命，需要满足新的诉求，有完全不同的技术进步方向，可谓"此一时非彼一时"。

总之，汽车动力源的未来方向是明确的，但是具体路径和演进速度还不清晰。未来车用动力的发展方向是高效、清洁、低碳，在相当长的一段时间内多种动力源将同时存在，各自应用领域有所不同。无论何种动力源，都要在全生命周期内不断降低排放和能耗。即使电动汽车也必须是节能的，因此动力电池也要持续提高能量密度，同时还要不断降低成本。

怡　雪：为什么现在新进入的企业都做纯电动而不是混合动力呢？

赵福全：汽车行业正在发生三大革命，即能源革命、网联革命、智能革命。这三大革命都是在传统车企相对不强的领域发生，就能源革命来说，当汽车进入电驱动为主的时代时，最重要的核心技术就是动力电池了，这并不掌握在整车厂手里。而此前几乎所有具备一定实力的整车厂都自己掌握着内燃机和变速器这类核心技术，这也是造车最难的技术之一，成为后来者难以企及的技术门槛。

现在之所以正在孕育很多新车企，就是因为内燃机、变速器不再是必需品，甚至会逐渐成为沉没成本。因为造电动汽车，只要把电池、电机买来就可以了。在这一点上，传统车企也是一样的，新旧车企其实没有本质区别。由于"三电"核心技术不再是传统整车厂所独有，你能买我也能买，这就降低了技术门槛，给了新车企切入的战略机会。这些新车企并不掌控传统内燃机技术，自然不会选择打造包含内燃机技术的混合动力汽车，而一定会选择技术起点相对接近的纯电动汽车。

怡　雪：那么总体来看，未来汽车动力的主流将是纯电动还是混合动力？

赵福全：这一方面取决于各种技术的进步速度，另一方面其实更取决于法规的要求。目前,中国汽车排放法规升级不断提速,向世界最严法规靠拢;并且即将出台CAFC与NEV双积分管理办法,将明确要求任何车企都必须生产一定比例的新能源汽车;后续预计还会有碳配额管理的法规,这一系列法规将直接影响各家企业的技术选择。企业将结合法规要求、自己的技术储备、技术成熟度以及技术成本等因素,来确定适合的动力技术组合。

如前所述,总体上纯内燃机的比例一定会下降,但是由于动力电池的成本在可预期的未来仍会保持较高水平,同时电池的耐久性尚待考验,充电基础设施的完善尚需时日。因此,短期内纯电动汽车不可能包打天下。最终随着电池能量密度的不断提升以及成本的不断下降,汽车动力源中电能的比重会逐渐增长,这将是一个相当长的渐进过程。

实际上混合动力是一个广义的概念,代表着两种不同动力源的组合,这两种动力源不一定是内燃机和电机,也可能是电电混合。比如燃料电池和锂离子动力电池组合;又如铝空气电池的能量密度特别高,但放电速度非常慢,无法单独应用在汽车上,如果和锂离子动力电池组合起来使用,可能就会有很好的效果,一块铝空气电池可以储存很高的能量,由它来给动力电池供电,后者驱动车辆,这也是电电混合的方案之一。

当然,目前最主要的混合动力还是传统内燃机与电机的组合,这其中有多种形式,包括一般的混合动力,也包括电池可以外接充电、一定距离内可以纯电驱动的插电式混合动力,以及较大电池配合较小发动机补电的增程式电动汽车。我一直说,长期的过渡技术就不是过渡,混合动力就是如此,在电动汽车或者燃料电池汽车时代全面到来之前的漫长过程中,混合动力是必不可少的关键技术。当然,如果把时间轴拉得足够长,最终汽车一定还是电能驱动为主的。

怡　雪: 目前大量进入电动汽车领域的企业,面临的最大挑战是什么?

赵福全: 新进企业基本都不具备造车经验,如何造一款在成本上有竞争力的好车,让消费者能够安全便利地使用,这是很大的挑战。不管用什么样的动力,汽车终究还是一款车,车身、底盘、制动、转向以及电子电器,都与传统汽车没有本质区别,即便全面信息化、智能化升级之后,也依然如此——不可能自动驾驶的汽车就可以没有车身和底盘了。不要以为把发动机、变速器变成了电池、电机，造车就没有难度了。其实只是动力技术的门槛降低了些，要打造一款好车依然是非常困难的。这是新进车企必须面对的第一个挑战。

第二个挑战是如何在市场上快速形成竞争力。除了能否把车造好的压力之外，新进车企还有产品如何在市场上快速推广并形成竞争力的压力。因为一旦不能如预期那样快速发展，企业的资金压力就会倍增，同时品牌形象、供应链体系、经销体系以及人才吸引力等都会受到很大影响。在成熟的汽车市场，迅速获得盈利，形成现金流的稳定运转，这并不是一件很容易的事。不要忘了作为竞争对手的传统车企，他们不会坐以待毙，新进车企必须要有一颗敬畏之心。

第三个挑战，用户对新进企业在智能网联方面的期待很高，新进企业如果只在三大革命中抓住一个能源革命是远远不够的，因为消费者会认为智能网联就应该是新进车企的强项，对其要求会比传统车企更高。怎样把智能网联真正做成卖点，直击消费者的痛点，这对新进车企是很重要的，否则消费者为什么要买新品牌的车？然而，智能网联是系统的产业生态问题，很多事情其实不是车企自己能够解决的。

第四个挑战，可能也是最大的一个挑战，就是品牌影响力的打造。无论新进企业如何高调，在品牌上毕竟还没有实际产品的支撑，其存在感是模糊的。这就需要充分利用互联网社会信息可以快速传播的特点，以各种新媒介、新手段来打造品牌形象，快速扩大品牌的影响力。这是重中之重。

以上四个挑战，任何新进车企都必须有效应对，才有可能获得成功。

（本文根据"汽车志汇"公众号 2017 年 9 月 30 日 "赵福全聊汽车"专访整理）

汽车 48V 系统的节能效果与实施策略

【精彩语句】

"48V 系统是短期内能够快速应用并取得一定节能效果以满足近期油耗法规的有效技术手段之一；如果车企没有其他主要节能技术的充分储备，尤其应该高度重视 48V 系统，争取尽早应用。但 48V 轻混系统只能作为过渡性方案，车企在应用 48V 系统的同时，不可放松对其他节能技术的研发。"

"车企如果选择应用 48V 系统，建议还是应该匹配 BSG 构型轻混技术，而无须开发 P2 构型中混技术。其理由主要有三个方面：投入产出比、应用速度以及未来潜力。"

"综合考虑 48V 系统'短平快'的技术特点和'过渡方案'的基本定位，建议中国车企应在短期内快速导入 48V 系统，以满足四阶段及五阶段的油耗法规要求，并为研发其他先进节能技术争取时间；同时加紧研发新能源、重混、高效发动机等技术，以满足长远发展需求。"

【编者按】

这是关于汽车 48V 系统综合研究的一篇专论。文章全面阐述了 48V 系统的基本结构、节能原理、主要特点和核心定位，对比分析了 48V 轻混与典型重混及其他相关技术的节能效果与成本有效性，并结合中国乘用车油耗法规升级前景，提出了 48V 系统技术路线选择及实施策略的具体建议。本文明确指出：48V 系统具有过渡性质，长期来看不能替代新能源及重混技术方案。但对于先进节能技术储备不足的中国车企而言，这是应予高度重视、力争早日应用的"短平快"技术。48V 系统可为满足近期油耗法规发挥重要作用，并为开发其他主要节能技术以满足未来法规赢得时间。

当前各国车辆油耗法规日趋严苛，要求汽车产品必须不断降低油耗水平。而 48V 系统作为一种有效的节能技术，日益受到业界关注。48V 系统有两层含义，直接含义是指一种电压为 48V 的车用电气系统，延展含义是指人们基于 48V 电气系统设计开发的轻度混合动力系统。本文中 48V 系统主要指的是后者。

一、48V 系统发展综述

1. 车用电气系统的发展

车用电气系统经历了不断发展、逐步升级的过程，期间还曾有过反复。当前主流的 12V 电气系统是由原来的 6V 系统于 20 世纪 70 年代升级而来的。到 20 世纪 90 年代，美国曾试图推动 42V 系统，但是最终以失败告终。其原因主要有两点：其一，42V 系统升级的投入产出比不理想，市场无法接受；其二，当时 12V 系统架构取得了一系列进步，足以满足当时的节能环保法规，导致企业升级动力不足。

近年来车辆电气化程度飞速提高，各种大功率电子器件不断集成到车上，如启停系统、电子助力转向系统、主动悬架系统、大功率空调系统、驾驶辅助系统、长短距离雷达等电子设备以及混合动力系统的高功率电机等。此外，为了降低油耗和排放，各种电驱动和智能控制系统正逐步替代传统系统，也增加了车辆用电需求。这些变化都需要可以满足更高功率需求的车用电气系统。为此，一些汽车厂商提出了 48V 系统的升级方案。

与之前失败的 42V 系统相比，目前推行的 48V 系统既有法规的现实推动、技术的有力支持，也有更大的应用价值，并且可以借鉴之前的经验教训。首先，不断严格的油耗法规使汽车厂商必须采用更多的节能技术，轻度混合动力（以下简称轻混）技术就是很好的选项之一，但这一技术的前提是高电压系统，可以说法规正在倒逼车用电气系统升级。其次，48V 系统通过 DC/DC 变换器（即电压变换器），可将高电压系统集成在原有的 12V 系统上，避免了大量零部件的变更，降低了技术难度和更新成本。再次，电池技术的快速进步也为 48V 系统创造了良好的发展契机。最后，48V 系统可承载节能效果较为明显的轻混技术，并可支持更多的电子器件及系统，车企可通过 48V 系统升级获得较好的回报。因此，48V 系统正越来越受到业界关注。

当然，48V 系统并不代表车用电气系统升级的终点，未来随着汽车动力系统电气化程度的不断提升，以及汽车集成更多的电子信息功能，会对更高电压的电气系统产生需求。这意味着 48V 系统从本质上带有过渡性质，不少汽车厂商目前仍持观望态度，原因就在于此。所以，中国车企在决定是否采用48V系统时，必须进行综合考虑和系统分析。

2. 48V系统的基本架构

48V车用电气系统的基本架构分为12V低电压线路和48V高电压线路两部分，二者之间通过DC/DC转换装置连接。高电压系统承担动力总成、空调、底盘等大功率电子器件的负载，低电压系统则为车灯、车载电脑、显示屏等低功率负载供电。这种双电压结构本质上是将48V电压系统集成在原有的12V系统中，48V电源线仅用来支持较高功率的部件，以提高节能效果；同时保留原有的12V系统继续为低功率部件供电，以沿用既有元器件，有效节约成本。

48V系统的电压值设定综合考虑了安全、成本、技术需求等多方面因素。通常电压超过60V时，如果触电，会对人体产生严重影响。因此，如果设计电压超过60V，线束及插接器等就需要更好的绝缘性能，半导体部件也需要更高的耐压性能，由此成本将迅速上涨。而以48V作为标准电压，峰值电压可确保在60V以下，同时还可以有效利用之前为42V系统开发的部件，成本可行性更优。另一方面，48V系统可轻易提供10kW以上的总功率，足以满足现阶段包括BSG（带传动的启动/发电一体机）电机在内的大部分车载电器的需求。

3. 48V系统的挑战

由于结构的复杂化，48V系统需要面对诸如电器安全、电磁辐射、电池管理等挑战。

首先是电器安全问题。不同电压的组件同时运转，需要保证在各种工况下的安全性。在48V系统中，12V系统和48V系统电路由DC/DC变换器连接。如果发生搭铁失效，高压电流将对低压线路上的组件如电控单元等造成严重损害。因此必须实现完善的电路设计，以确保双电压系统组件的有效分离。

其次，供电电压升高意味着电磁兼容要求相应提高。相比于12V系统，

48V系统产生的电磁波强度更大，强电磁辐射可能干扰车载电子设备间CAN通信的正常运行，影响行车安全。48V系统的主要电磁干扰源为DC/DC变换器和驱动电机及其控制器。在整体布置中，整车控制器、制动控制器等关键系统应尽量远离干扰源，同时注意高压线束的选取和布置方式，并加强对干扰源的屏蔽措施。

最后，在48V系统工作过程中，电池组会进行频繁的充电和放电。由于电池组由单体电池组成，各单体电池必然存在一定差异，所以需要基于电池管理系统进行整体监控，以防个别单体电池的充放电状态与其他单体电池出现过大偏差，从而影响电池组的寿命和性能。

总体上，48V系统虽然也面临一些挑战，但与更高电压的电气系统相比，其技术难度较小，目前已有较成熟的解决方案，正逐步达到产业化应用水平。

4. 48V系统的节能原理

48V系统的节油潜力主要体现在三个方面：一是通过所集成的轻混系统来实现节油；二是提高系统电压可相应地降低电流，进而降低导线和电器的功率损耗；三是可以有效支持多种车载电器附件的升级，不少电器附件也有助于节能。

近年来，混合动力技术发展迅速，而基于48V系统的轻混方案，可以突破传统12V系统下电机的功率限制，有效提升节能效果。典型的48V轻混系统可以集成一个10至15kW的BSG电机，实现启停、制动能量回收、加速辅助等功能。而12V系统只能应用小功率电机，通常实现启停功能就已经接近其极限了。

与此同时，电流损耗的节省也很可观。在等功率下，48V系统的电流为12V系统的1/4，相应的功率损失只有1/16，包括导线、电子电器、开关等系统部件的损失都受此影响。同时，较小的电流意味着可以采用较细的电缆，从而使电器系统的成本和重量得以降低。

此外，48V系统的高负载能力也给其他电器附件提供了升级空间，从而带来更大的节能潜力。例如高性能空调已作为"循环外技术"纳入中国油耗法规，可在燃料消耗量核算时获得一定的优惠额度。当然，这些电器附件的升级也需要成本投入,是否值得,需要企业根据自身情况分别考虑。但无论如何,48V 系统为这些电器附件进一步提升性能提供了可能。

二 48V 系统的节能效果与应用成本分析

1. 节能效果研究

目前 48V 系统尚未得到广泛应用,直接考察其节能效果有一定难度。不过如前所述,48V 系统最主要的节能效果来自其搭载的轻混技术。因此,可以把 BSG 轻混技术的节能效果作为 48V 系统节能效果的参考。

对于不同混合动力技术的节能效果,国内外多个研究机构开展了大量研究,其中美国国家研究委员会(NRC)和美国环保署(EPA)的研究都很典型。笔者综合考察 NRC 和 EPA 的研究成果,以探讨 48V 系统的节能效果。

NRC 对乘用车节能技术进行了系统研究,研究对象包括发动机技术、轻量化技术、变速器技术、电动化技术等,其中混合动力技术包含在电动化技术中,并按照混合度的不同分别进行了分析。NRC 的研究结果显示,启停技术可带来 2.1% 的节能效果,在此基础上,轻混技术可进一步带来 6.5% 的节能效果。综合来看,NRC 认为轻混系统可实现 8.6% 的节能效果。

EPA 则对混合动力技术进行了分车型研究,其研究结果表明,轻混系统的节能效果约为 8.5% 至 11.6%,具体见表 4.4。

表 4.4 不同车型轻混系统节能效果(EPA 研究结论)

车型	节能效果
小型轿车	11.6%
中型轿车	11.6%
小型 SUV	10.2%
中型 SUV	10.5%
皮卡	8.5%

可以看到,两家研究机构给出的轻混系统节能效果为 10% 左右,考虑到 48V 系统的节能还包括电流损耗降低、电器附件性能提升等其他因素,其综

合节能效果有可能达到15%左右。近期大陆集团与福特汽车合作开发的最新48V系统车型披露节油效果为14.7%，与上述分析判断吻合。因此，笔者确定48V系统的节能效果约为10%至15%，并据此进行后续分析。

需要指出的是，如果48V系统搭载中度混合动力（以下简称中混）技术，其节能效果将进一步提升。但是对于中混而言，48V系统的功率承载力不足，难以获得理想的节能效果，因此这种技术方案的性价比较低，不宜成为车企的技术路线选项。对此下文将做详细分析。

2. 应用成本研究

（1）成本增长点研究

成本方面可采用常用的相关成本增量法进行估算，即先分析新技术改变了车辆的哪些系统，确定成本增长点；再考虑各增长点发生的成本变化，获得总体的技术应用成本。

48V系统引入BSG轻混技术后，汽车动力系统、电气系统等受到影响。EPA在2012年对一款36V系统BSG轻混汽车进行了拆解，从系统、子系统、组件、零件直至不可分割级别考察其变化，综合材料成本、劳动力成本、装备成本等，得到了成本增量数据。参考EPA的工作，可以得到BSG混合动力系统的主要成本增长点。其中，成本变化较大的是电机系统、电力供给系统、线束与控制系统，而对发动机、传动、车身、制动等其余系统的影响相对较小。

（2）成本分析

针对上述各成本增长点，以EPA对36V系统的拆解研究和各系统的成本数据为基础，按48V系统的情况对相应的成本进行合理放大，估算电机系统、电力供给系统、线速与控制系统、其他系统的成本增量，最终计算出48V轻混系统的直接成本增量总计约为7558元。

显然，48V系统的实际应用成本还必须考虑规模化生产及技术进步带来的成本下降，这个变化可以利用学习曲线进行延展估算。考虑48V轻混系统的技术特点，以上述车型拆解时间2012年为起点，选取0.6作为2018年的变化系数，由此获得2018年48V轻混系统的应用成本约为4535元。远期来看，48V轻混系统趋于成熟情况下的应用成本应该可以降低到4000元以下。

3. 48V 系统成本有效性的对比分析

（1）主要混合动力技术路线选项

当前混合动力技术主要有两种不同方向的选择，其一是轻混技术（基于 48V 系统时可获得更充分的节油效果）；其二是重度混合动力（以下简称重混）技术。定性比较而言，前者的优势在于技术门槛较低，成本总投入较小，即可获得一定的节油效果；而后者由于增加了混合度，可以获得更大的节油效果，但其技术难度更高，成本总投入也更大。显然，对升级 48V 系统是否必要及其价值大小的判断，应从比较轻重两种混合动力技术路线的成本有效性入手。

目前应用较多的重混系统主要有 PS（功率分流式）和 P2（电机置于离合器后、变速器前）两种构型，其中 PS 构型以行星齿轮机构作为动力耦合装置，该构型多出现于日本、美国厂商，主要代表包括丰田、通用、福特等；P2 构型则以离合器完成动力耦合，该构型多出现于欧洲厂商，如大众、宝马等。笔者以两者作为重混技术的代表，与 48V 轻混技术进行比较。

（2）面向节能效果的成本有效性对比

对包括混合动力在内的各种汽车节能技术的应用效果与成本进行估算分析，是一项极富意义和挑战性的工作，目前世界各国的多个研究机构都在对此展开研究。通过文献调研，笔者发现，NRC 联合多家研究机构所进行的研究具有较高的系统性和权威性。其 2015 年的研究综合运用了拆解分析、系统仿真、试验测量等方法，获得了各种汽车节能技术的节能效果与相应的应用成本，其中包括 PS 和 P2 两种重混技术路线的数据。利用学习曲线修正，估算出 2018 年可能的成本变化见表 4.5。同时，也将前述 48V 轻混技术路线的数据纳入表 4.5 进行对比。

表中的成本有效性是指每获得 1% 的节能效果所需花费的成本，该值越低越好。可以看到，在 2018 年，重混技术和 48V 轻混技术各有优势。48V 系统有明显的成本优势，其成本有效性也更好。但重混技术的节能潜力更大，能满足更严格的法规要求。随着技术的进步，重混系统电池、电机等关键零部件的成本也可能实现显著下降，这将为其成本控制带来更大的改善空间。同时，由于节能效果的差异，重混方案的总投入远高于 48V 轻混方案，约在 3 倍以上。另外，此表中的成本数据只针对汽车各系统变化带来的影响，没有考虑不同技术开发成本及周期方面的差异，在这方面显然复杂的重混技术也处于劣势。

表 4.5　重混技术与 48V 系统的节油效果与成本估算（2018 年）

技术类别	重混技术		48V 系统 (轻混技术)
	PS	P2	
节能效果	33%~33.5%	28.9%~33.6%	10%~15%
直接成本增量/元	16299	12460~15797	4535
成本有效性/（元/%）	490	451	363

4. 48V 系统的特点与定位

上述分析表明，48V 系统的主要特点可以总结为"短平快"。具体来说，其优势在于能够以较低的成本投入，迅速取得一定的节能效果；而其劣势在于节能潜力有限，未来面对更加严苛的油耗法规将无力应对。尽管通过追加投入，可以把 48V 系统的综合节能效果提高到约 20%，但其最高电压限制了电机功率，无法获得更大的节能空间。不过就技术应用而言，BSG 构型的 48V 系统不需要对动力总成进行大规模改动，甚至 BSG 系统可作为固定模块直接添加到传统动力总成中，技术难度比各种重混技术要低得多。

基于 48V 系统"短平快"的特点，笔者认为这项技术的基本定位如下：48V 系统是短期内能够快速应用并取得一定节能效果以满足近期油耗法规的有效技术手段之一；如果车企没有其他主要节能技术（如新能源、重混技术等）的充分储备，则尤其应该高度重视 48V 系统，争取尽早应用。但 48V 轻混系统只能作为过渡性方案，车企在应用 48V 系统的同时，不可放松对其他节能技术的研发。

三　48V 系统的应用策略探讨

1. 中国油耗法规走向及节能技术应用策略分析

汽车节能技术的应用压力主要源于越来越严格的法规要求。目前，中国第三阶段乘用车平均油耗目标值（即 CAFC 法规）为 6.9L/100km（2015年）；四阶段为 5.0L/100km（2020 年），即在三阶段目标值的基础上下降约 28%；五阶段将达到 4.0L/100km（2025 年），降幅达到 42%；而六阶段的乘用车平均油耗限值预计将达到 3.2L/100km（2030 年），届时降幅将高达 54%。显然，这是异常严峻的挑战，车企必须不断挖掘各种汽车节能技术的潜力。

对于不同整备质量的乘用车，第三阶段到第四阶段油耗法规收紧的幅度是不同的，大体来说，小型、中型和大型车分别需要节油约 17%、28% 和 36%。预期五阶段油耗法规也将延续这一"抑大扬小"的导向。

工业和信息化部出台的《乘用车企业平均燃料消耗量与新能源汽车积分并行管理办法》（即 CAFC 与 NEV 双积分）中规定，车企可以用 NEV 正积分来抵偿 CAFC 负积分，这在一定程度上降低了车企油耗达标的难度。但是在中国石油对外依存度居高不下的情况下，预计未来存在国家通过调整法规细则收紧 CAFC 管理的可能性。同时，在碳排放方面中国也要履行国际承诺，未来基于碳配额交易统一管理汽车油耗是大势所趋。因此，车企不能有丝毫的侥幸心理，必须认真考虑每一种节能技术，并做出正确选择，唯有如此才能以合理的成本满足日趋严苛的法规。

对于中国车企来说，在非电气化节能技术方面积累不足，重混技术短期内尚不能大规模投入应用，而新能源汽车受制于电池成本和性能的改善速度，也不可能一蹴而就，满足未来油耗法规的挑战很大。寻找能够较快应用且具备一定效果的低成本节能技术是目前的当务之急，因此，48V 系统是中国车企近期必须重点考虑的方案之一。而对于掌握了先进重混技术的日本车企来说，48V 系统则没有那么重要，这从日系车企对 48V 系统的态度上也可见一斑。

2. 48V 系统未来应用分析

接下来结合油耗法规发展趋势，讨论未来 48V 系统的应用空间。实际上，汽车产品总会搭载大量节能技术以达到法规和市场要求，因此在分析中必须考虑其他节能技术的影响。

(1) 其他节能技术分析

除纯电动和各种混合动力技术外，车辆还会搭载其他非电气化节能技术。近期可能得到应用的较为成熟的非电气化节能技术包括发动机节能、变速器节能、低阻力和轻量化技术等，来自 NRC 研究报告的节能效果数据见表 4.6。考虑到叠加影响，这些技术全部应用可实现约 18.7% 的总节能效果。当然，根据车企技术水平及组合选择的不同，该值会有一定浮动空间，但总体上代表了非电气化节能技术的节能潜力。

表 4.6　非电气化节能技术的节能效果

分类	技术	节能效果	复合节能效果	总节能效果
发动机节能	单进气 VVT	2.5%~2.7%	8.2%	18.7%
	进排气双 VVT	4.8%~5.3%		
	润滑技术	0.7%~0.8%		
	发动机减摩擦	2.4%~2.6%		
变速器节能	低泄漏阀	0.3%	2.3%	
	可变排量泵	1%		
	降阻措施	1%		
低阻力	风阻降低 10%	2%	3%	
	滚阻降低 10%	1%~2%		
轻量化	轻量化 10%	6%~7%	6.5%	

(2) 四阶段油耗法规达标策略分析

不考虑新能源汽车技术的应用，仅从节能汽车的角度分析车企满足四阶段油耗法规的达标策略，具体见表 4.7。

综合考虑油耗法规、其他节能技术影响，表 4.7 中显示了满足四阶段油耗法规的乘用车节能技术路线。如前所述，对于从三阶段到四阶段的油耗法规，不同整备质量车型的油耗收紧比例为 17% 至 36%。对于小型车，仅靠挖掘非电气化技术通常就可以满足四阶段要求，即使略有困难的车型，加入启停等技术后也可达标。对于中型车，应用非电气化技术后仍有一定缺口，恰好可以利用 48V 系统加以补充，因此 48V 系统最可能在中型车范围内率先得

表 4.7　面向四阶段油耗法规的节能技术路线选择

乘用车车型	法规收紧	非电气化技术	48V系统	总节能效果		路线选择
小型车（下限）	17%	18.7%	10%~15%	18.7% >17%	路线1	挖掘非电气化技术+启停等电气化技术（推荐）
					路线2	部分非电气化技术+48V轻混技术（可选）
中型车	28%			(18.7%+10%)>28%	路线1	挖掘非电气化技术+48V轻混技术（推荐）
					路线2	部分非电气化技术+重混技术（可选）
大型车（上限）	36%			(18.7%+15%)<36%	路线1	部分非电气化技术+重混技术（推荐）
					路线2	挖掘非电气化技术+48V轻混技术（可选）

到广泛应用。考虑技术搭载"向下覆盖"的倾向,在中型车上研发和应用 48V 系统后,车企很可能也会将其在轻型车上扩展应用,以改善平均油耗水平。而对于大型车,当然也可以利用 48V 系统缓解油耗压力,但即使应用了 48V 系统,很可能仍无法满足法规要求,特别是在面向未来更严苛的法规时更是如此。因此,大型车应考虑尽早开发及搭载重混技术,在此之前则可以借助 48V 系统进行过渡。

(3) 五阶段及后续油耗法规达标策略分析

中国五阶段油耗法规将在四阶段法规基础上进一步加严,而六阶段法规还将更加严格。在此背景下,48V 系统受制于其节能潜力的局限性,将难以为继。近年来,越来越多的主要汽车厂商都在加紧研发重混、新能源等先进技术,预计到五阶段法规期间,这些技术将越来越多地投放市场。届时,48V 系统的应用将会逐渐减少。当然,随着轻量化、低阻力、先进动力总成等技术的进步,在部分节能效果较好的车型上,48V 系统仍可能有一定的应用空间。

由此,笔者对 48V 系统的发展前景进行了预估。在四阶段(2020 年以前)及五阶段(2021 年至 2025 年)前期,48V 系统将迎来快速增长,并达到应用峰值。而在五阶段以后,它将逐渐无法满足法规需求,被其他先进技术替代。如果后续油耗法规在细节上有所放松,或者车企开发及应用新能源和重混等节能技术的进展不如预期,则 48V 系统的应用时间还可能延长。当前,中国车企的节能压力普遍较大,而新能源、重混以及非电气化节能等技术虽有很大发展空间,但尚需时间和投入,而 48V 系统恰恰可以给中国车企宝贵的缓冲时间。因此,该技术选项尤其值得中国车企高度重视,对于一些车企来说,甚至可能是近期必须采用的"续命"技术。

四 48V 系统实施策略分析

除了典型的 BSG 轻混构型外,实际上 48V 系统也可以承载 P2 构型的中混系统。即在 48V 电气架构下,把电机集成到变速器内,形成 P2 构型,以减少传动损失、增加电机爬行功能,从而可较轻混构型进一步获得约 5% 的节能效果。

但从 48V 系统的特点和定位出发，车企如果选择应用 48V 系统，建议还是应该匹配 BSG 构型轻混技术，而无须开发 P2 构型中混技术。其理由主要有三方面。第一，从投入产出比看，以 BSG 构型实现 48V 系统，可在不影响原动力总成的前提下实现较为可观的节能效果；而 P2 构型需要重新设计和布置动力总成，投入和技术难度大，虽能带来额外的节能效果，但总体性价比较低。第二，从应用速度看，引入 48V 系统主要是为了满足近期油耗法规的紧迫需求，BSG 构型具有改动少的优势，可以快速投入应用；而 P2 构型则需要更多的研发时间，短期内难以快速应用，与发展 48V 系统的初衷不符。第三，从未来潜力看，48V 电气系统下的 P2 构型，节能潜力依旧有限，无法满足后续更加严格的法规；且 P2 构型本身完全可以承载重混技术，在此情况下，与其在 48V 系统下开发 P2 中混技术，不如直接开发高电压的 P2 重混技术。

综上，车企在发展 48V 系统时应充分发挥其技术相对简单、投入相对较低的优势，尽可能快速实现应用，以早日获得收益；在这个架构下为追求稍好的节油效果而投入更多的时间和资金，是得不偿失的。

总体来看，48V 系统可实现 10% 至 15% 的节能效果，远期成本有望降至 4000 元以下。虽然未来节能潜力有限，但其总投入较少、技术简单。另外，部分欧洲整零车企近期已对 48V 系统开展了大量工作，有较成熟的技术方案和供应商体系可供采用。因此，48V 系统是车企可以快速应用以满足近期油耗法规的有效解决方案之一。

当前，中国乘用车平均油耗水平整体较高，特别是多数中国车企在节能技术方面与国际先进水平相比差距明显、积累不足，而开发和推广应用新能源或重混技术，都尚需较多的时间和资金投入。为此，综合考虑 48V 系统"短平快"的技术特点和"过渡方案"的基本定位，建议中国车企应在短期内快速导入 48V 系统，以满足四阶段及五阶段的油耗法规要求，并为研发其他先进节能技术争取时间；同时加紧研发新能源、重混、高效发动机等技术，以满足长远发展需求。

（本文根据学术论文《汽车 48V 系统的节能效果、应用成本与实施策略》精编整理；原论文发表于《汽车技术》2018 年第 6 期，署名作者：史天泽、赵福全、郝瀚、刘宗巍）

电动汽车轻量化的成本效益潜力与技术策略

【精彩语句】

"无论何种汽车产品,其轻量化策略都是一个性价比权衡的问题。电动汽车轻量化技术决策的核心在于,准确衡量成本变化(轻量化本身带来的成本增量与少装电池带来的成本减量)与能耗收益之间的性价比。"

"汽车的节能效果与轻量化率基本呈现线性关系,每10%的轻量化率大约可带来8.5%的节能效果;轻量化技术成本与轻量化率近似呈指数曲线关系,在高轻量化率下,减少相同重量的成本代价更高。"

"电动汽车轻量化确实具有额外优势:同样投入5000元,燃油汽车只能实现约16%的轻量化率,而在当前1.4元/W·h的电池成本下,电动汽车则可以实现约26%的轻量化率。不过随着电池成本下降至一定程度,电动汽车轻量化的成本优势将不再明显。"

【编者按】

在本文中,赵福全教授带领团队基于成本效益的量化评估,对电动汽车轻量化技术策略进行了简明扼要、鞭辟入里的分析和阐释。赵教授明确指出:电动汽车应用轻量化技术可以节省电池搭载量,获得额外的成本收益,较之燃油汽车确实具有更大潜力。不过这种优势与电池成本密切相关,长远来看,随着电池成本的下降,电动汽车的轻量化效果将逐渐趋近于燃油汽车。特别是在电池技术快速进步的当下,车企的电动汽车轻量化技术策略应适时由主要衡量成本性价比回归到主要衡量能耗性价比上来。这意味着,即使是电动汽车,未来对于一些成本高昂的轻量化技术也要重新评估、谨慎应用。

一 电动汽车轻量化具有特殊意义

近年来,在中国政府的强力推动下,电动汽车产业逐渐进入快速发展的新时期。不过当前电动汽车仍面临严峻挑战,其中成本和续驶里程是尚待突破的两个核心瓶颈。事实上，这两个因素是相互关联、互相影响的。如果搭载较多电池，电动汽车可以提高续驶里程，但会导致成本较高，市场很难接受；而如果迫于成本压力搭载较少电池，又会造成续驶里程较短，同样难以得到消费者的青睐。作为消费者的重要关注点，续驶里程与成本是发展电动汽车必须有效平衡好的一对矛盾。与此同时，按照 NEV 积分政策的要求，车企至少要生产一定比例的新能源汽车，长续驶里程的电动汽车又可以获得较高的 NEV 积分。在这种情况下，电动汽车已经成为车企技术路线的必选项之一，企业必须思考在既有的电池技术水平下，如何既满足基本的续驶里程需求，又控制好电动汽车的整体成本。

针对这一难题，除选择合适的续驶里程之外，轻量化是重要而有效的解决途径之一。与传统燃油汽车相比，轻量化对于电动汽车而言具有不同的重要意义。因为燃油汽车轻量化只能带来降低油耗（碳排放）方面的收益，而电动汽车轻量化不仅具有降低能耗（碳排放）的好处，还意味着可以在保持同等续驶里程的情况下少装电池，对于电池成本占整车成本极高（目前约 40%，一些车型甚至更高）的电动汽车而言，少装电池是降低成本的有效手段。也就是说，车企对于电动汽车应当采取与燃油汽车完全不同的轻量化策略。不过，究竟电动汽车轻量化的这种优势潜力有多大，需要量化评估其成本效益来进行判断，在此基础上才能选择适宜的技术策略。

二 电动汽车轻量化成本效益的量化评估方法

本质上，无论何种汽车产品，其轻量化策略都是一个性价比权衡的问题，如图 4.22 所示，应用轻量化技术和材料本身会带来成本的增加，但与此同时，轻量化也会带来很多收益。一方面，轻量化能够有效降低能耗，这也等于是降低了车辆使用阶段的碳排放，并且这一好处将持续存在。另一方面，某些轻量化技术如结构优化等可在车辆性能不变甚至更优的前提下减少材料用量，从而具有一定的降成本效果；更重要的是，对于电动汽车来说，轻量化带来的能耗下降还意味着可以节省电池用量，从而显著降低整车成本。当然，这种节省电池的效益显然不会是无限的，毕竟采用轻量化技术本身需要增加成本。因此，电动汽车轻量化技术决策的核心在于，准确衡量成本变化（轻量化本身带来的成本增量与少装电池带来的成本减量）与能耗收益之间的性价比。

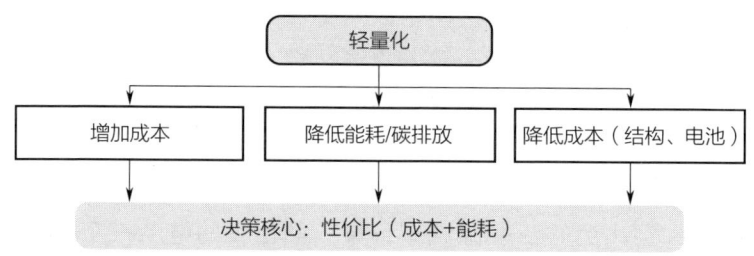

图 4.22　电动汽车轻量化技术决策的核心

根据上述分析，我们首先测算了汽车轻量化与能耗之间的关系。通过将车辆的关键参数和运行工况等输入汽车动力特性方程，可求解出车辆在一定工况下的功率需求，再求导即可获得能量需求。选择 NEDC 工况下一辆 1.5t 的典型中型乘用车作为基准车型，研究了在不同轻量化率下的节能效果，其中，轻量化率等于轻量化前的车重减去轻量化后的车重，再除以轻量化前的车重，它表征车辆采用轻量化技术的程度；节能效果等于轻量化前的能耗减去轻量化后的能耗，再除以轻量化前的能耗，它表征车辆的节能水平。结果显示，汽车的节能效果与轻量化率基本呈现线性关系，每 10% 的轻量化率大约可带来 8.5% 的节能效果。同时，燃油汽车和电动汽车相差不大。这个结论不难理解：在其他基本条件相同的情况下，无论燃油汽车还是电动汽车，轻量化带来的能耗减少量应该大致相同，只不过前者省的是油，后者省的是电。

接下来分析轻量化技术本身带来的成本代价。关于燃油汽车轻量化技术成本的基础数据来源于美国 NRC（National Research Council）相关报告。该报告指出，轻量化率低时更多考虑结构优化，因此成本代价较小，甚至趋近于零；而要实现高轻量化率必须依靠材料替换，相应的成本代价也就越来越高。考虑到轻量化技术在燃油汽车和电动汽车中有较大的共通性，上述基准数据同样适用于电动汽车的测算。

针对上述典型中型乘用车型，我们计算了轻量化技术与成本之间的关系。如图 4.23 所示，对一辆 1.5t 的汽车来说，减重 10% 约需投入 2000 元，减重 20% 的投入则激增到了 7000 元。整体上，汽车轻量化技术成本与轻量化率近似呈指数曲线关系。在高轻量化率下，减少相同重量的成本代价更高；同时对于相同的轻量化率增量，绝对减重量也更大，从而造成轻量化成本的急剧上升。

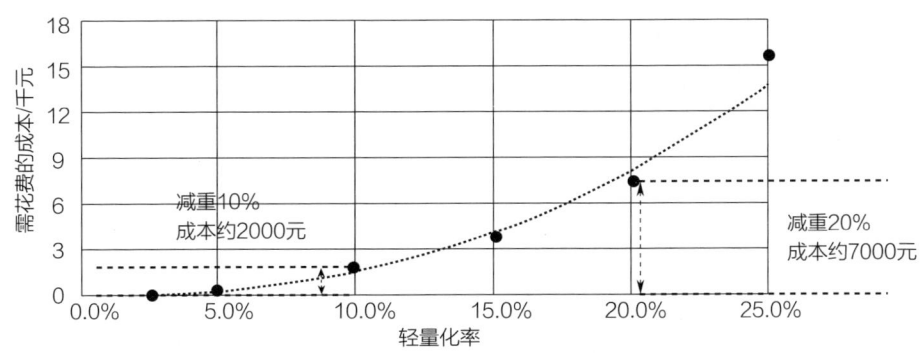

图 4.23 轻量化技术应用程度与成本增量之间的关系

注：以 1.5t 车辆为例。

三 电动汽车轻量化的成本效益与技术策略

基于市场主流电动汽车现状及对标燃油车型，我们选择 NEDC 工况下整备质量 1.5t（含电池）、续驶里程 200km 的典型中型电动乘用车为研究对象，采用类似的汽车动力特性方程分析方法，测算不同轻量化率下所能节省的电池量以及相应的电池成本，得到图 4.24 所示的结果。可以看到，随着轻量化

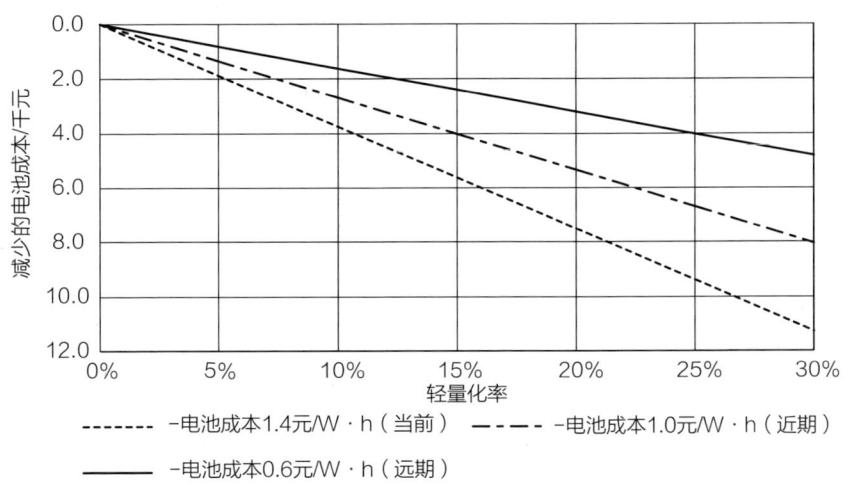

图 4.24 轻量化带来的电池成本下降

率的提升，电动汽车可以减少的电池成本越来越大，两者近似呈线性关系；对于电动汽车而言，电池成本是车辆成本最关键的影响因素之一，电池成本越高，轻量化能够带给电动汽车的降成本收益就越显著。

结合图 4.23 和图 4.24，我们可以得到轻量化对于电动汽车的综合成本效益关系，将应用轻量化技术本身导致的成本增加与节省电池带来的成本下降进行综合分析，得到导入轻量化技术对电动汽车总成本增量的影响，具体结果如图 4.25 所示。为便于分析和理解，我们定义了成本拐点（图中以三角形标识）、成本平衡点（图中以正方形标识）及成本极值点（图中以圆形标识）三个概念。其中，成本拐点代表了轻量化技术所能带给电动汽车的最大成本收益；成本平衡点代表了电动汽车轻量化成本投入刚好与其带来的电池节省收益相抵消时的轻量化率；而成本极值点则代表在既定投入下车辆可以达到的最大轻量化率。

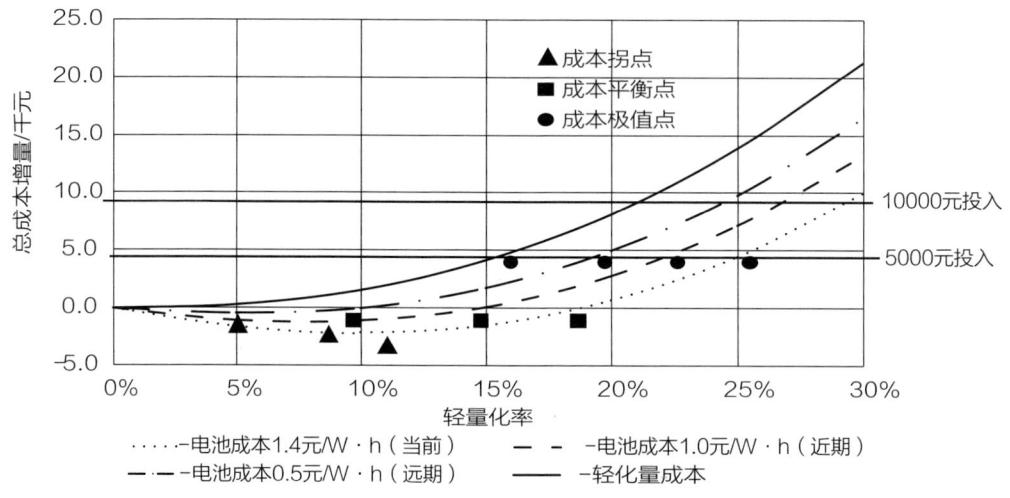

图 4.25　电动汽车轻量化的综合成本效益

注：以 1.5t 车辆为例。

可以看到，电动汽车轻量化确实具有额外优势：在成本拐点前，提升轻量化率可以直接带来电动汽车整车成本的降低，而且电池单价越高，降成本效果越好；在成本拐点之后，降成本效果开始随着轻量化率的增加而减少。而在成本平衡点处，即使没有投入，也可以应用一定程度的轻量化技术，从而达到整车降能耗的目的。最后,我们发现电动汽车轻量化的优势与电池成本息息相关,随着电池成本的逐渐降低,电动汽车轻量化的成本优势将逐渐减少。正如图4.25所示,同样投入5000元,燃油汽车只能实现约16%的轻量化率,而在当前1.4元/W·h的电池成本下,则电动汽车可以实现约26%的轻量化率;而远期电池成本如果降低至0.6元/W·h,则电动汽车只能实现不到20%的轻量化率,其轻量化效果已经与燃油汽车比较接近了。

由此可知,随着电池成本下降至一定程度,电动汽车轻量化的成本优势将不再明显。也就是说,尽管轻量化可为电动汽车带来额外的成本收益,不过未来这种收益将逐渐减少,潜力并非无限。长期以来业界一直有一种固有观念,认为电动汽车一定要大幅提高轻量化的应用程度以节省电池成本,其实这个结论成立的前提是电池成本较为昂贵。此前电池的成本在2元/W·h甚至2.5元/W·h以上,电池成本对整车总成本的影响非常大,所以需要在电动汽车上全力加强轻量化。然而近几年来,电池成本下探很快,普遍水平已经达到1.4元/W·h以下,一些具有品牌影响力和规模效益优势的整车企业,甚至能以接近1元/W·h的价格实现量产。未来随着电池技术持续进步、规模不断增长以及回收与梯次利用的发展,电池成本有望进一步降低。在此情况下,车企必须基于快速下降的电池成本重新思考和选择适宜的轻量化技术策略。

当然,即使电池成本下降,轻量化对于电动汽车也依然具有持久价值,即降低能耗(碳排放),这一点与传统汽车的轻量化价值是相同的。只不过车企在选择电动汽车轻量化技术策略时,应逐渐由主要衡量成本性价比转变为主要衡量能耗性价比。即当电池昂贵时,电动汽车轻量化主要考虑省电池、降成本;当电池便宜时,则主要考虑节能——此时过于昂贵的轻量化材料就没有足够的应用空间和商业价值了。事实上,一些车企的举措已经印证了这一点。

需要注意的是,轻量化的节能作用还能有效降低车辆的使用成本,对于燃油汽车而言可以省油,对于电动汽车而言可以省电。如果我们把这部分节约的使用成本,再次投入到轻量化技术应用上,还可以进一步提升轻量化率,进而带来更多的节能收益,我们将此定义为二次轻量化。如图4.26所示,以1.5t的电动汽车减重15%、10年总里程60万km、电池成本1元/W·h、电价 0.55 元/kW·h 为基准进行测算，使用阶段总共可减少使用成本约 7000 元。如果将节省的使用成本的一半再次投入轻量化，轻量化率可由 15% 上升到 21%；全部投入，则可达到 25%。

也就是说，从制造到使用全生命周期的视角看，本文给定条件下的电动汽车即使没有任何投入，也可以实现 25% 的轻量化率。可见，电动汽车二次轻量化的收益非常可观。不过比起购置成本，汽车使用阶段的成本节约并不是很明显，要让消费者认识乃至认可这种收益，还需要企业加强宣传和引导。另一方面，分时租赁等新型商业模式的发展目前方兴未艾，电动汽车作为运营车辆就完全可以也理应充分考虑这部分节约效果。

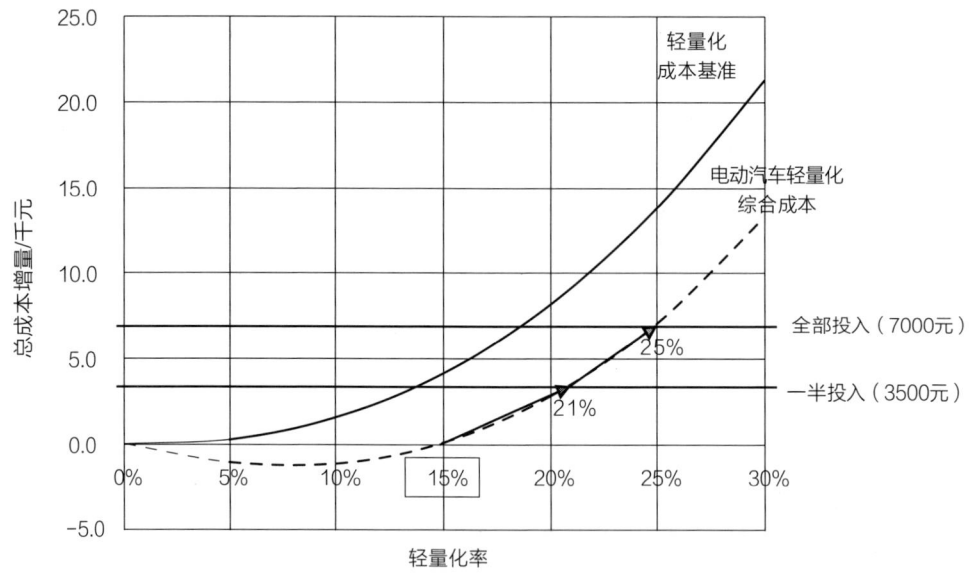

图 4.26　电动汽车二次轻量化的成本效益

四　总结

我们的研究表明：

1）汽车节能效果与轻量化率呈近似线性关系，即轻量化具有持续稳定的节能效果。

2）轻量化技术成本随轻量化率提升而增加，呈近似指数关系，即轻量化率越高，增加同等轻量化率付出的成本代价就越高。

3）与燃油汽车相比，轻量化可以给电动汽车带来额外的成本收益，即对电池用量的节省。以一辆整备质量 1.5t、续驶里程 200km 的电动汽车为例，如果减重 20% 可减少 17.9% 的电池，相当于 5.4kW·h。以电池成本 1 元/W·h 计算，可降低整车成本 5400 元。也就是说，电动汽车轻量化具有额外优势，可以在低投入甚至无投入、负投入的条件下，实现一定的轻量化率。

4）电动汽车轻量化的这种优势与电池成本紧密相关，并不是无限的。随着电池成本的快速下降，电动汽车应用轻量化技术的成本优势将逐渐减小。因此，车企的电动汽车轻量化技术策略，应当由此前主要衡量成本性价比逐渐回归到今后主要衡量能耗性价比上来。换句话说，一些成本代价过于高昂的轻量化技术，即使对于电动汽车也需要重新评估、谨慎应用。

（本文根据英文学术论文 *Costs, Benefits and Range: Application of Lightweight Technology in Electric Vehicles* [《成本、收益及范围：轻量化技术在电动汽车中的应用》] 精编整理；原论文发表于 SAE International 年会论文集，2019 年 4 月出版，署名作者：史天泽、赵福全、郝瀚、刘宗巍）

汽车产业迎接以互联技术为代表的新科技革命

【精彩语句】

"汽车及交通系统将向'零事故''低能耗''零排放''高效率'的目标快速发展,最终实现人、车、路与环境的和谐统一。"

"汽车产业应以更开阔的视野,突破传统思维方式,树立创新发展理念,与新科技革命及其引发的重大变革相向而行,制定全新的汽车强国战略,探索全新的产业发展模式。"

【编者按】

在这篇完成于2014年的短文中,赵福全教授对新一轮科技革命驱动下的汽车产业现状与趋势进行了一次系统梳理和前瞻描述,其诸多真知灼见,包括汽车产业发生根本性变革的重大方向,汽车产品形态、生产方式和使用及服务模式的转型前景,以及汽车本身与交通体系的重新定义等,已经越来越被产业发展实践所证实。

一 新科技革命将重新定义未来汽车

当前,以互联网为代表的信息通信技术作为主要力量,与先进制造、可再生能源、新材料及生物技术等交叉融合、深度渗透,共同推动全球技术创新持续活跃:新技术、新产品、新产业、新业态及新模式层出不穷,呈现出新技术多点突破、交融互动和新产业群不断兴起、方兴未艾的新趋势。在本轮新科技革命的浪潮中,汽车产业也将出现根本性改变:一是汽车产业自身将会发生重大变化。汽车功能结构及其全产业链的构成、整车与零部件企业之间的关系、大企业与中小企业之间的关系等,都将与之前大不相同。二是汽车产业与其他产业之间将发生深度融合。在互联网时代,不同行业之间的界限将会模糊化,传统汽车产业可能面临来自外部的全新挑战,同时也可能通过跨界合作赢得全新机遇。三是新一代汽车在人类社会生活中的定位和作用将会发生重大变化。

受此影响，汽车的产品形态、生产方式、使用及服务模式等都将发生重大转型：汽车产品形态将向"电动化、智能化、网联化"转型；汽车生产方式将向"规模化定制"和"个性化生产"转型；汽车使用及服务模式则将向基于"互联、数据、平台"的全新商业模式转型。

而智能化技术与网联化技术的快速发展，正在重新定义汽车本身。未来的汽车将不仅是运载工具，更是一个充满智慧的"有机体"，成为具有移动能力的信息收集、交互和处理终端。通过自身的传感系统和执行系统，以及V2X（车与外界各主体的信息交换，即车联网概念）的全方位连接与交互，汽车将能够对自身状况和周围环境进行敏锐的洞察、精准的判断及智慧的控制，从而在更大的范围和更高的程度上扩展人类的自由度，并解决汽车社会当前存在及今后可能出现的，包括道路安全、能源消耗、环境污染、交通拥堵等在内的一系列问题。汽车及交通系统将向"零事故""低能耗""零排放""高效率"的目标快速发展，最终实现人、车、路与环境的和谐统一。

⼆ 汽车产业需要创新驱动、融合发展、开放合作

新一轮科技革命将为汽车产业的发展带来前所未有的机遇与挑战。为把握战略契机、推动技术创新、加快转型升级，汽车产业应以更开阔的视野，突破传统思维方式，树立创新发展理念，与新科技革命及其引发的重大变革相向而行，制定全新的汽车强国战略，探索全新的产业发展模式，重点在以下几方面，力争早日实现突破。

第一，提前谋划布局，制定长远发展战略。充分认识汽车产业在新科技革命中所具有的引领地位和关键作用，通过研究制定科学的汽车强国战略以及中长期产业发展规划，引导汽车产业探索适应新科技革命趋势的发展道路，并为汽车产业的转型升级建立体制基础、创造政策条件。

第二，坚持创新驱动，提升体系创新能力。进一步加大产业及企业的创新投入，支持汽车跨产业（汽车与信息通信、新材料、新工艺等）的基础研究和技术创新，建立并不断完善产学研协同研发体系，制定适应高新技术发展的技术标准和规范，不断提升自主创新能力。推进需求导向的价值链重构，

支持新业态、新模式、新服务创新探索。加强公共信息平台和大数据能力建设，全面提升汽车产业的信息化、数字化程度。

第三，推进产业融合，形成先进制造能力。以汽车业为突破口，加快向"智能制造"转型，并带动制造业的整体升级。在此过程中，推动汽车产业与信息通信产业的深度融合。最终适应定制化、个性化和智能化生产的需要，形成并持续提升汽车产业的先进制造能力。

第四，深化开放合作，构建和谐汽车社会。以更加主动开放的战略思维，积极融入全球产业发展中，加强产业内和产业间的分工与合作。基于互联技术的不断发展，建设新一代信息化、智能化以及低碳化的汽车交通体系，同时积极培育"轻拥有、重使用"的汽车共享新文化，建设适合中国国情的强大汽车产业与和谐汽车社会。

（本文根据赵福全教授为"2014中国汽车技术首脑闭门峰会"起草的技术首脑宣言整理）

软件定义汽车：软件是工具，数据是核心

【精彩语句】

"未来是'软件定义汽车'的时代，汽车安全的内涵和外延都相应发生了巨大的改变，安全概念的范畴将更为广泛，所涉及的问题将无处不在，既包括零部件的安全、整车的安全，也包括系统性的安全、数据的安全、通信的安全以及网络的安全等。"

"智能汽车相较于传统汽车的优势，不仅在于车辆交付时有多'聪明'，更在于车辆在使用过程中能越来越'聪明'，这才是未来汽车的魅力和潜力所在。"

"智能汽车是未来发展的大方向，其中数据是最核心的竞争力，而数据是基于软件获得的，为此车企一定要加快形成与自身定位相匹配的'软实力'。"

【编者按】

在第二届世界汽车智能安全大会（ISC）期间，赵福全教授接受了《中国汽车报》的专访，介绍了自己主导创立 ISC 的初衷和意义，并分享了关于"软件定义汽车"和车企转型策略等问题的精辟观点。

一 ISC 引领全球智能网联汽车安全技术创新发展

无论规模还是实力，中国汽车产业都已取得了长足的进步，很多领域的相关技术已经与国际前沿同步。在此情况下，搭建一个平台供国内外专家学者在中国进行深度、持续的交流分享，把中国的汽车技术创新更好地介绍给国外同行，已成为产业的迫切需要。

有鉴于此，我在担任世界汽车工程师学会联合会（FISITA）主席期间，推动 FISITA 与中国汽车工程学会联合创办了世界汽车智能安全大会（ISC），并作为永久品牌落地中国，旨在为中外专家学者搭建一个以"智能安全"为

主题的高端国际交流平台,共同推进全球智能网联汽车产业的创新发展。ISC 汇集了 FISITA 37 个会员国的权威专家学者资源,会议既聚焦学术,瞄准科技前沿,又紧跟产业,富有技术深度。迄今为止 ISC 已成功举办了两届,成为全球顶级的汽车智能安全技术大会。

智能汽车是未来产业发展的大势所趋,而寻求智能安全解决方案是实现智能汽车产业化的关键。智能汽车要像伙伴一样帮助人、解放人、理解人,但如果没有安全作为保障,这一切都无从谈起。以前的汽车安全以机械安全为主,而未来是"软件定义汽车"的时代,汽车安全的内涵和外延都相应发生了巨大改变,安全概念的范畴将更为广泛,所涉及的问题将无处不在,既包括零部件的安全、整车的安全,也包括系统性的安全、数据的安全、通信的安全以及网络的安全等。

ISC 大会通过整合各国学术界、产业界以及政府相关部门等的诸多资源,有效促进了国内外汽车专家学者的深度交流。在引领中国乃至全球智能网联汽车安全技术的创新发展方面,具有深远的意义和巨大的价值。

二 软件是工具,数据是核心

"软件定义汽车"近来成为行业热议的焦点。我认为,智能汽车之所以能够不断进化,并不是因为硬件本身的更新换代,而是因为软件赋能了硬件,使硬件能够在不更换的情况下不断升级优化。在这个过程中,数据将起到核心作用。未来通过数据的产生、搜集、加工和利用,"老车"也会发"新芽",这才是"软件定义汽车"的真正含义。

"软件定义汽车"不代表硬件不重要,只是硬件从原来的必要+充分条件变为了必要条件。原来的汽车更多强调功能和性能,这主要是由硬件决定的,虽然软件也在发挥作用,但那不是"定义汽车",而是"控制汽车"。之前的软件都是嵌入式的,无法实现汽车的自我进化。所以,汽车从投产那一刻起就定格了,经过若干年的使用后,不但不会有进步,而且功能和性能还会退化,让消费者对旧车感到"食之无味,弃之可惜"。

而对于未来的汽车来说,简单的功能和性能已无法满足时代发展的需要,提供服务以满足个性化需求将成为汽车产品的重要属性，消费者更关注的是超越功能和性能的用车体验。这就需要打破原来的传统理念和发展局限，通过数据的采集、处理和利用，对汽车产品进行实时优化，即所谓的人工智能赋能汽车，使汽车能够自我进化，进而拥有巨大的发展潜力。数据需要通过软件来获得，反过来数据又通过软件对产品进行优化。每个用户的数据不同，汽车优化的结果就会不同，"千人千面"的同时也伴随着"千车千面"。

所以，"软件定义汽车"的核心是数据，软件只是工具，数据才是汽车能够不断进化的 DNA。在数据背后的是算法，算法既包括我们对汽车本质理解的理论和模型，也包括对数据进行高效处理的方法。相对于硬件，软件会使汽车更具个性特征，从而成为未来汽车的充分条件；同时硬件依然不可或缺，因为硬件始终是汽车的"躯体"。只不过仅有硬件已经不够了，还需要软件这个"灵魂"来实现硬件的升华，即通过数据让汽车不断进化。因此，智能汽车相较于传统汽车的优势，不仅在于车辆交付时有多"聪明"，更在于车辆在使用过程中能越来越"聪明"，这才是未来汽车的魅力和潜力所在。

换句话说，原来的汽车是越开越旧，驾驶员的个性特点以及汽车技术的进步都无法在老车型上得到体现或应用。而未来的汽车虽然也搭载着相似的硬件，但在投产之后，却能随时通过软件对硬件的能力进行优化升级，这样汽车就可以常用常新、越用越好。在此情形下，使用者没有必要频繁更换车辆硬件。由此，未来汽车的生命周期、研发模式和制造方法等都将发生巨大改变。

三 传统车企实施转型必须制定清晰的战略

"软件定义汽车"对于所有车企来说都是新事物，从这个角度看，我认为不同车企基本处在同一起跑线上。只不过传统车企造车并不是从零开始，还需要自我革命来寻求改变。在这个过程中，步子到底迈多大、走多快，以及对过去继承多少、继承什么等，都是决策的难题。而新造车企业是轻装上阵，没有沉没成本，在某种意义上可以走得更快，或者做到某种程度上的"一步到位"，相对来说其决策会更容易一些。但总体而言，"软件定义汽车"尚无清晰的模式，仍然需要大量的探索和积累。这将是一个长期的过程，各家车企都有机会，并不能说传统车企就比较落后。

值得关注的是，目前业界出现了一家"革命最彻底"的企业——从零开始的特斯拉似乎在某种意义上实现了一步到位的"软件定义汽车"，这也让大众、丰田等传统车企巨头们都感受到前所未有的压力，纷纷投入巨资加快追赶。不过在我看来，包括特斯拉在内的新车企同样处在探索的过程中，即便战略方向是明确的，战术行动也还远未清晰，更没有统一的标准答案。

无论如何，所有车企都必须认识到，智能汽车是未来发展的大方向，其中数据是最核心的竞争力，而数据是基于软件获得的，为此车企一定要加快形成与自身定位相匹配的"软实力"。当然，企业"软实力"的培育很难一蹴而就，因为这是一个庞大而复杂的系统工程，需要多种能力的有效组合，企业必须根据自己的实际情况找准合适的切入点。

展望未来，传统车企在转型过程中需要面临的关键问题，不仅有产品操作系统、软件架构、控制逻辑、电子架构等的改变，也有企业组织架构、研发流程、运营体系等的调整，还有供应商、经销商等合作伙伴分工协作关系的重塑等。大象转身谈何容易！对此我建议，面向"软件定义汽车"的时代，传统车企的转型必须制定清晰的转型战略，在充分提高认识的前提下，明确打法，稳步前行，而不宜太过冒进，每家企业都需要根据自己的定位和能力来定义未来的发展路径和转型节奏。

（本文根据《中国汽车报》2020年11月9日第13版赵福全教授专访整理）

车载芯片应有效平衡共性与个性、当前需求与未来需求

【精彩语句】

"究其本质，我认为智能汽车就是能够自我进化的汽车，或者说自我进化是智能汽车的核心能力。而驱动智能汽车实现自我进化的是数据，因此未来将是'数据定义汽车'。"

"芯片要在汽车产业得到大规模应用，必须解决两个难题：一是必须有效平衡共性需求与个性需求；二是必须有效打通当前需求与未来需求。"

【编者按】

在复杂的国际形势下，很多关键技术未来的发展备受关注，而车载芯片正是关乎未来汽车产业安全的关键技术之一，亟须进行国家、产业和企业层面的系统梳理和有效布局。针对这一重要议题，赵福全教授从智能汽车的本质定义和能力需求出发，简明扼要地阐释了中国车载芯片技术及产业的战略价值、重点方向和发展路径。

芯片在当今人类科技文明中的地位至关重要，目前的国际形势更使芯片产业受到了前所未有的关注。对于汽车产业来说，我们究竟应该如何发展车载芯片技术和产业？我认为，这个问题必须站在更高的战略层面上来全面审视和系统解答。

一 数据定义汽车，让智能汽车能够自我进化

当前新一轮科技革命正在驱动互联网向产业联网加快升级。如果说互联网实现了人与人之间的连接，通过信息的快捷传递使人变得更加聪明，那么产业联网则将实现各种人造物之间及其与人之间的连接，即所谓万物互联，由此人工智能将和人类智能相互融合、互相促进，使人造物变得更加聪明，从而更好地服务人类。从这个意义上讲，万物互联的核心不在于连接本身，

而在于让互联的万物能够自我进化。

对于智能汽车而言，我们可以有多种不同维度的定义方式，但究其本质，我认为智能汽车就是能够自我进化的汽车，或者说自我进化是智能汽车的核心能力。而驱动智能汽车实现自我进化的是数据，因此未来将是"数据定义汽车"；同时数据的采集、处理和利用主要通过软件实现，软件提供了最关键的手段，所以说"软件定义汽车"也不为过，尤其相较于传统汽车由硬件主导，"软件定义汽车"也更能清晰表明新汽车时代的发展方向。

那么未来可以自我进化的智能汽车将是什么形态？我们可以用手机来类比。同一型号手机的硬件完全相同，但是因为使用者的偏好不同，手机里的 App 软件不尽相同，这就使手机有了不同的个性。我认为未来智能汽车也一定是个性化的，因为驱动智能汽车自我进化的数据与人息息相关，是车辆使用者个性的集合，使用者的个性化决定了智能汽车也必定是个性化的。同样的硬件、同样的芯片、同样的算力，但是不同的软件、不同的数据，使智能汽车拥有"千车千面"和"千人千面"的不同个性。也就是说，未来数据将让汽车拥有个性。

● 智能汽车拥有两个生态，打通执行环节至关重要

智能汽车和手机在通过软件实现个性化方面有相似之处，但我们必须清楚，两者又有本质不同。在手机领域，做好 CCA 即计算与通信架构就足够了，但在汽车领域，仅有 CCA 是不全面的，还需要 EEA 即电子电器架构以实现与车辆的功能硬件衔接。这是因为手机只需要一个应用服务生态即可，而汽车则需要建立两个生态：除了类似于手机的应用服务生态之外，汽车还要有功能和性能开发生态，后者可以基于相同的硬件在线优化提升车辆的功能和性能，而且不容有失的车辆安全是其中的重要内容之一。这实际上是由手机产业和汽车产业本质特点的不同所决定的。也就是说，手机芯片只需考虑一个生态的需求，而车载芯片必须同时满足两个不同生态的需要。

正因如此，智能汽车的产业生态既要包含计算和通信环节，也要囊括执行环节。在执行系统方面，传统供应商有很强的实力，其产品也已应用在现有的智能车辆上。不过传统供应商的产品大都没有能力将数据回传给整车企

业，导致产品无法在线迭代优化，难以避免出现"今天刚上市明天就落后"的情况。面向未来智能汽车的生态构建，车载芯片供应商必须思考如何与执行系统供应商有效互动、分工协作，共同帮助整车产品实现自我进化。

三 车载芯片要实现规模化应用必须解决两个难题

目前，一些本土企业已经推出了自己的芯片产品，并且实现了前装量产，也得到了市场的良好反馈。接下来要想进一步发展，必须推动大规模的市场应用。而芯片要在汽车产业得到大规模应用，必须解决两个难题。

一是必须有效平衡共性需求与个性需求。汽车企业数量众多，不同企业的需求既有共性的，更有个性的。只能满足车企共性需求的芯片是没有竞争力的，但要满足所有车企的个性需求，必须要做更多预留，这对芯片的成本和性能等构成了严峻挑战。因此，车载芯片企业在实现产品规模化应用的过程中，必须持续探索并努力实现共性需求和个性需求的合理平衡。

二是必须有效打通当前需求与未来需求。对于汽车企业来说，选择一款芯片不只是选择了现在，也是在选择将来，这意味着芯片企业必须有能力持续匹配汽车企业与时俱进的产品竞争力。为此，芯片企业应在整车企业不同的业务需求方向中，选准定位和切入点，并努力在该业务领域培育打通车企当前需求与未来需求的能力，从而形成自身的核心竞争力。谁能解决好这两大难题，谁就能抓住车载芯片的巨大商机。

在解决上述问题的过程中，芯片企业必须思考如何充分发挥传统供应商的作用，使其能够在自己的芯片平台上拓展新能力，进而共同助力车企更好地参与未来竞争。

此外，未来智能汽车的发展一定需要车路协同，在这方面，政府资源调配能力更强的中国是有优势的。本土车载芯片企业必须抓住这一难得的战略机遇，提前做好车路协同的技术方案和前瞻储备。

四 智能汽车的区域属性将为本土芯片企业提供战略机遇

实际上，本轮产业变革给中国车载芯片企业带来了宝贵的发展机会。如前所述，未来智能汽车将同时拥有应用服务和功能性能开发两个生态，而这两个生态都具有很强的区域属性。其中，应用服务生态由于用户文化和偏好等不同，在国家和地区层面上必然存在差异；而功能和性能开发生态则需要与特定城市或场景的数据相对应，以获得车辆行驶及使用的最佳解决方案。所以，未来智能汽车一定是区域生态特色主导的产品，这是其与当前传统汽车的最大差别所在。正因如此，今后想在中国市场占据一席之地的所有汽车企业，都必须立足于中国的汽车产业生态来进行产品开发和技术应用，这就为本土作战的中国芯片企业提供了前所未有的战略机遇。

毋庸置疑，中国对拥有自主可控技术的车载芯片的需求是战略性的。为此，一方面国家要从整体战略出发，给相关企业提供切实有力的政策和资源支持；另一方面，中国车载芯片企业也不要局限于为本土车企供货，而应积极拓展并努力打入外资车企的供应体系，与国际顶级车企展开合作将有助于加快提升中国车载芯片企业的实力。期待国家、产业和相关企业共同努力，最终早日培育出属于中国车载芯片产业的美好时代。

（本文根据赵福全教授 2020 年 8 月 23 日在汽车评价研究院组织的"车载芯片闭门研讨会"上的发言整理）

第五部分 人才篇

多项开创性工作推动 FISITA 高质量发展

【精彩语句】

"实现《汽车工程师能力标准》国际互认具有重大意义,这不仅是全球汽车产业的一件大事,也是国际人才工作上的一次重大创新,更是中国标准成功输出的一个里程碑。"

"新时期中国企业必须培育引领心态,当我们已经处于并跑和局部领跑的位置时,就再也不能以跟跑的方式参与竞争了,因为很多新领域国外也没有成熟的经验可供借鉴,我们必须敢于领跑、勇于创新,并逐步形成领跑的能力。"

"只要有强烈的转型动力、良好的学习能力、清晰的判断能力、正确的思维能力以及较强的适应能力,个人转型就没那么困难。关键是自己必须清楚,新时期的新岗位究竟需要具备什么样的新能力。即便在同一个岗位上,不同时代的能力需求也是不同的。我们唯一能做的就是不断学习、自我提升,以期形成新能力来不断适应快速变化的社会。"

【编者按】

在赵福全教授圆满结束 FISITA 主席两年任期并被授予 FISITA 终身名誉主席称号之际,中国汽车报社辛宁社长专门邀约赵教授进行了一场一对一的"高端访谈"。这篇专访从赵教授在 FISITA 主席任内的开创性工作谈起,探讨了新时期汽车产业重构的新格局、中国汽车企业如何把握其中的新机遇以及汽车人才如何形成所需的新能力。赵教授特别强调,每个人都应该不断重新认识自己、精准定位,或随机应变,或主动求变,以适应时代变化、产业发展和个人成长的需要。这一来源于自身经历和感悟的肺腑之言,无疑非常值得我们深思和借鉴。

一 如释重负、恋恋不舍和充满自豪三种情绪交织

辛 宁:过去两年来,世界汽车产业发生了巨大变化,不仅产业格局、

市场格局在变,产业面临的挑战也前所未有,尤其是今年突发的新冠肺炎疫情,又给产业发展带来很大的不确定性。您在 FISITA(世界汽车工程师学会联合会)主席任期内为推动全球汽车产业发展和技术进步做了大量开创性的工作,将 FISITA 推向新的发展高度。卸任之际,您作为中国汽车人的杰出代表,被授予 FISITA 终身名誉主席称号,让我们也倍感骄傲。请问您现在有怎样的感受?

赵福全:时间过得很快,从 4 年前在韩国举行的 FISITA 年会上当选为下一任主席,开始两年预备主席的工作,到两年前在印度举行的年会上正式接任主席,再到今天任期顺利结束,仿佛一切都在昨天。此刻,我的第一个感受是如释重负。毕竟 FISITA 主席需要承担很大的责任,如今卸下担子确实有一种轻松的感觉。同时也有点恋恋不舍,在过去两年里,我和 FISITA 管理团队以及各会员国同仁共同完成了我的阶段性历史使命,也结下了深厚的友谊,这让我在离任之际心生眷恋。

当然,最大的感受还是自豪。FISITA 是全世界汽车工程师学会联合构成的国际组织,对于一个汽车人来说,能够作为主席在这个巨大的舞台上开展工作是十分难得的机会。回首来路,我在中国汽车工程学会的推举下成功当选主席,从刚刚接任时略有忐忑,到最终成功带领 FISITA 团队推进了多项重要工作,取得了阶段性成果,也得到了各方一致的认可和赞誉,这是我人生中非常难忘的一段职业经历。正如 FISITA 首席执行官 Chris Mason 对我说的:"只有停下来回望时,我们才发现,在过去的两年里,您带领我们做了那么多开拓性的工作。"这确实让我充满自豪。

二 多项开创性工作实现 FISITA 高质量发展

辛 宁:非常理解您现在这种自豪的心情。从中国汽车界的角度看,您在两年主席任期内卓有成效的工作,对世界和中国汽车产业的发展都产生了极大的影响。您在卸任演讲时总结了 7 项重点工作。那么,您为什么要做这些工作?这些工作的效果如何?

赵福全:FISITA 是一个有着悠久历史和成熟运营机制的国际组织,自 1948 年在法国成立,至今已有 72 年历史,拥有 37 个会员国。其日常工作由设立在英国的秘书处推进，应该说很多工作都已形成了固定的模式。作为主席，我的常规工作并不多。我认为自己最主要的职责在于，要谋划好如何推动这一国际组织的高质量发展，并以此促进世界汽车产业与技术的可持续发展。

就 FISITA 的定位而言，这一组织并非世界汽车行业的管理组织，而是全球汽车工程师的大家庭，或者说是为全球汽车工程师服务的国际平台。我认为，FISITA 的首要使命是把世界各国的优秀汽车工程师都组织和团结起来，并且这一使命必须能够传承下去，这样 FISITA 才能更好地不断发展。与此同时，FISITA 应该在汽车技术的重大方向上发挥引领作用，为技术发展指明航向，尤其是在当前产业正在发生全面重构之际，FISITA 的这一价值就更显重要。

就个人来说，我作为中国汽车人的代表能够当选 FISITA 主席，既是由于个人的丰富经历，更是因为中国汽车产业的发展水平已经今非昔比。在推动世界汽车产业发展的同时，我一定要让中国汽车产业和 FISITA 联系得更加紧密，借助这一国际平台，为中国汽车产业的发展多做一些事情，提升中国汽车产业及工程师的国际影响力。

对于具体应该做哪些工作以及如何去做，我在接任主席之前就做了很多思考和谋划。记得 2018 年在印度就任主席的前一天，我还和中国汽车工程学会理事长李骏院士探讨，如何利用好 FISITA 的平台为促进中国汽车产业的国际技术交流做些工作。可以说，我在两年主席任期内开展的工作都是深思熟虑后的决定，也都产生了预期的良好效果。下面我结合其中几项重点工作，分享一下我的思考和实践。

第一，创办了 FISITA 世界汽车智能安全大会（ISC）。智能汽车是当前世界汽车产业最重要的发展方向之一，同时也是难度最大的领域之一。这其中既有技术、基础设施、法规标准等问题，还有区域性生态建设等挑战。而无论汽车如何智能，安全始终是第一位的，如果智能汽车没有安全保障，其他一切都没有意义。相较于传统汽车，智能汽车的安全已经发生了本质性变化。传统汽车安全指的是主动安全和被动安全，简单来说就是汽车要少出事故，且在事故中要减少伤亡；而智能汽车安全不仅涉及人的安全、车辆的安全，还涉及数据的安全、网络的安全等。过去汽车安全主要关注的是硬件，而未来汽车安全还必须关注软件以及数据等。

正是基于上述思考，我深深感到，围绕智能汽车安全技术的发展，非常需要搭建一个国际性的深度交流平台。在李骏理事长的支持下，我推动 FISITA 与中国汽车工程学会合作，冠名创办了 FISITA 世界智能汽车安全技术大会，并永久定址于中国。我们希望通过这个国际化的交流平台，有效引领全球智能汽车安全技术的创新发展，同时也助力中国更好地参与国际交流，了解先进技术动态并分享中国实践经验。目前这个会议已经成功举办了两届，取得了不错的效果和反馈。

此外，FISITA 组建了智能安全工作委员会，并组织主要会员国的专家学者共同编制了 FISITA 第一部《智能安全》白皮书。

第二，建立了 FISITA 技术领导力会士制度。FISITA 有 37 个会员国成员，代表着全世界的汽车工程师。很多国家的汽车工程师学会都有会士制度，然而 FISITA 作为一个统括各国学会的国际组织，在这方面反倒有所欠缺。所以，我提议建立了 FISITA 技术领导力会士制度，将该头衔授予那些对世界汽车产业及技术发展做出过突出贡献的企业家、行业机构领军人和专家学者。

在 2019 年的首届评选中，全球 23 位汽车技术领袖被授予 FISITA 技术领导力会士荣誉，其中有 4 位来自中国，包括中国汽车工程学会名誉理事长付于武、李骏院士、长安汽车董事长朱华荣以及我本人。2020 年全球又有 11 人获此殊荣，其中有两位中国汽车人，即中国汽车工程研究院董事长李开国和比亚迪高级副总裁廉玉波。应该说，这代表着这些中国汽车人为推动世界汽车技术进步所做出的突出贡献得到了国际认可，也代表着中国汽车产业的发展进步和地位提升。

第三，设立 FISITA 终身名誉主席称号。回望 FISITA 70 多年的发展历程，每一任主席都为 FISITA 的发展倾注了大量心血。同时，他们也都是各国汽车产业中颇具影响力的重要人物。为此，我感到应该对他们的贡献给予更充分的认可，并吸引他们持续为 FISITA 乃至世界汽车产业的发展做出更多贡献。本着这一初衷，我提议设立了 FISITA 终身名誉主席称号。该荣誉称号经主席联席会评审通过后，授予那些为 FISITA 做出过突出贡献的前任主席们。

第四，创建了 FISITA 汽车工程师能力标准国际互认制度。如前所述，

FISITA 是世界汽车工程师的大家庭，我们需要给广大汽车工程师们创造更好的国际交流环境和发展机会。此前全球汽车工程师并没有一个通行的能力互认标准，为此我们打破种种障碍，推动中国汽车工程学会的汽车工程师认证标准成为 FISITA 国际汽车工程师认证标准的基础，并创建了 FISITA 汽车工程师能力国际互认制度。这是世界汽车产业第一次实现跨地区、跨文化、跨语言的专业人才标准互认，也是中国人才认证标准输出的重大历史性突破。

三 能力标准国际互认促进汽车人才跨国交流

辛　宁：中国的汽车工程师标准第一次走出国门，在 FISITA 获得认可，也为全球树立了很好的标杆。不知道推行汽车工程师能力国际互认的过程是否顺利？对汽车工程师而言，这个认证具体能够发挥什么作用？

赵福全：这项制度在推进中确实遇到过一些挑战。最初提出创建国际互认制度，各理事国都很赞成。可是以前没有做过类似的工作，问题的关键在于如何确定一套让世界各国都能认同的汽车工程师标准。如果从头建立新标准，则需要庞大的团队和很长的摸索时间。而如果借鉴某个国家的标准，则需要获得其他会员国的认可。这些都是实施国际互认工作必然遇到的挑战。我力主推荐了中国版本的汽车工程师能力认证标准，该标准由中国汽车工程学会主导完成，经过近 20 年的实践，已经比较成熟。当然，并不是说我是主席就可以让 FISITA 采用中国标准。国际标准的制定工作是完全开放的，任何国家有先进的经验和建设性的意见，我们都非常欢迎。

经过综合比较，FISITA 最终决定以中国汽车工程师认证标准作为蓝本，建立了 FISITA 汽车工程师能力标准国际互认制度。需要说明的是，这个国际互认标准绝对不是中国版本标准的简单翻译，而是充分考虑了世界各国的不同情况，精心修订完成的。同时我们还确立了每 3 年进行一次审核和完善的制度，以确保该标准能够与时俱进，有效适应世界汽车产业及技术的发展变化。

在此基础上，FISITA 成功推动了《汽车工程师能力标准》互认协议的签订，首批就获得了 14 个成员国的支持，包括日本、德国、韩国、西班牙、法国、瑞典等汽车工业很发达的国家。对于签署互认协议的会员国来说，该国汽车工程师如果通过了 FISITA 标准认证，就相当于获得了其国内和国际的"双认证"。基于该认证制度，今年 10 月中国汽车工程学会在全球率先完成了第一批 67 位中国汽车工程师的国际互认工作。

毫无疑问，实现《汽车工程师能力标准》国际互认具有重大意义，这不仅是全球汽车产业的一件大事，也是国际人才工作上的一次重大创新，更是中国标准成功输出的一个里程碑。而 FISITA 通过推动这项工作，可以为世界各国的汽车工程师们提供更有价值的服务。我一直认为，FISITA 的高质量发展不仅仅是多吸纳几个会员、多举办几次国际会议或者多创收一些经费的问题，而是要不断加强全世界汽车工程师之间的交流，使其得到更多的认同感和归属感，并由此促进世界汽车产业及技术的发展。

至于汽车工程师能力国际互认制度的实际效果，最直接的就是促进各国汽车人才在同一标准下得到评价，以利于人才的跨国交流。通过该认证的工程师，每个人的相关信息都可以在 FISITA 官方网站上查询到，从而得到了具有国际公信力的认证。另外，通过认证的资深工程师还将被纳入 FISITA 的国际专家库，以世界公认的项目评审专家、论坛主讲人和审稿专家等身份，应邀参与 FISITA 在全球范围内组织的各类技术及学术交流活动，这将为他们提供更大的舞台来参与和推动全球汽车产业及技术的创新发展。

目前，汽车工程师能力标准国际互认工作已经步入正轨，后续将按照既定的模式运行，并作为 FISITA 一项重要的日常工作，不断推进和完善。在两年的主席任期内，我个人觉得，这是我为 FISITA 以及中国汽车产业所做的最有成就感的一项工作。

辛　宁：我的感觉是，过去 FISITA 更像是一个联络组织，而在您的领导下，FISITA 实现了再出发，成为全世界汽车工程师更好的家园。通过建立会士、终身名誉主席制度进一步扩展了 FISITA 的国际影响力，同时通过国际互认制度把 FISITA 对汽车工程师的关注提高到了新的高度。在这样一个历史悠久、注重传承的国际组织中，您在两年任期里就做了这么多意义深远的创新工作，实属不易。感谢您为全世界汽车工程师所做的贡献，您荣获 FISITA 终身名誉主席称号真可谓实至名归。

四 新时期中国汽车产业迎来转型发展的新机遇

辛　宁：未来汽车产业将向两大方向加快发展，其中一个是汽车动力技术的变化，即电动化；另一个是万物互联、大数据、人工智能等技术的发展及应用，即智能化。那么，您怎样看待中国汽车产业在新时期的发展前景？

赵福全：我认为进入新时期后，中国汽车产业的竞争力将不断增强。经过改革开放 40 多年的努力，尤其是在最近 20 年中，中国品牌车企已经取得了巨大的进步，中国汽车产业的地位也在不断提高。例如在新能源汽车领域，中国品牌车企目前已经可以和合资、外资车企同台竞技，甚至一些售价达到 40 万元的豪华电动车型，也能月销几千辆，这是非常不容易的。

能够取得这样的成绩，一是因为中国汽车产业水平整体提升，主流中国品牌车企均已建立了完整的正向开发体系，品牌建设也都初见成效；二是因为中国汽车消费日益成熟，中国消费者不再简单迷信国外品牌，开始进入理性购车阶段。这些变化是全体汽车人多年来不懈努力的结果。

而现在我们又迎来了百年不遇的重大历史机遇——新一轮科技革命正在驱动汽车产业全面重构。一方面，新能源技术的发展即电动化，正在改变整个汽车动力源的格局；另一方面，信息通信、大数据、云计算、人工智能等新技术在汽车产业上的应用即智能化，是更具颠覆性的发展方向，将会带来汽车制造和使用上的巨大变革。近年来中国一直高度重视新能源汽车和智能汽车的发展，目前发展态势良好，不仅整体上逐渐实现与国外同步，而且在一些领域甚至取得了部分先发优势。比如在智能汽车方面，一些国家还在讨论单车智能和车路协同路线孰优孰劣之际，中国已经明确了更具落地可行性的车路协同发展路线。而沿着这条路线发展，中国将进一步发挥我们的体制优势。

当前，中国品牌车企与国外汽车强企的竞争是在不同以往的新赛道上进行的。在数据和软件决定用车体验的新时期，传统汽车强企在硬件和机械领域沉淀的优势正在减弱，这就为后发的中国车企创造了与传统汽车强企同台竞技的宝贵机会。实际上，后发车企的沉淀不及传统强企深厚，但其沉没成本也较低，企业转型相对容易，这也恰恰是中国品牌车企的机会所在。

面对新时期的新竞争，我们必须用新眼光、新思路来谋求新发展，切不可满足于旧打法，而是要敢于挑战过去的一些固有模式。我认为，新时期汽车产业的竞争将是"优等生"之间的较量，比拼的是企业的系统性竞争力。所谓"优等生"，一定不能"偏科"，企业必须深耕细作，做对、做好每一件事；而系统性竞争力，意味着企业必须在产品、技术、品牌、商业模式等各个方面都实现突破。也就是说，企业必须全面提升所有经营要素的生产效率。

另外我要强调的是，新时期中国企业必须培育引领心态，当我们已经处于并跑和局部领跑的位置时，就再也不能以跟跑的方式参与竞争了，因为很多新领域国外也没有成熟的经验可供借鉴，我们必须敢于领跑、勇于创新，并逐步形成领跑的能力。例如，当前企业的智能化转型面临前所未有的复杂局面，既涉及智能产品，也涉及智能制造，更涉及智能管理。这些智能背后的支撑是数据，而数据背后的支撑是数字化。为此，企业必须进行全方位的数字化转型，这绝不是建成完整的信息化管理系统那么简单，而是要通过数字化手段彻底实现企业的各部门和各业务之间的数据流通，并在此基础上实现整个企业的业务优化和管理创新。换句话说，智能化转型的关键是让数据真正成为企业的血液流动起来，充分发挥其不可替代的作用。

辛　宁：的确，新时期汽车产业正在发生巨大变化。而在生产力变化之后，整个生产关系和社会体系都将随之变化。因此，企业转型必须全面考虑诸多关系的变化：一是生产关系如何重构；二是环境关系如何平衡；三是产业关系如何融合；四是价值关系如何协同；五是数据关系如何共享；六是法规关系如何衔接；七是人文关系如何传承；八是用户关系如何连接；九是商业关系如何创新。无论是企业还是产品，都需要在这些新关系中重新找准新定位，才能更好地发展。

五 人才应跟随岗位需求的变化形成相应的新能力

辛　宁：在产业转型的过程中，人才的成长及角色转变也是非常重要的一个方面。这几年在中国汽车报社与清华汽车产业与技术战略研究院共同举办的海归人才座谈会上，大家都谈到了海归汽车人才的转型问题。您本人的职业生涯非常丰富,先到日本留学,后来去了英国,然后又去了美国,最后回到中国,对日美欧中汽车产业都非常熟悉,在跨国车企、中国地方国企和私企都曾担任过要职,现在又回归高校平台。我很想知道,这一路走来,您是如何适应产业的发展,不断实现个人成功转型的呢?

赵福全:我们处在一个快速变化的时代,新技术的进步催生了很多机会,也推动了产业乃至社会变革。汽车产业的转型,要求汽车人才必须适应这种变化,跟上转型的节奏。对每个人来说,岗位的变化都需要有能力的相应转变。例如,我在企业带领团队研发产品的时候,最需要的是对技术及产品发展的专业判断能力和战略眼光,以及领导团队、协调资源、建立和完善产品开发流程、丰富和优化企业技术标准的能力;而到了高校之后,我在讲授课程时需要的是传授系统知识体系的能力,在做产业研究时则需要战略洞察和深度思考的能力。

所以,人才一定要根据自己所在位置的需求,不断挖掘、发现和提升自己的能力。同时,如果当前的位置不再满足自己的需求,人才也需要重新寻找自己的位置。也就是说,每个人都应该根据时代的变化、产业的发展以及自己的成长来不断重新认识自己、精准定位,或随机应变,或主动求变。

我个人的几次工作变动都是在深思熟虑之后主动做出的改变。在这方面,我的体会是,只要有强烈的转型动力、良好的学习能力、清晰的判断能力、正确的思维能力以及较强的适应能力,个人转型就没那么困难。关键是自己必须清楚,新时期的新岗位究竟需要具备什么样的新能力。即便在同一个岗位上,不同时代的能力需求也是不同的。我们唯一能做的就是不断学习、自我提升,以期形成新能力来不断适应快速变化的社会。

辛 宁:通过和您的对话,我深深地感受到,在这个转型的时代,我们每个人要跟上时代的步伐,都必须创新、务实,要有前瞻眼光,更要不断学习提升。对个人来说如此,对产业来说其实也是如此。谢谢您的分享!

(本文根据《中国汽车报》2020年12月7日第6、第7版"高端访谈"赵福全教授专访整理)

担任 FISITA 主席的经历是我一生的荣耀

【精彩语句】

"工程师国际互认制度的建立对于 FISITA 乃至整个世界汽车产业来说,都是一个里程碑式的重大突破。这一举措使全球汽车工程师能够跨越地区、文化和语言,在同一标准下得到相互认可。"

"汽车产业正在发生百年未有之大变革,产业边界渐趋模糊,技术更加多元,竞争日趋激烈。在这种全新的发展环境下,跨区域、跨产业的紧密合作将比以往任何时候都更加重要和紧迫。"

【编者按】

在"2020 世界汽车工程师学会联合会(FISITA)领袖峰会"的主席交接仪式上,赵福全教授被授予 FISITA 终身名誉主席称号。作为中国汽车人的优秀代表,赵福全教授在担任 FISITA 主席的两年间,为该组织也为中国乃至全球汽车产业的发展做出了巨大贡献。面对产业全面重构带来空前机遇和挑战的新形势,赵教授有效领导和推动了这一历史悠久的世界组织,开展了大量具有里程碑意义的开拓性工作。赵教授在 FISITA 取得的"传奇"业绩,不仅使其本人的战略格局和领导才能得到了广泛的高度认可,也提高了清华大学汽车学科以及整个中国汽车产业在全球的显著地位,更开启了立足国际平台、提升中国汽车产业世界影响力的崭新篇章。本文根据赵教授在本次峰会上的英文演讲翻译整理。同时,为了让大家更好地了解赵教授在 FISITA 主席任期内的工作成果及其历史意义,编者特别在中外诸多相关评价中精选了最具代表性的两篇,分别来自 FISITA 首席执行官 Chris Mason 和中国汽车工程学会名誉理事长付于武,作为本文的附录,一并与大家分享。

各位同仁,大家好!

欢迎大家来参加 2020 年世界汽车工程师学会联合会领袖峰会(FISITA World Mobility Summit 2020)。

时光如梭,2018 年 10 月我在印度从 Dan Nicholson 先生手中接棒,出任

FISITA 主席一职，转眼间两年的任期即将结束。我就职时曾提出，要通过服务质量、国际影响力和成熟的商业运营来实现 FISITA 的高质量发展。本着这一基本思想，过去的两年里，在以 Chris Mason 先生作为 CEO 的整个团队的努力下，在理事会的支持和指导下，FISITA 整体运营平稳有序，运营质量大幅提升，取得了诸多令人瞩目的成绩。我们所做的工作可以简单总结为以下 7 个方面。

第一，我们设立了世界汽车工程师学会联合会技术领导力会士制度。目前已经举行了两届评选，全球共有 34 人被授予了该荣誉称号。我认为这是 FISITA 历史上的一次创新，对于扩大 FISITA 在全球汽车技术领域的影响力，以及给予那些领导和推动世界汽车技术进步的优秀企业家、顶级专家学者以应有的认可和尊重，具有十分重要的意义和作用。

第二，我们设立了 FISITA 终身名誉主席称号。借此让那些曾经对 FISITA 做出过巨大贡献的历任主席们又回到"家"中，以更大的使命感持续关注和支持 FISITA 的未来发展。这一举措进一步增强了 FISITA 大家庭的凝聚力，收获了很多非常积极的评价和反馈。

第三，我们创建了 FISITA 汽车工程师能力标准国际互认制度。目前已有 14 个会员国加盟了这个工程师能力标准国际认证制度。同时，FISITA 与中国汽车工程学会合作，在今年率先完成了全球首批 67 名不同级别中国工程师的国际认证工作。该工程师国际互认制度的建立对于 FISITA 乃至整个世界汽车产业来说，都是一个里程碑式的重大突破。这一举措使全球汽车工程师能够跨越地区、文化和语言，在同一标准下得到相互认可，得到了极为强烈和正面的广泛反响。

第四，我们组建了智能安全工作委员会，发布了 FISITA 第一部《智能安全》白皮书，并与中国汽车工程学会合作，冠名创办了 FISITA 世界汽车智能安全大会，会址永久落地中国，迄今已成功举办了两届。我们希望通过这个国际交流平台，有效引领全球智能网联汽车安全技术的创新发展。

第五，我们组织多个会员国的专家参与编制了《出行产业 2030》(*Mobility Engineering 2030*) 白皮书，并在本次峰会上正式发布。

第六，我们启动了多项内部改革工作，以适应社会与产业的快速变革，更好地服务于各会员国。包括成立了国际战略咨询委员会（International Strategy Group）以及取代原内部关系委员会（Internal Relations Committee）的会员国指导委员会（Society Committee），聚拢全球顶级资源为 FISITA 未来的发展献计献策。

第七，我们实现了 FISITA 平台的持续发展壮大。过去两年，FISITA 企业会员总数创历史新高，其中不乏全球顶级的科技公司、跨界企业加入我们的大家庭。

图 5.1　赵福全教授在 FISITA 主席交接仪式上发表卸任演讲

总的来说，在大家的共同努力和支持下，FISITA 在过去两年取得了丰硕的成果，我们的品牌影响力和会员服务质量也得到了长足的进步。当然，我们也深深地认识到，全球产业变革以及技术发展带来的挑战是巨大的，对于 FISITA 而言，挑战和机遇永远并存，关键在于我们如何把自身拥有的独特资源用好、用足，以便更好地服务于我们的会员、更好地服务于我们的产业。在这些方面，我们永远都有巨大的努力空间和太多要做的事情。

最后，借此机会，我想再次感谢所有理事会成员在我担任主席期间给予的支持和理解，尤其感谢以 Chris Mason 为首的 FISITA 总部全体员工一直以来的辛勤努力和优秀表现，也感谢我的伙伴 Dan Nicholson 先生和 Nadine Leclair

女士对我的支持和友谊。今天，我非常高兴能把 FISITA 主席的接力棒交给我的继任者 Nadine Leclair 女士，同时我也非常欣喜地看到，Mike Anderson 先生作为预备主席也已经进入角色。我相信，在 Nadine Leclair 女士的领导下，未来 FISITA 一定可以迈上更高的台阶、取得更大的成功。

当前，汽车产业正在发生百年未有之大变革，产业边界渐趋模糊，技术更加多元，竞争日趋激烈。在这种全新的发展环境下，跨区域、跨产业的紧密合作将比以往任何时候都更加重要和紧迫。而 FISITA 恰恰可以在此方面发挥其独特的领导作用。我坚信，在大家的共同支持下，FISITA 一定能够充分利用好会员国的各种技术力量，为人类社会未来的美好出行做出巨大贡献。我会一如既往地支持 FISITA，支持我们的新主席 Nadine Leclair 女士和首席执行官 Chris Mason 先生。此时此刻，我想告诉大家，曾经担任过 FISITA 主席的经历将是我一生的荣耀，我为此深感骄傲和自豪！

谢谢大家，期待能早日与大家见面畅饮！祝快乐！

附录 1：来自 FISITA 的高度评价

FISITA 首席执行官 Chris Mason 先生对赵福全教授担任主席期间做出的卓越贡献给予了极高的评价。在赵教授圆满卸任之际，他专门发来了感谢信和纪念礼物。在感谢信中，他满怀深情地写道："感谢您担任主席期间的卓越领导力。只有当我们停下来回望时，我们才发现，在过去的两年里，您带领我们做了那么多开拓性的工作。毫无疑问，您在 FISITA 留下了一个令人瞩目的传奇。在此，我代表我的团队对您的辛苦付出和杰出成就，表示最衷心的感谢！"

图 5.2 是在日本名古屋举办的"2019 世界汽车工程师学会联合会领袖峰会"闭幕式上赵福全主席带领 FISITA 主席团成员向所有来宾敬酒。FISITA CEO Chris Mason 专门进行了"老照片"处理，将其作为礼物送给卸任的赵福全教授，以示纪念。图中，左一为 FISITA 前任主席、通用集团副总裁 Dan Nicholson；右一为新任 FISITA 主席、雷诺集团高级副总裁 Nadine Leclair 女士；右二为 FISITA 首席执行官 Chris Mason。

图 5.2　FISITA 首席执行官 Chris Mason 赠送赵福全教授的卸任纪念礼物

附录 2：来自中国汽车工程学会名誉理事长付于武的高度评价
（选自凤凰网专访）

2016 年，中国汽车工程学会推荐赵福全院长参选 FISITA 主席。和预想的不太相同，福全从参选到当选都很顺利。记得当时我带队到美国去参加 FISITA 常务理事会，为福全参选助阵。前一天晚上，时任 FISITA 主席请我用餐，他说："付先生，您明天其实可以不用出席常务理事会了，因为提名委员会及执委会通过前期的遴选和投票，一致推选赵福全先生担任 2018—2020 年的 FISITA 主席，这样就不需要常务理事会再进行投票表决了。"这既是中国汽车产业国际地位提升，也是福全个人能力和水平得到 FISITA 高度认可的具体体现，两者叠加起来，使福全能够在几位强有力的候选人中脱颖而出，顺利当选。

福全现在卸任了，我要特别祝贺他。这是一次完美的谢幕，福全的工作在 FISITA 留下了深深的历史印迹。

福全这个主席当得不同寻常，他为 FISITA 做出了超出所有人期待和想象的特别贡献。我觉得非常欣慰，因为他是代表中国汽车产业参选、胜选和就任这一世界汽车工程界最高职务的。福全在任内做得如此辉煌，让我们倍感自豪和骄傲。

福全的不同寻常在于,虽然只有短短两年的任期,他却领导这个历史悠久的国际组织做成了很多极具开拓性的工作,完成了很多原本看似"不可能"的任务。尤其是,福全的工作体现了新时代下高度的国际性和创新性。这么多年来 FISITA 还是比较沉闷的,新的举措不多。对于这种"联合国"性质的国际组织,大家多半是取的多、与的少。但福全在任职主席期间,不仅发展了相当多的企业会员,而且推动这样一个有着 70 余年历史的国际组织步入了新的快行道,进入了一个更加市场化的发展阶段。这其实是该组织如何改革和创新发展的大问题,已经困扰了 FISITA 多年,而在福全院长任期内终于得到了空前的改善,让我们不得不佩服他的战略格局和国际化的领导力。

举个具体的例子,工程师互认这项工作别说是在国际上,即使在任何会员国国内推动起来都困难重重,难以突破。但是福全能够说服国际同行,实现了包括发达国家在内的 14 个国家的工程师互认,实属不易。这种突破无论是对中国汽车工程师,还是对世界其他国家的汽车工程师们,都是一件具有里程碑意义的大事。

福全特别重要的贡献是,帮助中国汽车产业提升了在国际组织中的地位,赢得了国际同行们的高度认可。可能很多人还不知道,这次 FISITA 主导的世界汽车工程师互认标准,就是以中国汽车工程学会实践了近 20 年的汽车工程师认证标准为蓝本完善形成的。没有福全当选 FISITA 主席,没有福全在 FISITA 的开创性改革实践和力排众议的积极推动,哪里会有中国汽车工程师认证标准向世界的成功输出!也正是基于这样的国际互认体系,中国汽车工程学会今年率先在国际上完成了第一批 67 名不同级别汽车工程师的国际认证。不仅如此,福全作为主席还积极促成了包括马芳武、张旭明、沈峰等中国汽车人在 FISITA 担任高层职务,确保了中国汽车产业在该国际组织中持续的影响力和话语权。

中国汽车产业体量巨大、进步明显,我们应该在国际组织中占有更高的位置,而福全院长通过努力在 FISITA 做到了这一点。无论是对 FISITA 本身影响力的进一步提升,还是对中国汽车工程学会、中国汽车人以及中国汽车产业的国际影响力提升,福全都做出了不同寻常的传奇般贡献。而且他的贡献有目共睹,得到了国内外同行们一致的高度认可。我觉得,我们理应高度评价他的杰出贡献，感谢他的辛苦付出。

我对福全此届 FISITA 主席任期的评价可以归纳为卓有成效、莫大贡献、历史印迹。

附录 3：FISITA 简介

FISITA 全称为世界汽车工程师学会联合会，作为世界各国汽车工程师学会的联合组织，是全球汽车界最具影响力的组织之一，被誉为世界汽车技术的最高殿堂和各国汽车工程师学会的"联合国"。该组织于 1948 年在法国巴黎成立，迄今为止已有 72 年的历史，涵盖了具有一定汽车产业规模的全部 37 个国家。FISITA 主席一职，是全球汽车工程技术人员所能得到的最高荣誉。通常该职务都由主要汽车大国代表性车企的核心高管担任，而赵福全先生以教授身份出任 FISITA 主席，尤显难能可贵。

（本文根据赵福全教授 2020 年 11 月 20 日在 "2020 年世界汽车工程师学会联合会领袖峰会" 上卸任 FISITA 主席并被授予终身名誉主席称号时发表的英文演讲翻译整理）

汽车产业变革需构建新人才观

【精彩语句】

"人类社会翻天覆地的变化源自人,最终也指向人。技术巨变、产品巨变、产业巨变以至社会巨变,最终都将对人提出全新的要求。"

"如果说过去人类在生产线上像机器一样从事大量重复性的工作,那么未来机器将在生产线上像人一样聪明地工作。人类工业文明的进化历程或许可以由此分为四个阶段:人像机器一样工作、人管理机器工作、人领导机器工作、人与机器协作领导人和机器工作。在这个历程中,人的作用并未下降,而是要求更高,需要承担协调管理及领导工作,尤其是总体性、全局性的协调管理,并充分发挥人在思考、创意与创新等方面的差异化优势。"

"未来整个人才系统工程,从育才、引才到用才、留才等一系列环节都将发生改变。这既包括思维模式、综合素质、能力要求的不同,也包括工作方式、生活方式、交互方式的不同,还包括学校教育、企业培养、社会再学习以及自我提升的不同,同时人才的知识、技能与行为准则,即参与社会分工的角色也将大不相同。"

"我们必须从汽车产业的边界倒推汽车知识的边界、汽车人才的边界,最终确定汽车教育的边界。"

【编者按】

这篇文章是赵福全教授关于产业变革前景下汽车人才变化的深度思考和系统梳理。文中堪称经典的论述比比皆是:未来量变与质变将不会再有明显的界线,由于关键技术越来越多且彼此交织,技术拐点或将不复存在,社会时时刻刻都在发生质变;未来所有重复性、记忆性、计算性和需要快速反应的工作都将逐步由机器来完成,人与赋能的机器既相互协作,又相互竞争;未来汽车企业需要全新的组织架构、工作模式、管理机制、运营流程以及创新理论与企业文化,其核心是将人力资源与其他一切资源无缝连接而成一个整体;未来汽车人的知识领域和专业范围将不断扩展,汽车产业专家型和复合型人才的定义、能力和需求都将发生变化；未来一份工作、一个岗位干一辈子的时代将彻底结束，无论哪个行业的人才都必须不断发掘兴趣，自我挖潜，自我学习，自我提升。本文总结的规律其实不只适用于汽车产业，也适用于整个人类社会的变化。这些观点对于行业、企业、高校以及人才个人而言，都有非常重要的参考价值和指引作用。

近年来，汽车产业风起云涌，新能源、互联网、人工智能、无人驾驶等新技术正在重构新时代的汽车产业。归根结底，这场深刻的变革源自人，也指向人，必将带给我们全新的机遇与挑战。在此情况下，企业与个人都需要认真思考如何顺应"产业变革"大势。下面我将分几个方面阐述产业变革下汽车人才的变化趋势与发展战略。

一 充分理解未来人类社会的深刻变革

当今社会正在由"信息大爆炸"向"智能大爆炸"转变。"信息大爆炸"由互联网带来，源于人与人之间交流方式的改变。其本质是信息不再受时间和空间限制地快速传播，人可以随时随地地获得信息。而未来是"万物互联"的时代，人类社会将走向"智能大爆炸"。其本质是信息的产生方式和附着载体发生改变。届时，几乎所有的人造物都能够生成、保存及处理一定的信息，信息就会变得真正"无处不在"，而且这些人造物都将由物联网紧密相连在一起，并被赋予程度不同的各种智能。正如谷歌董事长埃里克·施密特所说，互联网时代已经结束，物联网时代正在到来。"万物互联"将使人类之间相连、人类制造的产品之间相连、人类与自己所制造的产品之间相连，从而彻底改变人类的生产和生活方式，进而影响人与自然的关系。无论是"工业4.0"还是"中国制造2025"，实际上都是在强调机器之间的互联，而不再是简单的人与人的互联。在"信息大爆炸"时代，所有的信息通过互联网快速地集中于人；而在"智能大爆炸"时代，信息将分布于所有的人和人造产品，这意味着信息的处理和使用都将产生质的改变。人类与人工智能（AI）的智慧将被连接在一起，从而引发持续的、更大规模的爆炸式增长。

这场人类社会翻天覆地的变化源自人，最终也指向人。技术巨变、产品巨变、产业巨变以至社会巨变，最终都将对人提出全新的要求。简单地说，就是三个"改变"：一是必须改变，不是为了生产，而是为了生活或者说生存；二是全面改变，人类的知识结构与范畴、核心能力与素养、学习途径与应用方式，以及所需的技能，都将发生巨大的变化；三是不断改变，变化随时发生，而且还在不断加速。受上述三个"改变"的影响，传统的教育、培训和学习方式将越来越难以覆盖需求，因此也都要发生改变。

特别需要指出的是，以往的变革总是从量变到质变，从渐变到突变，而未来量变与质变、渐变与突变将不会再有明显的界线，而是融为一体。也就是说，技术拐点或将不复存在，很难再有类似蒸汽机那样带来整个人类社会发生巨变的技术转折点。这是因为，人类科技进步及应用的脚步在不断加快，关键技术变得越来越多且彼此交织，这些技术之间呈现交叉网状结构，个别技术的进步不足以引发整个技术网的全面突破。反过来讲，个别技术的不足也会被其他技术所弥补。因此，很难再有一经突破就引发全局质变的决定性单一技术的出现。从这个角度来看，未来社会不再有质变，因为时时刻刻都在发生质变：3年看是量变，5年看就是质变！所以未来的挑战无论对于企业还是个人来讲，都是巨大的——这已经不是"温水煮青蛙"，而是"热水煮青蛙"了，而且即使"青蛙跳出来，外面也还是热水"。如图5.3所示，y代表科技进步与社会发展，x和x_i代表影响y的关键技术。

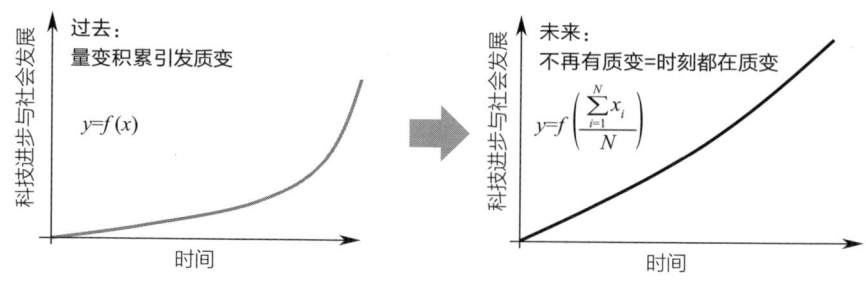

图5.3　量变与质变的关系演变

总之，在"万物互联"的新时代，变化之快、变化之大将超乎想象。所以我们必须以战略眼光来审视时代的变化以及自身的发展路径，每个企业、每个个体都需要思考如何面对快速变化的世界并不断使自己增值以适应这种变化。

二 人类将进入与机器竞合博弈的共存时代

未来人类面临的挑战将来自大量被 AI 赋能的机器，例如不休不眠的机械手、自动寻路的机车、会自己编程的计算机等。人类和诸如此类被赋能的机器相比，优势究竟何在？这是我们必须认真思考的重要问题。未来的竞争将从人与人之间的较量，演变为人与机器之间的较量，以及人与受机器辅助的人之间的较量，最终则是人与机器的组合之间的较量，这将是一场艰难的博弈。我们必须清楚地认识到，这些改变将反作用于人类社会，导致社会分工及参与方式、社会组织与协作方式、社会分层与资源分配方式等都被重新定义，甚至人类存在的方式和意义都可能会有全新的答案！

未来，人与赋能的机器将步入合作与博弈共存的时代，两者既相互协作、互为补充，又将保持竞争关系。实际上，机器与人各有所长，理应各展所长。因此，人类在开发机器时应该让机器按照自己的方式更好地实现工作目标，而不是以人的工作方式要求机器。可以预期，重复性、记忆性、计算性和需要快速反应的工作都将逐步由机器来完成。在此基础上，人类将借助机器来领导和管理人和机器。人管机器，机器管机器，甚至机器管人，都将出现并相互交融。实际上，人管理机器与人领导机器，也是截然不同的两种工作并会带来完全不同的社会输出。

如果说过去人类在生产线上像机器一样从事大量重复性的工作，那么未来机器将在生产线上像人一样聪明地工作。人类工业文明的进化历程或许可以由此分为四个阶段：人像机器一样工作、人管理机器工作、人领导机器工作、人与机器协作领导人和机器工作。在这个历程中，人的作用并未下降，而是要求更高，需要承担协调管理及领导工作，尤其是总体性、全局性的协调管理，并充分发挥人在思考、创意与创新等方面的差异化优势。

三 社会巨变对人才需求的影响

受此影响，人类社会的管理模式、文化和价值观都将发生巨大变化。未来每个个体都将更独立自主，也更需要充分合作。高度发达的"万物互联"将把人力资源集结成网,从而使人类进入超级集智时代。一方面,每个人都将拥有更多的知识和技能,但每个人的知识和技能又远远不够充分;另一方面,每个人都可能成为整个社会和产业的重要节点,或者也可以说是一个独立的小公司。只有几个人甚至一个人的创业公司将大量出现,例如借助网络提供设计、销售和售后服务等各种业务。很多公司或者说个人可能只负责完成某一件事情,但借助充分网联(结网)的大平台就可以与其他资源充分对接,并实现更大的价值。如果说互联网时代人人都是自媒体,那么物联网时代人人都可能是"自公司"或"小老板"。具体如图5.4所示。于是人的角色及其与社会的关系将发生根本性改变,从而影响包括人才培育与成长机制、使用及管理模式在内的整个人才系统工程。我们需要全新的人才观,以适应这个全新的社会。

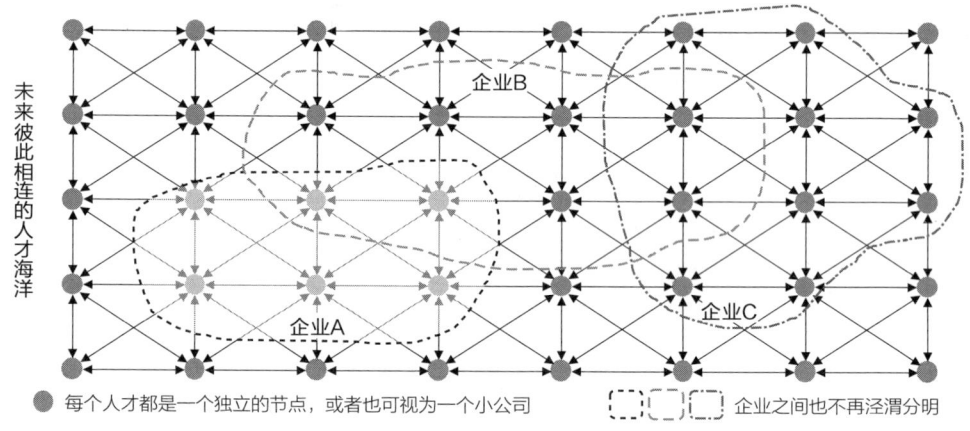

图 5.4 未来企业与个人的协作模式

为适应这种变化,我们需要建立全新的资源观,即"不求拥有,更求使用"。首先,资源本身需要重新定义:人、财、物、企业、信息都将成为资源。其次,"万物互联"将使全球范围内资源的一体化使用真正具有实现的可能。最后,未来企业"跨界"将成为常态,没有一个产业或者企业能拥有所需的全部资源,而能够调配使用的资源永远大于自己拥有的资源。所以,对资源的挖掘、调配、使用、组合和输出成果的能力,将成为企业成功的最关键要素之一。为了提升这方面的能力,企业必须重新思考组织架构、考核机制、薪酬体系、运作模式和企业文化,以充分利用内外部的各种资源(包括人力)。其核心在于,一定要把资源用足、用好、用精,用到极致。

四 汽车产业变革对人才提出新要求

在"万物互联"时代,汽车产业正在经历巨大的变革。汽车作为人类文明的重要载体之一,将面临全新的未来,颠覆性的变化正在发生。这场深刻变革以相互关联、相互影响的能源、网联及智能三大革命驱动六大革命性变化为其内涵,将重新定义汽车产业、汽车企业、汽车产品以及汽车人,并要求我们实现技术、产品、商业模式与应用场景的全方位创新,这不仅将重构汽车产业本身,更将影响人类未来的能源、环境、交通、城市以及移动出行。

正因如此,汽车人才在固有特点的基础上,还需要满足新的需求、具备新的能力。如图 5.5 所示,产业边界正在急剧扩大,汽车的载体作用也在不断增强。我们常以"互联网+"来强调互联网产业的关联性及带动性,其实"汽车+"的产业经济带动作用也是巨大的。受此影响,汽车人的知识领域和专业范围也在不断扩展,汽车产业既需要专家型更需要复合型的人才,同时未来专家型和复合型人才的定义、能力和需求都将发生变化。例如,未来专家掌握的知识和技能要更专且深,同时还要有适当的宽度,无论广度和深度都非现在可比;又如,在复合型人才中可能将衍生出总战略师和总架构师,他们作为领军人需要更加广博的知识面和能力构成,这就不是既懂底盘又懂车身,或者既懂技术又擅长管理那样简单,而必须是全方位理解和融合多个领域最新发展的人才。

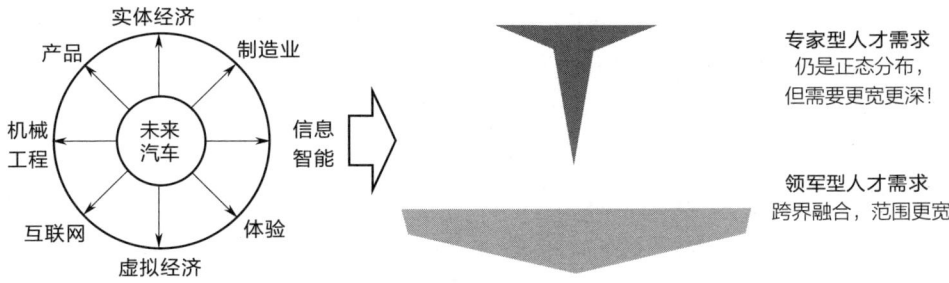

图 5.5 未来汽车产业扩展与人才发展趋势模型

总之，未来汽车产业的边界将越来越模糊，汽车人才的边界也将随之越来越模糊。因此，汽车人才必须具备跨领域、多样化的知识与技能，而且人才工作内容和能力需求的更迭速度之快也将前所未有。

五 面向未来的汽车人才发展战略

如前所述，面向未来我们需要全新的汽车人才发展战略，这意味着整个人才系统工程，从育才、引才到用才、留才等一系列环节都将发生改变。这既包括思维模式、综合素质、能力要求的不同，也包括工作方式、生活方式、交互方式的不同，还包括学校教育、企业培养、社会再学习以及自我提升的不同。同时，人才的知识、技能与行为准则，即参与社会分工的角色也将大不相同。为了培养可持续地满足未来社会和产业需求变化的人才，进而助推社会和产业的改变和进步，高校、企业和人才自身都要明确新定位、确立新战略、拿出新举措。

对于学校而言，需要重新审视教育的范畴与侧重点。我们必须从汽车产业的边界倒推汽车知识的边界、汽车人才的边界，最终确定汽车教育的边界。一方面，要充分认识到汽车人才的范畴必将扩大，未来凡是从事与汽车相关工作的工程师，都应该认定为汽车工程师，例如从事电化学、新材料、IT等领域工作的人才。另一方面，要坚持教育有所侧重，因为学科教育不可能包罗万象，产业越是复杂，就越需要学校有清晰的定位。为此，首先，教育体系要有清晰的分层：重点高校、普通高校、职业学校等要根据未来人才需求的结构，确定合理的比例，并对不同的学生施以不同的培养侧重点和与之匹配的培养内容。其次，就汽车专业教育来说，仍应强化传统汽车知识的教育，同时适当扩大知识范围，尤其需要增设汽车电子、数字化技术、控制逻辑、系统工程及电化学类的课程；而非汽车专业教育，则要在侧重本专业培养方案的基础上，适当倾向于包括汽车在内的战略新兴产业。最后，必须强调的是，寄希望于人才培养在学校"毕其功于一役"，过去不现实，未来更不可能，未来社会需要我们时时刻刻不停地学习，因此高校更应培养学生形成自我学习的动力与能力，同时强化创新思维的培养，这远比知识本身的传授更为重要。

对于企业而言，产业边界渐趋模糊，但企业边界必须明确，而解决这一矛盾的有效对策之一就是打造或参与"无边界的公司"，即平台化公司。未来企业最重要的核心竞争力就是资源组合能力，特别是在多地域、大范围内调动使用资源有效经营的能力。未来企业的结构错综复杂，员工多种多样，需要全新的组织架构（超扁平）、工作模式（更灵活的工作时间、方式与支付手段）、管理机制（考核奖惩、知识产权）、运营流程（分工协作、资源组织）以及创新理论与企业文化。其核心就在于，将人力资源与其他一切资源进行无缝连接，形成一个高效协同的整体。为此，企业必须建立招之即来的人才资源库，将人力资源管理向外延展，覆盖内部和外部的员工，最大限度地实现"随叫随到""随到随用"。企业还应考虑建立灵活的"众包"平台，如联合或单独注资构建"问题池"，悬赏解决问题。毫无疑问，未来企业成功运营的关键不在于拥有多少资源，而在于能够协调、调动、使用多少资源。企业要积极利用新模式和新手段，把资源用足、用好、用精，用到极致！

对于人才自身而言，未来每个人都将作为一个独立的个体（相当于公司）参与社会分工大协作，必须努力经营好自己，通过自我管理、自我成长、自我产出和自我营销来实现自身的成长、发展与价值实现。同时，要强化危机意识，我们常说"人无远虑必有近忧"，而未来的"远"可能只有几年！一份工作、一个岗位干一辈子的时代将彻底结束，无论哪个行业的人才都必须不断发掘兴趣，自我挖潜，自我学习，自我提升。对待知识、技能和能力，每个人都需要努力做到"生产一代、研发一代、储备一代"。在新的发展时期，人才本身要用全新的理念来审视自己：未来越是具备专业技能的人才，可能越适合独立工作——利用自身技能进行自主创业，并通过网络连入虚拟公司（平台）中。因此，未来人才的独立工作能力将变得更为重要，需要具备多领域的基础知识，跨界创新的意识和能力，并且能够自我调整，持续进步，以积极心态拥抱快速变化的未来世界。

（本文根据赵福全教授 2017 年 8 月 25 日在"中国汽车人才高峰论坛"上的主题演讲整理；原载于《中国汽车报》2017 年 12 月 18 日第 18 版专论）

新时期海归人才的新思维与新定位

【精彩语句】

"未来汽车产业究竟需要什么样的人才,未来的汽车工程师又该如何培养,已经成为非常现实和重要的话题,需要我们认真思考。随着知识的快速更新和资源的重新组合,拥有超前人才储备和灵活人才机制的企业将越来越呈现出强大的竞争力。"

"中国企业要真正与国际接轨,必须摒弃一切短视或投机思想,对内踏踏实实建设正规的体系和流程,对外认认真真按国际通行的规则做事。而这就为我们海归人才这个群体发挥关键作用提供了广阔的舞台。"

"如果说,我们这代人最初回国时承担的主要使命是帮助中国车企做好技术创新,那么未来我们的主要任务将转向帮助中国车企做好体系创新,真正实现正规化、国际化,助力中国汽车企业走出去,并最终在世界上占据一席之地。"

【编者按】

本文是赵福全教授关于"老"海归群体在新时期如何自我定位、发挥作用的系统思考。赵教授明确提出海归人才需要充分认识到时代的变化、海归群体的变化以及自身作用的变化,着重强调海归人才要保持自信、坚持自我、与时俱进,以多种方式为中国汽车产业的发展,继续做出不同但更加重要的贡献。实际上,文中的很多思想并不局限于海归,对我们广大从业者而言,都颇有启发和借鉴价值。

当前,社会和产业正在发生前所未有的重大变革,对此业界的讨论可谓"仁者见仁、智者见智",大家的出发点不同,认识也就有所不同。而对海归人才而言,我认为,只有客观承认并充分认知这种时代变化,才能真正找到合理的新定位,进而有效规避自身短板,继续发挥重要作用。

第一,中国汽车产业正在进入新时期,海归人才必须形成新思维,并以新思维指导我们找到新定位,以适应快速变化的新时期。当前,社会和产业的变革正在不断加速，今天的汽车产业已经和我们10年前的理解完全不同。实际上，全球尤其是中国汽车产业从未像现在这样瞬息万变，产业几乎可以说是年年不同。在此前景下，未来汽车产业究竟需要什么样的人才，未来的汽车工程师又该如何培养，已经成为非常现实和重要的话题，需要我们认真思考。随着知识的快速更新和资源的重新组合，拥有超前人才储备和灵活人才机制的企业将越来越呈现出强大的竞争力。

而对海归来说，无论当前身处多高的位置，都同样需要具备超前思维、进行前瞻思考，唯有如此才能不被快速变化的社会和产业淘汰。所谓"不换理念就换人"，这绝不是危言耸听，而是企业越来越会采取的必然策略。面对新时期的新挑战，我们这些"老"海归们重新思考自身定位，其实是非常紧迫的。近期有不少海归离开企业转战到大学成为教授，对个人而言，这是其职业生涯的一次选择；而从整体来看，我觉得这也是新时期"老"海归们将个人诉求与产业需求相结合后确定的新定位之一。

第二，我们对于自身在海归群体中的定位也要重新思考。海归的定义并不复杂，其实就是在国外有过学习、工作经历，然后又回到国内工作的人。而今天海归的范畴正在不断扩展，越来越多的年轻海归加入其中，为中国汽车产业的发展做出自己的贡献。应该说，我们这一代人与这些"80后""90后"海归们相比，无论是出国前的状况、在国外的经历，还是归国后的岗位以及承担的职责，都是不一样的。当年的我们怀着一种"追梦"的心情，历尽千辛万苦、经过大浪淘沙，才抓住了出国的机会，得以远赴海外学习本领；同时我们大多是在国外工作生活了很长时间之后，才等来了国内快速发展的历史契机，最后又经过多番纠结，才下定决心回国打拼。在这个过程中，我们这一代海归形成了特有的价值观和奋斗精神，这也成为我们这些"老"海归们的标签。

在此我想强调的是，一方面，我们这代人早已不再是海归的全部了，甚至和年轻海归的数量相比，我们已逐渐成为少数。在这种情况下，我们更要以平常心来看待海归这个群体的变化，不能用我们的"老"标准和期待来要求"新"海归们。事实上，海归本来就只是中国汽车产业的生力军，而不是主力军。未来随着中国开放程度的不断提高，人才的国际流动将越来越普遍和频繁，海归这个群体的特殊性只会越来越淡化。不过另一方面，我们更要意识到，我们这些"老"海归的代表性作用不可低估。我们中的很多人既懂技术，又懂企业，既有海外的独特背景，又了解国内的做事方法，且目前正身处于不同的关键岗位，理应发挥应有的重要作用，不仅为海归后辈们提供引领和示范，更有利于推动中国汽车产业的转型发展。

第三，我们必须清楚自己的优势所在，这是准确自我定位、有效发挥作用的前提。总体来说，我觉得我们这一代海归的特点可以概括为极强的学习意识和能力、开放与包容的价值观，以及对国际化和正规化的深刻理解。而国际化和正规化恰恰是中国汽车产业由大变强的必由之路，在这里我想重点谈谈这一点。应该说，在国外多年的工作经验让我们亲身体验过大企业的运作模式，也让我们真正懂得了正规化和国际化的内涵与价值。我认为，国际化绝对不是"外国人+英语"，不是说多和外国企业打交道或者多聘请一些英语好的员工，企业就国际化了。真正的国际化不是简单的语言问题，而是要有开放包容的视野和胸怀、与时俱进的思想和勇气。而正规化则是国际化的前提，中国企业要真正与国际接轨，必须摒弃一切短视或投机思想，对内踏踏实实建设正规的体系和流程，对外认认真真按国际通行的规则做事。这就为我们这个群体发挥关键作用提供了广阔的舞台。

正因如此，我们这一代海归，一要保持自信，我们是成功比例最高的群体之一，我们的学习能力、国际背景和语言能力并没有过时，相反，这种独特的优势正是未来中国迫切需要的。二要坚持自我，无论形势如何变化，我们这群人都必须相信科学、坚持真理。如果我们被"同化"了、妥协了，变得棱角全无、随波逐流，不再坚持自己认为正确的事情，那我们也就失去了最重要的价值。三要与时俱进，前面讲到新时期要有新思维和新定位，这意味着我们这群人也必须不断反思和挑战自己。比如，我们有些人开始创业，那么相比于本土人才创办的企业，海归人才的企业是否做到了更加国际化和正规化呢？又如，学习能力一直是我们引以为豪的，但在自身有所成就而产业发生巨变的今天，我们是否仍然保持着旺盛的学习意识，甚至远超从前呢？再如，海归是产业的生力军，但不是主力军，那么我们是否想尽一切办法团结本土主力军，来共同做实事、做大事了呢？

展望未来，中国企业的正规化和国际化进程将不断加快，由此，海归人才的作用一定会和10年之前大不相同。如果说，我们这代人最初回国时承担的主要使命是帮助中国车企做好技术创新，那么未来我们的主要任务将转向帮助中国车企做好体系创新，真正实现正规化、国际化，或者说，之前我们要做的是解决企业生存和做大的问题，今后我们要做的则是解决企业可持续发展和做强的问题，助力中国汽车企业走出去，并最终在世界上占据一席之地。实际上，在这方面我们可做、该做的工作还有很多，因为中国汽车产业的竞争力虽然在不断增强，但与国际领先水平相比还有很大差距，特别是零部件企业，情况更不容乐观，亟待全面提升软硬实力。

而为了满足新时期汽车产业发展的新需求，我们应该以多种方式贡献自己的力量：可以在中外不同企业的各类关键职位上推动企业转型升级、促进国际交流合作；可以自行创业，弥补产业价值链与核心技术的关键短板；也可以去教书育人，在更高维度和更广范围内传承经验、传播思想。从这个意义上讲，我认为，我们这个群体在未来中国汽车产业中的作用是难以替代的。也就是说，今后海归人才的作用将变得大不相同；但是不同并不意味着不重要，恰恰相反，我们仍然可以也理应为中国汽车产业的可持续发展做出更加重要的独特贡献。

（本文根据赵福全教授 2017 年 11 月 25 日在"第五届中国汽车产业海归人才座谈会"上的总结发言整理）

中国应培养建立自己的汽车工程师文化

【精彩语句】

"每个民族的文化特性其实各有所长,对于某个具体产业来说,完全可以也理应结合自身特点和内在诉求,打造出不同于其他国家和产业的特色优势。"

"原来我们只是解决了'从无到有'的问题,未来要解决的是'从有到好',难度会更大。因此,为目前取得的成绩沾沾自喜是不可取的。"

"不管社会、产业以及核心技术会有怎样的重大变化,工程师的角色始终至关重要。尤其是在产业转型升级、企业高质量发展的新时期,技术将变得更加重要,而作为技术的开发者,工程师的作用也将随之变得更加重要。"

【编者按】

赵福全教授认为,中国目前迫切需要培养建立自己的汽车工程师文化,这是后续我们在核心技术掌控乃至整个企业运营方面持续快速提升的关键要素之一。他还指出,在产业发展的全新时期,企业要做到认识与能力同步提升,并做好核心技术的正确取舍。

一 中国应培养建立自己的汽车工程师文化

当前,全球汽车强国以德国、日本和美国为代表。在中国消费者心中,德国的工程师文化和日本的匠人文化都十分鲜明。从某种意义上说,当前中国与这些国家汽车工业的差距正在于,我们还没有形成具有自身特色的汽车工程师文化。虽然中国也诞生了不少汽车品牌,但过去给人们留下的只是价廉、低质的印象。即便近几年在吉利、长城、长安等企业的带动下,中国汽车品牌在消费者心中的印象已经有所提升,但还远没有形成自己的文化标签。

对此,笔者认为原因主要有三点:一是中国汽车工业起步晚,相对这些汽车强国发展时间较短;二是中国幅员辽阔,品牌建设的努力容易被不同的地域文化所稀释;三是在此前的经济快速发展期,中国汽车品牌更多地追求了价廉而没有认真地做到物美。从这个意义上讲,未来中国的工程师文化应该扎根于交付给消费者既物美又价廉的优质产品。

价廉体现了对成本的控制能力,但物美价廉却需要对技术的深刻理解、有效掌控及不断积累。过去,中国汽车企业处于跟随状态,只是把别人定义好的核心技术努力掌握并打造出产品来;"做精"的精神不够,更缺少超越的心理,这恰恰也是我们的差距所在。

另一方面,文化既和某个产业有关,也和这个产业所在的区域和国家文化有关,它是两位一体的产物。就像工程师文化肯定和科学家、文学家的文化有所不同,同时不同国家的工程师文化肯定也有差异。因此,简单地把中外汽车产业的差距归结为汽车工程师文化的差异,是不全面的。比如,日本的匠人文化就是精雕细刻,但实际上,这种精益求精不仅仅是日本汽车工程师的特点,也体现了这个民族做事细致、全心投入、追求完美的文化特性。而丰田的精益生产只是日本匠人文化的代表。但另一方面,每个民族的文化特性其实各有所长,对于某个具体产业来说,完全可以也理应结合自身特点和内在诉求,打造出不同于其他国家和产业的特色优势。

二 "从有到好"需要认识和能力的同步提升

不可否认,中国自主品牌车企与10年前相比,发生了翻天覆地的变化。在这个过程中,既有认识的深化,也有能力的提升,还有消费升级的拉动,实际上这是一个社会进步、企业发展以及消费者需求提升三者相互作用的过程。但是我们也应该清醒地认识到,原来我们只是解决了"从无到有"的问题,未来要解决的是"从有到好",难度会更大。因此,为目前取得的成绩沾沾自喜是不可取的。

仔细分析,我们的差距仍然主要在认识和能力上。尤其是基于当前产业正在发生重大变革的新形势,我们更需要用发展的眼光来审视自己的认识和能力。一方面,我们的认识需要不断深化来应对与时俱进的产业发展;另一方面,我们的能力需要不断提升来支撑认识的逐步深化。所以,认识是前提,认识不到位，就不可能投入资源，更不可能形成相应的能力。

可以看到，各大自主品牌车企都在紧锣密鼓地聘请国外专家顾问，其实这就是我们认识正在不断提升的表现。当然，汽车产业是高度复杂的系统工程，绝非个别精英就能解决全部问题，必须依靠团队共同协作，所以我们不仅要提升某个领域的认识、聘请某个方面的专家，更要全面提升我们的认识和能力。

实际上，在认识方面，我们既有认识不足的问题，也有认识偏差的问题。例如，很多企业的研发能力尽管有了长足的进步，但还是缺乏系统性和前瞻性；虽然大部分企业都有产品开发流程，但是真正做到位的还不多，因为对整个产品打造过程的理解还不够深刻；虽然基本做到了集成创新，但是距离实现引领创新还有很大的差距，这源于对前瞻技术研究的重要性认识不足、储备不够。又如，我们普遍缺乏对整零关系的深刻认识。从长远来看，没有"嫡系"优质供应商支撑的整车企业会非常艰难，毕竟整车上60%至70%的零部件都是采购来的，供应商决定了整车企业的技术、成本、质量及供货周期等核心竞争力，但是目前我们的整车企业真正花精力去扶持零部件企业的并不多见。

三 懂得"取舍"是关键

中国作为全球最大的市场，未来一定是汽车工业变革的中心，将会引领新一轮汽车产业变革的浪潮。值此之际，中国积极参与、不断加强全球合作，将为整个产业的发展带来重要的推动作用。这其中，不仅可以把外面的资源"引进来"为我所用，更能够把自身的优势"带出去"惠及世界。

然而，机遇总是伴随着挑战。在新一轮科技革命的影响下，汽车核心技术的范围和内涵已经发生了翻天覆地的变化。原本传统汽车以发动机和变速器为技术的核心，而现在电动汽车的发展，使动力总成有了全新的可能，并催生了电池、电机、电控等新的核心技术；同时，自动驾驶、车联网、人工智能等也成为未来汽车技术的重点发展方向。

似乎一时之间，所有的汽车企业又站在了同一起跑线上，而这一次赛道有了更多样化的选择。企业必须明确哪些技术必须自己掌握、哪些技术可以放手。虽然企业不同、领域不同，答案也就不同，但无论是什么企业，最终总要做出取舍。这是因为，没有任何企业有足够的人力、物力、财力来布局所有需要的技术；而如果在关键领域选择错误或投入不足，未来企业将失去核心技术优势。此外，不能寄希望于向别人购买核心技术，即使能够买到，企业也没有任何持续竞争力可言。这种情况就像是又回到了20年前中国汽车工业刚刚起步之时，同样面临着取舍的问题。

为此笔者建议，企业一定要有所为，更要有所不为，不可能什么都自己做。实际上，从来没有哪个时代像今天这样，极其挑战企业家的战略判断能力。只有对未来的核心技术有清晰的判断，据此确定正确的发展战略和商业模式，并切实做好人财物等方面的有效投入，也就是精准聚焦，再加上坚持不懈的投入，企业才有可能抢占未来的战略制高点。与此同时，企业对于潜在的核心技术还要有前瞻的布局，一定要从全生命周期的角度看待产品与技术的迭代，形成所谓"生产一代、研发一代、储备一代"的良性循环。

最后，不管社会、产业以及核心技术会有怎样的重大变化，工程师的角色始终至关重要。尤其是在产业转型升级、企业高质量发展的新时期，技术将变得更加重要，而作为技术的开发者，工程师的作用也将随之变得更加重要。同时，未来汽车工程师的范围也会比现在大得多。目前汽车工程师只是以机械类为主、电子类为辅，而未来诸如大数据、信息通信、人工智能、电化学等相关领域的工程师也将成为重要的汽车人。

（本文根据"凤凰网"2018年10月2日赵福全教授专访整理）

关于赵福全

赵福全博士，清华大学车辆与运载学院教授、博士生导师，汽车产业与技术战略研究院（TASRI）院长，世界汽车工程师学会联合会（FISITA）终身名誉主席。目前主要从事汽车产业发展、企业运营与管理、技术路线等领域的战略研究工作。

在美国、日本和欧洲汽车界学习、工作近20年，曾任美国戴姆勒-克莱斯勒公司研究总监。2004年回到中国，先后担任华晨与吉利两家车企的副总裁、华晨宝马公司董事、吉利汽车（香港）执行董事、澳大利亚DSI控股公司董事长，以及英国锰铜公司董事等职。作为核心成员之一，领导参与了包括沃尔沃在内的多家企业国际并购及后续的业务整合。2013年5月加盟清华大学。

现为世界汽车工程师学会联合会首届技术领导力会士、美国汽车工程师学会会士、中国汽车工程学会首届会士。同时担任中国汽车工程学会理事长特别顾问、技术管理分会主任委员，英文杂志《汽车创新工程》（*Automotive Innovation*）创刊联合主编，中国汽车人才研究会副理事长，以及多个地方政府及多家企业的首席战略顾问。

作为特邀主持嘉宾，与凤凰网共同创办了凤凰汽车"赵福全研究院"高端对话栏目，迄今已与行业领袖及知名企业家等重量级嘉宾进行了67场对话。

主持开发过近20款整车及10余款动力总成产品，主导完成了各类重大战略及管理咨询项目150余项，拥有授权发明专利300余项，已出版中英文专著12部，其中一部英文专著已译为中文，发表中英日文论文300余篇，在主流报刊媒体上发表产业评论100余万字，在重大论坛上发表主题演讲200余场次，获各类重大奖项30余项。世界汽车工程师学会联合会为奖励和见证赵福全教授对其发展的特殊贡献所授予的主席奖盘，被北京汽车博物馆永久收藏。

关于编者

刘宗巍博士，清华大学车辆与运载学院副研究员，汽车产业与技术战略研究院（TASRI）院长助理，主要从事技术评价与决策、技术创新体系建设及汽车产业发展战略等研究工作。

吉林大学汽车工程学院车辆工程博士，麻省理工学院（MIT）斯隆汽车实验室访问学者。博士毕业后一直追随赵福全教授左右。曾在吉利研发一线工作6年，历任吉利汽车研究院技术管理部副部长、项目管理部一级高级经理、产品战略及策划部部长、院长助理（副院级）等职，直接领导过企业产品战略、技术、项目、知识产权及商务五大业务板块的技术管理工作。

2014年入职清华大学至今。现任中国汽车工程学会理事、技术管理分会秘书长、人才评价工作委员会首届委员，中国汽车人才研究会常务理事，英文杂志《汽车创新工程》（Automotive Innovation）副主编。

近年来承担及参与国家、行业以及企业战略研究项目50余项。领导编撰企业、产品及技术战略等各类研究报告，合计近100万字。已发表论文60余篇，出版著作9部。经常受邀在行业重大论坛发表主题演讲或在行业主流媒体上分享观点。获中国汽车工业优秀青年科技人才奖（2017年）、中国产学研合作促进奖（2018年）。作为主要完成人，获全国企业管理现代化创新成果一等奖（2012年）、浙江省企业管理现代化创新成果一等奖（2012年）、中国汽车工业科学技术二等奖（2016年、2018年）、高等学校科学研究优秀成果奖（人文社会科学）二等奖（2020年），以及机械工业出版社汽车分社"十三五"十佳汽车图书作者（2021年）。